台湾海峡一九四九

Lung Ying-tai

龍應台

大江大海 1949

訳・天野健太郎

白水社

台湾海峡一九四九

時代に踏みつけにされ、汚され、
傷つけられたすべての人に敬意をこめて

彼らはかつて、あんなに意気盛んで若々しかった。しかし、
国家や理想のため突き動かされたものも、
貧困や境遇のため余儀なくされたものも、
みな戦場に駆り出され、荒野に餓え、凍え、塹壕に死体を曝した。
時代の車輪は、彼らの身体を踏みつけにしていった。
戦火のあとに生き残ったものも、
一生を台無しにされ、長い長い漂泊の人生を送った。

彼らの世代が、戦争という重荷と、
数え切れないほどの心の傷に堪え抜いてきたから、そして、
かつて自らが倒れ、血で汚した場所を、
もう一度耕し、種を播いたから、
私たち世代は平和の中、
明るく無邪気に成長できたのだ。

もしも誰か言うように、彼らが戦争の「敗北者」だとするなら、
では時代に踏みつけにされ、汚され、傷つけられたすべての人がそうだ。

彼らは「敗北」で教える——
本当に追求すべき価値とは何なのか。
私の目を見つめて、正直に答えてほしい——
戦争に「勝利者」はいるの？
「敗北者」の子供として生まれて、
私は誇りに思う。

母・美君と、父・槐生に捧げる

日本語版への序文

もし、日本について最初の印象はなに？ と訊かれたら、頭に浮かぶのは『七人の侍』の三船敏郎と『座頭市』の勝新太郎だろう。十四歳のあの年、私は台湾中部の農村から、南部の海際にある漁村へ引っ越しをした。村の少年たちはみな日本式の下駄を引っ掛けて歩いていた。夜の薄暗い路地に、カラン、コロンという下駄の音が鳴り響くのを、路地に面した家の中で私はじっと聞いていた。路地を鍵盤にするように、下駄が強く打ち付けていた。それは一九六五年。日本が台湾を出ていった一九四五年からすでに二十年がたっていた。

成長して、少し歴史を理解し始めたころ、私はかえって不思議に思った。どうして両親は私に、日本映画を見に行くなと一度も言わなかったのだろう？ 一九三七年十二月、南京は一面の炎に焼きつくされ、十八歳だった父は死体の山から命からがら逃げ出した。母は故郷を語るとき、日本軍の空襲で焼かれた祠のことを私に教えた。近所の孤独な老夫人はその爆弾で足をやられ、手の施しようがなく、ウジが這い回る真っ赤な傷をさらし、昼夜うめき声を上げ、ついには息を引き取った。そのうめき声を、母は忘れることはなかった。

日本映画はそのうち、上映禁止となった。幼かった私はどうしてかわからず尋ねてみたが、大人たちの答えはそれぞれ違っていて、しかもどこか曖昧だった。よくうちに来ていた「外省人」の大人たち、つまり一九四九年に中国から台湾へ引っ越してきた人たちからすれば「日本」は永遠に「鬼子《グイズ》」であった。ところが、台湾にずっと住んでいる同級生の家では、彼らの父母が日本語で会話しているのをよく耳にした。彼らは日本の歌を聞き、日本のものを使い、日本のことを話した。「日本」は「鬼子」ではなかった。彼らにとって日本はずっと、文明の憧れ、文化の憧れを意味していたのだろう。

一九八九年、ドイツで暮らしていた私は、ベルリンの壁とソ連の崩壊を目撃した。ロシア人が高らかな喜びの歌を歌いながら、真っ白に雪が積もったモスクワを練り歩いていた。四十年離れ離れになっていた親子、夫婦、友人、恋人が、東ドイツのアレクサンダー広場で涙を流して抱き合っていた。東ドイツの農村では、地面に白いチョークで人型が描かれていた。まるで殺人現場みたいなその人型の隣には、ドイツ語で大きく「天安門」と書かれていた。

あたかも分裂しているかのようなふたつの集団も、あるいは共通の願いを持っているかもしれないし、またしっかり結びついているふたつの集団も、その心の奥底にはわかり合えない歴史の記憶や思いが隠されているかもしれないのだ。そしてそのどちらも言葉で表すのはひどく難しい。

私の両親と彼らの同世代人たちは、戦乱と漂泊のなか、まるで蟻んこのように時代に潰され、谷底にうち捨てられた。私は彼らの時代を、彼らの思いを、彼らの傷を理解しようとした。その苦しい過程で気づいた。〝一九四九〟を理解するには、そして今の台湾を理解するには、〝一九四五〟を理解しなければならないのだ。そして日本は、まるでしっかり縫いこまれた糸のように、全体の像の凹凸のうちに存在している。

本書は文学であって、歴史書ではない。私は信じている。文学だけが、花や果物、線香やろうそくと同じように、痛みに苦しむ魂に触れることができるのだ、と。この本がそう、時代に虐げられたすべての命に捧げられることを、畏敬と感謝とともに願っている。

龍應台

目次

第6章 フォルモサの少年たち——捕虜収容所にいた台湾人日本兵 269

第7章 田村という日本兵——ニューギニアに残された日記、生き残った国民党軍兵士 323

凡例

●原著者による注は、本文中の該当箇所に▼1、▼2と番号を振り、「原注」として巻末にまとめた。

●訳者による注は、章ごとに＊1、＊2と番号を振り、「訳注」として巻末にまとめた。

プロローグ

私たちを守ってきた街路樹――十九歳の息子に語る家族の歴史とあの時代

ドイツで暮らす息子、フィリップが、家族の歴史を知りたいと言ってやってきた。授業でオーラルヒストリーのやり方を習ったらしく、マイクを私の襟につけ、ノートに秒数を記録する。どうやら本気らしい。そうやって改まって待ち構えられると、内心ちょっとうろたえてしまう。そもそも、自分の親に興味を持つ十九歳がいるだなんて、想像したこともなかった。

私が十九歳だったころ、両親なんてほとんど街路樹程度の存在だった。街路樹は道路の両端にあって道と街を守る。車に泥水を撥ねつけられ、空から降る塵を浴び続ける。実をつけたところで、風に吹かれて道に落ち、タイヤに潰されるか、ゴミ箱に捨てられるしかない。誰がそんな街路樹たちに興味を持ち、「これはなんの樹?」などと訊くだろう。

ちょっと落ち着いてから、自分の両親がいったいどんな人生を送ってきたか考えると、とてもすまない気持ちになる。父はもうこの世を去った。母が孫を見つめる温かいまなざしは一見昔のままだが、彼女の記憶は深い海に沈んだ飛行機のブラックボックスみたいに、もうどこかへ消えてしまった。そう、最愛の孫のことすら、彼女にはもうわからない。

街路樹たちは、一生浴び続けた塵を最後、私たちにひっかぶせるようなことはしない。でも、石みたいな沈黙とにべもない記憶障害で、私たちの前に立ちはだかる。

私は街路樹扱いされなかったらしい。息子が私の生い立ちを知りたがるなんて、ちょっとびっくりした。


息子が本気だから、私も本気で応えるつもりだ。

考え始める。歴史は今、二〇〇九年まで進んだ。目の前にいる一九八九年生まれの少年。関係は誰よりも近いけれど、私の身の上に起こったことなどまるでよそ事でしかなく、まして私よりさらに前の時代の、徐々に消えつつある記憶のトンネルのことなど、何一つ知らない。こんな、生命自体が始まったばかりの、無邪気に青春を過ごす子供に対して、どうやってひとつの時代を語るのか？ あの記憶にはおびただしい痛みと矛盾があり、痛みと痛みはもつれ合い、矛盾と矛盾はぶつかり合う。前後関係をつなぐ筋道をどうやって見つけ出せばいいのか？ いったいどこから手をつけたらいいのか？

どうやって「お話」しようか考えていて、もっと悩ましいことに気づく。私自身、そして私の同世代にとっても、あの「歴史の迷宮」への理解は断片的でしかない。今振り返り、あの時代を実際に生きた人々に教えを乞おうと扉をたたけば、その扉はすでに永遠に閉ざされ、声も息づかいも聞こえてこない。

だから私には、歴史を語る能力なんか、ない。だけど息子への「愛の責任」があるから、一夜漬けで調べながら「レポート」を書き続ける。夜、一人で史料にあたっていると、山から吹き下ろす風が廊下をしずしずと渡り、この部屋まで入ってくる。するとなんだか、不思議な力が湧いてくる。あの時代の傷ついた魂は轟然と走り続け、なおひたむきになにかを求めている。あの時代の優しい、孤独な心はいまだに中空に浮かんだまま、きょろきょろ誰かを探している……。

私が語れることなんて、たったこれっぽっちしかない。どんなに頑張ったって大まかな山水画がいいところ。写真のようにすべてを伝えるなどできない。でもこの墨の濃淡や空白から、これまでずっと覆い隠されていたあの時代の鼓動というものを、少しでも感じとってくれるんじゃないかしら？

第1章

手を離したきり二度と……

——父と母の漂泊人生

1　母、故郷との別れ――「すぐ戻るから」

美君《びくん》が故郷である浙江省の古い町、淳安《じゅんあん》をあとにしたのは一九四九年一月。有名な太平号沈没事故*1が起きて間もないころであった。

彼女は二十四歳。パーマをかけた短い髪はとてもファッショナブルだった。歩きやすいぺたんこの靴を履いて、腕には丸々と太った赤ん坊を抱いていた。二人の伝令兵がこの親子を江蘇省常州まで送っていく。彼女の夫がそこで憲兵隊隊長を務めているのである。

すでに内戦で混乱が広がっていたころ、美君は慌しく出発した。別れ際、彼女はいつもの調子で母にこう告げた――「すぐ戻るから」。そうして玄関を出たが最後、振り返りもしなかった。やせこけた体を纏足で支える母が、古びた我が家の門先で自分の背中を見送っていることはわかっていたけれど。

美君は、淳安の町をあらたまって眺めることもしなかった。

奥まった庭を持つ古い屋敷が並び、馬蹄の音を響かせる石畳が美しい町。家々の裏手には、底が見えるほどきれいな新安江《しんあんこう》*2が寄り添うように流れる。美君からすれば、そのすべてが月や星と同じように、未来永劫変わることのない、当たり前すぎる風景であった。どれだけ乱れた時代であろうと、月や星に別れを告げる必要はないだろう。人は死に、家は途絶え、朝廷は亡びる。しかし故郷が消えることはないだろう。ましてこの淳安は一五〇〇年の歴史を持つ町だ。そもそも彼女は感傷的な人間ではない。聡明で、きっぱりして、強い女性だった。故郷の人々はみな知っていた。この應家の娘には敵わない。なにせ十七歳のときにはもう、自分だけで荷物をひと船押さえ、運河を下って杭州まで商売に出かけていた。

ある日、商売を済ませた帰り、彼女は一族のある年長者の船に便乗していた。船は塩を目いっぱいに積んで、杭州から淳安に向かっていたのだが、その途中、闇物資摘発部隊が突如船の行く手を阻んだ。船上の人々はみな運河へ飛び込まんばかりに震え上がり、当の年長者は顔を真っ青にしている。なるほど、この塩は横流し品だったのか、と美君は気づいた。

（Time & Life Pictures/Getty Images）

おろおろするばかりの年長者を見て美君は、とっさに状況を把握し、声を出した

——「船の速度をゆるめて！」

まず人夫に言いつけ、正規品の塩を二袋船首に置かせると、次に人夫の嫁さんを呼んだ。若くてふくよかな彼女に頼み、闇塩が詰まっている船倉の入り口に座らせると、上着を脱がせ胸当てだけの姿にした。まるで映画監督のように、どこにどう座るかをテキパキ指示する。にらみつけるように嫁さんのいでたちを確認して、最後に一言。

「かんざしを抜いて、髪を下ろして！」

ゆるゆると船が停まる。摘発部隊の船が

近づき、銃を構えた兵士たちが乗り込んでくる。美君は、船首に置いた塩から調べさせた。袋を開け、標示を確認する兵士。塩を手のひらにのせ、においを嗅ぎ、眺め回す。そしてさっと身をひるがえし、船倉に入ろうとした彼らの目に入ったのは、うら若き江南娘が白くつややかな背中を露わに、上着を着ようとしている姿だった。驚く兵士に美君はこう言った。「ごめんなさい。さっき子供に乳をあげたばかりで……」

「では検査はここまで。すぐ船を出すように」と言い残し、摘発部隊はそそくさと立ち去った。美君たちは難を逃れたのだ。

淳安の年寄りたちがこのエピソードを話してくれたとき、母は私の隣でカラカラ笑っていた。

淳安をあとにするとき一度だけ——と母はのちに言った——彼女は振り返り、町の大門を守る獅子像を確かにひと目見た。左右に一匹ずつ鎮座まし、数え切れないほど多くの時代を見てきた獅子は、私たちが何を疑おうと、何に惑おうと、万古変わらずそこにあった。

淳安は三国時代の呉の国の将軍、賀斉《がせい》が開いた町である。淳安の人々は当時「山越《さんえつ》」と呼ばれ、焼き畑農業を営んでいたが、その後徐々に発展し、呉の国を代表する文化の町となった。芝居になるほど有名な明朝の役人、海瑞《かいずい》はこの地で県令を務めた。淳安の人々は彼を記念して「海公祠《かいこうし》」を建立した。美君は子供のころ、毎日その前を通っていたのだ。

美君はよく、故郷の家にあった家具のことを一つひとつ私に話して聞かせた。糸杉で作った八仙卓は鼻をくすぐるすがすがしい香りがし、母の寝台は木の部分すべてに彫刻が施されていたという。中庭には大きな黒陶の水瓶がいくつも並び、そこから蓮がまっすぐ伸びて、ピンクの花を咲かせる。大広間の真ん中には、三代にわたる祖先の肖像が掛けられていた。誰が誰か、母も知らない。ただ自慢げにこう言っていた。

「いちばん下の列、清朝の官服を着ているのがお祖父さんのお祖父さん。同治年間、郷試に合格した挙人でのちに衢州《くしゅう》の留守役になった人だ。偉い役人だった」

「へえ、その『留守役』ってどんな役人よ？」

と私が訊くと、母は首をかしげながら言った
「さあ。たぶん……警察署長くらいじゃないの？」

2　ちょっと雨宿りするだけ——国民党軍、海南島から台湾へ撤退する

淳安を出発してからはもう、やみくもに移動を重ねるだけであった。駅から駅へと列車を乗り継ぎ、川を渡り、山を越えていく。一年半が過ぎたころには、自分がどういう状況にいるのかさえわからなくなっていた。気がつくと、美君は海南島にいた。混乱極まる埠頭は、溢れんばかりの人波が押し合いへし合い、みな船に乗り込もうと必死だった。夫は別の港にいて、連絡をとる手立てはなかった。

国民党軍の海南島からの本格的な撤退は、一九五〇年五月であった。*3 中華人民共和国が成立してすでに半年あまりがたっていたが、沿海および西南地区ではまだ戦闘が続いていた。多くの国民党軍が解放軍の砲火にさらされ、埠頭のぎりぎりまで追い込まれていた。撤退援護を下命されたしんがり部隊は戦いながら後退し、やっとのこと埠頭にたどり着いたそのとき、友軍の軍艦はすでに錨を上げていた。砲

弾が船腹を直撃し始める。船上にいる者もまた、自分たちが上船できたのはほかならぬ彼らの援護のおかげとわかっていながら、涙ながらに戦友を見捨てるほかなかった。埠頭に残された傷兵たちは、地面にうちひしがれ悲痛の声を上げる。無傷である者も、地球の最果てに取り残されたかのように呆然とする。振り返っても故郷は広大な戦場のもっと向こうで、眼前には、彼らを受け入れることのない大海原が広がっていた。

国民党軍の軍人たちも、船に乗ったはいいが右も左もわからない。淮海戦役《わいかい》*4でおびただしい犠牲を出し、撤退してきた第六四軍は三月、緊急乗船して海南島を離れた。七千の将兵のなかには、〝さらわれた〟若者が千人以上含まれていた。

切迫した状況下、船は台湾をめざした。とはいえ、台湾はどこにあるのか？ 操舵員たちも知らなかったのである。

射程圏を脱し、安全海域で海軍将校は地図を取り出し、ようやく台湾の場所を探し始める。

兵士が指揮官に尋ねた――「そこに到着するのは、いつになりましょうか？」

指揮将校は答える――「さぁな。着いたらわかるさ。そこは『台湾』という名前らしい。私は行ったことがない。君も行ったことがないだろう。いいところだそうだ」▼1

第六四軍の指揮官、簡歩城《かんほじょう》は困惑する兵士たちを慰めていたが、実は彼も内心、大いに不安であった。東西南北のどの方向に台湾があるのか、自分でもわからないのだ。揺るがぬ志ひとつ、氷雪の地から一路戦い続け海南島にいたったた。無理に無理を重ね、気力も体力も限界に達していた。兵士たちを慰め、そして自分も慰めた。この人生、いささか疲れた。ともかくその「台湾」とかいう場所へ行ってみよう。しばし「雨宿り」するだけだ。それも悪くない。

彼は夢にも思わなかった。まさかこの「雨」が六十年間降り続くとは。

美君は顔を真っ青にして埠頭にいた。何日か前に産室を出たばかりの彼女の胸では、赤ん坊がぐっすり眠っている。間違えないでほしいのだが、この赤ん坊は淳安を出るときに彼女の胸にいたのとは別人である。そっちの赤ん坊は湖南省にある夫の里で姑が面倒をみている。今ここで母の胸に抱かれ、気持ちよさそうに目を閉じているのは海南島で生まれたばかりの次男、應達《おうたつ》である。

「應達」という名の意味はおそらく、あの戦乱の真っただ中にいた人でなければ理解できないだろう。自分が行きたい場所へ「達」することが難しかったあの時代、親は、どこかへ「達」することを願い、子供に託したのだろう。

大きな艦船が接岸できないため、無数のテンダーボートが港にひしめき合い、ぶつかり合う。騒然として、兵隊やその家族たちを埠頭から船の際まで載せていく。しかし、そこから頼れるのは自分の力だけだ。みなクモのように縄網をよじ登っていくが、多くの人が登りきれず、つかみきれず、ぽろぽろと海へ落ちていった。

「悲鳴が聞こえるんだよ。そしてトプン、トプンと、一人ずつ落ちてくんだ。水餃子を鍋に入れるときみたいに」と母が言った。

砲撃の音が背中に迫る。人々は狂ったように押しのけ合う。転覆したボートもある。あと一歩届かなかったボートは、軍艦がするする遠ざかっていくのをみすみす見送るしかない。海面にはたくさんの人がもがき、必死で助けを求めている。だが、手を差し伸べる者はない。埠頭の上は恐慌をきたし、泣き声が空を震わせた。

埠頭から海を眺めているその想像力に魔法をかけて、百メートル上空までカメラを引いてみよう。すると、まるでサイレント映画のようだ。映し出されるのは、海面であがく人たちの顔だけだ。浮かんでは沈み、沈んでは浮かび、海面に一瞬現れた二つの瞳をのぞけば、そこには恐怖しかない。どの口も大きく開いているが、腹の底から発せられているであろう最期の叫びは聞こえてこない。歴史とは得てして声を持たない。

そしてカバンだけが、数え切れないほどの旅行カバンが、油で汚れた黒い海にぷかぷか揺れていた。

3 流れ着いた埠頭で――新天地台湾で生きる

高雄、それまで名前すら聞いたことがなかった町。地元の人はみな真っ黒に日焼けして、外国語のような方言を話す。動乱の中、夫と連絡がとれないまま、美君はここにたどり着いた。夫の部下の兵隊が二人、一緒についてきた。そして腕の中にはお腹をすかせては泣き、お腹がふくれては眠る乳飲み子、應達がいた。

通りを見回せば、行くあてのない怯えた顔の難民たちがひしめき合う。五月の高雄は異様な熱さだったが、難民たちの衣服といえば破れたぼろシャツしかなく、脱げばみっともない裸を曝すことになり、身につければつけたで綿がまとわりついて不快だった。夕立が来る。埠頭で暮らす人々はハチの巣をつついたような騒ぎになるが、雨宿りする屋根などそもそもどこにもなく、いっそ地面に座り込んで激しい雨に身体を任せる。

郵　便　は　が　き

おそれいりますが切手をおはりください。

101-0052

東京都千代田区神田小川町3-24

白　水　社　行

購読申込書

■ご注文の書籍はご指定の書店にお届けします。なお，直送をご希望の場合は冊数に関係なく送料300円をご負担願います。

書　名	本体価格	部　数

★価格は税抜きです

(ふりがな)

お　名　前　　　　(Tel.　　　　　)

ご　住　所　(〒　　　　　)

ご指定書店名（必ずご記入ください）	取次	（この欄は小社で記入いたします）
Tel.		

『台湾海峡一九四九』について (8216)

■その他小社出版物についてのご意見・ご感想もお書きください。

■あなたのコメントを広告やホームページ等で紹介してもよろしいですか？
1. はい（お名前は掲載しません。紹介させていただいた方には粗品を進呈します） 2. いいえ

ご住所	〒 電話（ ）		
（ふりがな） お名前	（ 歳） 1. 男 2. 女		
ご職業または 学校名		お求めの 書店名	

■この本を何でお知りになりましたか？
1. 新聞広告（朝日・毎日・読売・日経・他〈 〉）
2. 雑誌広告（雑誌名 ）
3. 書評（新聞または雑誌名 ） 4.《白水社の本棚》を見て
5. 店頭で見て 6. 白水社のホームページを見て 7. その他（ ）

■お買い求めの動機は？
1. 著者・翻訳者に関心があるので 2. タイトルに引かれて 3. 帯の文章を読んで
4. 広告を見て 5. 装丁が良かったので 6. その他（ ）

■出版案内ご入用の方はご希望のものに印をおつけください。
1. 白水社ブックカタログ 2. 新書カタログ 3. 辞典・語学書カタログ
4. パブリッシャーズ・レビュー《白水社の本棚》（新刊案内／1・4・7・10月刊）

※ご記入いただいた個人情報は、ご希望のあった目録などの送付、また今後の本作りの参考にさせていただく以外の目的で使用することはありません。なお書店を指定して書籍を注文された場合は、お名前・ご住所・お電話番号をご指定書店に連絡させていただきます。

部隊は散り散りとなり、夫の行方はその後知れず、彼女はすでに「軍人家族」の身分を失っていた。すると埠頭で彼女に気をかけるものはいなくなった。連れてきた二人の若い伝令兵は同郷の農家出身で、軍籍はもともとなかった。母はきっと歴史の大転換と呼ばれるものなど理解していなかっただろう。ただ自らの境遇に起こった重大な変化にはすぐ気づいた。今頼れるのは自分だけだ。

美君は肌身離さず身につけていた虎の子の金二〇〇グラムで、苓雅《れいが》市場というところの八尺――つまり二メートル四〇センチ四方の露店を譲り受けた。野菜を売って自活するのである。夜、農村の少年は土間に眠り、彼女は赤子を抱いて荷台の上に横たわり、一枚しかないぺらぺらの布団を四人で使った。

朝まだ暗いうちに二人の少年を走らせ、大きな西瓜を何個か買ってくる。薄く切り分けた西瓜を板の上に載せて、少年が埠頭で売り歩く。港には大きな船が次々接岸し、撤退してきた軍人と難民が堰を切ったように押し寄せる。炎天下に埠頭で西瓜を売るのは母の思いつきであった。お金を稼ぎながら人捜しができる――夫がもしまだ生きていれば、きっといつかはこの埠頭に現れるはずだ。

美君の商売はすぐ軌道に乗った。故郷淳安の繊維問屋に生まれた母はもともと目先が利いた。難民たちが建てるバラック小屋を見て、竹、釘、金槌、縄などの「建材」が必要になるはずと、野菜の隣に金物や資材を並べた。また難民のうち山東人の比率が群を抜いて多いことに気づき、さっそく袋詰めの小麦粉を商品に加えた。出身地の南北や生活習慣の違いにかかわらず、市場に来る難民たちの間で美君の店は評判になった。品ぞろえがいいうえに、この女主人が話すのは現地の方言でなく標準語で、何よりきっぷがよく、おしゃべり上手だった。

美君はすらっとしたチャイナドレスを着るのをやめ、いつしかゆったりしたワンピースを着るようになった。これなら子供に乳を与えやすく、ときには肩に荷物を背負うような力仕事もやってのけた。

1953年の写真。露店は小さいながらもちゃんとした店舗になっている。美君が抱いているのは1歳の娘、作者「應台」である。

おしゃべり上手な美君にも、無言になる時間があった。彼女はよく、荷運びで使っている男物の自転車に乗り、一人で埠頭までやってきた。自転車を巨大な倉庫の大扉のそばに停める。荷台に寄りかかり港と埠頭を眺める。軍艦がゆるゆると港に入り、港を出る。人波が埠頭に溢れ、そして去る。汽笛が港に鳴り響き、空にいつまでも残ったまま。

厳めしい制服姿の港湾警察が巡回に出る。倉庫の前にはいつも細身の身体を支えて立っている外地出身の若い女性がいて、彼はつい目を留めてしまう。

4　母、五十年ぶりの帰郷——母の心を流れる川

あれ以来、美君は川を見ていない。台湾で〝川〟を見ると、母は必ずこう言った——「故郷の川とくらべたら……」。私は小さいころからずっと、そんな母の繰り言を聞かされてきたのだ——「新安江の水はね……透明だったんだ」。細かな白い砂につやつやした丸い石が重なり、その上を青々と水が流れる。魚をつかまえるときはみな、ズボンを脱いで水に入った。長ズボンの裾をきゅっと縛って水中に晒

すと、それだけで魚がいっぱい獲れた――言い終わると母は必ず私の顔を見やる。とっくに上の空な私。するといまいましげに溜息をひとつ。「やれやれ、牛に琴を聴かすようなもんだ。わかんないだろうよ。そもそもあんたは澄んだ水というものを見たことがないんだから！」

訛りがある母の発音だと「牛《ニヨウ》」はいつも「游《ヨウ》（泳ぐ）」に聞こえる。だから母が「牛乳《ニヨウナイ》」と言えば「泳いで来る《ヨウライ》」の意味に聞こえる。

しばらく黙っていた母がまた口を開く。「いつか、いつか一緒に帰ってあんたに見せてやるよ。そうしたら一目瞭然だ」。小さいその声は、まるで自分に言い聞かせているよう。

私みたいな高雄で生まれ育った娘からすれば、長江だの黄河だのは想像をはるかに超えた風景だ。でも子供のころから「新安江」だけは知っている。とはいえ、この川がどこを流れているのかはさっぱりだった。そもそも浙江省が江蘇省の上なのか下なのか、いや右なのか左なのか、それすら確信が持てない。でも、新安江の水が世界一美しいことだけはちゃんと知っている。

この娘が大人になって、母親をヨーロッパへ招待したことがある。アルプスの氷河湖を見物し、ライン川の源流をたどり、美しく青きドナウを楽しんだ。美君はいたくご満悦で、「ヨーロッパってのは本当にきれいなところだね」と感嘆の声を漏らした。ところが舌の根も乾かぬうちに溜息をひとつ。振返るまでもない。案の定聞こえたのは、「とはいえ、新安江とくらべたら……」

図らずも美君は異郷台湾で六〇年住むこととなり、現地の言葉を覚え、亜熱帯気候の生活も気に入り、異郷はいつしか故郷となった。あの新安江ほとりの故郷だが、実は一九五九年にダムが建設され、古色蒼然たる町は丸ごと、ダム湖である千島湖《せんとうこ》の底に沈んだ。母は思い知らされたことだろう。王朝は替わり、国は滅ぶと言うが、まさか故郷までこの地球から跡形もなく消えてしまうとは……。

一九八七年、台湾政府はようやく中国本土への里帰りを許可し、多くの人が同郷同士連れ立って故郷を訪ねた。人も社会も様変わりしているだろうが、故郷はいつまでも故郷のままだ。しかし、故郷をダムに奪われた母は冷たく言い放つ――「帰る？　帰って何があるのさ？」

「町はなくなっていても」と娘である私は言う。「誰かに会えるじゃない」

故郷を離れて半世紀近くたった一九九五年九月、七〇歳の母は初めて淳安に、いや、今は「千島湖鎮」と呼ばれる町へ里帰りした。「木はひょろっと細く、家はてらてら新しいだけで、絵には由緒がない」この新しい町は、小さな島の上にあった。

「島？　千島って何？」不愉快そうに私を正す母。「山だったんだよ。前はどれも。千山《せんざん》って言うんだよ。なんだいその、千島って」。言うまでもないことだが、堰き止められた川は水位が上がり、町はその底に沈んだ。山頂だけが水面にわずか残り、島となった。千島湖の地域は昔、千山郷と呼ばれていたのである。「滄海《そうかい》変じて桑田《そうでん》となる」ということわざは母にとってかくも生々しい。

「帰ってきたんだから、とにかく父さんのお墓を探さなきゃ」と母が言う。「ダムを造るからって墓を動かしたそうだけど、どこにやったのやら。この何年かよく父さんの夢を見るのよ。お墓から出てきて、水草みたいな緑色の顔でこう言うの『美君、冷たいよ。頼む、私をここから救け出しておくれ』って」

車座の親戚たちが突然しんとなる。一人ひとりの顔色をのぞくと、どうにも気まずい沈黙。彼らには母の話が「オカルト」のように聞こえて驚いたのだろう。だからといって、この老女の気持ちを傷つけたくはない。

「湖は大きすぎる。島だって千個以上ある。」戸惑う親戚たち。「われわれもだいたいの方向しか覚えてないんだ。墓はたぶん見つからないよ……」

「探してもみないうちに……」と母。

親戚の一人が言う。「ここから拝めばいいじゃないか。お墓の方向に向かって遙拝すれば。ねぇ、姉さん、どうだろう？」

母が私を見た。即座に察知した。この鼻っ柱の強い女が今、キレる。

「あたしは五〇年間台湾から遙拝してきたのよ」。いったん息を落ち着かせるが、母の顔は強ばったまま。そして一息に言い放つ。「五〇年よ。やっとのことで今日淳安まで帰り着いて、まだあたしに墓参りさせない気かい？」

また沈黙。

「船火事事件以来[*5]」と親戚たちは苦り切った表情で言う。「船を借りるにも役所が厳しいんだ……」

「あたしは淳安に生まれ育った娘なんだ」母の顔は凍り付いたままだ。「父親の墓に参ることは人の道にかなったことだ。誰に遠慮することがある」

翌日、どうにか船を調達し、湖をよく知る船頭も雇った。船頭は古い町の記憶をたどり、まるでナビゲーションシステムを搭載しているみたいに、湖底を見透し、目の前の島々を山へ戻し、一つひとつ方角を正した。

六百平方キロメートルの湖面をモーターボートは突っ走る。大小の島々を一つひとつすり抜けていく。もやだった千島湖はストイックなまで清らかで、原始の自然のようである。しかし、われわれの見る山は山ではない。われわれの見る水は水ではない。水面より突き出る無数の孤島は、実は島ではなく、孤絶してもいない。それは母が幼少のころに登り、お弁当を食べた〝山〟なのだ。水面下にはかつての果樹園が広がる。母が大人に手を引かれ、家賃の集金に出かけた場所だ。このどこまでも荒涼たる風景は、かつては豊かな沃土であり、いま眼前に広がる太古の自然のような水面も、実はその下に、千年もの繁栄を謳歌した文化があったのである。

あるいは観光客に見えたかもしれないが、無論そうではない。水しぶきが飛び、手を冷たく濡らす。猿島だそうだ。猿が多いから見物してみたくなるだろうか？次は蛇島。怖いもの見たさで上陸したくなるだろうか？無論そうはならない。

私たちが探しているのは、その千個あまりの島に、たった一つの島。


ポンポンポンとエンジンを鳴らして、ボートが速度を落とす。船頭によればこのあたりのはずだ。親戚たちが船首で肩を寄せ合い、水面を望む。目の前にはありふれた小さな島がひとつ。母のいとこが目を凝らし、しばし躊躇して一言、「ここよ」。島を指さしてもう一度言う。「ここで間違いないわ」

雑草が生い茂るその島は民家の屋根ほどの大きさもなく、波寄せる湖岸は禿げて、黄土が露わになっていた。泥の上に跳び下りる私たち。当時の改葬に参加したいとこが思い出しながら言う。「兄さんがこの場所を見つけきて、埋めたの。そのときは十分高いと思ったんだけど、まさか……」

まさかここまで水位が上がるとは。母が目にしたのは、本来山の頂に置いたはずの墓標——いまは黄土の汀で湖水に洗われ、崩れかけたレンガが二つあるきりである。風が強い。目を開けていられない。母の白い髪が吹き上げられる。私は母の腕をしっかりつかんだ。耳に届くのはヒューヒュー鳴る風の音と、途切れ途切れ続く母のかすれ声だけ。「……父さん。帰ってきました。前からわかっていたのに。父さん、ずっと『冷たい』って言ってたもんね……」

水草をたゆたわせて寄せる波につれ、レンガは顔を出したり隠したり。長い間水に洗われていたせいで表面が苔むしている。線香を上げる。骨をなくした細い腕が願いを乞うように、青い煙が上がっていき、風にまかせて無色の空に溶け込んで消えた。

淳安を出て、私と母を乗せた車は山道を建徳《けんとく》に向かっていた。あの年、闇塩の取り締まりを母の機転で切り抜けた場所である。未舗装の坂道を、小型車はガタガタ車体を揺らして駆け上る。峠を越えればまたタイヤを鳴らしながら急カーブを下りていく。車の後方にもうもうとした砂煙が上がり、道端の木々を真っ白に覆い隠す。それでも千島湖の水面を反射した光が、絶え間なく木陰から漏れてキラキラ輝く。

あるいは疲れていたのか、母は帰りの車中で、あまりしゃべりたがらなかった。私は母の腕を突いて言った。「ほら、母さんが言ってた、新安江でしょう？ 水が澄んでるわねえ！」

「そうかい？」頭を窓ガラスに預けた母は外を眺めたまま、力なくそうつぶやいた。

私は、母の細い肩をそっと抱いた。

5 ダムに沈んだ故郷――一枚の絵に残された古き町

この数年、母は私のことがわからなくなった。

散歩に付き添ったあと、母は私に向かってばか丁寧に礼を言う。「ありがとう。時間があったらまた来てくださいね」

私は何分かごとに自分が誰か告げるのだが、そのたびに母は私をちらりと見て、一瞬戸惑いの表情を浮かべる。そのあと育ちのよさを見せて、奥ゆかしく一言――「初めまして」。

不思議なのは、自分がお腹を痛めて産んだ一人娘のことは忘れているのに、故郷の淳安は忘れていないことだ。

屛東県《へいとう》の山までドライブに連れて行く。道中ずっと押し黙って窓の外の風景を見ていた母が急にしゃべりだした。「この道をずっと行けば海公祠があって、そこを曲がって川のほうに行けば、私の家に着きます」

ルームミラーで彼女の顔をのぞく。八十四歳だが、まだまだ美人さんだ。

「あなたは應美君ですか？」私は訊いてみた。

「そうですよ」母は嬉しそう。

「淳安の方ですか？」

するとびっくりしたような笑顔で、「そうですよ。淳安生まれなの。どうしてご存じなの？」

夜、母を床まで連れて行き、布団を掛けてやる。すると母はおどおどし始め、私にこう訊いてくる。

「父さんはどこ？ 母さんはどこ？」

私は淳安へ行くことに決めた。余年春《よねんしゅん》に会うためである。

美君が二度と見ることのできない故郷を、私が代わりに見に行こう。

余年春は母と同郷で、同い年である。何年か前、中国政府は三峡ダム建設のため、百万人の住民立ち退きに心血を注いだ。新しい村を作り、補償金を支払ったが、死んでも故郷を離れないと頑張る古い住民もいた。そんな場面に余年春は涙をこぼし、あまりのつらさにテレビを消した。

彼は一九五八年、五九年にあったことを思い出した。淳安の人々が、先祖代々千年以上暮らしてきた故郷からどうやって追い出されたのか。

毛沢東は一九五七年に「英米に追いつけ追い越せ」のスローガンを掲げ、また中国共産党第八回全国代表大会予備会議においてこう熱く語った。中国は「過去百年あまりのああした立ちおくれた状況、人に見くびられた状況、災難つづきの状況は、完全にあらためることができるし、そればかりか世界でいちばん強大な資本主義国家、つまりアメリカに追いつくこともできるであろう。(略)これは、われわれの責務である。(略)もし、そうしなければ、われわれ中華民族は全世界の諸民族に申し訳がたたないし(略)地球からその球籍を剝奪されてしまう」(『毛沢東選集　第五巻』外文出版社)

この考えのもと、新安江の開発は早急に実現すべき重要プロジェクトとなった。三十万の淳安の人々は「国家」全体の進歩のために、故郷から引き離されて散り散りになった。村はすべて消滅し、大家族はみな分散され、千年受け継いできた土地は、千里も万里も離れたあちこちの省の貧しい僻地と交換させられた。

その結果はこうであった。見知らぬ村々へ追いやられ、言葉が通じず、やつれきった淳安の人々はどこでも、極貧の「難民」として扱われた。冷ややかな眼で見る地元民に向かって、「ふん。おれン家じゃあ犬に飯食わす器もみんな、宋代の陶器だったんだ」とでも言いたいところだが、八仙卓ひとつ家から運び出せなかった身の上ではどだい無理な話であった。「詩経、書経を伝える家柄」として誉れ高かった淳安人も、いまは寄る辺なくぼろをまとう、哀れな新参者に成り下がってしまった。また焼き畑からやり直しだ。

もし美君が一九四九年に故郷を離れることがなかったなら、いまでも懐かしく思い出す父母や、自分の子供たちとともに、この強制立ち退きを経験したことだろう。たとえばこんな一幕……。

諫村《かんそん》は淳安の名だたる大きな村で、全村二一四戸、八八三人の人口を数えた。非常に裕福なとこ

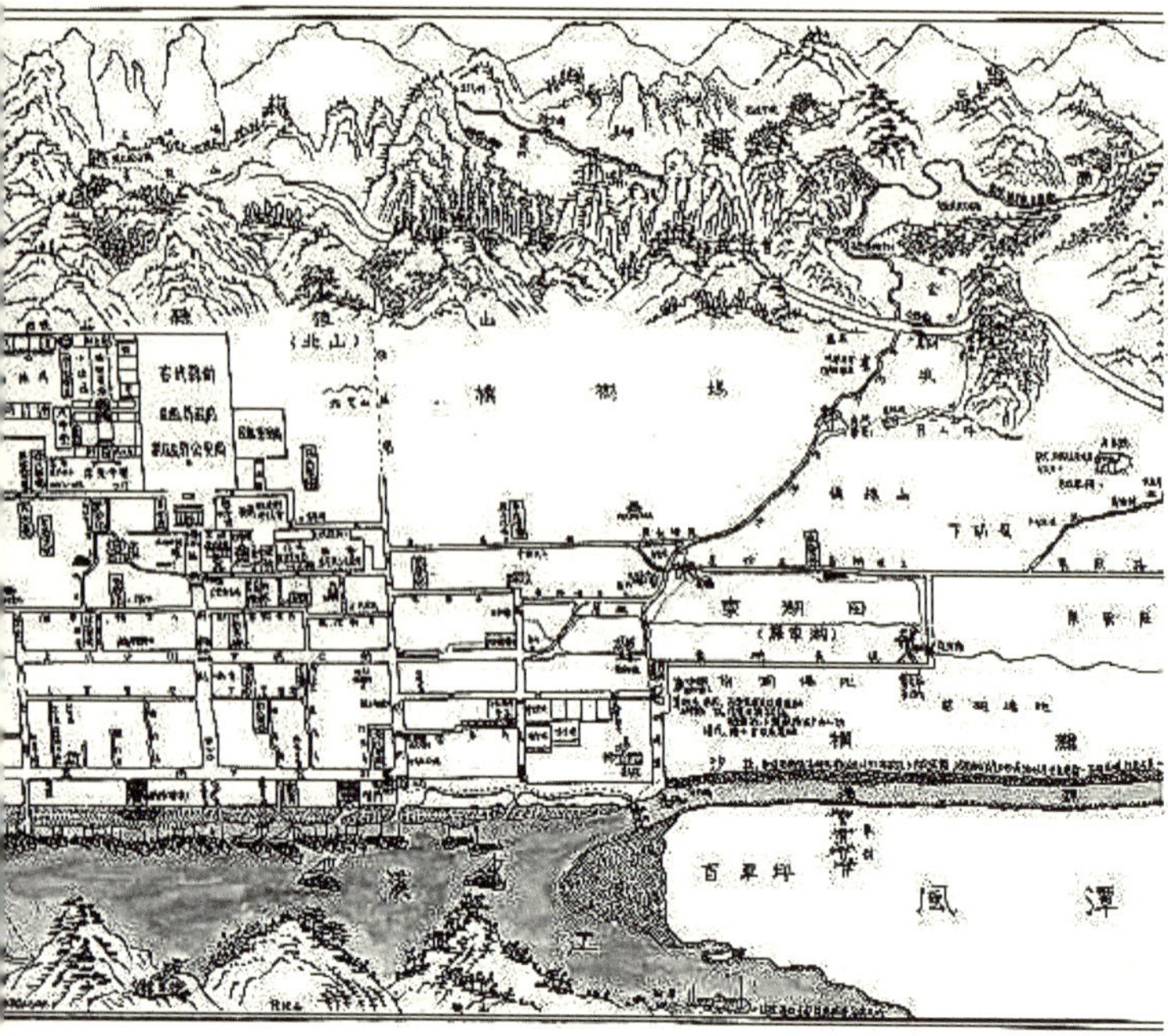

ろで、村落は川に寄り添い、山麓に抱かれるように築かれた。壁は黒く、瓦は青く、柱には彫刻が施され、町並みは壮麗であった。一九五九年三月、移転通知が下った。飾り扉のたんすは一元二角八分、糸杉の古い八仙卓はたった六角四分で買い取られる。（略）四月三日。移転の期日となり、解体部隊が村へやってきた。邵《しょう》さんの母親は、天地に響くような声で泣き叫び、椅子に座ったまま立ち退こうとしない。解体部隊が家の梁に縄を結びつける。数人でこの老人を椅子ごと戸外へ担ぎ出してまもなく、家は引き倒された[▼2]。

七十歳を超えていた余年春は悔しさと割り切れなさを胸に、五年の歳月を費やして千島湖の底に沈んだ淳安の町を描いた。故郷にあった祠《し》廟《びょう》、寺院、学校、役所を一つひとつ、空き地、運河、道路、路地も忘れず、そして通りに並ぶ家や店まで、一筆一筆描き込んだ。誰さんの隣

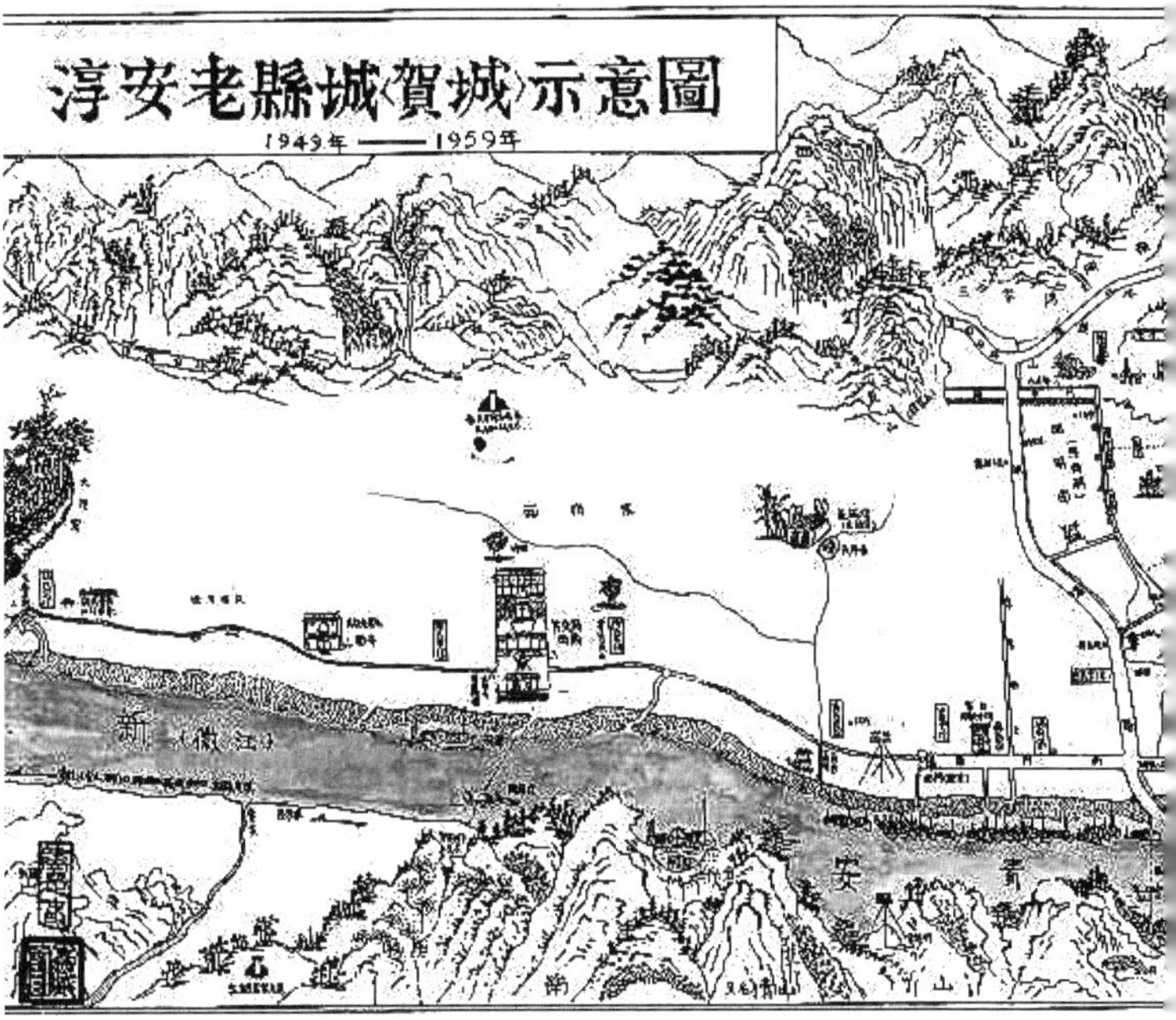

余年春が描いた「淳安古市『賀城』略図　1949-1959」

が誰さんでと、家主の名から屋号まで一つ残らずである。余年春は、各地に散らばっていた故郷の古老たちを訪ね、一つひとつ確認したうえで面相筆を手に取り、町役場の建築課にある道路地図のように細かく、奪われた故郷の姿を再現した。

目の前に広げられたのは巻物であった。淳安の古い町を再現した「清明上河図《せいめいじょうがず》[*6]」である。母が話してくれた新安江の姿を、私は初めて見たのだ。

この不思議な気持ちにさせる絵を前にして尋ねた。「美君の家がどこにあるかわかりますか？」

「ああ」と余年春。「上直街（通り）九十六号だね？」

腰を曲げて、上直街九十六号を指し示してくれる。本当だ。美君が言うとおり、新安江のほとりにある。

「間違いないですよね？」

「絶対に間違いない」老人は確信を持って続ける。「ほら、美君のお父さんは『應芳茍《おうほうこう》』というんだろう？　ここに書いてある。」

私も腰を屈めてつぶさに見てみる。確かに、上直街九十六号の枠には『應芳茍』の三つの文字。

「じゃあ」と考え込んでしまう私。「一九四九年、美君が故郷を離れたときに見たという、左右に獅子像がある大門はどこだったのかしら？　杭州に向けて足を踏み出したが最後、二度と振り返らなかったという、町の門は？」

「ここだ」老人は大門の位置を指し示した。

三メートルほどの巻物は、せせこましいベッドに広げられている。窓が古いせいで、外光はわずかしか入ってこない。つましく古びた彼の部屋には、机もないのである。つまり彼は地面に四つん這いになってこの絵を描いたということだ。そうやってひと筆ひと筆描いたのは、この世で誰も気に留めることのない、ただ彼と美君たちの同時代人だけが心につなぎ止めている、あの水底に沈んだ故郷である。


千島湖湖畔の宿に戻り、ビデオを見ることにした。水の中の淳安を撮影したものである。役場が観光目的で、水深何十メートルもの湖底まで撮影隊を潜らせて製作したビデオだ。歴史ある町がダムの底に沈んで四十年たち、画面はいま、生い茂る水草の奥で時を止め、静かに眠る淳安を映し出している。

深い湖底は地球の核にいるような漆黒であった。撮影隊のライトは懐中電灯のように心細く、終わりのない闇の中で、わずかな空間だけを浮かび上がらせる。藻がうっそうと揺れ、古い屋敷の一角がぼんやり浮かび上がる。精巧な彫刻と重厚な無垢材――これは？　美君が地の果てまで漂泊して、なお変わらず心に描き続けた、あの美しい柱じゃないかしら？

ゆっくり移動する光はまだ、あの獅子像を照らしてくれない。でも私にはもうわかっていた。獅子像はいまもあの場所を動かずにある。一九四九年冬、美君が振り向いて目に焼きつけた、あの場所に。

6 汽車を追いかける女性——息子を預けて南へ

美君は赤子をしっかり胸に抱いて、淳安をあとにした。杭州から汽車に乗るとき、駅は人また人でごった返していた。走る車両の屋根には人がひもで身体を縛りつけ、乗車口には人がぶら下がり、窓には人がぎっしり詰まっていた。車内といえば、座席の下にまで人が入り込み、通路では人と人が隙間なく体をくっつけ合っていた。列車は広州に向かってひた走っていたが、途中、人気《ひとけ》のない小さな町で石炭を使い切り、動かなくなった。そのとき一人の将校が現れ、乗客にカンパを募った。石炭を買うための金を出し合うのである。

汽車が動き出した。ところがいくらも走らないうちにまた停車した。今度は前方のレールが一本はがされており、復旧のためまたしばらく待たなければならない。「そのときさ」と美君が言う。復旧を待っているとき、かたわらのお母さんがそれまで片ときも離さずに抱いていた四、五歳の子供に向かってこう言った——「ちょっと待っててね。動いちゃだめよ。いい子ね」

彼女は乗客たちを乗り越えて、列車を降りた。そしてレールから数歩離れた低木の影に屈み、用を済ませた。立ち上がり、列車に戻ろうとしたそのとき、列車は突如動き出した。

「汽車を追いかけてくるお母さんを、みんなただ見てるしかなかった。がむしゃらに走って、ずっと泣き叫んで、何度も転んで……。子供は車内で『お母さんがいない』と泣きじゃくる。でも汽車を停める方法なんかなかった」

「そのお母さんの顔、覚えてる?」

「よく覚えてる。汽車を追いかけている、あの髪の毛を振り乱した姿……」

少し黙って、母は続けた。「よく思うんだ。あの子供はその後どうなったかって」

汽車は湖南省衡山《こうざん》駅に着いた。美君は子供を抱いて、二人の伝令兵とともに駅に降りた。

あのお母さんの汽車を追いかける姿に考えさせられたのだろう、美君は胸に抱いていた子供を衡山の田舎に住む姑に預けることにした。戦時の混乱のなか、子供が人混みに押しつぶされてしまうことだってありうる。空気の悪い列車で伝染病にかかり、突然死んでしまうことだってあるかもしれない。実際、道中では数多くの子供や老人が死んでいた。

祖母に抱かれた應揚《おうよう》は衡山駅で、母、美君の乗る汽車を見送った。でも子供すぎて、手を振ることもできなかった。

美君はさらに南へ向かい、広州にたどり着いた。憲兵隊を率いる夫は、広州天河空港にいる。

7　三十歳の父が広州に残した足跡――漂泊民同士のすれ違い

広州に着いた。

私は地元の人たちに訊いた。「天河空港って聞いたことありますか?」

みな首を振る。誰も知らないのだ。

やっとのこと、手がかりになる人を見つけた——「空港は聞いたことないけど、天河スポーツセンターっていうのがある」

天河スポーツセンターに着いた。大きな体育館があり、四方を囲む道路はひっきりなしに車が走っている。軍用空港の面影がどこかにないだろうか？ ふと身をひるがえす。大通りの向こう側はだだっ広いバスの操車場で、その隣にぽつんと残された古い壁が目に入った。壁の字に私は驚いた。「空軍後勤廣州辦事處（空軍後方支援部隊広州事務所）」と丁寧に書いてあるではないか。しかも中華人民共和国ではもう使われていないはずの繁体字である。

よし、本当にここでいいんだわ。

美君の夫、龍槐生《りゅうかいせい》は自らの憲兵隊を率い、天河空港の守備についた。しばらくして、彼の人生で最も晴れがましい任務が巡ってきた。「一九四九年五月。蔣介石総統[*7]が中美一号に搭乗して天河空港にいらっしゃる。副総統李宗仁《りそうじん》と行政院長閻錫山《えんしゅくざん》ら政府要人が総統を出迎える。その間、不測の事態に備え、隊は昼夜なく警戒を強めなければならない」

槐生直筆の自伝をめくりながら思う——父さん、一九四九年五月といえば蔣介石はすでに下野して総統ではなかったし、そもそも五月って間違いじゃない？ そのころ首都南京は占拠され、上海は陥落間近だった。蔣介石は駆逐艦太康号や輸送艦静江号に乗って、浙江省沿岸と台湾の島々を行き来し、反攻拠点配置のため、情勢視察を繰り返していた。五月は広州に行ってないはずよ。ほら、一九四九年五月十八日、蔣介石の日記には澎湖諸島視察について記述がある。

昨夕、宿舎の近くにある海岸を歩く。対岸に漁翁島が望める。(澎湖)島の面積は十分であるが、標高は五〇メートルに満たない。砂浜には樹木がきわめて少なく、植物は育ちにくい。動物については、インド牛の類が比較的大きい以外は飼育が難しいという。土壌に塩分が多く、動物にせよ植物にせよ生育には向いていない。しかも台風が多い。唯一あるこの地の重要性は、まさに台湾、福州、アモイ、汕頭《せんとう》の中心点に位置し、台湾への盾となるのみである。初めて来たが、急に暑くなりひどく蒸す。入浴後、講義。夏功権《しゃこうけん》よりアモイの情勢を聞き、十時就寝。▼3

三十歳の憲兵中隊隊長、龍槐生が天河空港の守備に精を出していたころ、巨大な歴史の将棋盤ではすでに勝敗が決していたのだが、もちろんそれは彼の知るところではなかった。彼もまた中国将棋で言うところの河を渡った兵卒であり、後退はできなかった。彼の目の前を途切れることなく人波が過ぎていく。天河空港前の道を黄埔《こうほ》埠頭に向けて逃げる人々だ。そのなかに山東から数千キロをさすらってきた五千人の学生がいることを、槐生は知らなかった。山東の校長たちは、子供たちを台湾行きの船に乗せるため、国民党軍領袖と調整を進めている最中であった。「土壌に塩分が多く、動物にせよ植物にせよ生育には向いていない。しかも台風が多い」澎湖島は、舌なめずりをして彼ら学生の到来を待っていたのである。

香港理工大学学長で、高温超伝導の世界記録を打ち立てたことで知られる物理学者、朱経武《ポール・チュー》はこの年たった七歳であった。泥んこ遊びやドジョウ捕り、そして拾った銅や鉄で発熱や発電させる遊びが好きだった。両親と兄妹の家族八人とさらに年老いた祖母を加え、彼らは武漢から船と列車を乗り継ぎ一路南をめざした。家を出たとき、犬を抱きかかえていたのだが、可愛い茶色の犬は汽車に乗った途端窓から逃げ出し、あっという間に姿を消してしまった。小さかった朱経武は泣きたくなった。

朱の父はアメリカの華僑で、ポートランドの航空学校で飛行機操縦を学んだ。一九三一年、柳条湖事件が起こった。血気盛んな二十六歳だった彼、朱甘亭《しゅかんてい》は胸にたぎる理想を抑えきれず、ついに人生を変える決断をした。大好きだったハーレーダビットソンを親友に贈り——もらった親友も彼の「豪胆」「果断」に驚いたという——サンフランシスコをあとにして、南京へ飛んだ。中国空軍に入隊するためである。

一九四九年五月、朱一家は広州に到着した。朱大尉は家族だけ黄埔埠頭に急がせ、船に乗り込んで自分を待つよう指示した。残存財産処理の責任者だった彼は、空軍後方支援部隊の金《きん》を押さえて上船する必要があったのである。父はこう言った。「すぐ追いつくから、船で会おう」

「ところが」と朱経武は言う。「いつまで待っても、夜中になっても、父さんは戻らない。埠頭は船に乗りきれずに野宿する難民でいっぱいだった。船が今にも出航しそうな段になっても、父さんは現れない。母さんはじりじり不安がって、祖母は心配でずっと顔を曇らせていた。そうして深夜二時、やっと父さんが現れた。ゼーゼー息を切らせ、だらだら汗をかいていた。なぜかといえば、父さんのジープが天河空港の前を通過しようとしたとき、不思議なことに、金が入っていた箱が車から落ちてしまった。

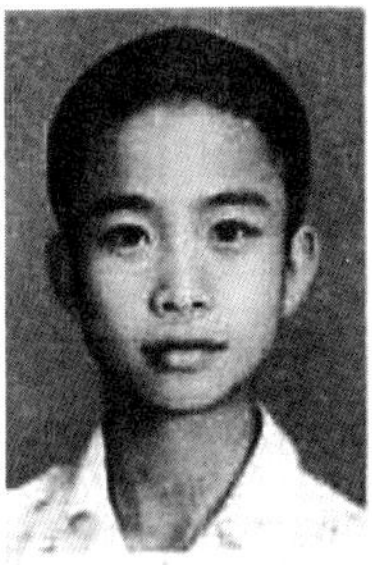
朱経武、7歳のとき
（本人提供）

地面に散らばった金を空港憲兵隊が見とがめ、何がなんでもそれを置いていけと言う。夜中まで交渉したのだがどうしても認めてくれず、仕方なしに手ぶらで埠頭まで急いだのだそうだ」

「なんですって？」と私。「天河空港の憲兵隊ですって？」

「そう」と答える朱経武。「金を憲兵隊に持っていかれて、父さんだってあと一歩で拘束されるところだった。もし出航に間に合わなかったら、おそらくぼくら家族はあそこで離ればなれだ。自分はもちろん、家族全員のその後の運命はそこで変わっていただろうね」。

「ちょっ、ちょっと待ってよ」と私は話を遮る。「あんたのお父さんが持ってた金を、うちの父さんが取ったって言うこと?」

「そういうことかな」と、さも得意気に。

「なに笑ってんのよ。父さんの自伝には、そんなこと書いてなかったわよ。ちょっと見てよ」

香港大学のロバート・ブラック・カレッジに借りた執筆室。私は本棚から父の自伝を取り出し、天河空港について書かれたページを探す。


一九四九年五月、広州に留まり次の命令を待つあいだ、天河空港の警戒に当たる。また空港から香港へ向かう道に哨戒員を二人配置し、空港の安全を確保する。あるとき劉と名乗る横流しグループのリーダーが闇物資トラック二十台分の黙許をもくろみ、金五百両（約十九キロ）の賄賂を持ちかける。物資取り締まりの任ではないが、即座かつ断固拒絶し、上司に報告した。

ページを指さし、朱経武に一字一句読んで聞かせる。そして問い直す。「どう? あんたのお父さん、まさか劉さんなわけないでしょう?」

広州東駅から衡陽《こうよう》駅へ走る夜行列車は、夜十一時に出発して、翌朝五時には到着する。走行距離は五百二十一キロ。私はこれと同じくらいの距離を車で運転したことがある。一九八七年、初めてベルリンに行ったときは車だった。フランクフルトからまだ壁に囲まれていたベルリンまで、五百六十キロあった。東ドイツに入った途端、アウトバーンは、鉄条網とサーチライトと監視塔に覆われた、途中で出ることのできないトンネルに変わる。検問所が近づき、制服を着た国境警備隊員を見たときの恐怖は、いまも忘れられない。

みんな故郷へ帰る人じゃないかしら? 広州東駅の待合室では、少なくとも千人を超える人がその大きなホールに集まっていた。聞こえてくるのは馴染みある湖南方言だ。多くの出稼ぎ労働者がパンパンに膨らんだ大小の袋——どれも判を押したように赤・青・白の格子柄だ——を体にくくりつけて、準備万端である。出稼ぎ労働者たちはたぶん、二、三年に一回の里帰りだろう。家にいる子供はもう気づいてくれないかもしれない。

人々が静かに乗車を始める。寝台車に乗り込み、荷物を置き、おのおのベッドによじ登り、電気を消す。消灯した瞬間、鉄の車輪が奏でるガタンゴトンのリズムが世界全体を包む。走行中の夜行列車はいつもロマンチックだ。寝台車は秘密のゆりかごのように、誰からも邪魔されず、われわれの疲れた体をゆっくり揺らす。規則正しい機械音が蚊帳のように優しく、ゆりかごとしっかりくるみ込んでくれる。

美君が乗ったのは広州駅である。李仏生《りぶっしょう》がそれに付き添った。淳安から一緒についてきた農家出身の少年伝令兵の一人である。広州での半年間、彼女は数え切れないほどの生き別れと死に別れを目にした。衡山へ行くことを決めたのは、どんなことがあっても子供を手放してはいけないと考えたからであった。

しかし思いがけず、半年そばにいなかっただけで、子供は母のことを忘れていた。

二〇〇九年、五百二十一キロの鉄道の旅は、一九四九年九月に母が通った同じ線路をたどる旅である。美君が乗る汽車は早朝衡陽に到着したところで動かなくなってしまった。前方の衡山で爆破に遭い、レールが寸断されたのである。汽車の中の人々はじりじり焦り出す。決断をしなければならない――列車で待つか、降りて歩くか。

あの時代、こうした些細な、まるで大事とは思えない一瞬の決定が、いちいち一生の運命を決める分水嶺となった。

朝五時、私は衡陽駅を出た。冷たい空気が強烈なハッカのように襲ってきて、あっという間に眼が覚めた。町は霧に閉じ込められて真っ白である。空はまだ暗かったが、駅前広場にはすでにたくさんの人が立っていて、ひっきりなしに誰か近づいて来ては私に地名をつぶやく。

攸県《ゆうけん》！　攸県行き！

祁陽《きよう》！　祁陽行き！

常寧《じょうねい》！　常寧行き！

永州！　永州行き！

永州⁉　私は慌てて「永州」の声を追いかける。霧の中、せむしの老紳士が立っていた。立ち尽くしたまま、その老紳士に見入ってしまう。もしいま彼について行ったら、永州に行けるんだわ。唐の時代の詩人、柳宗元《りゅうそうげん》が書いた「永州八記」や「蛇を捕うる者の説《せつ》」の舞台へ！　柳宗元を偲ぶため、私はわざわざ彼のうしろをついて行き、駅前広場の端っこにある「永州」行きのバス停をきっちりこの眼に納めてきた。

応揚が迎えに来た。車は衡陽市内を抜けて、街灯のない田舎道に入る。ヘッドライトを点けていても、じっとりした雲の中を泳いでいるかのようだ。上も下も、前も後も、近くも遠くも、ただただ茫々たる霧である。道がまったく見えない。もし地面に大穴があいていたら、車はそのまま真っ逆さまに落ちていくだろう。


列車を降りて歩く。美君は即座にそう決断した。

李仏生を引き連れて汽車を降りると、線路を北に向かって歩き始めた。衡陽から衡山まで、レール沿いにだいたい四十キロの距離を、二人はずんずん歩いた。道々、レールはばらばらに寸断され、枕木は黒焦げになっていた。足に水膨れができた美君を、仏生は後ろから両手で押してやり、なおも歩き続けた。二日目、遠くに衡山駅が見えた。ホッとして足がへなへなになり、美君は線路で転んでしまった。

二〇〇九年の衡山駅は意外にも、美君が私に話して聞かせた一九四九年当時とほとんど変わりがない姿であった。規則正しく木枠にはめ込まれた窓ガラスは、長年のほこりでくすみ、のぞき込んでもぼんやりしたままだ。中では一人の老人が箒とちり取りを手に、一心不乱に床掃除をしている。冬の日の柔らかな太陽が格子窓から差し込み、その老人の影をとても長くして、改札口まで届かせる。改札口といっても、木製の手すりが二本あるだけなのだが。

このとき、南行きも北行きも汽車はなかった。待合室は人っ子一人おらず、ひっそり閑。壁には大きな時計が掛かっている。針の刻む音がここまで聞こえてくるみたい。窓で切り取られて床に差し込む光が移動していく速度すら、手に取るよう。

駅舎に入る。人のいない改札口をすり抜け、乗客になったつもりでプラットホームまで歩く。端っこに立って、レールがまっすぐ伸びていき、曲がって見えなくなるまでを目で追った。ここが母と應揚が別れた場所なのだ。

衝動に駆られた。

線路に跳び下り、寝そべって、レールに耳を張りつければ、六十年前のあの汽車がタイムトンネルをくぐってやってくる。音が少しずつ近づいてきて……。

そしてまた、走り去っていった。

線路を下りた美君と仏生は土の小道を歩き、山のくぼみにある龍家に向かった。山や野にはアブラギリの木が生い茂っている。つぼみがたわわだが、開花にはまだ間があるようだ。水田はすでに水が落ち、稲の丈もずいぶん伸びているが、荒廃した田もまた少なくなかった。畦道に入ると、向こうから親戚が何人か迎えに来るのが見えた。彼らがいったい誰なのか、美君にはわからなかった。しかし向こうは、槐生がもらった杭州の嫁にすぐ気づき、笑顔で挨拶を交わしてくる。夫と同年代の親戚が、肩に担いでいた天秤棒から水桶を下ろし、狭苦しい畦道に立ったままいろいろ聞いてくる。槐生は元気でやってるか？　戦争はどこまで広がった？

龍家持ちの畦道。水を運んでいる叔母を見つけて、應揚が私を紹介する。「これが妹です」――「妹《メイ》」のアクセントが台湾と少し違う。お尻を下げて強く発音するから「魅《メイ》」の字に聞こえ、なんとも妖しげだ。しばらくして、一族が円を囲んだ。全部龍さんである。應揚が一人ひとり紹介してくれる。

こちらが君の大伯父にあたる……

こちらは、君からは従姉だな……

こちらは君の叔父で……


一周したところで、親類の呼称は使い尽くした。

「たしか、あんたのおっかさんは杭州のお嬢さんだ。パーマネントかけた」と親戚のおばあちゃん。

「そうそう、覚えてますよ。町からラジオを持ってきた」

と、叔父が言う。

両親と兄・應揚

「いい娘さんだった。流行りのチャイナドレスを着て、こんな田舎のボロ屋でも文句ひとつ言わなかった」。
私はその家の前に立ちじっと眺めていた。赤レンガ造りの家は窓と戸がはまってない。もう誰も住んでいないのだ。屋根に雑草が生い茂り、家の裏も表も、同じく伸びるに任せたままだ。この荒れ果てた家こそ、当時母が息子、龍應揚を迎えに来た場所なのだ。
しかし息子は、祖母の後ろに隠れたまま、その手を死んでも離そうとはしなかった。顔を恐怖に曇らせたまま、自分を連れ出そうとする目の前の女を睨みつける。泣き、騒ぎ、蹴り、たたき、どうあっても母を近づけなかった。
翌日、母たちは衡山駅にいた。まっすぐ続いていたレールがカーブしていく、南行きの改札口側ホームには列車がもう入線していた。

構内は人でごった返している。弧を描く列車の屋根はよじ登った人で鈴なりだ。ある乗客は乗車口から片手でぶら下がり、体は車外にぶら下ったまま。どの窓も、人の体でぎっちり塞がっている。

美君は心ちりぢりに悩んでいた。手を伸ばして息子を抱き寄せようとすれば、息子は火がついたように泣き叫ぶ。祖母はもとより手放すのが惜しく、汽車の出発時間を見計らってこう言った。「やっぱり……この子は置いていったほうがいいんじゃないかい？」

昔から何でもすっぱり決めてきた美君も、子供の真っ赤な泣き顔を見て、さらに災害現場のような車内の混雑ぶりを見て、このときばかりは迷っていた。手を伸ばしては引っ込め、引っ込めてはまた伸ばす。

汽笛が鳴った。汽車はいまにも動き出す。尋常ならない重圧が、この一瞬に。

美君は息子の手を離した。

「さあ、乗りましょう」と仏生に言うと、もう一度振り返って姑の手を摑んだ。

「私たち……すぐ戻ってきますから」

そう告げた美君を、仏生は荷物と同じように、窓から車内にねじ込んだ。

龍家の人々は天秤棒を担いでまた野良に出た。私と應揚は畦道を歩き、みかんを食べながらおしゃべりを続ける。私は訊いた——「じゃあ、母さんのことでなにか覚えてる？」

答えようとした應揚の目が真っ赤になる。六十歳にもなる人が、衡山駅の名前を出すだけで嗚咽を上げるのだ。

「覚えていることはひとつしかない——汽車の中にいる、髪の毛をくるくるさせた母さんの姿、それだけだ。少し大きくなって、みんなにはお母さんがいるってことに気づいたんだ。いないのはぼくだけで、悲しかった。最初、おばあさんは、私がお母さんだからって言ってた。でもそんなの嘘だってすぐわかる」

　應揚の目は深く奥まって、強い輝きを持っている。私が初めて彼に会いに行ったのは一九八五年だった。アメリカから飛行機で広州へ、この失われていた兄を「認知」しに行ったのだが、視界に広がる人混みのなか、一目ですぐ、「この人だ、これが兄だ」とわかった。兄は真っ黒に日焼けした皮膚で、農家らしい目の粗い服を身につけ、底辺で暮らす庶民の慎み深い立ち振る舞いがあった。それまでの一生を、天秤棒を担ぎ、土を耕して生きてきたのである。それでも彼の顔には美君と同じ、奥に窪んで強い光を放つ目があった。洪水のように溢れかえる人波で、私は一目でそれを見つけたのだ。

　應揚は一度言葉を切り、気持ちを落ち着かせてから話を続けた。「小さい頃、いつも外でいじめられた。先生や同級生がぼくを指さして『こいつの父親は国民党だ！』って言った。刀でバッサリ切られたみたいだった。いつも考えていた。母さんがいたらどんなにいいだろう。家に帰ればいつでも母さんがいて、嫌なことがあってもその胸で泣けばいい。でも、そう考えるともっとつらくなった。……汽車が衡山駅を出て、うちの方を通過するとき速度がゆっくりになる。だからぼくは、汽車の発車音を遠くに聞きつけたら、すぐ家を飛び出す。線路の方へ、汽車に向かって、必死で走る。追いかけながらずっと、母さん、母さんって叫ぶ……。パーマをあてた髪の短い女の人を見つけるといつも、母さんじゃないかって思ってしまう――でも、母さんはいつも汽車の中。ぼくは永遠に追い付けない……」

9　いたって普通の一年――一九四九年の湖南省衡山

應揚と畦道を歩いた。桃の木が何本か植わっていて、枝にはぽつりぽつり淡いピンクの蕾がついている。灰色の空、濃紺の山並みをバックにそれは、特大の美しいカンバス画であった。その手前では水牛が空き地に座りこみ、悠然としっぽを揺らし蠅を追いやる。静かで心休まる農村風景である。父、槐生は中国の農村の子供であり、まったく実在的なことに、私が足で踏みしめているこの龍家の農地に育ったのである。

父は一九一九年に生まれた湖南の子供である。では彼を育んだこの土地は、いったいどんなところだったのだろう。

私は『衡山県誌』をめくる。

槐生が生まれた前の年、民国七年（一九一八年）、彼の誕生を待ち構える世界はこんなふうであった――「四月。呉佩孚《ごはいふ》率いる北洋軍閥の部隊は、（孫文指導下の）護法軍*8と湘江・渉水《べいすい》沿岸で交戦状態に入った。暴行略奪が相次ぎ、老若男女みな山に隠れる。田はすべて荒廃した。七月。長雨、戦争、洪水が重なる。農民たちの苦しみは耐え難く、子を連れて家を捨て、みな難民となる」

槐生が二歳であったその年、衡山は「五十日以上雨が降らず、田も土も涸れた」「飢餓民は群をなして乞食となる。さもなくば野草を食い、飢えをしのいだ」

五歳の年。大雨が天より溢れ来て、「湘江・渉水沿岸で押し流されなかった家屋はわずか。被災民の野宿すること三カ月の長きに及ぶ」

十二歳。「大雨が二十日に及ぶ。鉄砲水が突如襲う」

十五歳。「晴れが続き、日照りとなる（略）、飢えたものは野草を採り、木の皮をはぎ、観音土を掘り、それらを食用にして餓えをしのぐ。秋、旱魃がひどく、百近い小学校が休校となる」

十七歳の年。鉄砲水が襲い、「農民は家を捨て、群れをなして物乞いをした」

十八歳の年。フィラリアが流行。湘江・洣水の水位が上がり、衡山の被害は甚大であった。

一九四五年、抗日戦争勝利の年は大旱魃であった。加えて戦争による火災・破壊で、大部分の耕地が収穫不能となった。秋、マラリアが流行し、衡山で二千人以上が死亡した。国共内戦が本格化し、国土に戦火が拡がり始めた一九四六年、県誌はこう記述する――。


衡東《こうとう》県域で深刻な飢餓が発生（略）飢餓民は草の根、木の皮、観音土を食べた。霞流《かりゅう》郷の餓死者は百八十九人に及び、粤漢《えっかん》線の線路をたどり、万を超える人びとが家を捨て流民となる。六月。天然痘とコレラが流行。被患率は二四パーセント、死亡率は五パーセントに達した。僻地・山村地域では医師・薬が欠乏し、状況は更に深刻であった。莫井《ばくせい》郷では八三五五人のうち四二一一人がマラリアに罹った。[4]

やれやれである。ちょっとさかのぼってみよう。槐生より十年ばかり早く生まれた湖南の子供たちが育った環境はどうだったのか。県誌の記述はまさに判を押したようだ。


民国三年（一九一四年）。軍閥作戦発動。衡山県域で初等小学校が一六〇校から一八校に減ず。

宣統《せんとう》元年（一九〇九年）。水害、旱魃、虫害が重なり、農民は樹皮、野草で飢えをしのぐ。群をなして物乞いをし、子女を売り払う。山川にのたれ死にするものおびただし。

光緒《こうしょ》三十二年（一九〇六年）。豪雨が続き、湘江・洣水決壊。「光緒丙五」水害発生。
光緒二十一年（一八九五年）。大干魃。被害甚大。

沈従文《しんじゅうぶん》*9は、槐生より十七歳年上の湖南の子供である。彼は一九〇二年、湘西地方の鳳凰鎮に生まれた。

九歳の年、つまり一九一一年の辛亥革命のころ、腕白だった沈従文が故郷で見た風景はこうだ——

「沢山の血まみれになった（略）生首は、なお門前の鹿砦《さかもぎ》の上や、両側の門にびっしり並べられていた▼5」。

（「従文自伝」『現代中国文学全集8沈従文篇』立間祥介訳、河出書房）

この地の革命は当初失敗し、役所はいたるところで裏切り者を処刑した。刑場は沈従文がよく授業をサボって遊んでいた河原にあった。毎日百人ほどが処刑され、野次馬がいつも三十人くらい集まった。捕まって首を切られるのは基本的に罪のない農民であった。そのうち、殺す人数があまりに多いので、処刑するかどうかを占いで決めることにした。罪人を天王廟に連れて行き、本堂前で三日月板を二枚放らせ、裏表各一枚なら吉で釈放、両方裏で凶なら首を落とす。殺される農民は自動的に左の列に並ぶ。殺されないものは右へ。文句を言うものは一人もいなかった。

いたずらっ子だった沈従文は毎日河原へ行き、処刑を見物した。一、二、三、四と指折りに死体を数える。そうでないときは、占い場へ連行される罪人の後ろをわくわくしながらついて行った▼6。首がはねられ、地面に血が広がる。処刑を堪能した大人たちは、ああやこうや論評を加えたうえ、わざわざ死体に近づいて足蹴にしたり、腹をつつくなど存分に楽しみ、飽きたらさっさと家路についた。

一九一八年、十六歳の沈従文はすでに従軍しており、地方軍の一員として「清郷」に出かけた。「清郷」とは各地の村へ出かけ、いわゆる「土匪」を掃討することである。村に到着するたびに、農民たちを縄で縛り付け、皮がはじけ肉が見えるまで板で打ちつけた。さらに棍棒で足を挟み、喚き出すまでキリキリ縛り上げる。拷問によって半分以上の人間が自供書に署名し、翌日速やかに首切り場へ送られる。沈従文は一年余りの間に、七百人の首が血を吹いて地に落ちるのを目撃した。もっともそれより前の二年間でその地を治める道尹《どういん》は二千人以上の人を殺していた。一九一七年に貴州軍司令は三千人を殺した。それにくらべれば、こんど番が回ってきた沈従文の部隊は「せいぜい千人を殺した程度」であった！▼7（同前）

水害、旱魃、大飢饉、そして長きにわたる戦災により、人々は揃って故郷を捨て、難民となった。中国の広大な大地を、道は山をぐねぐね巡っては次の山につながっていく。歩いているのはみな難民であった。そして路傍に倒れた死体が、何キロも連なっていた。

今回衡山を訪問するまで私は、一九四九年とはなんて凄惨で、特殊な一年だったんだろうと考えていた。ところがだ。県誌を開き、夜鍋して読めば、どの頁も例外なく悲痛な叫び声をあげている。なるほど、そういうことか。一九四九年とはなんて普通の一年だったんだろう！

10 鍬を担いで、毛沢東の演説を聞きに――湘江にまつわる物語

湘江ほとりの、寂しい渡し場にやってきた。ちょうど夕暮れどきであった。川面に霧がたちはじめ、淡くなった陽光がそこに溶け込む。曖昧で柔らかな色合いが対岸の民家を水と空に映して、あだない風景が広がっていた。

千年前、高名な学者である朱熹《しゅき》と張栻《ちょうしょく》は、同じ湘江のとある渡しで船を下りた。この「朱張論争」の知らせは当時の知識階級を震撼させた。結果、湘江河畔は「一時、見物の馬と車でごった返し、飲用の池が瞬く間に涸れた」。

この大河の渡しを、当時二十三歳で長沙師範学校の生徒だった毛沢東も利用したことがある。一九一六年の夏、親友の蕭瑜《しょうゆ》とともに、傘にくくりつけた風呂敷包みひとつ、わざとお金を持たない「物乞い」のやり方で千里の旅に出発した。自分が生まれた土地を見つめ直し、同時に自分を鍛錬するためである。ふふ、これって民国初期の「ヒッピー」ってことじゃない? ヒッチハイクで世界を見てやろう! そうして二人は船頭を騙し、すかし、居直り、川を渡った。

何日も歩いて益陽《えきよう》までたどり着いた。故郷の農民たちの情況を、蕭はこう記録している――

船に乗ってみると、洪水はまるで天にも届くかと思われるほどだった。景色はすっかり変わってしまい、家や木立はほとんど水に没していた。船は超満員で、互いに呼び交す親子、仲間の声でいっぱいだった。[8]

(蕭瑜『毛沢東の青春――その秘められた日々』高橋正訳、サイマル出版会)

湘江の風景

毛沢東にとって農民たちの苦しみはいたく身近なものであった。

千里の旅を終えて、二人の服と草鞋はボロボロになっていた。蕭と別れた毛は、家路を急いだ。なぜなら両親が彼の帰りを待っていて、「靴[9]を二足ばかり作ってくれてるはず」であったから。(同右)

その後三十二歳のとき、つまり一九二五年、湘江の霧覆う広大な水面を前にして、毛は一気呵成に「沁園春《しんえんしゅん》・長沙」を書いた――

秋の寒気のなか、ただ一人立っていた
湘江が北へ流れゆく　橘子洲《きっししゅう》である
層をなす林にくまなく染められて　山は一面に
紅く
碧くすみきった川面の　舟はさきを争う
鷹は大空をつきすすみ　魚は浅い水底を翔ぶ
凍てつく空の下、万物が自由をきそっている
この大いなる広さに心かなしく　はてしなく広
がる大地にたずねた

誰が人の世の浮き沈みを支配しているのか

（『黎明のうた』今村与志雄訳、平凡社）

一九二六年二月、国民党指導者であった汪兆銘《おうちょうめい》[＊10]は、新しく設立された国民党農民運動委員会の委員に毛沢東が就任し、さらに広州農民運動講習所の所長を兼務することを支持した。毛主導のもと、講習所は各地の農村をまわって「農民協会」設立を奨励し、貧農に対し、土地持ちや金持ちと闘争するよう指導した。国民党の北伐軍が湖南を占領したことにより、この地の農民運動は天をなめる野火のごとく燃え拡がった。

　路地を遊ぶ長沙の子供たちがくすぐったいような幼い声で、「列強を倒せ　列強を倒せ　軍閥を～やっつけろ……」と歌う。この歌は、フランス童謡「フレールジャック」（日本では「グーチョキパーでなにつくろう」）の中国版で、六十年後の子供も同じように口ずさむ。ただし歌詞はこう変わっている――「二匹の虎　二匹の虎　足が～　速い～……」。

　私は應揚と、湘江に浮かぶ小舟の中に腰掛けた。老船頭が櫓から手を離す。船は川の流れのままに揺らめく。

「父の自伝にあったんだけど」と應揚に訊く、「七、八歳のころ、いつも母親についていろんなところへ行ったって書いてあるの。演説を聞いたり、市民集会かなんかに参加したとか。あと母親、つまり私たちのおばあさんが上海の紡績工場で働いていたとか」。

　靴下を脱いで足を湘江に浸けてみる。冷たくて気持ちいい。彼に確かめたいことはたくさんあった。

「おばあさんは湖南の農村の女性で、字も読めない。なのにどうして演説を聞きに行ったの？　どうして一九二七年に衡山なんていう田舎から、上海の紡績工場へ働きに行けたの？」

應揚は答える。「おばあさんは農民協会に入っていて、共産党員だったからさ」。

私はびっくりした。「二十年代よ？ もう共産党に参加してたの？」

「そうだよ」と應揚は平然として、「毛沢東の演説を聞きに行ったって、おばあさんから聞いたことがある。七、八歳だった父さんを連れて行ったって」。

「ええ？」 唖然としてしまう。

「毛沢東が衡山に来て、農民向けに演説をして革命を説いたんだ。おばあさんは鍬を担いで聞きに行った。しかも農民協会に入って、ほかの群衆と一緒に地主の家を襲ったりもした。その後騒ぎが大きくなって地主が農民たちを捕まえようとしたんで、党が手助けして、おばあさんたち貧農を上海に逃したんだ」。

たいへんよくわかりました。

一九二七年、毛沢東は衡山一帯で三十二日間にわたり実地視察を行った。その後提出したのが模範とされる「湖南省農民運動の視察報告」であった。湖南の農民が行った打ち壊し、焼き討ちについてこう描写している。

> 地主を地べたにたたきつけて、そのうえ足でふみつけた（略）「おまえを別冊に書きこむぞ！」といっては、土豪劣紳《どごうれっしん》に罰金や寄付金をださせ、その駕籠をおそう。（略）土豪劣紳の家には、おおぜいのものがおしかけ、豚をつぶさせ、米をださせる。土豪劣紳のお嬢さんや若奥さまの豪華な寝台にさえ、土足のまま上がって、寝ころがってみることもできる。なにかというと土豪劣紳をつ

かまえてきて、三角帽子をかぶせて村を引きまわし▼10（略）

（『毛沢東選集第一巻』外文出版社）

そして毛沢東は毅然とこう言った。これら農民がやっていることは「まったくすばらしい」。なぜなら「革命は、客をごちそうに招くことでもなければ、文章をねったり、絵をかいたり、刺しゅうをしたりすることでもない。そんなにお上品で、おっとりとした、みやびやかな、そんなにおだやかでおとなしく、うやうやしく、つつましく、ひかえめのものではない。（略）どの農村でも、短期間の恐怖現象をつくりださなければならない。そうしなければ、けっして、農村での反革命分子の活動を弾圧することはできない」（同前）

鍬をかついだ農村婦人が、六、七歳の子供をつれて広場まで毛沢東の演説を聴きに行った。父さんも、そこにもいたのね。

そうこうしているうちに、槐生は七歳となり、小学校に上がることになった。履く靴がないから、はだしで山道を歩いていく。雪が降ったときだけは、母さんが縫ってくれた暖かい布靴を履いてもよかった。毎日、何時間も山道を歩いて、湘江支流の洣水河畔にある城南小学校に通った。

勉強を始めた槐生は、あっという間に字を覚え、同じように貧乏だけど明るく元気な同級生たちと『古文観止《こぶんかんし》（古文名篇）』*11を朗読するようになった。はきはきした子供たちの声が、ゆったりした湖南方言の音が、鍬をかついで洣水河畔を歩く農民の耳まで微かに届いた。

11　母がくれた作りかけの靴——父、故郷との最後の別れ

家にはいつも食べるものがなかった。育ち盛りの槐生は腹が減り過ぎて、ときにめまいがするほどであったが、それを口には出せなかった——家で自分の帰りを待つ母のほうが、もっとお腹を空かせていることを知っていたからだ。貧しい家の子供は、思いやりというものを早々身につけてしまうのである。

のちに父がよく私たちに話して聞かせたエピソードがある。大雪が降っていたある日の放課後のこと。何手が紫に変色し、足もつるほどの寒さのなか、父は空腹に目を回しながら凍り付いた山道を駆けた。何キロも駆けて、やっと家に帰りつき、戸を開けると——ここで私たち、つまり槐生がこの島で育てた息子と娘は混声合唱のように、意地悪に話を継ぐ——「母さんがぁ——熱々のご飯を出してくれたぁ……」

だって私たち、一万回も聞いたんだから。いい加減、勘弁してほしい。

子供たちの皮肉など耳に入らぬように、父は続ける。立ち上がり、身体をダイナミックに使って、あの日の情景をつぶさに伝えんがため。

「家に入ると、母さんが立っていた。嬉しそうにこちらを見てるんだ。母さんの手には、茶碗に盛られた白いご飯があった。普段はおかゆすら満足に食べられないのに、今日はどうして白米のご飯があるんだろう？　そう思った。お碗をとろうと手を伸ばした。けど、ずっと雪の中にいたから目がやられていて、なんとか手には取ったけど、食卓に置こうとしたとき、うっかり落としてしまったんだ。ガチャンと床で粉々に割れて……」

ギリシャ悲劇の合唱団のように、私たちはナレーションを加える——「そして母さんは泣いてぇ

――」

槐生は自分だけの揺るぎない記憶のトンネルに入り込んだまま。「そうなんだよ。母さんは誤解したんだ。ご飯だけで、おかずがないからぼくが怒ったんだって。母さんは一日なにも口にせず、ご飯を残しておいてくれたのに……」

私たちの混成合唱は止まない。父はもう涙でぼろぼろだ。ズボンから四つ折りのハンカチを取り出して涙を拭く。父世代がよく使う、格子柄のコットンのハンカチだ。

父がむせび泣くのを見て、私たちは矛を収めた。口にチャック。

まあ、父が泣くのを見るのは初めてじゃない。

引出に仕舞ってある布靴の底を手にするとき、父はいつも泣くのだ。

一人っ子だった槐生は、十五歳で家を出た。一九三四年、まさに『衡山県誌』に言う「飢えたものは野草を採り、木の皮をはぎ、観音土を掘り、それらを食用にして餓えをしのぐ。秋、旱魃がひどく、百近い小学校が休校となる」の年である。天秤棒に竹籠をふたつ下げて市場へ買い物に行ったとき、彼は駅前で、憲兵が「学生隊」を募集しているのを見た。この発育不良で、背丈も人並みの少年が何を思ったのか、担いでいた天秤棒と竹籠を同行していた龍家の「冬秀《とうしゅう》」という少年に預けると、着の身着のまま、憲兵について行ってしまった。冬秀の記憶によれば、槐生は十八歳と年齢を偽ったのだという。

六十年後、先輩作家である王鼎鈞《おうていきん》*12の自伝『関山奪路（険しくはるかなる退路）』を読んで初めて、あの日衡山駅で父が何を見、何を聞いたのか、イメージとして摑むことができた。

槐生が憲兵隊小隊長になっていた一九四五年、十九歳の高校生だった王鼎鈞もまた、ある憲兵中隊長の「募集」演説を聞いた。その中隊長が言うには「憲兵とは『法を司る兵』である。その地位は非常に高く、他の兵種よりひとつ上の階級に見なされる。憲兵で三年勤務すれば、司令部の推薦で大学に進める——そんな群集心理を摑んだ中隊長の巧みな演説で、会場からは何度となく拍手が巻き起こった▼11」。入隊してから何もかもが嘘だとわかった。王鼎鈞は言う。あれは「国家の名による詐欺だった」。彼はその後何十年のあいだずっと、この大きな「嘘」をつくり出した大本——国家を許すことができないままだ。

食うや食わずやの故郷を出てきた槐生だが、まさか憲兵隊でも飯がまともに食えないとは考えてもみなかったろう。毎日お腹を減らしたまま授業、教練、野外演習である。地位が「高い」、国家の「法を司る兵」が、地べたを這って落花生やさつまいもを掘り、野菜を盗んで飢えをしのいだ。あるときなど、野外演習から帰ってきた隊の半分が、口から泡を吹いて地面にぶっ倒れた。

槐生が母と最後に会ったのは、まさに一九四九年のことである。乗っていた汽車が衡山に停まるというので、急ぎ母を駅に呼んだのだ。十五歳で家を出た息子は、このときすでに中隊長であった。隊を率いて凱旋したわけだが、汽車を下りて家に帰ることはかなわなかった。

農民として生まれ育った槐生の母は、山の麓にある龍家から駅まで歩いて来た。列車は意気盛んな将兵たちでいっぱいだった。慌ただしい対面で、彼女は懐からあるものを取り出した。それは白い布靴の底であった。息子が来るという知らせが急で、靴を完成させる時間はなく、せめてもと、ひと針ひと針太い糸でしっかり縫い上げた靴底であった。

こっちに来い、と、父が客間から私たちを呼ぶ。手にはあの靴底が握られている。海を渡り、戦乱を経て、はかなくも黄色に変色している。父が言う。覚えておいてくれ。この靴底は、お前たちのおばあさんが縫ってくれたものだ……。

私たちは人ごとのように聞いている。やれやれ、ここをどこだと思ってんの？ 一九六四年の台湾、苗栗《びょうりつ》県の苑裡《えんり》鎮よ!? 布靴なんて今どき誰も見たことない。誰が誰になにを作ったって？ 知らないわよ。

槐生はポケットから例のハンカチを取り出して、涙を拭う。

兄と弟が許されて「解散」したあとも、一人娘である私はまだ残される。

背もたれの破れた籐椅子に座る父。ボロ扇風機が回っているのに、団扇を扇ぎながら言う。「そら、『陳情《ちんじょう》の表《ひょう》』」

十二歳の私は、父の前で両手を背に回して気をつけをし、千七百年前の文章を諳んじるのだ。

　臣は険釁《けんきん》を以て、夙《つと》に閔凶《びんきょう》に遭う。生孩《せいがい》六月にして、慈父に背《そむ》かる。行年《こうねん》四歳にして、舅《おじ》は母の志を奪う。祖母の劉は、臣の孤弱《こじゃく》を閔《あわれ》み、躬《み》親《みずか》ら撫養《ぶよう》す。臣は少《わか》くして疾病多く、九歳まで行《ある》かず、零丁《れいてい》孤《こ》苦《く》して（略）

「陳情の表」李密《りみつ》[13]

（私は幼年より不遇でありました。生後六カ月で父を亡くし、四歳で母が他家へ再婚させられ、祖母の手で育てられました。病気がちであった私は九歳まで歩くことができず、寄る辺なき身の上で大変な苦労をして育ち（略））

城南小学校はとうの昔になくなっていた。聞けば、龍家の裏にある山の中腹に移転し、今は「百葉小学校」と呼ばれている。じゃあちょっと付き合ってよ、と應揚を呼んだ。

山の中程にある百葉小学校についた。十五歳で家を出た父のため、という来訪理由を知り、若い先生が整った字で「陳情の表」第一段を板書する。ところどころ壁の色がくすんだ教室で、クラス四十人の子供たちがはきはき朗読する……。

臣は険釁を以て、夙に閔凶に遭う。生孩六月にして、慈父に背かる。

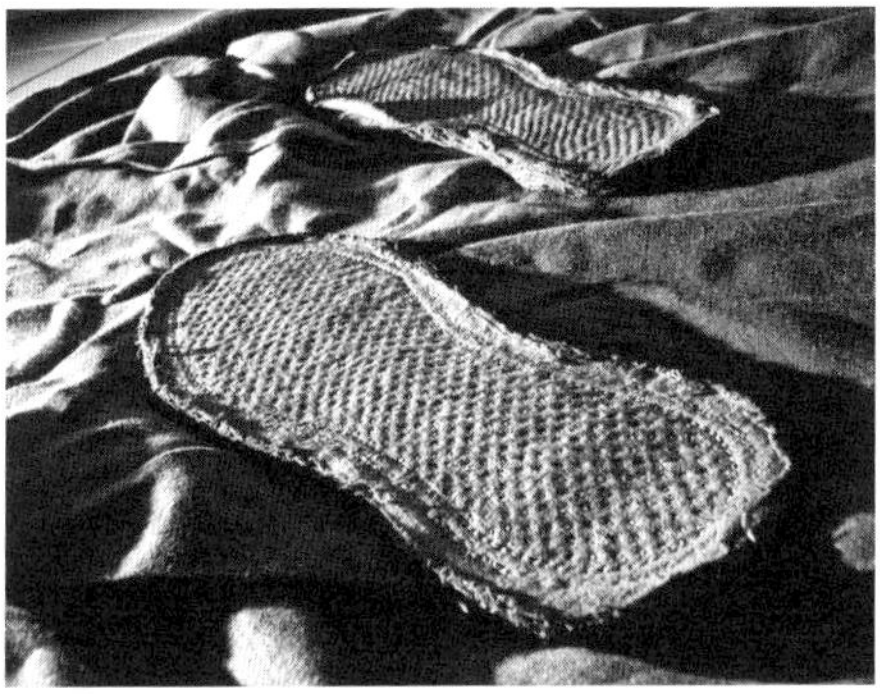

布靴の底

百葉小学校の生徒たち

これは私が初めて聞く、湖南訛りの「陳情の表」である。幼い声が混じりあう朗読は、畦道を歩く農民も聞いているだろう。その抑揚、その間は、図らずも父が昔、私に聞かせたものとまったく同じであった。

12　十八歳の父が南京で受けた心の傷——城壁をよじ登り、長江を泳いで逃げる

槐生が本当に満十八歳となった一九三七年は、中国が日本との全面抗戦を決めた年であった。

十八歳の槐生はにおい立つような男前であった。そんな彼が居合わせたのが、日中戦争で最も凄まじく最も激しく、そして最も規模の大きかった戦闘、第二次上海事変（「淞滬《しょうこ》会戦」）と南京攻略戦（「南京防衛戦」）である。

一九三七年八月十三日に勃発した第二次上海事変に、日本軍は二十五万人を派兵し、中国軍は七十五万人でこれに対した。昼夜なく戦火を交えること三カ月、中国軍の死傷者は二十万人近くに上った。これは日本軍の死傷者の四・五倍であった。前線総司令陳誠《ちんせい》*14は蔣介石への報告の中でこう述べている。火薬庫防衛を任ぜられた第三六連隊第二中隊は「死守して退かず、結果砲撃を受け、全隊生き埋めとなった」▼12。

日本軍が上海の戦場を後にし、南京に向けひたすら進軍していたころ、槐生は憲兵団の一員としてすでに南京の防衛ラインである雨花台《うかだい》にいた。

われわれは南京雨花台の前線を固く守り、無数の敵兵を殺した。詮方ないことに、守備部隊司令の唐生智《とうせいち》は無能であった。首都を防衛する数十万の大軍はその撤退時に味方同士殺し合いとなり、加えて日本軍の海・空からの砲撃、掃射により、地に死体がおびただしく横たわり、血は河のように流れた。

槐生の自伝にあるこの文章は、彼自身がよく語った「名場面」の導入部である。私たち兄妹も少し大きくなり、背丈の大きい方は高校の、小さい方は中学のそれぞれカーキ色の制服を身につけて、ここでちょっとからかうように反論するのだった。「父さん、憲兵って映画館の入り口に突っ立って、軍人がちゃんと入場券を買ってるか見張ってるだけじゃないの？　お父さんたち憲兵が戦争で戦うわけないじゃん！」

父は途端不機嫌になって、私たちを睨む。本当ならここからが「名場面」なのに、わが子に冷や水を浴びせられ、二の句が継げない。

父が続けたかった話はこうだ――「ようやく一江門まで後退したのだが城門は固く閉ざされていた。宋希濂《そうきれん》の部隊は城壁の上から機関銃を構え、われわれを外に出そうとしない。極度の混乱で城門の守衛部隊に撤退命令が届いてなかったのだ。必死で一江門をよじ登り城外へ出ると、長江のほとりまで逃げた。しかし乗る船はない。日本軍の砲声が迫ってくる。果たして何万人もの兵士がこの河原で行き詰まりとなった。そんな絶望的な局面で妙案を思いついた。何人かの残存兵と大木を二本運び、水に放り込んだ。それにしがみつき、手で水を掻き、ゆっくりゆっくり、対岸の浦口《ほこう》まで漕いでいった。」

ここまでしゃべると、父はいつもこう付け加えるのだ。「長江を渡るのに、どのくらいかかったと思う？」

私たち四人、大人でも子供でもない兄妹は、宿題をしていたり、マンガを読んでいたり、誰も答えない。気を遣った私がさも聞いていたように、「ん？」と鼻で合いの手を入れれば、「丸々一日半かかったんだ。対岸まで」と、もはや独り言のよう。「たくさんの人が死んだ」。しばらく静けさが続く。もう誰も聞いていないとわかると、父もおもしろくないのだろう、警備帽を掴みとっとと仕事場へ出かけてしまう。

父が出て行って、玄関の網戸が半自動で戻る「パサッ」という音がした。

二〇〇九年五月十二日、私は南京に来ていた。父が歩いた道を同じように歩きたかったのだ。河に面した城門の前に立ち、仰ぎ見る。門の名を示す、大きな三つの文字。なんだ、「一江門《イージャンメン》」じゃなくて、「挹江門《イージャンメン》（ゆうこうもん）」って名前だったんだ。

城門は高く、大きく、厳めしくそこにあった。中央に掛けられた額には巨大な文言が書かれ、それが記念しているのは別の出来事であった。つまり一九四九年、長江を渡った解放軍が南京に進攻した地点がここ、挹江門だったのだ。そう、「挹江門」は勝利を意味していたのだ。

門の前には美しいフランスアオギリ。その木陰で私は、憲兵たちが参加したという南京防衛戦のリーフレットを開いた。

憲兵隊が河岸にたどり着いたのは、すでに夜中であった。（略）我が軍一万余りの兵士はなお河岸で身動きがとれず、ひしめき合っていた。追い討ちをかける日本軍は扇形に包囲し砲火を浴びせてくる。撤退のどさくさで多くが丸腰となっていた我が軍は、一人また一人と銃弾に倒れていった。

（略）憲兵隊はその場に留まり抵抗を続けた。（略）五時間の激戦の末、憲兵隊はほぼ壊滅した。（略）憲兵隊副司令蕭山令《しょうさんれい》は捕虜となる辱めは受けじと、残弾を撃ち尽くしたあと、自決して国に殉じた。四十六歳であった。▼13

最後まで勇敢に戦った蕭副司令が、河岸へ撤退する前に守っていたのが、槐生が語っていたあの雨花台である。別の史料を見てみよう。

民国二十六年（一九三七年）十二月九日。日本軍が南京に迫る。我が憲兵隊は六千四百五十二名をもって南京防衛の任にあたった。副司令蕭山令中将が指揮する部隊は日本軍を相手に四昼夜を戦い抜いたが、補給を絶たれ最後は弾尽き、壮烈にも国に殉じたものは千二百十名。負傷者は五十六名、生死不明は二千五百八十四名であった。▼14

史料を読み慣れた今の私にはわかっている。「負傷」した兵士は通常そのまま治ることなく、「生死不明」であるものは通常死んでいるわけで、つまり六千余りの憲兵のうちその五分の三が南京防衛戦の犠牲となったのだ。

挹江門から長江河畔の下関《かかん》埠頭までたった二キロ。当時、万を超える兵士たちが入り乱れるようにして逃げた道筋である。今は街路樹のアオギリがうっそうと繁る。

アオギリが車窓越しに影を投げかける。手元の史料はふいに明るくなったり、暗くなったり。私はちょっと情緒的になった――父が亡くなって五年、私は今ようやく、血肉飛び交う戦場を這い出し、弾雨のなか命からがら逃げおおせた経験を、実感として感じている。彼はこのときたった十八歳。全身血まみれになって長江のほとりまで命からがら逃げて来たとき、さっきまでいた城壁の内側では、まさに「南京大虐殺」が始まろうとしていたのである。

思い出した。中学生のとき、父が私によく読み聞かせた詩があった。劉禹錫《りゅううしゃく》が南京を詠んだ「石頭城《せきとうじょう》」である。父はいつも第一句と第二句を詠じていた——。

山は故国を囲《かこ》んで周遭《しゅうそう》して在《あ》り
潮は空城を打って寂寞として回《かえ》る
（山は古き都を囲んであり　川波はもぬけの城壁を打ち、寂しく返る）

長江ほとりの下関埠頭に立つ。水がぐんぐん流れていく。私はまたひとつ知る。私たち兄妹は縁あって、この衡山龍家に生まれ育った少年の子供として生を受けた。これほど長い歳月のなかで、父はいったい何度、自分のじくじくと痛み続ける心の傷を、私たちに伝えようと試みただろう。でも私たちは一度も、ただの一度たりと、それを受け止めようとしなかったのだ。

13　老いた父が愛した芝居「四郎探母」——生き別れの母を思って

台北の劇場で「四郎探母《しろうたんぼ》（四郎、母をたずねて）」がかかると聞き、わざわざ父を連れて聴きに行ったことがある。そのころ父は八十歳になっていた。

別に私がこの芝居を好きだったのではない。父が口ずさむ歌と言えば、私の知る限り、生涯この演目しかなかったのだ。ラジオが鳴り、アナログレコードが回っていた時代、美君は周璇《しゅうせん》[*15]の「月円花好（いつまでも円満に）」や「夜上海（夜の上海）」を聴いていた。槐生と言えば「四郎探母」だけを繰り返し聴いていた。オンボロの警察官舎で、穴が空いた籐椅子に腰掛けた父は、蒸し暑かろうが、蚊がうるさかろうが、管弦の音に合わせて歌うのだった。

まるで籠中《こちゅう》の鳥のごと　翼はあれども伸ばせずに
まるで山を出た虎のごと　ぽつんと孤独にさいなまれ
まるで浅瀬の龍のごと　砂にはまって動けずに

父は音痴だった。しかも湖南訛りがひどく、京劇の発声にはほど遠かった。それでも父は真剣に歌い、手拍子を打ち、間奏の銅鑼の音も「ドンジャンドンジャン」とやってのけた。

はるかな昔、十世紀のお話である。北宋の漢族と遼国の北方民族が荒涼たる戦場で戦うことはや幾年。主人公、楊四郎《ようしろう》の家族は一人また一人と戦死していき、生き残った自らも捕れの身となった。その後異国で身の上を隠して敵の后を娶り、屈辱に耐えて十五年を生きた。聡明にして善良な鉄鏡《てっきょう》姫との間に生まれた子供たちはすくすく育ち、異郷は自身にとっても第二の故郷となっていた。しかし四郎は、母への思慕を消し去ることができなかった。攻め入る北宋の軍勢に母がいると知り、ある夜遅く、こっそり北宋の陣地をめざした。十五年前に別れたきりの母をひと目見るためである[*16]。

「漢賊並び立たず」という民族間闘争に巻き込まれ、また妻への愛情と母への思慕に揺れ、そして個人の境遇と国家の利益の抜き差しならない矛盾の板挟みとなっていた四郎。すでに中年になっていた彼は、母を目にした途端、地に跪き、嗚咽を上げた。取り乱してのち、思わず口に出た言葉がこれだ。

千回万回跪いても償えぬは不孝の罪

かたわらにいる父が異常をきたしていることに気づいた。目をやると、老いた父は涙をこぼし嗚咽をあげていた。

なにを思い出したのだろう？　十五歳のあの年、担いでいた天秤棒と籠を捨て、別れも告げずに家を出たあの瞬間のこと？　それとも白いご飯を落としてしまったあの吹雪の日のこと？　少しずつ変色していくあの手縫いの靴底のこと？　あるいは一千年前の四郎と同じ境遇の自分自身？　砲弾飛び交う戦場を転々と逃げのびて、敵と味方の狭間を戦々恐々と生きのびて得た、川の流れに消える水月のごとき七十年の歳月？　そして別れを告げられないまま別れ、二度と生きて会うことのなかった母を思って？

芝居が終わるまで、父の涙はいつまでも、いつまでも流れ続けた。私にできたのは、ぎゅっと父の手を握りしめ、ちり紙を次々手渡してあげることだけだった。

そのうちに、うっすら気づく。涙を流しているのは父だけではなかった。斜め二、三列前の老人も涙を拭いている。髭もスポーツ刈りの髪もすべて真っ白の彼の隣で、もういい中年である息子がハンカチを手渡す。もう一方の手は父親の肩を抱き、ポン、ポンと優しく何度も慰める。

カーテン・コールの拍手の中、観客たちが次々に立ち上がる。私もここで知る。あぁ、周りにいるほとんどが、老人と、それに付き添う中年の娘と息子であった。杖をつくもの、車いすに座っているもの、息子に支えられたもの……。誰もが涙ぐみ、言葉を失している。

中年の子供たちは無論、知り合いでもなんでもない。でも、言葉もなく目と目で全てをわかりあっていた。客電が点る。老人と子供たちが出口に向かう。その歩みはみな、あり得ないほどゆっくり、ひたすらゆっくり。

第2章

弟よ、ここで袂を分かとう——少年たちの決断

14　夏には帰ってくるから――一九四九年ドイツの漂泊民

あの日、ドイツに帰る息子を香港国際空港まで見送った。そのとき息子のフィリップが私にクイズを出した。「母さん、この空港は世界で一番なんだってさ。なにが一番だと思う？」

一番？　面積？　乗降客数？　あるいは時間あたりの離着陸数とか？　この空港は私の一番好きな空港だけど、世界で一番って何かしら？

息子の答えは――「ここには、世界で一番大きい屋根があるのさ」

ほんとに？　そんなこと考えたこともなかった。私は足を止めて、天井を仰ぎ見る。いっそこの清潔極まりない床に横たわって眺めていたい。バスケットボールコートに寝転がって夜星を眺めるみたいに。

子供のころの記憶にも、大きい屋根がある。ひたすらまっすぐ伸びる大きな倉庫で、七歳の少女だった私にとって、それが世界で一番大きい屋根だった。

倉庫の中には数え切れないほどの家族が住んでいた。世帯ごとにペラペラの板で仕切り、あるところは汚れたシーツがロープに掛けられているだけだ。そんな〝家〟が、長い長い通路の左右にずらっと並んでいた。擦り切れた肌着を身につけ、真っ赤な花が描かれたホーローの洗面器を抱えて歩いている男たち。彼らはサンダルをひっかけてパタパタと、倉庫裏の空き地にある共用の水場をめざす。女たちなら、ベッドで赤ん坊に乳をやっているのがひょいと見えるはずだ。ベッドの下には物がぐしゃぐしゃに押し込んである。かたわらで大きな子供たちがもんどり打ってケンカしている。小さい子供は地面に寝っ転がって、なにをしてるのやら。

雨が降ると、倉庫全体にけたたましい音が鳴り響く。世界できっと一番大きいこのトタン屋根を雨粒がたたいて、まるで千万の兵馬が殺到したかのようだ。倉庫のなかはお椀、お盆、鍋、バケツ、壺が所狭しと並び、屋根のあちこちから漏れてくる雨水を受けとめる。上は激しい雨音がザアザア、下は雨を貯めてポチャンポチャン。赤ん坊の泣き声や女の怒声、そして老人の咳が混じる。さらに各地方の音曲がオンオン、イーイーと、いつまでもうっすら消えず、夏の夜に飛ぶ蚊のように、大きなトタン屋根と

(Time & Life Pictures/Getty Images)

家々の蚊帳の間を漂う。

黒いシャツと黒いズボンを身につけた総白髪の老婆が、仕切り板の前で腰掛けに座ったままピクリとも動かない。目の前まで近づいてやっと、彼女の目がどこか遠い一点を見つめたままなのに気づく。しかしどこを見つめているのかはついぞわからず、その老婆自体ここに存在しないに等しい。

この大屋根があったのは、高雄の埠頭。一九五九年のことである。

彼らが私たち家族と同じ「外省人——よそ者」であることはわかっていた。ただし私たちは彼らより頭ひとつだけ抜け出していた。家があったのだ。たとえそれがボロボロの公務員官舎で、いつ引っ越しさせられるかわからないにしても、れっきとした一戸建てで、四方を竹垣に囲まれた庭があり、童話にしか出てこないような立派なガジュマルが植わっていた。

洗面器で雨漏りを受けていたあの人たちは、どこから来たんだろうか？　どうしてあんな多くの人が、どうしてあんなたくさんの家族が、埠頭の上に建つ、雨が降れば途端に雨漏りがする大屋根の下に身を寄せ合うように暮らしていたのか？　もとはちゃんとした家があったはずなのに、それはどうなってしまったのか？

その後、私たちはまた引っ越しをした。高雄港三番埠頭を出て移ったのは辺鄙な漁村であった。私たちが暮らしていたのは村の中心部だったが、村のはずれに「新村」というものがあった。見慣れぬモルタル屋がべたっと建ち並び、なかに住む人はもっと「変」だった。彼らはほかの住民が聴き取れない言葉を話し、地元の人とまるで違う服を身につけ、見るからに不思議な食べものを食べた。彼らはいかにも新参者で、いかにも仮住まいであった。ところが一年、又一年と過ぎ、結局そのいちばんひなびた、最果ての海辺に住み続けた。彼らは「大陳島《だいちんとう》義民」[*1]と言う。一九五五年、国民党軍とともに浙江省大陳島から撤退してきた民間人であった。

ドイツに住むようになってひとつ気づいたことがある。息子のフィリップはこのことに気づいているだろうか？　ドイツ人にどこ出身か尋ねるとよく、ポーランドやチェコ、はたまたソ連の名前を挙げる人がいる。そしていつドイツに来たか尋ねると、そのほとんどが一九四五年から一九五〇年の間と答えるのだ。そう、ドイツにもこんなたくさん、遠方より移り住んできた人がいたのだ。しかも、中国人が漂泊、流転を強いられていたのとまったく同じころにである。

実はこの現象、意外に自分から遠くないところで起こっている。私の親友、イングリットから聞いた話がある。

中国人がシンガポールやインドネシア、アメリカ、南米に散らばっているのと同じように、ドイツ人も何世紀にわたり、ソ連やポーランド、ハンガリー、ルーマニアに移民を輩出してきた。一九四五年、あの凍えるような冬。十歳のイングリットのかたわらで両親が、ベルトの内側に宝石を縫い込み、バイオリンの中に土地の権利書を隠していた。先祖伝来の陶器は綿入り服で、大きな銅鍋は布団でくるんだ。そして、馬車一杯に詰め込んだ荷物とともに一家七人、何代も住み慣れたポーランドを出発した。土が固められただけの道を寄り添いながら進む人々と車の列。延々と連なるその姿は、遠くから見れば、まるで曲がりくねって進む蟻の行列であった。

もうすぐ村を出るところで、いつも行っていた古い教会が見えた——そうイングリットが言う。黒頭巾をかぶっていた祖母がどうしても馬車を下りると言って聞かず、しかも誰もついてくるなと厳しく言い残して車を下りた。祖母はすごく太っていて、家族の心配をよそに、そろそろと教会の花壇にあった木戸を開け墓地に入っていく。そしてつらそうに体をねじ曲げ、祖父の墓の前に跪いた。

祖母もまさか、二度とこの村に戻れないとは思わなかったでしょうに、とイングリットが言う。ちょっと避難するだけ。すぐ戻ってこれる。みなそう思っていたの。だってあの土地、あの森に私たち一家は三百年も住んでたのよ。そろそろ出発するってパパが家族に告げたとき、私は慌ててカードを一枚取り出し、手紙を書いた。そして勝手口から抜けだして、ミーシャの家まで必死で駆けて行った。彼の家は沼と小川が点在する草原を抜けたところにあって、私はドアの隙間にカードを差し込んで、また一目散に戻ってきた。息が続かなくてゼイゼイしてる私を見て、パパはカンカンだった。

ミーシャに書いた手紙はたった一行――「夏には帰ってくるから」。でも、あとで思い返すと、祖母だけはわかっていたのかもしれない。誰もがつかの間だと信じて別れを告げる。でも激動の世にあって、それは永遠の別れとなってしまう……。

戦争に勝ったものが負けたドイツを罰した。その方法のひとつがドイツ人の放逐であった。一九四五年、計二千万人のドイツ人が、国際政治情勢の変化により離散を余儀なくされた。彼らは家財をまとめ、子供を抱き、梃子でも動かない老人たちをなだめ、玄関の戸を閉めて家を出た。生涯ずっと自分の「故郷」であると、自分の「祖国」であると信じていた場所に、永遠の別れを告げたのだ。そしてその旅路の途中で、多くの人が死んだ。

終戦から一九四六年十月までのたった一年半の間に、九百五十万人もの難民がドイツに流入した。一九四九年、その数は一千二百万人に達し、総人口の二〇パーセントを占めるまでになった。つまり道を歩くドイツ人の五人に一人が「外省人――よそ者」であったのである。

イングリットの子供の頃の思い出を聞くといつも、なにか時空が交錯するようなそんな驚きを感じた。「変に」訛ったドイツ語を話す「よそ者」たちが東欧から西ドイツに流れついた。どうして彼らはごちゃごちゃした長屋に住むことになったのか？ どうして地元出身のクラスメイトにからかわれなければならないのか？　どうして屋根裏から屋根裏へ引っ越し、すぐまた転校しなければならないのか？　父母はいつも同じくポーランドから流れてきた不憫な仲間たちと安い酒場で飲み、一晩中、故郷の訛りで昔話をした。口につくのはいつも「故郷はよかった、故郷は……」

イングリットの祖母は、西ドイツに着いて二回目の冬に死んだ。イングリット自身もまた、ポーランドのミーシャとはそれきり会っていない。

15　端午の節句——国民党軍、青島撤退の日

一九四九年六月二日、人民解放軍はすでに青島を包囲し、国民党軍の撤退行動が始まった。十万の大軍が息を殺してひた走る。目的地は埠頭であった。何十隻もの輸送艦が青島の沖合で待っている。風が吹き、雲が流れ、波は荒だっていた。

イギリスの駐青島総領事は日記をつける習慣があった。彼はこの日のことを、淡々と書き残している。まるで埠頭上空のカメラからこっそり撮影していたかのように。

劉将軍は九時四五分ごろ艦船を出航させた。埠頭には乗船できなかった二千人の部隊が残され、大きな混乱が発生した。

一〇時三〇分　共産党軍が青島市四方《しほう》区に進軍。

一二時〇〇分　共産党軍、埠頭に到達。税関を占拠。混乱はまもなく収束した。

一三時三〇分　更に多くの共産党軍がゴルフ場を抜けて青島へ（略）

一四時〇〇分　置き去りにされた二千の国民党軍が、ノルウェー船籍の石炭運搬船に対し、兵の輸送を強迫しているとの報告を得る。本領事館は間に入り、該当国民党軍指揮官と折衝を行う。折衝をひき延ばすことで、共産党軍が進軍する時間を稼ぎ、問題が自然解決することを狙う。

一六時〇〇分　共産党軍が中国銀行および中央銀行を占拠。

一六時三〇分　共産党軍があらゆる方向から青島に押し寄せる。

一八時一五分　共産党軍は青島国民政府を占拠。国旗が掲げられたままであった。（略）つまり国民党軍もこんな大軍が押し寄せ、またこんな迅速に占拠されるとは考えていなかったのだ。

まったく奇妙なくらい静粛で、平和的な占拠であった。▼[15]

劉安祺《りゅうあんき》将軍の指揮下、青島から十万人の国民党軍兵士とその家族が撤退した。高雄国際空港から飛行機に乗るとき、もし時間があれば近くの小港地区を歩いてみて欲しい。六十年たった今でもきっと、青島里、山東里、済南《さいなん》里といった住所が見つかるはずだ。

国民党軍第二被服工廠は、青島から高雄へ撤退してすぐ、小港地区に工場を再建した。山東から逃れてきた女性たち、文盲のおかあさんたち、そしてまだ纏足をしていたおばあちゃんたちまで、軍服を十着分背負える力があれば誰でも内職に出かけた。材料を受け取り、敷地の隅っこに場所を見つけると、地べたに座り込んで一着一着、ちくちくとボタンを縫いつけていく。無邪気な子供たちがおかあさんやおばあちゃんの膝元で遊んでいる。ひと針ひと針縫い進めているうちに、なんの愁いも知らない子供たちはぐんぐん育つ。そんな路地は入り口からつきあたりまで、山東訛りしか聞こえてこない。今日、この辺をぐるっと歩けば、おばあちゃんたちの指がどれもごつごつとして、曲がったままなのに気づくだろう。それが彼女たちの人生の証なのだ。

『筧橋《けんきょう》英烈伝（筧橋空軍基地の英雄たち）』と『路客與刀客（盗賊と用心棒）』で金馬賞最優秀監督賞を受賞し、二百本以上の記録映画を撮った映画監督、張曾沢《ちょうそうたく》。*2 その年十七歳だった彼は、青年陸軍独立歩兵第六団に入隊するとさっそく、青島の前線に送られた。部隊とともに青島郊外まで行軍した彼は、青島を取り囲むようにびっしり構築された防御ラインを見止めた。麻袋を被せ針金でグルグル巻きにした大小の掩体が立ち並び、墓は掘り返され、偽装された坑道および塹壕になっていた。

銃声が四方から聞こえてくる。まるで冬の夜に鳴らされる爆竹のようだ。彼にはもうわかっていた。部隊はじき、「転進」するだろう。

張少年は急いで青島市中心にある家に帰った。両親に別れを告げるためである。通りには人っ子一人いない。街全体がゴーストタウンのようで、建物はみな戸や窓を固く閉ざしていた。家に着いた。両親が下りてきて戸を開ける。玄関で立ったままの今生の別れであったが、それでも言葉は出てこない。のちに監督となった彼は、作品のなかで無言のショットを多用した。

父は生真面目な人だった。その父が今私の前に立ったまま、私を見つめたまま、何も話さない。私も何を話したらいいのかわからない。ただ父の口元に水膨れがあることに気づいた。父の後ろに立ち、何度も涙を拭く母。かたわらで呆然と私を見ている弟。こうして、一言も言葉を交わさないまま、家族との別れが終わった――それから四十年。父と会うことは二度となかった。▼16

一九四九年六月一日、軍服を身につけた張曾沢はせわしなく両親に別れを告げ、全速力で埠頭へ走った。部隊の一員として「台北号」に乗船するためである。張は今もはっきり覚えている。船に乗った日は、まさに端午の節句であった。

それは詩人管管《かんかん》*3にとっても生涯忘れることのできない日であった。一九四九年の端午の節句、十九歳だった彼も青島にいた。管管の作品で、台湾の多くの高校生が諳んじている詩がある――。

蓮の花

むかしそこにあったのは　大きな大きな泥の湖《うみ》
君が指さすのは　大きな大きな蓮の群れ
いまそこはあるのは　小さな小さな泥の沼
君が指さすのは　小さな小さなビルディング
小さな小さなビルディング？
違うよ　それはやっぱり小さな小さな蓮の群れ

どこの学校の先生もみな、こう解釈する。この詩は「滄海変じて桑田となる」という激変する世の中に対する感慨を書いたものだ、と。

そりゃそれで間違いはなかろう。ただ、もし〝一九四九〟がなんだったのか知っているなら、もしも一九四九年の端午の節句に起こったことを知っているなら、この『蓮の花』にどれだけの重さと痛みが込められているかがわかるはずだ。心で詩を書き、全身で演技し、右腕で絵を描く現代の文人、管管が託したものがなにか。

その年、十九歳。田舎で野良仕事をしていた管管の身の上に、何が起こったのか？

私は管管と会うことにした。誘い文句はこんな感じで――「ねえ、あの日のことを話してよ」。

私たちは台北市貴陽街にある国軍歴史文物館で顔を会わせた。彼はいつもの格好――八十歳の長身の男性がポニーテールで髪をくくり、肩から学生カバンを提げている。声は大きく張りがあって、仕草と表情は木訥そのもの。生き生きとした語り口が私たちを惹きつけてやまない。じっと彼を見つめて真剣に話を聞く。一言たりと聞き逃したくはない。

管管と著者

国軍歴史文物館に展示された八二三金門島砲戦*4の戦場を再現したインタラクティブゾーン。彼は迫撃砲にもたれて、私は防御用の土嚢に腰掛け、差し向かう。話に熱が入ると管管はダイナミックに体を動かす。すると震動を感知した迫撃砲が「ボン」と音を立てて発射する。私たちはいちいちびっくり。管管は体をちょっとずらして、なおも話を続ける。しばらくするとまた「ボン」と一発。また熱くなってしまったのだ。

こうして、私たちの対話は〝砲声〟のなか進められた。

16 別れ際、母についた嘘——国民党軍にさらわれて台湾へ

龍應台（以下、龍）　管管、山東省青島の実家は、もともとなにをなさってたの？

管管（以下、管）　父はマントウ（具のない蒸しマン）を売っていました。そうマントウ、……あのころはもう豆腐を売るのはやめていた。

龍　捕まって兵隊にさせられたときの話をしてくださる？

管　私らの住んでいた村は田家《でんか》村と言って、青島の東の端にありました。今はもう青島市になっています。ある日、突然誰かがやってきて叫びました。「軍の人さらいだ！」母が「逃げなさい！」と、私に餅を渡しました。鉄鍋に張り付いていたあれ——インゲンの粉とトウキビの粉を混ぜて捏ねた餅です。まだ熱かったなぁ。それを手ぬぐいにくるんで——顔を拭くやつです——腰にくくりつけて逃げ出しました。

あの日逃げたのは二十何人か。村から東北の方角は山でした。いつも柴刈りに行った山です。この人生、十九歳で家を出ましたから、父母に恩返しができたとすれば、家を出る前に二年間、柴刈りをしてあげたことくらいです。

龍　家は貧しかった？

管　貧乏で食べるものがありませんでした。山に逃げたあと、若かった私は餅をすぐ食べてしまいました。突然、「パンッ」とどこからか銃声がしたので、みなクモの子を散らすように逃げました。銃声のあと、私たち四人は麦畑に隠れました。見つかるのが怖くて立ち上がることもできません。

お腹が空いても集落まで入っていく気にはなりませんでした。昼は麦畑の中に隠れていました。夜になり、どこに寝るかで言い争いになりました。私は、よく伸びた麦畑は危ない、夜やつらは、

よく伸びたほう畑から探すんだ、と言いました。だから私たちは農道のへりの凹みで眠りました。雨の後、田舎の農道は路肩が流されて狭くなります。平らじゃなくなります。左右の轍を手押し車の車輪がこう踏みながら走るわけです。

それからお腹がすいたのでサヤエンドウかなにかを探しました。ところが、二、三口しか食べてないのに、山の上でまた「パンッ」と銃声がしました。この音でまた逃げだしました。今度は一番よく伸びた麦畑の中に隠れました。四人が、一、二、三、四と川の字になって伏せていました。間は三、四歩くらいの距離があったでしょうか。私は麦穂を摘んで食べました。何口か口に入れたところで、大きな足が視界に入りました。

「終わった」と思いました。その兵士のことは今でも覚えています。白い歯をした、遊撃隊出身の男でした。

四人全員捕まり、蛤蟆《こうま》という村落に連れて行かれました。ある農家の庭の隅です。私は彼らに訊きました。荷運びをさせるために掴まえたのか？——内心、いったん捕まって人夫にされたら、家に帰してもらえるわけがない、とは思っていたのですが、それでもこう付け加えました。——一度みんなを家に帰して、親に挨拶させてくれないか。

ダメだ、とにかくダメだ。

午後四時を過ぎたころ、ふと隣家に女の子が一人いるのを見つけ、私は彼らに尋ねました。「おや？あの子のおばあちゃんは田家村のひとじゃないか？」。するとひと目見て、そうだ、と答えます。じゃあ伝言を書くからその子に届けてもらってもいいか？親たちに一言伝えて欲しい、と頼みました。すると、四人の家すべてに伝言が届きました。

龍　お母様はいらっしゃったの？

管　四人のうち二人の母親が来ました。二人とも目が悪く、失明しかかっていました。しかも纏足です。

だいたい四時過ぎでしたから、陽がまだありました。このとき二人の年老いた母親が見えました――そのときわれわれがいた村落の向かいが棚田でした。水を落とした棚田です――もう歩けないらしく、二人とも棚田をおしりで滑って下りて来ます。段にぶつかっては止まり、止まってはまた滑り。すぐわかりました。あれは私の母です。大声で訴えました。「母さんが来た。迎えに行く」。ところが見張り兵が銃で押し止めます。私は言いました。あれは私の母です。だから迎えにいきます、と。見張り兵はダメだと言いました。あれは私の母です。母は歩けません。目も不自由なんです……。

龍　管管、泣かないで……。

管　母は棚田を転んでは這い、這っては転び、泣きながら私のところまでたどり着きました。私は母に言いました。兵隊たちとちゃんと話をした。荷運びをする。荷物を運び終わった家に帰る。だから安心してくれ。すぐ帰るから、と。

必死で母に嘘を言いました。

母はハンカチを私にくれました。手に取った瞬間ハッとしました。中に銀貨が一枚入っているのです。それは家にとってとても大切なお金です。だってあのころ父は経済的に困窮していて、家にはその二枚きりしかなかった。もし一枚持って行ったら、家には一枚しか残らない。

ハンカチ包みを母の手に戻し、こう言いました。「持って帰ってくれ。ダメだ、これはダメだ」。母はやっぱりぐずぐず泣いて、どうしてもお金を渡そうとします。「お前が何か買うといい」。私にはわかっていました。ここから先は兵隊しかいない。兵隊は家の金を持っていってしまう。しかも、家に帰れるわけがない。そうでしょう？　でも年老いた母は話を聞いてくれない。どうしてもハンカチを……。

龍　管管、泣かないで……。

管　母さんにずっと嘘を言いました。荷運びが終われば家に帰れるからって……。

龍　ね、泣かないで……。

管　……すぐ出発しなければなりませんでした。もうおしまいだ、と思いました。

龍　一緒に捕まったのは何人？

管　一個小隊はいましたから、二十人以上、三十人くらいでした。全員さらわれたものです。深夜二時か三時だったでしょうか。起きて歯を磨け、出発する、と命令されました。恐ろしくてたまりませんでした。たぶん戦争に行くんだろう、と思いました。われわれを捕まえたのは第八二砲兵中隊で、一人で四発の砲弾を運びました。

龍　砲弾ひとつでどのくらいの重さがありましたか？

管　だいたいひとつ七斤十二両（5キロ弱）ありました。捕まえた人夫を二人の兵隊が前後に挟んで進みます。「逃げたら撃つ」と兵隊は言いました。実はあとでわかったのですが、彼らは拳銃など撃てなかった。なぜって撤退はこっそり移動するものなので、大きな音は出せないわけです。だから本当は絶対に逃げられたんですが、その時は誰もそんな勇気ありませんでした。

龍　砲弾は一人の肩で担いだ？　それとも二人の間に天秤棒を渡して下げていた？

管　いえ、一人で四発。前後に二発ずつ括りました。

龍　そのあとは？

管　そのあと、すぐ出発です。空が明るくなったころ郊外から青島に入りました。当時、ゴム底のズックを履いていました。今のスニーカーとほとんど同じようなものです。橋を渡るとき砲弾を担いでいたんですが、ふいに足を滑らせました。

管 ちょっと待って、どうしてお宅にそんなズックを買うお金があったの？

龍 アルバイトをしました。たとえばアメリカ軍第七艦隊が青島にいたころ、軍営地の近くでピーナッツを売りました。まがい物の骨董も売りました。纏足の女性が履いた靴だとか言って。あと日本の旗も売りました。ゴミ箱から見つけた日本の旗です。

管 砲弾を担いでいて、そして？

龍 砲弾を四発担いでいました。海泊橋《かいはく》を渡るとき、「ゴトン」とひとつ落としてしまいました。あの時はもう爆発する！ と思いました。冷や汗がでました。上官がやってきて、バシッバシッと二発ビンタされました

あとで知ったのですが、あの砲弾は爆発なんかしないんです。でもそのときは本当にびっくりしました。だって、ものすごいプレッシャーでしたから。そうやって青島の埠頭に着きました。そうやって……、台湾に着きました。

17 小さな駅での決断、兄と別れて南へ――山東の少年たち

武昌と広州を結ぶ粤漢《えっかん》線は歴史ある鉄道である。一八九八年に工事が始まり、一九三六年にやっと全線開通した。つまり西太后による戊戌《ぼじゅつ》政変が起こったころより、抗日戦争勃発の直前まで、三十八年

の年月がこの一〇九六キロの鉄路に費やされた。

この鉄道が武昌から広州へ下っていき、湖南省と広東省が交わるあたりに「棲鳳渡《せいほうと》」という小さな駅がある。国立中央研究院理事で、歴史学者の張玉法《ちょうぎょくほう》はこの駅のことを鮮明に覚えているという。

当時十四歳だった張は八千人以上の同級生たちとともにそこにいた。彼らは山東省からやってきた学生で、いくつかの中学・高校が合同で疎開していた。校長と教員に付き添われ、すでに故郷から千キロ以上の道のりを越えてきた。汽車で移動するのだが、車内はいつも乗客がぎっしりすし詰めで、屋根の上もびっしり人が張り付いていた。学生たちは自分の身体をどうにかして屋根に固定させるのだが、列車の揺れで落ちる生徒はゼロではなかった。トンネルをくぐるたびにみな息を詰めてへばり付くが、トンネルを出るとやはり何人か減っていた。人々がみな恐慌状態にあった時代、屋根から落ちた死体が乗車口にひっかかっていても、先を争って乗車するものはそれを踏み台にした。

八千人余りの青少年たちはみなリュックを背負っていた。リュックと言っても彼らの場合は小さな腰掛けのことだ。薄い布団と衣類を畳んで座板の上に乗せ、縄で全体を縛り上げ、箸が二本刺してある。戦争のない地方に来たら、腰掛けを置いて授業である。通常は寺か廟を探してそこに滞在した。夜は寺の境内にわらを敷いて眠り、昼は廟の空き地か土塀の前で、先生を囲んで授業を始める。全生徒が一枚ずつ持っている小さな板は、石灰でも土塊でも字を書くことができ、ノートの代わりになった。

話を聞いているうちにあっけにとられてしまう私。はぁ、なんという文明国家だろう？ そんな極限の環境にいて、なお弛まず学業を続けていたなんて！

お腹が空くと、近くの畑で紅芋を掘って食べた。土が付いていようがそのまま囓る。食べるものがないときは何人かで班を作り、勇気を出しあって村で施しを乞うた。恥ずかしかったが、田舎の人たちは漂泊する少年たちを見れば、たとえ極貧のおじいさんだろうが、おかゆの一杯でも差し出し、飢えた子供たちがかき込む姿を優しく見つめた。

湖南の人はよそ者に優しくしてくれた、と張玉法は言う。湖南の家はどこも自分の息子を外に兵隊に取られていて——国民党軍か解放軍かはともかく——、だから彼らは子供たちにご飯を与えながらつぶやいた。うちの息子もどこかの親切な人にご飯を恵んでもらえますように……。


一九四九年の端午の節句、大軍が海上を撤退していく。管管が青島で捕らえられ、人夫になったあの日、八千人余りの山東の子供たちは棲鳳渡駅にたどり着いた。長沙はもうすぐ戦争になる。南下を続ける以外、彼らには手立てがなかった。広州へ行くのである。広州についたあと？　そんなこと誰にもわからない。

棲鳳渡駅は小さく、さびれた駅であったが、南行きの列車と北行きの列車がここで交錯する。地面に座り込んで汽車を待つ学生たち。時間はあっという間に迫る。年端もいかない子供でも人生の決断をしなければならない。南へ行く列車に乗れば、父母の住む故郷からはさらに遠くなる。しかも広州と言われたところで、知識もイメージもなく、頼れる身寄りもない。北へ向かう列車に乗れば、父母のそばへ帰ることができる。しかし鉄道の行く先はどこもかしこも戦火が激しい。間違いなく人狩りに遭い、兵隊にさせられて前線行き——国民党軍であろうと、解放軍であろうと末路は同じだ——戦死するか捕虜となり、結局両親のもとにたどり着くことはない。

多くの少年少女がそのさびれた駅でしゃがみ込んだまま、言葉もなく涙を流した。

十七歳になっていた張玉法の兄は、弟の体をぐっと引き寄せて言った。ここで別れよう。二人とも南へ向かったら、同じ運命をたどるだけだ。万が一、二人ともダメだったら両親は「希望を失う」。だからここで運命を分けて両方に賭けよう。オレは北へ行く。お前は南へ行け。

兄は北へ向かい、長沙で軍に応募することにした。孫立人《そんりつじん》将軍[*5]が募集する青年軍の張り紙をあちこちで見ていたのである。

北行きの汽車が先だった。ゆるゆると列車がホームに入ってくる。大好きだった兄が今、車両に乗り込む。その背中を見つめる弟の心にはそれまで感じたことのない孤独がわきあがった。

五十年以上がたち、髪の毛が全部白くなったころ、彼はついに兄のその後を知った。兄とその他一緒に北へ向かった学生たちは、長沙にたどり着いていなかった。その手前の衡陽で国民党軍李弥《りび》[*6]の第八軍にさらわれたのだ。彼らは第八軍の一員として雲南で盧漢《ろかん》の部隊と戦ったが、捕らわれてそのまま盧漢の兵になった。その後解放軍と戦ったが、ここでも捕虜となり、解放軍の兵となった。しかし兄は地主の子供であることが知られ、すぐ故郷に送還された。それ以降兄は農民として一生を送った。

棲鳳渡駅を境に南北に続くレールを前に、思慮深い兄はあえて兄弟の運命を切り離した。おかげで十四歳の張玉法はそこから、兄とは全く違う運命をたどることになった。しかしそれはすべて、偶然の結果であった。

一九四八年、済南戦役[*7]と淮海戦役の勃発をうけ、山東省の中学・高等学校八校から集団疎開してきた約八千人の学生たちは、山を越え雨を凌ぎ、長くて苦しい旅路を経て、一九四九年、広州に到着したが、その数は五千人余りにまで減っていた。広州の街は浮き足だち、いくら金を積んでも船の切符が買えない有様であった。五千人の生徒を安全に台湾へ逃がすため、校長は軍部との交渉を何とかまとめ上げた。学生の乗船は許可する。行き先は澎湖。但し十七歳以上の学生は一律「軍事訓練」を受けること。

七月四日、広州港の埠頭に数千人の学生が集まっていた。ここでも多くの少年少女が、船に乗っては下り、下りてはまた乗り、決断できないでいた。そしてこの土壇場、彼らは運命を分けて「賭け」た。

もし姉が船に乗るなら、妹は埠頭に残る。方法はそれしかなかった。

巨大な軍艦がゆっくり動き始める。甲板に立つものと埠頭に立つものが、切り裂かれるような思いで見つめ合う。軍艦は少しずつ小さくなり、茫々たる海へ消えていく。埠頭で見送ったものも海に背を向けて歩き出す。どこへ行けばいいのか、本人にもわからないまま。

そして、船に乗った学生たちは、一週間もたたぬうちにまた、人生最悪の試練に向かい合うことになる。


一九四九年七月十三日、澎湖。

年長だった、とは言え二十歳に満たない学生たちが耳打ちをして伝え合う――「やつら」はわれわれを無理矢理兵隊にするつもりだ。ならば今日、ここ「司令部」を出よう。学生たちはテキパキと荷物をまとめ上げ、リュックを背負い外に出た。しかしそのとき、四方は機関銃に囲まれ、照準はピタリ彼らに向けられていた。

機関銃の包囲下、年齢にかかわりなくすべての男子生徒が運動場へ集合させられた。司令官、李振清《りしんせい》が司令台の上に立っている。みな物音ひとつたてない。子供たちにとってこれほど危機的な局面は初めてであった。張玉法によれば、このとき勇敢な生徒が一人隊列の中から声を上げたという。「司令官！お話したいことがあります！」彼は司令台に向かって歩み出した。李振清が目配せすると、かたわらの衛兵が一歩前に出て、彼を銃剣で刺した。血を吹き出して、この学生はその場にどっと倒れた。

背が小さかった張は前の方に立っていたので、銃剣が学生の体を貫いていくさまをありありと目撃した。流れた血を見て、隊列の学生たちは泣き出した。

十七歳に達していようがいまいが、背丈さえ足りていれば例外なく召集されるという。兵士が竹棒を

行政會議各類提案
已全部順利通過
昨通過教育、建設提案一三四件
陳主席指示決議案嚴厲執行

大會今晨閉幕

七匪諜昨伏法

1949年12月12日付の台湾『新生報』

持ってずかずかと学生の隊列の中に入ってくる。ある地点でおもむろに竹を立てた。それが高さの基準だ。十四歳の張玉法はどうしたら逃げられるのか見当もつかず、ただ呆然としていた。するとこの瀬戸際、いとこが力一杯彼の背中をこづき、竹棒から遠くへ押し出してくれた。おかげで張玉法は少年兵にならずにすんだ。[▼17]

背が小さくて兵隊になれない少年と女子生徒たちは、一九五三年春、台湾彰化県の員林《いんりん》に送られ、員林実験中学[*8]の生徒となった。本を読み、考えることが好きだった張玉法はのちに中華民国史の専門家となり、一九九二年、中央研究院理事に選ばれた。

この五千人の子供たちのためにあちこち奔走し、抗議と陳情をしたのは、山東から苦難の道を支えてきた先生たちであった。親が子供たちを預けたのは、教育の機会を与えるためであって、兵隊にするためではない。彼らはそう強く訴えた。このままでは教育者として、故郷の親や師に顔向けができない。

七月十三日、運動場に流れた血は黄色い砂の染みとなって消えた。それから五カ月がたった十二月十二日、普通の月曜日の新聞に、誰もが目を見張るような生々しい見出しが踊った——。

台湾は反党分子の潜入を許さない　昨日スパイ七名を逮捕
逃がれられないぞ！　スパイ七名即日銃殺

煙台高校校長、張敏之《ちょうびんし》を筆頭に、山東の少年たちのため奔走していた七人の教師がすべてスパイ容疑で銃殺されたのだ。

その前年、淮海戦役における徐州の戦場で五十五万の国民党軍が「誤った」指揮によって包囲殲滅され、命を落とした。後日判明したその「誤った」指揮の大きな原因のひとつは、共産党のスパイが国民党軍の最高機密である作戦決定機構にまで入り込んでいたことであった。だから蔣介石はその痛手をいつまでも苦々しく覚えており、最後の砦たる台湾の統治方針を定めたとき、その防諜活動を最重点項目とした。

残酷な仕打ちとは、不安な気持ちから来るのである。

ただ学生の健全な成長のため、静かに勉強できる場所を求めて、各地を転々と流浪してきた五千人の生徒と先生たちは、どこをどう間違って、この不安と残酷が渦巻く歴史の水門に迷い込んでしまったのだろう？

18　疎開学生、志願兵になる——河南の少年たち

一九四八年五月、河南省一帯に硝煙が立ちこめた。共産党の中原野戦軍劉・鄧兵団は五月二十日に宛《えん》東《とう》戦役を発動。国民党空軍は戦闘機を出撃させ、河南省南陽の市周辺上空から対地掃射攻撃を行った。黒煙はぐんぐん広がって、空を覆い尽くした。

翌日、南陽の学生たちが登校すると、そこはもはや地獄絵図であった。校門から廊下、教室、講堂までいたるところに「頭から血を流した負傷者がいた。脳漿が零れ、足は折れ、腕を失い、腹から内蔵がはみ出し、顔は欠損し、全身傷だらけで、泣いて痛みを訴えないものはなかった」▼18。市周辺では国共両軍合わせて一万人以上の死傷者を出し、死体は野や畑に捨て置かれた。五月の熱さで死体はあっという間に腐り、畑で朽ちた。この夏の麦はもう収穫することができない。

このとき詩人、瘂弦《ヤーシエン》*9は十七歳。南陽の高校に通っていた。

十一月、南陽にある十六校の中学・高校から五千人余りの生徒と教員が集まり、出発を今や遅しと待っていた。彼らはこれより千里の道を歩き、まだ戦火が及んでいない湖南省まで疎開するのだ。

出発の日――十一月四日。その情景は壮観であった。まるで修学旅行のように、五千人もの青少年が一人ひとりリュックを背負って隊列を作る。たくさんの家族が、最後に一目子供の顔を見ようと、街のあちこちから駆けつけた。子供のズボンにはとうに銀貨が縫いつけてあり、リュックの中には、家の女たちが三日かけて縫い上げた布靴がねじ込んである。それでも親たちは集合場所に駆けつけ、熱々のお焼きをふたつ我が子に手渡す。

一九四八年冬の中国。灌木林の細い枝葉は厚い霜に包まれ、多くの沼や池で氷が張り始めた。もっと寒い地方では、深い雪が野原や森林を真っ白に覆い尽くしていた。この冷え切った大地と凍った川、雪が降り積もる平原、そして風が吹き荒れる広大な海と陸で、人々はなお大移動を続ける。

遼寧省《りょうねい》葫蘆島《ころとう》の埠頭には四十四隻の輸送艦が停泊し、十四万の国民党軍兵士が乗船中であった。東北地方から撤退するのである。

八千人余りの山東の学生たちは、今それぞれの駅で列車を待ち、それぞれの列車に乗り込む。あるいは南へ走る列車に身を預け、あるいは大小さまざまな埠頭でじりじりと船を待つ。

南陽の学生たち五千人余りが雪地を歩み、氷混じりの川を渡っていたころ、江蘇省徐州の雪降る戦場で何十万の国民党軍が包囲されていた。弾は尽き、補給は途絶えた。彼らは飢えを凌ぐため、死んだ軍馬を掘り起こして骨までしゃぶった。

一九四八年冬、進攻側は急行軍で、追走し、包囲し、突撃する。撤退側も同じく急行軍で、迂回し、迎撃し、突破する。大きな戦場では数十万の兵がぶつかり合い、小さな戦場では数万人の兵がせめぎ合う。戦場の外延部、都市と都市を結ぶ道はどこも、数珠つなぎの車とごった返す難民でふさがっていた。

河南省南陽を出発したこの五千人を超す学生たちも、駅に着くたびに、同級生の一部を失っていった。南か、北か。どちらの汽車に乗るかで、一生が決まった。

馬淑玲《ばしゅくれい》という女子生徒がいた。湖北省を縦断して、湖南省津市に到着したところで、彼女は前に進むのをやめ、家に帰ることを決めた。そして隊列を離れるとき、それまでずっと肌身離さず持っていた古典の教科書、『古文観止（古文名篇）』を趙連発《ちょうれんはつ》に贈った。

湖南省衡陽にたどり着くと、この十六の高校は現地の学校と合同して『豫衡《よこう》連合高校』を設立し、授業をしながらさらに移動を続けた。

一九四九年三月八日、隊列はようやく湖南省南西に位置する零陵で、落ち着き先を見つけた。零陵とはつまり昔の永州である。

柳宗元が永州に放逐されたのは八〇五年の秋であった。一九四九年秋、河南から艱難辛苦を重ねて疎開してきた四、五千もの子供たち。その一部は柳子廟《りゅうしびょう》で寝泊まりすることとなった。柳子廟とは柳宗元を祀るため、北宋第四代皇帝仁宗《じんそう》が一〇五六年に建立した廟所である。

リュックを下ろした河南の学生たちは、山東の子供たちと同じように国旗を掲げ、国歌を歌ったあと、授業を開始した。馬淑玲が残した『古文観止』はその困窮する漂泊生活において、かけがえのない教科書であった。第九章「唐宋の名文」の巻頭を飾る作家は柳宗元である。学生たちは風そよぐ長い廊下で、司馬の職にあった柳宗元の「蛇を捕らうる者の説《せつ》」を朗読した。

リュックを担ぎ、線路の上を歩く
（Time & Life Pictures/Getty Images）

> 永州の野は奇異なる蛇を育む。黒い肌に白い文様。触れれば草木さえ枯れる。

先生が一句一句、註釈を加える。永州の田舎には、蛇を捕まえて暮らしを立てるものがいた。彼は毒蛇に噛まれて死ぬ危険は賭しても、国の誤った政策のため死ぬことは望まなかった。柳宗元は寓話を用いて、孔子の「苛政は虎よりも猛し」を導き出しているのだ。

十七歳の痘弦も廊下に座りながら、先生の後について朗読した。柳宗元は彼に教えた。西暦八〇〇年ころの庶民が過ごした日々も、混乱、困窮、放浪の生活であったのだと。
（略）人々は泣きつ叫びつ家を捨て、飢えて地に倒れる。雨風に打たれ、寒暑に病み、毒気を吸う。死ぬものこれおびただしく、ほうぼうで屍が折り重なる。

六十年たって、瘂弦は私に、この遠くてはかない少年時代の物語を一つひとつ語った。そのとき、彼の眼から涙がポロポロと止めどなく零れた。永州、それは運命の分かれ道となった駅であった。瘂弦はここで隊列を抜け、別の線路を選んだ。

19 台湾なら肉が食える——元志願兵、四十二年後の帰郷

龍應台（以下、龍）　疎開学生とはいったいどういうものだったんでしょう？

瘂弦（以下、瘂）　疎開学生という政策は、抗日戦争の時期にすでにありました。当時の教育省はいくつかの高校をまとめて連合高校、大学の場合は連合大学とする計画を進めていました。だから連合大学は西南連合大学[*10]ひとつではなかった。ただ西南連合大学ひとつが突出して有名だっただけです。抗戦期には連合大学、連合高校はどちらも成功しました。堅い信念で、戦争中であろうと自民族への教育を変わらずに行い、非常にうまくいきました。多くの連合高校が優秀で、子供たちは疎開しながら勉強を続け、結果、多くの人材を輩出しました。

龍　国共内戦の時期はもう違っていたんでしょう？　あの当時、自分の子供を喜んで手放す親なんているわけがない。

瘂　そうです。内戦が始まってから、政府は抗戦期と同じ方法で学生に疎開させました。しかし応じたものは多くありませんでした。どうしてかというと、当時の中央政府は腐敗がひどく、早晩倒れるだろうとみな考えていたからです。新しい政治勢力がすでに勃興していました。そんな時勢に、なにも知らない子供を南に行かせてなんになるんですか？　おかしいでしょう？　だから応じたのは河南を出発した豫衡連合高校と山東のもうひとつの連合高校だけでした。われわれが湖南についたとき、現地の人たちに言われました。やみくもに逃げてなんのつもりだ？　いったいどっちに向かって逃げてんだ？　と。

豫衡連合高校のクラス写真（師宗遠提供）

龍　河南の人が疎開に応じたというのは、すでにそのころ共産党の土地改革の凄まじさを知っていたからでしょうか？

瘂　われわれ河南人、特に西部である豫西《よせい》一帯の人間は、共産党にいい印象は持っていませんでした。あのころ、地主への粛清がもう始まっていて、金持ちが捕まって火炙りになったり、冬だったら凍った池のなかに放り込まれたりしていました。

龍　当時の大部分の知識階級は左傾化していた。なぜなら国民党が腐敗していたからです。ではどうして南陽高校の先生たちはそうならなかったんでしょう？

瘂　豫衡連合高校の教員の多くは考え方が旧式でした。北京大学、清華大学出身の彼らの思想は保守的で、新しい潮流を追いかけるというタイプではけっしてなかった。共産党はあの当時最先端で、新しく、魅力的でした。しかし南陽の教育に携わる年いった教員は、ああいったものを信じません。

龍　五千人の学生が校長と先生たちにつれられ、何千キロもの距離をさすらった。今考えると非常に不思議な気がします。今のご時世なら、台北市内の陽明山へ遠足に行くのでも保護者の同意書が要りますよ。あと保険に入ったりもして。やっぱり学生と先生の関係が非常に親密だったんでしょうか？

痘　そうです。先生が生徒を引率するのは、母鶏がひよこをつれ歩くのと同じでした。はぐれるものなどいません。先生と生徒の間に人間的結びつきがあったからです。先生と一緒ならと保護者も安心していました。そもそも生徒は学校宿舎に住んでいて、先生は夜、提灯を手に見回りに来ます。可愛い子供たちがベッドで寝ていることを一人ひとり確認してから寝るのです。本当に父や兄同然でした。

龍　一九四八年十一月四日のことを話して下さい。察するに、悲しくなんかなかったんじゃないかしら？　遠足に行くのと同じでワクワクしていた。違うかしら？

痘　あの日のことは、生涯忘れることができません。子供はなにもわかりませんから、とにかく楽しくて嬉しくて。宿題をやらなくていいんだ！　なんて。南陽の市域から出るとき、母がお焼きを何個か揚げて持ってきました。市域を囲む城壁に沿って歩いているときです。だってよりによって、いざ出陣、ってときでしょう？　田舎の子はなにが恥ずかしいって、両親と一緒にいるところを同級生に見られるのが一番恥ずかしい。父も母もカッコ悪くて、見られるのが恥ずかしいんです。

龍　今も同じですよ。私の息子も、私と一緒のところを誰かに見られたくないって。恥ずかしいらしい。

痖　母がお焼きを私のリュックに押し込みます。リュックの中身はほぼ布団です。グルグルに丸めた。そして一番下には靴が入れてあります。そうすると中まで湿ってきたり、汚れたりしません。母はお焼きをリュックの上から押し込みました。そして、出陣です。

龍　振り向きもせず？

痖　……出発しました。振り向きませんでした。

龍　お母さまは雑踏の中であなたを見つけた。五千人の子供の中から。しかも子供以外にも、撤退中の兵隊や傷兵でごった返していた……

痖　そうですよ。見つけ出したんです。しかもお焼きを持ってきてくれた。

龍　そのころまだ「決別」って言葉は習ってなかったでしょう？

痖　別れがどういうものかも知りませんでした。決別ということの意味も知りません。振り向きもせず、アニメの主人公みたいにチョロチョロしながら、学校の隊列にくっついて街を出ました。父もいましたが、挨拶はしませんでした。

龍　一人っ子でいらっしゃる？

1954年の痖弦
（本人提供）

痖　そうです。その後、湖北省襄樊《じょうはん》に着いたとき靴下が届きました。父が人に頼んで届けてくれたものです。ほら、あのころ北の田舎ではナイロンの靴下なんか穿かなかった。あれは「洋靴下」と呼ばれていて。われわれが履くのは布を縫い合わせた靴下でした。それきり、家族からの便りを受け取ることはありませんでした。そして次に家に帰ったとき、四十二年の歳月がたっていました。

龍　お父様、お母様はいつ亡くなられた？

瘂　知らせはなにもありませんでしたから……。先月、私は青海省に父の墓参りに行きました。でも墓は見つからなかった。父は青海の労働改造所で死にました。母は故郷で死にました。息子と夫がともに生死不明のまま、何年も苦しみ、病気と餓えで死んだのです。

龍　手紙は一通も出さず？

瘂　出したことはありませんでした。当時、台湾から手紙を出すと家族に大きな迷惑がかかると、みな言っていましたから。香港につてがあったわけでもないし。ただの下っ端の兵隊だったわけでしょう？　軍も手紙を出すことを望みません。防諜機関にスパイだと思われてしまう。

龍　お父様はどうして青海省に行くことになったんでしょう？　いつごろその最期をお知りになった？

瘂　真相を知ったのはつい二カ月前です。父は村で助役をしたこともあります。だから青海の労働改造所にとばされたんです。反革命、という意味なんでしょう。こう言われました。当時は三十万人が青海にとばされた。食べ物はなく、服もなく、薬もなかった。あれは悲惨な場所だった、と。

龍　お母様の暮らしはどうだったんでしょう？

瘂　母は村で暮らしていましたが、どうやら〝腕章〟をつけられていたようです。「罪人」を意味する類のです。母が死ぬ前、いつも一緒に針仕事をしていた妹にこう言ったそうです。「息子が恋しくて気が狂いそうだ。もしあの子が帰ってきたら伝えておくれ。母さんは、気が狂うほどお前のことを思っていたって！」

龍　……つらいわね。瘂弦、疎開の話に戻しましょう。河南から湖南まで歩いたわけですね？　冬の道を。少なくとも千キロはあった。

瘂 映画『ドクトル・ジバコ』を見たことありますか？ 大雪原を人々が地平線に向かって歩いている。あんな感じです。

龍 途中で耐えられず死んだ子供は？

瘂 いました。道端で死んだ子供もいました。隊列に追い付けず、それきり行方知れずになった子供もいました。もしかしたら先生に連れられ故郷へ帰った子供もいたかもしれない。わかりません。零陵に着いたとき、まだ何千人か残っていました。そして授業を始めました。戸や廊下をわたる風は強かった。まさに「風すさぶ軒に書を広げ読む」だ。（「正気《せいき》の歌」文天祥《ぶんてんしょう》）

龍 あなたはどうして零陵で隊列を離れたんですか？

瘂 いつもつるんでいた同級生の一人が、台湾について書かれた文章を読んだと言うのです。台湾は「東洋のスイス」と呼ばれ、サトウキビは二の腕ほど太い。彼はこうも言った。台湾の漁師は、網も釣り具も使わない。船を海に出して、船上に灯りを点せば、魚が勝手に飛び込んでくる。漁師たちは酒を飲み、胡弓を弾きながらそれを眺めているだけ。そろそろ船に魚がいっぱいになったかな、というところで、大漁船は港に帰っていく。

ある時期、ほとんど飢餓のような状態が続いていました。腹いっぱい食べられたことなんかありません。そんなとき学校について不穏な噂が流れて聞こえてきました。広西省へ行くというのです。出発を間近に控え、私は町なかを野良犬のようにとぼとぼ歩いていました。すると市壁に貼ってあるポスターを見つけました。「志ある青年よ　血気盛んな青年よ　台湾へ行こう！」と書いてある。孫立人の仕業です。しかも最後に「！」が三つ打ってある。つまり士官学校の生徒募集で、三カ月訓練すれば少尉として任用されるとある。なにせもう行き場がないわれわれでしたから、すぐ行ってみたわけです。

募集案内所には河南方言を話す同郷の兵隊が一人いました。われわれ田舎の子供は同じ地元言葉を聞いただけで、この人は悪い人じゃないと思ってしまう。彼は「ご飯食べてけ、ご飯」と大鍋で煮た豚肉を食わせてくれました。肉なんか、かれこれ半年くらい食ってなかった。肉を食い終わって、われわれは顔を見合わせて「よし、申し込もう！」と口々に言い合いました。そして一週間後には出発していました。

龍 瘂弦、あなたお国のためじゃなくって、お肉のために兵隊になったわけね？ 申込みにあたって、先生と相談なさったの？

瘂 先生の言うことなんか耳に入りません。食べた肉のことをずっと考えていました。それに案内所で言われたことを思い出しました。台湾がどれだけいい場所か——台湾というところは一年通じて常春で、十二月でも西瓜が食べられる。台湾に行けばだれでもアメリカ製の毛布が一枚支給される。アメリカ製ですよ?! 休日になったらそのアメリカ製毛布を草の上に敷いて、ピクニックに行くらしい。それに、〝ガラス〟の雨合羽が支給されるって言うんです。着ていても内側の服が見えるらしい。雨が上がったらまた畳んでリュックにしまえるそうだ——そんなことを考えていたら、台湾へ行く気持ちはますます固まりました。

そして一週間後、われわれはもう広州にいました。一九四九年八月でした。

龍 八月。河南省を一緒に出発した同級生たちには次の目的地が用意されていたけれど、あなたはここで「途中下車」したわけね。なるほど、広州に着いて？

瘂 広州で初めて映画というものを観ました。『中国の抗戦』というタイトルで、初めてだから慣れませんでした。どうして同じ人間の頭が、大きくなったり小さくなったり……

龍　やはり広州の黄埔埠頭から、船に乗った？

痖　そうです。船にはベッドがありませんでした。兵士は全員甲板に座りました。太陽にずっと照らされて、水が飲みたくなったらエンジンの近くに行って、機械からぽたぽた漏れてくる水を湯飲みに貯めて飲みます。座っているうちに眠ってしまったんですが、突然誰かの「台湾に着いた！」という叫び声が聞こえ、大騒ぎになりました。遠くに高雄の山が見えました。電灯も点っていました。どんどんはっきり見えてきます。

港に下りると、バナナ売りをたくさん見ました。同級生が買おうとしたら、売り子は黄色いバナナを渡しました。するとヤツは、黄色いのは要らない、新鮮な青いほうを売れ、と言いました。そうそう、現地の人はものすごい熱そうなものを食べていました。口にこう出し入れして、煙まで出ている。訊いたら「アイスキャンディー」と言うらしい。煙がずっと出ていて、おかしいなあと思いました。こんな暑いのに、どうしてあんな熱いものを食べてるのか。

龍　北方の田舎から出てきたお上りさんですもんね。自分が「兵隊」になっているという自覚はまだなかった？

痖　われわれを連れてきた連中の態度が変わったのはそのあとです。急に「起立！　起立！」「整列！　整列！」と言い出します。もう台湾に到着していましたから、そんなへらへらしてるほうがおかしいわけです。鳳山五塊厝《ほうざんごかいせき》に着くと、通信中隊の隊長が出てきました。彼も河南方言で、われわれにこう言いました。「自分のしゃべり方が明瞭で、電話の相手に聞き取りやすいと思う者は、三歩前に出ろ」。彼は通信中隊の兵士を集めていました。通信兵は電話ではっきりしゃべらないといけませんから。もっとも彼は、河南の青年を必要としていました。だって彼は河南人ですから、もちろん同郷を連れて行きたいでしょう。だからって「河南人は三歩前に出よ」とは言えないわけですよ。

龍　で、「三歩前に」出たんですか？

瘂　私と何人かの河南の同級生が一緒に、三歩前に出ました。そして連れていかれました。軍服に着替え、一人ひとりに弾の入ってない歩兵銃が支給されました。その日付けで通信中隊の「上等兵」になりました。

龍　じゃ結局「ガラス」の雨合羽は配られたんですか？

瘂　配られました。でもすぐ気づきました。魚市場で魚を捌いている人もみな着ていましたよ。つまり、ビニールのレインコートを。

20　この険峻な山を越えれば——国民党軍と学生、ベトナムへ逃れる

長沙の国民党軍領袖であった程潜《ていせん》と陳明仁《ちんめいじん》が人民解放軍への帰順を決めたころ、黄杰《こうけつ》は第一兵団の指揮権を拝命した。このあとがない局面で重大な任務を任されたとき、彼の頭に浮かんだのは少年時代に読んだ諸葛孔明『出師《すいし》の表《ひょう》』の文句——「任を敗軍の際に受け、命《めい》を危難の間に奉ぜり」であった。一九四九年八月初め、林彪《りんぴょう》率いる二つの軍は衡陽に迫っていた。そして八月下旬、華中の戦場には解放軍の十九の軍が集結した。五十五万人が三手に分かれ、西南に向けて進攻する。

西南とはつまり永州がある場所である。風すさぶ軒で学ぶ子供たちはますます不安にかられた。

数において劣る黄杰軍は悲惨な応戦と撤退を続け、その犠牲は大きかった。十月十一日、黄杰は白崇《はくすう》禧《き》[*11]から軍令を受け取った。曰く、多くの拠点がすでに解放軍に占拠され、国民党軍兵力は配置転換を進める。同じ日、豫衡連合高校にも教育省の緊急電報が入電した。現校地を即時撤退し疎開せよ。

永州は篠突く雨であった。地面は泥でぬかるんでいる。また同じように寒い冬だ。去年南陽で見た情景をそのままに、子供たちはリュックを手にして出発する。ただ咽び泣いて見送る父母はそこにいなかった。そして子供たちにも、遠足に行くような無邪気さはもはやなかった。

学生は二手に分かれ、雨風をおして湖南と広西の省境まで歩いた。第一陣が黄沙河《こうさが》鎮を通過した。そして第二陣が続こうとしたとき、黄沙河鎮はもう解放軍に占拠されていた。

広西省に達したとき、五千人余りいた子供たちはもう半分になっていた。汽車に乗り、屋根に這い、トンネルをくぐるうち、この半分からまた一部が失われた。ある町では共産党地下工作員への焼き討ちと遭遇し、逃げ回るうちにまた何百人か減らした。出発しようと隊列を整え直したとき、学校単位でごっそり生徒を失っていたのだ。こうして戦々兢々しながら彼らは金城江《きんじょうこう》という名の駅にたどり着いた。五千人以上いた連合高校はまるで地面に投げつけられたネックレスのようにバラバラとなり、真珠は一つひとつ転げて消えた。銃声の中、手と手をとり合う先生と子供たち。逃げまどう人波、放置された傷兵たち、動かないトラックや戦車、そして道々に放棄された軍用物資の山のかたわらで、彼らはどうすればいいのかわからず、途方にくれた。

金城江という地図に載らないような小さな駅でこのとき、学生の運命と国民党軍兵士の運命はひとつになった。第九七軍二四六連隊が偶然そこを通りかかり、学生を守りながら進むことに同意したのだ。兵隊と学生、そして途方もない数の難民たちが遷江《せんこう》鎮に達した。後ろから追撃の砲声がドンッドンッと迫り来る。目の前はゴーゴーと流れる急流だ。工兵が石油缶をつなげて上に木板を渡し、浮き橋を急造した。まず軍用ラバと輜重《しちょう》隊を渡河させ、次に軍人と学生が渡る。橋がつなぐ両岸は渡る人と渡った人で立錐の余地もなかった。

渡河を待つ軍用車は十キロの長さになった。橋を通過できるのは一時間に四台きり。追っ手は迫っていた。黄杰は命令を下した。機械と医薬品を運ぶ車両以外はすべて放棄し火を放て。敵に収用させるな。河岸にいた豫衡連合高校の子供たちの目の前で、天を突くような炎とおぞましい黒煙が上がり、爆発音が地を揺るがした。もっともこの手の光景は、放浪生活ではありきたりのものであった。紅河《こうが》（ソンコイ川）河岸まで撤退した雲南二六軍の残存部隊は、浮き橋を設置して渡河を始めた。しかし敵の銃撃で浮き橋は断ち切られ、機械を背負っていた数万人の兵士が荒れ狂う紅河に落ちて溺れ死んだ▼[19]。

そんな総崩れの撤退の果て、学生たちは黄杰の部隊とともに砲火に追いたてられ、ついに中国・ベトナム国境地域にある「十万大山《じゅうばんだいざん》」にいたった。

「十万大山」とは大小数十万もの山々がびっしり重なって立ちはだかる、越すに越されぬ天下の険であった。原生林が生い茂り、瘴癘蔓延る、太陽すら届かない深い森。混乱のまま、彼らはその主峰たる姑姆山《こぼさん》を登り始めた。この山頂を越えれば、そこはベトナムである。黄兵団が前方で密林を切り開き、二四六連隊の兵士は後方から援護する。真ん中に挟んだ子供たちを守りながら、急ぎ前進した。銃声が突然鳴り響いた。追っ手の砲火が天を切り裂き、地面を刻む。軍馬は嘶き、谷へ殺到した。直撃でちぎれた手足が、まるで洗濯物のように樹木の枝にあちこちぶら下がる。砲弾が飛び交い、鮮血が吹き出す。バラバラになった死体たちの間を縫って、子供たちが逃げまどう。ここは毒蛇猛獣が棲息する十万大山の原生林である。追撃兵が迫り、山狩りが始まった。難民は山中の穴に隠れた。ある学生のそばにいた母親は、声が漏れて追っ手に見つからないよう、幼い子供の口を塞いだ。危険をやり過ごし、母親がほっとして立ち上がったとき、子供はすでに死んでいた。窒息していたのである。

一九四九年十二月十三日、黄杰に率いられた三万余りの国民党軍は密林を出、中国・ベトナム国境線上にある隘店《あいでん》（現「愛店」）国境検問所に到達した。そこでベトナム駐屯フランス軍幹部と協議を行った。「台湾へ帰還するために、ベトナムの道を拝借する」のだ。

双方が合意した内容は以下の通り。五百人一組に分かれたのち、指定された場所で武器を引き渡し、これを封印する。その後フランス側の護衛により埠頭へ送られる。ルートについてはフランス軍がその安全に全責任を負う。我が軍は軍規厳守を保証し、隊は我が軍士官が率いる。[20]

協議が合意を見、黄杰は国民党軍兵士を率いて隘店の町を進んだ。一歩一歩、国境検問所に向けて歩むそのあいだ、彼は何度となく隘店の背後に続く山――十万大山を眺めた。どれだけの兵士があの山襞に命を落としただろう。バラバラになった亡骸がまだ野蛮なる森の木々にひっかかっているかと思うと、指揮官の心は慚愧と無念でちりぢりになった。そして、孤軍であることの悲しみと憤りが湧き上がる。

検問地点を通過し、部隊は五百人一組で国境を越えベトナムに入った。彼らが経験したことを他人に伝えるのは難しい。五カ月続いた前線での白兵戦。生死の瀬戸際をくぐり抜け、海より上陸して川を渡り、山地を駆け頂を越えた。目の前で犠牲になった戦友を埋葬することもかなわず、遠くにある家族を慰めることもできない。補給は絶えて久しく、兵士たちの顔は労苦が刻まれ、全身は土にまみれた。疲労の極みにあったが、国家の体面を保つため強いて胸を張り、隊列を整えた。

三万の部隊の後ろに長い列がまだ続く。腕や足を失い、顔をえぐられ、白い包帯を体中に巻きつけた

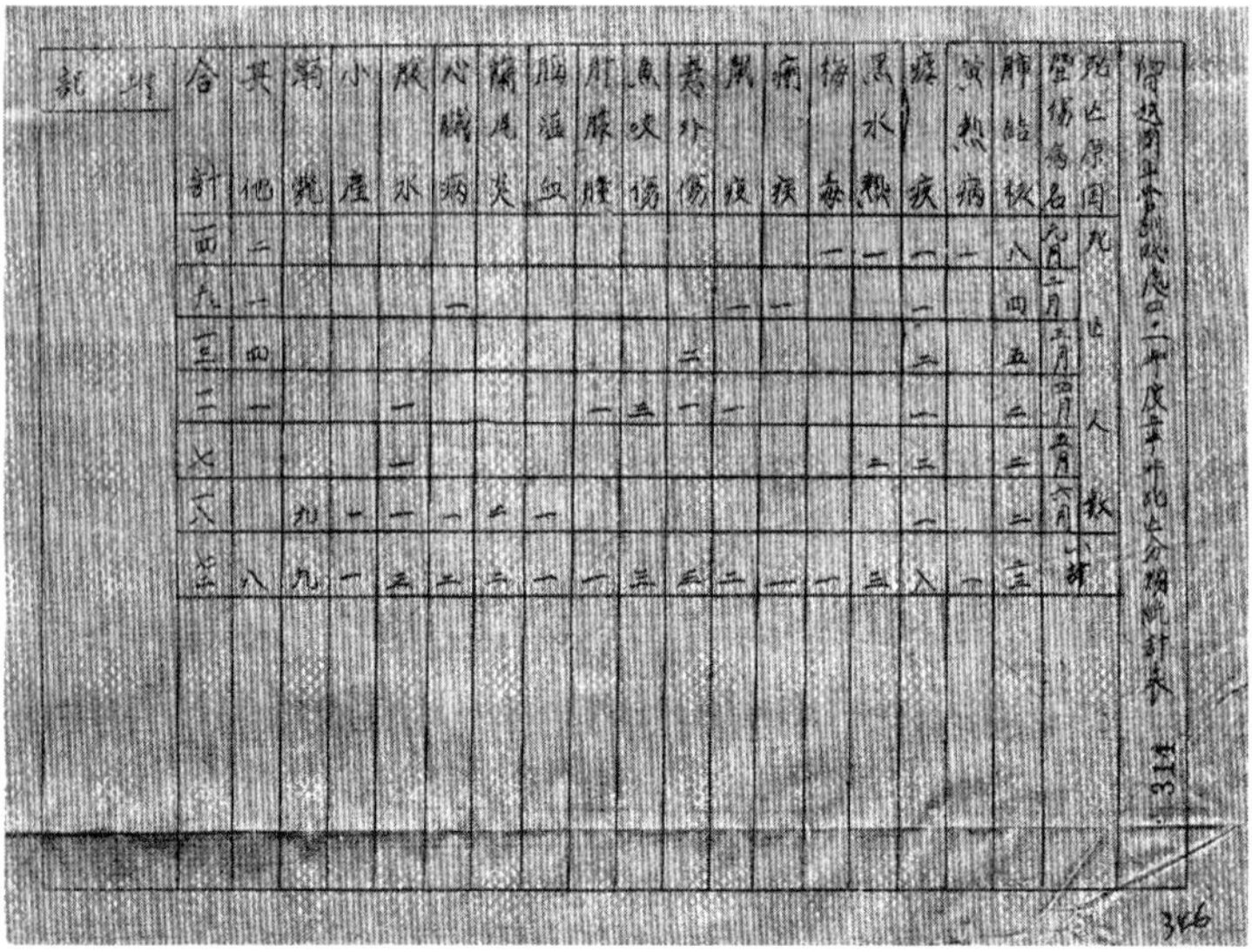

収容所における死亡状況を記した表（国史館提供）

傷兵たち。胸に抱いた赤子にやる母乳も出ない若い軍人の妻たち。そして歩みも覚束ない難民たち。もちろん、恐怖に打ちのめされた河南の学生たちもそのなかにいた。

南陽を出発した五千人の子供たちが、一年のちベトナム国境地帯に到達したとき、その数は三百人足らずまで減っていた。

予想だにしなかったことだが、武装解除したあと、三万人の兵士はフランス人によってそのまま鉄条網に囲まれた収容所に移送された。閉じ込められ、そのまま三年半。

収容所は北ベトナム・モンズオン炭坑内の空き地にあった。雨を遮る屋根すらない場所。老人、子供を含む三、四万人がそこに〝棄て〟られた。盤古の神、天地開闢からやり直しである。彼らは山で柴を刈り、木を擦り火を起こした。モンズオンの向かいに見える山肌は、半年もたたずに一面の墓場となった。栄養不良と伝染病で、病めば死しかなく、毎日十数体の死体が野辺送りにされた。気候はあっという間に暑くなり、死体から伝わる腐臭に、めまいがした。

21　ベトナム捕虜収容所での三年半——六十年前に借りた教科書

過去に経験したこの上なく悲壮な出来事について、六十年後思い出すのはむしろ——他人からすればどうでもいいような些細なことであったりする。

リタイヤするまで退役軍人建設局の資料責任者であった陳麾東《ちんきとう》。部隊にまじってベトナムに到達したとき、彼はたった十一歳であった。そのときまず、十一歳の少年の注意を引いたのは、中国・ベトナムの国境線上にずらっと並ぶフランス国旗であった。国境検問所を通過する際、三万の国民党軍はフランス軍将校の指揮下、全ての武器を手放した。歩兵銃の山がひとつ。軽機関銃の山がひとつ。そして手榴弾の山がひとつ。

急に軍楽隊の番が回ってきた。楽隊が背負い、抱え、手に提げていたのはもちろん大太鼓や小太鼓、チューバとトランペット、そしてトロンボーン、ホルンなどである。この楽隊もまた、戦場を長駆し、果ては十万大山を越えてきたのである。

一人の楽隊員が、大きなフレンチホルンを地べたに下ろし、いったいどこに片付けたらいいのか迷っていた。さて歩兵銃の山か、軽機関銃の山か、はたまた手榴弾の山か。するとかたわらで武装解除を監督していたフランス人将校が前に一歩出、楽器を指さして言った。「これは武器ではない。持っていきなさい」。

こうして完全編制の軍楽隊が太鼓ひとつ、金管ひとつ減らすことなく、国境を渡ってベトナムに入国した。その後三年半の間、収容所ではそれまでと同じように国歌が歌われ、行進曲が演奏され、士気を高める歌声が途切れることはなかった。乱世にあって、軍楽隊は礼節と音楽という文化を持ち続けることができたのである。

小さかった陳鏖東は、その後どれだけ苦しく、つらい日々にあっても、フランス人を恨んだことはなかった。軍楽隊を温存して入国させたあの決定と行動は、彼の心に新しい価値観をしっかり植え付けた。それは文明であり、教養であった。そして戦争という地獄から脱出したフレンチホルンは、天使の武器のようにどこまでも優しかった。

その後、鉄条網の中で暮らした三年半、兵士たちは汗水たらして自らの営舎を建て、腕前が上がったころ、木材と萱を使ってカムラン湾駐屯地に「中山堂（孫文記念堂）」を建造した。この「堂々たる」ホールで、バラエティに富んだ歌や芝居の公演が「華々しく」開催された。

われわれの想像をはるかに超えた話だが、毎日を配給食糧に頼り、四方を警備兵に囲まれた収容所の中には、本格的な地方伝統劇団があったのである。国民党軍とともにベトナムまで逃げのびた河南省出身の豫劇《よげき》役者がおり、フーコック島に移送され、少し落ち着いたところでさっそく「中州豫劇団」を創設し、あり合わせの道具と材料で公演を行い、病人やけが人をはじめ同胞たちの心を慰めた。一九五三年、三万人の国民党軍は台湾へ送還された。中州豫劇団はその後も精力的に活動を続け、そこで育てられたのが当代豫劇の名優、王海玲《おうかいれい》である。彼女は現代台湾豫劇の衣鉢を継ぎ、大活躍している。

教科書の話を覚えているだろうか？『古文観止（古文名篇）』——馬淑玲が湖南省津市で趙連発に贈

った古典の教科書は永州柳子廟で読み継がれ、その後、趙とともに十万大山を越えてベトナムの収容所に持ち込まれた。三百人まで減った生徒と教員は、五千人だったころと同じように、腰を下ろして授業を始めた。水も電気もないベトナムの鉱山の空き地で始まった青空学校で、河南省南陽から携えてきたこの『古文観止』は、残された唯一の教科書であった。校長であった張子静《ちょうしせい》は全校生徒に分担で本文を写させ、みなが読めるようにした。そして全生徒に三十篇の詩を諳んじるよう厳しく指導した。

ある夜、営舎から出火した。大混乱のなか、慌てて外に逃げ出してきた校長ははだしで寝間着という格好であった。学生たちがほっとして近づく。すると校長の胸には、異郷の地にたった一冊しかない大事な『古文観止』がしっかり抱きかかえられていた。

河南の子供たちが永州柳子廟にいたころ勉強していたのは、柳宗元の文章であった。そしていま、人里離れた最果ての異郷にあり、ネバネバしたウジが蠢くわらの上で眠る生活でも、昼になれば彼らはきちんと地べたに座り、先生について朗読した。

雲にそびえる山は青々と生い茂り
長江の水はぐんぐんと流れ続ける
厳先生の品位は高潔にして
山のように高く　川のように永遠なり

雲山《うんざん》は蒼蒼《そうそう》たり
江水《こうすい》は泱泱《おうおう》たり
先生の風《ふう》
山高く水長し

（范仲淹《はんちゅうえん》『厳先生祠堂記《げんせんせいしどうき》』）

長江は音を立てて流れ　断崖が高くそびえる
山は高く月は小さく
水かさが落ち、石が顔をのぞく

江流《こうりゅう》声あり、断岸千尺
山高く月小《しょう》に
水落ちて石出づ

わずかな時間を隔てただけで
あの風景はもはやここにない

曾《すなわ》ち日月《じつげつ》の幾何《いくばく》ぞ
而して江山《こうざん》復た識る可からず
（蘇軾《そしょく》『後赤壁《ごせきへき》の賦《ふ》』）

左下の子供が現陸軍総司令、楊天嘯（楊天嘯提供）

台湾海峡の離れ島、烏坵《うきょう》島で反共救国軍の取材を終え、台北へ戻る飛行機で、陸軍司令の楊天嘯《ようてんしょう》と隣り合わせになった。私は人に会うとお祖父さんまで三代の出自を聞くのが習い性になっていて、まずは彼自身の出身地を訊いた。楊天嘯は控えめな笑みを浮かべて答えた――「ベトナム、フーコック島」。

驚いた。我らの陸軍大将が、フーコック島の鉄条網の中で生まれた子供だったなんて！

急いで楊天嘯の父君、楊景龍《ようけいりゅう》を探し出し、一から十まで問い質した。

楊景龍は当時九七軍の大隊長をしていた。九七軍と言えば、金城江駅で豫衡連合高校の子供たちを同行させ南へ逃れることに同意した部隊、二四六連隊が所属していた軍である。長沙を出発したとき、九七軍は定員通り数万人の兵がいた。戦いながらベトナムとの国境まで走破したとき、楊指揮下の大隊は百人余りしか残っていなかった。身重の妻は二人の子供をかかえながら、夫とはぐれてしまった。運よく家族が再会できたのは、ベトナムの収容所の中であった。

ぽつんと鉄条網の内側にうち棄てられた軍隊の、三年半にわたる屈辱と辛酸。そんな嵐のような日々に生を受けた赤ん坊が、六十年後、中華民国陸軍最高元帥という要職にある。民族と個人を描いたこの脚本、いったい誰がどうやって書いたというのか。

一九五三年六月十日、中華民国、フランス、アメリカの外交交渉はようやくひとつの成果を見た。内戦によって海外に捨て置かれていた国民党軍と難民、学生は、ハイフォン港から軍艦に乗り込み、八日後、高雄港に上陸した。

二百八名の豫衡連合高校の学生のなかには、のちに小説『野鴿子的黄昏（野鳩たちの黄昏）』を書くことになる王尚義《おうしょうぎ》*14がいて、高雄港に到着したあと彰化県へ送られ、員林実験中学に入学した。

60年の歳月を経て『古文観止』が返された。（趙連発、徐栄璋提供）

大海原の波頭を越えて台湾にやって来た河南省南陽の子供たちと山東省各地の子供たちが今、彰化県員林でひとつとなった。それだけでない。香港、マカオ、ビルマ（現ミャンマー）、舟山《しゅうざん》群島、大陳島……各地からたくさんの学生が続々集まってきた。内戦中、戦争という機械から「はじきとばされた」多くの残軍と孤軍、さらに集団で、あるいは個々で逃げてきた難民とその子供たち……。しずしず伝う小さな流れは、いつのまにかここ、員林で合流していたのである。

何の気なしに見たニュースで、国防大臣である陳肇敏《ちんちょうびん》が豫衡連合高校の六十周年同窓会に出席していた。内心疑問に思う。だって、陳肇敏は正真正銘の台湾南部っ子じゃなかったっけ？　どうして連合高校の生徒なのか？　香港から電話をかけて訊ねる。彼は笑って答える。そうなんだ、家から近いんであの員林実験中学に通ってたんだよ。だからさ、「主君に疎まれる忠臣」じゃないけど、困難に打ち勝って国を興すべきっていう、濃い歴史観のなかで育ったんだ。「じゃなきゃ」と言葉を継ぐ。「ただの腕白小僧が、どうして空軍士官学校に応募するんだい」

こんな歴史の軌跡に、どんな「結末」が用意されているかなんて見当もつかない。火災現場からはだしで『古文観止』を持ち出した張子静校長は三十年後、その本を趙連発に手渡し、こう言いつけた。「将来台湾と中国の関係が雪解けをみて、故郷に帰れることになったら、この本を馬淑玲に返してくれたまえ。そして彼女に伝えてくれ。全校の先生と生徒を代表して校長から感謝を申し上げる」そう言って校長は涙を流した。[21]

六十年がたち、趙連発が河南に帰る日が本当にやって来た。彼は馬淑玲を見つけだし、『古文観止』は恭しくその手に返された。

一頁たりと抜け落ちてない、当時そのままの姿であった。ただ頁は全部、色あせていたけれど。

22　悪魔山に押し込められた難民たち――一九四九年、香港に流れついた人々

香港人は自分の生い立ちを語りたがらない。もし台湾人が誰かと夕食を共にし、おしゃべりを始めたら、たぶん普通に「うちの父は民国三十八年（一九四九年）に青島から台湾にやってきまして」などと

いった話題に触れるだろう。台湾人はそうやって自分の出自を語るわけだが、香港人であれば、仮に三十年同じオフィスで働いている同僚であってもおそらく、どこ出身かなどお互い知ることはない。あるいはどちらも寧波《ニンポー》出身かもしれない。もしかすると同じ一九四九年五月ごろ、同じように母の胸に抱かれ羅湖《ローウ》から入境してきたのかもしれないのに。

香港人の仕事のストレスは凄まじく、勤務時間も長い。現実が転がっていくスピードが速すぎて、今乗っかっているレールの上を一心不乱に走り続けていくしかないのだ。経済的な繁栄、専門性の向上、先端性の維持は、こうした競争と学習への強い意欲によってのみ得られる。

香港文化の生命力のしぶとさは、海の渦巻きが持つ巨大な吸引力と同化力に似ている。一九四九年に流れ込んできた百万の人波はイミグレーションを過ぎた途端、この文化の吸引機に吸い寄せられ、言語の坩堝に呑み込まれた。溶け込めないものはよそへ移動するほかなく、さもなくば淘汰された。溶け込めたものは六十年たって、よもや〝一九四九〟の転入者であったなどと気づかれることはない。

そして外から見れば、香港に住む七百万人はまさにひとつのまとまりで、みな広東語を話す香港人なのである。

もし香港人と同席する機会があったら、遠慮なく一人ひとり問いつめてみよう。そうすれば、ハッと気づかされることだろう。彼らはみな心の奥底に、自分の身の上話を隠しているだけなのだ。そしてその物語の多くが、激動の〝一九四九〟に起因する。

バラバラと落とされる焼夷弾と同じように、戦火は中国大陸各地で燃え拡がっていった。東北地方から山東、河南までが一片の焦土と化し、何千万の難民が発生した。漂泊の中継点たる香港は自ずと、生命を留めては吐き出す〝弁〟となった。北方で戦争が起これば、それだけ難民が香港に押し寄せる。ひと戦争でひと波、ふた戦争でふた波。一九四九年の上環《ションワン》、西営盤《サイインプン》一帯、九龍《クーロン》の鑽石山《ダイヤモンドヒル》一帯は、野宿する難民が通りに溢れかえっていた。

一九四五年、日本人が撤退したとき、香港の人口は六〇万人であった。つまり香港から百万人が避難していたことになる。そして一九五一年、この〝島〟にはもう二〇七万人もの人がいた。[22]降って湧いたのは、無論日本軍が去ったので戻ってきた人たちであり、それ以外になお国共内戦に起因する新しい難民がいた。たとえば、上海のある紡績工場社長は工場を従業員ごと移転してきた。それ以外に、国民政府でかつて要職についていたもの、抗日戦争の英雄と呼ばれていた国民党軍の将軍や士官、地方政府の首長や局長、大学学長、あるいは蔣介石とともに台湾へ渡ることを望まない議員たちがやって来た。メディアの主筆や学界の大御所、作家や芸術家、清廉な知識人、高僧と大儒者、神父と修道女もいた。しかし当然のことながら、難民の大部分は帰る場所を失い、子供の手をひきながら各地を転々とし、ここに流れついた普通の人々であり、またはいずれかの戦役で障害を負った、数え切れないほどの傷兵であった。

それはなんとありふれた風景だったろう。足を失った兵士が脇に松葉杖を挟み、汚れた身なりでぽつんと初めての町に立ちつくす。どこへ行っていいのかもわからない。そしてその多くは、少年であった。

人の苦しみを救うため、東華《とうか》病院が難民を収容する――そんな情報が流れた途端、羅湖から入境した人々が、満ち潮のように病院へと押し寄せた。一九四九年冬、黄杰の残存部隊が豫衡連合高校の子供たちとともに追いつめられて、十万大山に踏み入りベトナムとの国境地域へ進んでいたのと同じころ、東華病院は難民の世話を始めていた。半年のうちに収容されたのは、八千二百人余り。うち障害者の比率はきわめて高く、二千人に達した。[23]

調景嶺の中華民国国旗（香港中国文化協会提供）

一九五〇年六月二十六日。まさに朝鮮戦争が勃発した翌日、七千人の難民が吊勁嶺《ディウジンレン》（首括り山）に送られた。効率的な香港政府はこの移送作業を一日で済ませた。

吊勁嶺とは九龍半島の東端にある「悪魔山」の、荒れ果てた斜面のことである。その無人の荒野には廃棄された小麦粉工場があった。一九〇五年、カナダ籍のレニーという香港政府の役人が、土地の払い下げをうけてここに小麦粉工場を建てた。しかし三年後倒産の憂き目にあい、レニーは首に縄を括りつけ、もう一端に大きな石を縛り付けると、そのまま石もろとも海に飛び込んで自殺した。工場の機械はすべて債権者によって持ち去られ、本来荷出し用であった小さな桟橋は荒廃した。山の斜面にあった工場はいつしか未開地とまごうばかりの廃墟になりはてた。こうして悪魔山の「レニー製粉工場」があったあたりは「吊勁嶺」と呼ばれるようになったのである。

今の呼び名、「調景嶺《ディウジンレン》（見晴らし山）」とは、香港政府の賢い役人がのちにつけ換えた正式名なのである。

七千人という数字は単に食事配給の登録をした人数であって、実際には未登録の難民がさらに五、六千人はいた。ピーク時には二万人近い人がこの調景嶺収容所に暮らしており、うち子供が八百人を数えた。国民党軍兵士とその家族が半分以上を占め、湖南省籍と広東省籍がもっとも多かった。しかし青海省、西康省《せいこう》（現在の四川省西南部）、甘粛省《かんしゅく》、熱河省《ねっか》（現在の河北省北東部ほか）から来たものもおり、東北からの傷兵と難民も少なくなかった。

水も電気も道もない荒れ山で、なにもかも一からスタートであった。香港政府は山に千を越すテントを設営した。Aの形をした油紙製のそれは、ひと張りに四人が住めるようになっていた。さらにバラック造りが三十戸。婦人班、医務班、京劇班、自治取締班等の班が使い、ひとつのバラックに七十人が収容できた。社会局が難民一人に配給したのは一日白米十八オンス（約五百グラム）と肉と魚が二オンス（約六十グラム）、野菜八オンス（約二百四十グラム）、豆乳か干し魚が二オンス（約六十グラム）であった。そして一日ごとに、民福交通のモーターボートがパンを運んできた。汽笛が鳴ると、はだしの子供たちが弾けるように船着き場に駆けていく。興奮して口々に叫ぶ――「パンボートが来た！　パンボートが来た！」

大人たちは毎日二回列を作り、十人分一セットの配給食を受け取る。それをテントに持ち帰り十四、五人で分けて食べるのだ。配給券を持たないものは同郷や同窓であり、等しく落ちぶれた境遇であった。難民たちはこうやって互いに助け合っていた。

普通の難民収容所と異なり、調景嶺はまさに臥竜窟であり、難民のなかにはひとかどの人物が隠れていた。ざっと眺めてみるだけで……、ほら、小麦粉をひと袋、肩に載せて山道を下りてくるその人はおおかた「大隊長」クラスであろう。たとえば一九二〇年、広東省増城に生まれた陳宝善《ちんほうぜん》隊長。陳宝善が高校に通っていたころ、日本軍の広州進攻が迫っていた。十八歳だった彼は父の反対を押し切り、強い意志で中央陸軍士官学校を受験し、見事合格した。そして、ほかの入学生何人かと共に広州を出発した。渓谷を走り山を越え、まるまる二ヵ月間歩き、貴州省独山《どくざん》に達した。報国の思いに胸をたぎらせていた青年たちはこの地で、その実践が荒れ地に営舎を建造することから始まるのだと知った。山に登って木を倒し、人力で下ろしてくる。教室と宿舎を建てるのだ。米がなければ、三十キロの山道を歩いて運ぶ。その辛さは強制労働収容所に匹敵した。宝善は初志を忘れることなく、一九四二年、正式に士官学校十七期卒業生となった。蔣介石国防最高委員会委員長は卒業生一人ひとりにサーベルを贈った。その上に書かれていたのは「成功成仁（功をなせ、仁をなせ）」の四文字であった。

陳宝善は抗日作戦に参加した。彼の愛国の理想は弾雨のなか実践された。抗日戦争後国共内戦が勃発し、彼は山東省の戦場から淮海戦役に出陣した。江蘇省碾荘《てんそう》で解放軍に包囲され、凍える地平におびただしい兵士が傷つき倒れ、彼自身も負傷した。

これは、五十五万人の国民党軍が「殲滅」された戦役であった。宝善は負傷したまま南京、広州を転々と流れて最後、香港にたどり着いた。これほど長い歳月が過ぎた今、彼は私たちにこう語る。

この何十年のあいだ、何度も何度もあの情景を思い返します。われわれがこれほど完膚なきまでに負けるなどとは本当に、夢にも思っていませんでした。徐蚌《じょほう》会戦（淮海戦役）まで負け戦はなかった。（略）彼らの訓練はわれわれよりも劣っていたし、補給も不完全でした。私は彼らを見くびっていました。事実、我の大隊ひとつで、彼らの一兵団二万人以上と戦うことができた。（略）われわれは戦争が上手かった。なのにどうして香港まで逃げるはめになったのか？　言えるのは、軍

内の士気と規律が失われたということです。さもなければ、どうしてこんな無惨な敗北をしたでしょう？[▼24]

一九四九年。東華病院と調景嶺では毎日午前と午後二回、難民が列を作り配給食を受け取る。陳宝善もその列にいたはずだ。彼は二十九歳。目元にはまだ気概というものが窺い知れたが、しかし表情は陰鬱であった。もし漫然とその姿を眺めるだけなら、彼がかつて胸に抱いていた大きな情熱など感じることはできないだろう。かつて彼が持っていた、自身の命を捧げるに値する信念——それは、国家と呼ばれていた。

23 山険しく海深く——香港人の人知れぬ過去

調景嶺を下りた先の香港市街。そこには毎年二十万の人が流入し、押し寄せる難民のなかには、それはそれはたくさんの子供と若者がいた。

モンゴル族出身の詩人、席慕蓉《シー・ムーロン》*15は湾仔《ワンチャイ》の小学校に通った。古い宋詞が井戸端に人が集えば歌われたように、大きくなって彼女が書いた詩は、中国語圏のいたるところで読み継がれている。「古典詩の基礎をどこで身につけられたんですか？」とよく訊かれるそうだ。そんなとき彼女は直接それに答えず、ただやんわりとこう言う。香港の小学校に通っていたころ、白居易の『琵琶行』をすべて暗誦するよう先生に指導されました、と。彼女は六十年たった今でも『琵琶行』を一字一句漏らさず、美しい広東語で暗誦できる。広東語は話せないのに、である。

白崇禧《はくすうき》は海南島から撤退する以前、当時十二歳だった息子、白先勇《はくせんゆう》＊16を香港九龍まで疎開させていた。物静かで、同時に早熟であった白先勇は喜び勇んでラサール学院に通い始めた。もともと中国の古典戯曲と古典文学に夢中だった彼は、香港で初めてイギリス文学に触れ、近代文学の窓を開いた。一九三七年の中国に生を受けたこの子供は、幼年期・少年期のすべてが漂泊であった。大陸打通作戦による桂林の火の海＊17を、抗日戦勝利後の首都南京の上流階級の暮らしを、そして上海の栄華と崩壊を、彼はすべてその目に焼き付けた。そして今〝一九四九〟の香港で、戦争の惨めさを目の当たりにする。「家にはたくさんの人が住んでいました。面倒を見なければならない親戚と父の昔の部下たちです。街に出れば、ビルの軒下や廊下はどこもかしこも誰かが寝ていた。通りは難民でいっぱいでした」▼25

一九五二年に台湾へ渡った白先勇はのちに作家となり、台湾モダニズム文学の先駆となった。

林百里と父（林百里提供）

同じころ、生後六カ月の林百里《バリー・ラム》も香港にやってきた。彼が生まれたのは解放軍が上海を進攻する一カ月前で、栄養状態はきわめて悪かった。母に抱かれたまま流れ着いたのは香港のニューテリトリーであった。大埔《タイポー》の「軍最高顧問」宅庭園にあった使用人小屋を借りて家族で住んだ。弟と妹はこの狭い石造りの小屋で生まれた。石の家はひどく暑く、父は家の回りに蔦を植えて壁に這わせた。青々した葉はあっという間に屋根まで覆い尽くした。

「軍最高顧問って誰のこと？」と尋ねると、

「翁照垣《おうしょうえん》」と林百里。

私は目を丸くする。「ちょっと、大埔で借りてた家の大家さんは翁照垣？　一九三二年、第一次上海事変で先陣を切ったという、あの翁旅団長のこと？」

「そう」と林百里。子供の頃のことを彼ははっきり覚えている。翁将軍はよく百里を呼んで飴をくれたり、頭を撫でてくれたりした。そしてこう諭した。「しっかり勉強して国に恩返しするんだよ」。

林百里が育ったのは、通りに難民が溢れかえっていた〝一九四九〟後の香港であった。彼の父は彼以外の百万の難民と同じように、大変な苦労をして暮らしを立てた。仕事はセントラルにある香港クラブの経理係であった。ロビーには水晶のシャンデリアが下がり、華麗なじゅうたんが敷きつめられていた。ディナーを楽しみに来た白人の紳士淑女がドアから優雅に入ってくる。中国人は端っこにある小さな勝手口を使う。父は彼に言い聞かせた。「ロビーに出ちゃいけないよ。あのドアは白人が通るんだ」。

父の仕事場は勝手口の奥にある部屋で、机が三つ置けるだけの広さしかなかった。長男である百里の前途を考え、父は息子をなるべくそばに置いた。朝、百里は授業へ行く――スターフェリーで海を渡り、尖沙咀《チムサーチョイ》へ。そこからバスに乗り換え徳明中学へ。多くは二〇セントのバス代を節約するため、十三歳だった彼は学校まで四十分の道のりを歩いて通った。

晩、父は百里の宿題を見る。夜のしじまが広がれば、足下から折りたたみ式の軍用ベッドを引っ張り出し、三つある事務机の隙間に無理矢理広げて、父子二人眠るのだ。寝返りも打てない小さな空間。灯りを消すと、シャンデリアの華麗な光がロビーから細く漏れた。

一九四九年という戦火の真っただ中に生まれ、流浪生活のなか成長したこの子供は六十年たった今、世界最大のノートパソコンメーカー[*18]の社長である。

私は訊ねる。「十一、二歳のころ、香港クラブの〝勝手口〟の奥に住んでいたわけでしょう？ ロビーに出るなと言われて。しかも外に出ればセントラルは眩いばかりのショーウインドウ。〝難民の子供〟として、屈辱や不満は感じなかった？」

「屈辱は感じたよ。とくに白人と中国人とのあいだにあった差別を見たときはね。だからぼくの民族感情はとても強いんだ。もっとも、美しいショーウインドウに不満はなかった」と林百里は笑う。「いつか買えるようになりたい、とただそれだけを考えていた。もちろん必要なものだけをね」

秦厚修《しんこうしゅう》が上陸したのはマカオであった。海は黒々として、船を激しく揺らし続ける。テンダーボートがやっと迎えに来た。その小さなボートは揺れがもっとひどくて、乗り移ろうとした彼女は、足を踏みはずして危うく海に落ちそうになった。傍らにはまだ小学校にも上がらない娘がいた。そしてお腹には新しい命が宿っていた。マカオの地を踏みしめる暇もなく、すぐ香港へ急いだ。夫、馬鶴凌《ばかくりょう》が香港の埠頭で今や遅しと彼女たちを待っている。

すぐに仕事を見つけなければならなかった。彼女は親友と共同で、キャッスル・ピーク・ロードのクリーニング屋を譲り受けた。その後、一九四九年にオープンした遊園地――ライチコク・パーク（「茘園」）で仕事を見つけた。入場券のもぎりである。

ライチコク・パークのオープンは一九四九年香港のビッグニュースであった。五十セント払って入場し、さまざまなアトラクションを楽しむ――観覧車、ぶつかりカート、マジックミラー、ゆらゆらボート、ジェットコースター。そして目玉はスケート場で、本物の氷を張ったリンクは香港でここにしかなかった。

「とは言ってもね、應台、あのころ入場券というものはなかったのよ。お金を直接放り込む方式。私は足を使ってゲートの開け閉めをしていたの。お金がちゃんと入ったのを見届けてペダルを踏む。するとお客さんが入場できるわけ。毎日そんな仕事をしてた。月給で三百ドル。これでたくさんの人を養わないといけない」と秦厚修。

遊園地の給料が三百ドル？ 同じ時期、銭穆《せんぼく》[*19]が新亜書院[*20]を創立したとき、彼の月給は二百ドルだった——今の私には、それがどれだけ薄給だったかわかる。

「大変でしたね」と私。「でも、さきほどお話に出たおなかの赤ちゃん、もう産んでいらしたわけでしょう？ 外で仕事って、どなたが面倒見ていたんです？ 赤ん坊のお乳は？ 旦那様も仕事を探しに出ていらっしゃったんでしょう？」と訊ねると、

「うちにはおばあちゃんがいていろいろ手伝ってくれた。あとは叔父も。まあ、逃げてきた親戚たちがたくさんいたからね。毎日誰か彼かお金を借りに来る。そんな彼らに手伝ってもらってた」。

厚修の子供は東華病院グループのひとつ、広華病院で生まれた。馬一家にとってたった一人の男の子である。

父親はずいぶん考えたはずだ。こんな混乱と不安のなか、子供になにを期待するのか。

彼は息子を「英九《えいきゅう》」と名づけた。

この子供は成長して、中華民国の総統（大統領）になった。自己紹介するとき、彼は笑いながらこう言う。私は「中国で設計され、台湾で製造され、香港で納品されました」。

「そういえば」と厚修。「ある日うちのひとが、調景嶺に行ってくる、と言って出て行ったの。災害支援団体が救援物資を配ってるからって。帰ってきて見たら、石鹸をいくつかもらえただけじゃなかったかしら。あのころは『第三勢力』から誘いがあったんだけど、彼は乗らなかった」。

「第三勢力」という言葉がこのお母さまの口からするっと飛び出したとき、私はとても驚いた。それが何なのか知っている人は少ない。生来政治に興味を持たなかった彼女でも、その言葉を覚えていたのだ。

一九四九年、自由な香港にたどり着いたもののなかに多くの知識人がいて国策に強い関心をもっていた。彼らは共産党のイデオロギーと相容れず、また蒋介石のリーダーシップにも拒絶反応があった。当時アメリカはアジアに向けて大規模な反共キャンペーンを展開し、さまざまな形で援助を提供していた。結果、「自由中国運動」と名づけられた「第三勢力」が育ちつつあった。CIAは離散した人材を集め、計画的な訓練を施し、台湾とは一線を画した反共の遊撃隊を組織した。

調景嶺には若い国民党軍兵士や、仕事をなくし、学校にも行けない若者が数多くいた。最低限の衣食住を確保するためであれ、国を立て直し民を救うためであれ、生徒を募集している学校があると聞けば、彼らの多くが、その素晴らしい「自由中国」を作る理想のもとに集まった。

1歳の馬英九（秦厚修提供）

学校はサイパン島にあった。「サイパン」とは惨たらしく血なまぐさい名前である。グアム島の近くに位置し、面積は香港島より気持ち小さく、戦前は日本の統治下にあった。一九四四年、米軍はサイパンに進攻した。日本軍は三万人以上の戦死者を出し、守備部隊司令南雲忠一は自決した。三万の居留民のうち二万人以上が戦火に巻き込まれて死に、老人や子供を含む四千人以上の市民が断崖から身を投げた。

訓練生たちは、橋の爆破や上陸作戦、陣地戦、そして落下傘の降下技術を学んだ。このサイパン士官学校で一年二ヵ月の訓練を終えると、日本の基地へ送られた。最後の任務は即ち、中国本土への空挺作戦であった。四人一組の落下傘小隊は通常、隊員の故郷に投下された。山東省から逃げてきたものは山東へ、湖南省出身のものは湖南へ。なぜならこの任務には、目をつぶっても行動できるほどその地域を熟知していることが求められていたからだ。

香港大学の職員食堂で、蔣震《しょうしん》と〝一九四九〟についておしゃべりをしていた。彼のように一九四九年のどん底から苦労して這い上がってきた人を、私は何より尊敬する。なんの話題だったか、私は何の気なくこんなことを口にした。「気づいたんだけど、香港の『第三勢力』の資料は変に少ないわね。香港人にずいぶん尋ねたんだけど、ことの次第がさっぱり聞き出せないのよ。知る人など一人として存在しないみたい」。そうしてコーヒーを自分のカップに継ぎ足す。

蔣震が話を継ぐ。「はいはい、自由中国運動ね」。

びっくりして、コーヒーポットは宙に浮いたまま行き場を失った――「自由中国運動」という言葉をさらっと口にする人。歴史学者以外では初めてだった。

蔣さん、内情を知ってるの？

驚く私の顔を見て笑う蔣さん。そしてこう言った――「サイパンに行ったのさ」。

蔣震は香港で非常に尊敬されている実業家である。一九二四年、山東と河南の省境にある荷沢《かたく》に生まれ、家は極貧であった。何千万といたあの時代の愛国青年と同じように、彼も兵隊になった。山東から一路広州まで戦ったものの、部隊は壊滅し、彼は難民の群れにくっついて、香港にたどり着いた。

つらい仕事はひと通り経験した。埠頭の荷運び、紡績工場の雑用、炭坑の穴掘り……。そして一九五八年、三十五歳の彼は二百ドルという僅かな元手で、友人と機械工場を設立した。世界で初めて十オンスのインラインスクリュー式射出成形機を開発し、彼の産業王国の基礎は築かれた。現在では故郷に恩返しするため財団を設立し、中国の技術者育成に尽力している。

蔣震は言う。話は調景嶺から始めないといけない。だってあそこの難民収容所にいたんだから。

「あぁ……」そんな彼を見ながら私は言葉を返す。「そうだったの。思いもよらなかった。じゃあ、蔣さん、どの部隊にいらしたの？　どの戦場に行かれたのかしら？」

「再編第一一師団。いろんな戦場に参加した。南麻戦役とか。」

このすこぶる実直で穏やかな先輩を前に、私は唖然として、二の句が継げなかった。

「再編第一一師団」とか「南麻戦役」とか、そんな単語を聞くだけで、彼がどんな経験をしてきたのかわかる。でも胡璉《これん》将軍率いる勇猛果敢な一一師団や地獄のような南麻の戦いが、今目の前にいる「香港の実業家」と、とっさには結びつかない。

一九四七年七月、再編第一一師団は山東省南麻を死守するため、防衛線を構築した。周囲に千を越える大小の親子トーチカを築き、縦横を塹壕でつないだ。解放軍の名将、陳毅《ちんき》と粟裕《ぞくゆう》は国民党軍の五倍の兵力をもって攻め寄せる。激しい砲火を交えること七日七晩、戦闘終了後解放軍の損失は著しく、一万四千人が戦死したと発表された。国民党軍側は二万人を「殲滅」し、三千人を「捕虜」とし、自軍の犠牲は九千人であったと発表した。この戦役は粟裕にとって数少ない黒星であり、この結果を重く見た解放軍は、国民党軍の親子トーチカ攻略法に本腰を入れて取り組むこととなる。

若い頃の蔣震
（本人提供）

七日間の南麻戦役が終わって、荒野には三万人の若者の死体が残された。

実業家、蔣震は、ここから這い上がってきたのだ。

サイパン島の訓練を終えた生徒たちが空挺作戦に参加する際、支給された装備はピストル、軽機関銃、弾薬、無線機、一ヵ月分の携行食糧、そして人民元であった。それから秘密裏に、とある省の山間部まで飛行機で送られ、降下する。

あるものは落下傘が開かず、そのまま落ちて死んだ。大部分のものは着地したところで現地の住民に縛り上げられ、どこかへ連行されて銃殺された。

蔣震はここにいる。もし山東の上空から降下していたら、どうして今ここでピンピンして座っていられるのか。彼の肩越しに美しいビクトリア湾が広がる。

蔣震は笑っている。きっと私のまなこに飛び交う百もの疑問に気づいたのだろう。

「ずっと『自由中国運動』は愛国運動だと思っていたんだ。まさかＣＩＡが後ろから糸を引いてるなんて知らなかった」と、笑ったまま、「順番がぼくに回ってこようとしたまさにそのとき、朝鮮戦争が終わったんだ。そしたらこの空挺作戦も終わりになった。すんでのところで飛行機に乗るところだった」。

あぁ……、彼の人生を決めたのは、朝鮮戦争だったのか。

ある種の人は、嵐が吹き荒ぶ闇夜のような逆境にあって、むしろ心が平静になるものらしい。彼らは社会の混乱や時代の転換というものをするっと飛び越え、一番核心にある価値観を見つけ出し、そして揺るぎない確信を持つ。激動と混迷のなか、銭穆は香港に流れついた。一九四九年の香港の路上には、これからどうすればいいかわからない少年たちがあちこちで野宿していた。彼がまずしたのは、彼らに学ぶ場を与えること——新亜書院はこうして設立された。

九龍半島の深水埗《サムスイポー》にある新亜書院へ帰ってくる。毎晩、このおんぼろビルの前に着いてからが一苦労である。軒下や外階段は、体を丸めて眠る人たちで足の踏み場もない。新亜の若い学生たちも廊下で横になり、頭になにか被ってぐっすり。そうやって眠る人と人の間に隙間を見つけながら、銭穆は慎重に足を運ぶのだ。

学生は学費が払えず、先生は食料が買えず、ともに必死で原稿料を稼いだ。当時の学生でとりわけ聡明、沈着であったものに余英時《よえいじ》[*21]がいた。二〇〇六年、人文科学に功績があった人物に贈られるアメリカのクルーゲ賞受賞スピーチで彼は、一九四九年に新亜書院で過ごした思い出を語った。印象深いのは、生活のため自分は十代で原稿を書き始めたが、新亜書院を創立した恩師、銭穆でさえ原稿を書いて必死に稼いでおり、「龔自珍《きょうじちん》[*22]が言うように『書を著すはすべて稲粱《いねあわ》のため』でありました」と笑った。[▼26]（「詠史」）

どんな香港人も何かしら自分の物語を持っている。各地を転々と漂泊してきた世代の人は、たとえ自分がどんな苦労をしても、激動の世の中で子供にだけは雨風を凌げる場所を与えようと必死だった。そして誰もが、梁安妮《アニー・リョン》のような発見をする。安妮は香港の広報業界で「姉御」的存在だ。私はそんな彼女の「出自」を尋ねてみた。その場で聞き出せたことはけっして多くなかったが、それでもこう言ってくれた。「そういえば……父が日記をつけていたようだから探してみる」

そうして見つけ出したのは、手書きの日記だった。父の出生から一九四九年香港に移るまでの回顧録が完全な形で残されていた。一晩でそれを読み終えた安妮はかつてないショックを受けたと言う。死別して二十五年たった今、彼女はようやく自分の父の一生を知ったのだ。抗日戦争の桂林大爆撃をどう切り抜けたのか？ 中国遠征軍の在ビルマ対日戦に参加するためヒマラヤ山脈をどうやって越えたのか？

香港で育った子供には、程介明《チェン・カイミン》みたいな子もいた。香港大学教授で著名な教育理論専門家になった今も、「漂泊」の感覚ははっきり覚えているという。年齢は小さかったが、父が家族を養うため這いつくばうように頑張っているのはわかっていたし、父がようやく見つけた仕事の、初日の給料が七セントだったことも覚えている。引っ越しのたびに彼と弟は転校した。しかも引っ越しするたびに家が小さくなり、学校から遠くなった。通学の時間も、そうやってどんどん長くなっていった。

私は介明のお父様とお話しし、彼の〝一九四九〟を聞いた。かつての苦労を語るとき、このおじいちゃまは言葉を一瞬途切れさせ、こう言った。「介明は聞き分けがよくて、思いやりのある子でした」。聞き分けがよくて、思いやりのある子供って、つまりは苦労で早熟した、って意味じゃないかしら。その心痛が、お父様の口吻からありありと伝わってきた。

上海出身の徐立之《ツイ・ラプチー》が覚えているのは、屋根裏部屋のことだ。香港に移住して、小さな「士多（ストア）」の上の、家族が全員揃うと身動きがとれなくなるような狭い屋根裏に住んだ。その後生活がどうにも立ちゆかなくなり、仕方なく母は小さい妹を連れて中国の親元に戻っていった。そこなら生活費が少しは安く済むのだ。本来支え合って共に生きていくべき家族が、現実の厳しさに負け、生き別れとなった。

立之の父は「保険会社のサラリーマン」をしていたが、つまりそれは「失業」を意味していた。

「じゃあ、お父様はもともと何をしてらしたの？」と訊ねると、

彼はちょっと迷ってからこう言った。「うちはもともと裕福な家だったんだ。父が毛筆で書く楷書は、杭州でとても有名だった。蒋介石が一九四八年に直した家系図も、父が書き写したものなんだ」

私はカリフォルニアへ飛んだ。スタンフォード大学フーヴァー研究所で、私は並み居るベテラン歴史

家の後ろで小学生みたいにちょこんと座り、最近公開されたばかりの蔣介石日記をめくり、一九四九年あたりを探す。家系図を大変重視した彼は、遼瀋《りょうしん》戦役と淮海戦役の戦況が厳しく、国中が大騒ぎになっているさなか、依然家系図の手直しの進捗を日記に逐一記している。徐立之の父親の名は、確かに日記の中に現れる。

だから〝一九四九〟後の香港を歩けば、きっと九龍の路上を一人歩く銭穆とすれ違うだろう。レパルス・ベイの浜辺では、四歳の徐立之がお父さんと砂遊びをしている光景を見るだろう。何たって水と砂は神様がただでくれたもの。貧乏人にも平等だ。「ストア」の屋根裏で育ったこの子供は、銭穆が創立した新亜書院で学び、のちに世界的な生物分子遺伝学者となり、香港に戻って香港大学の学長を務めることになる。

徐立之と父。1949年、香港にて（徐立之提供）

二〇〇九年、セントラルの古い町並みにはまだそんな屋根裏部屋が残っている。同じようにこぢんまりした「ストア」の上。その前を通り過ぎるたび、私はつい目を留めてしまう。そして銭穆が一九四九年に書いた新亜書院の校歌を思い出す――

山険しく　海深し　地広くして　空高し
人は尊くあれ　心は清くあれ　視野を大きく　いつの日か実を結ばん
（略）
裸一貫の　我なれど　道は遠く　果てなくも

乱世に　漂泊に　体は餓え　心は寠れていようとも
困難に発憤して進め　困窮に情味を持て
重荷を両肩に負いて　青春の今　仲間とともに　前に進め

第3章

私たちはこの縮図の上で大きくなった——名前に刻み込まれた歴史

24 「台生」という名前——人名と地名に刻まれた歴史の証し

私の名前には「台」という字が入っている。そう、「台湾」の「台」。私たち「華人」の名前には往々にして地名が入っていて、それは生まれつきの痣《あざ》のように、名づけられた人の出生を記している。親はどうして地名にちなんだ名前を子につけたのか？ 動機はいたって単純だ。自分たちが一時羽根を休めただけの、しかもたまたま子供が生れてしまったという場所を記念するためである。ところがその子供が大人になり、誰かと名刺を交換すれば、それだけで、彼、彼女が「よそ者」であることがわかってしまう。なぜなら地元の人間にとって、この地に代々暮らしていることなど当たり前すぎるほど当たり前なわけで、わざわざ名前をそこに刻み込み、「はるばる来たぜ」と喧伝する必要などないのだ。出生地を記念するという行為自体どこかまともではなく、すでにひとつのレールを踏みはずしている。

私と同世代の台湾人で、「麗台」や「台麗」という名の〝少女〟と出会う確率は相当高いはずだ。また「利台」や「台利」という名を持つ〝少年〟も少なくない。そしてもっと多いのは、安直に「台生」と名づけられた子供だ。「台」の字がキラリと姿を見せた瞬間、彼、彼女の身の上は半分以上バレてしまったようなものだ。その両親は一九四九年、中国の内戦を逃れて次々この島へ流れてきた「よそ者」たちの一人だとみて、ほぼ間違いない。雨上がりのウシガエルのように赤ん坊が泣いている。父となりし者が赤い紙に楷書で書く、真っ黒な「台」の字。想像してみてほしい。新しい名が記された場所は、雨風をどうにかしのげるだけというぼろ家で、外界は戦争の混乱と不安が支配している。この「台」の字には、終わりの見えない漂泊生活の苦しさと貧しさがにじみ出し、また同時に、ひと息の安定でも手にできたらという切実な思いが込められているのだ。

もし台北でタクシーに乗る機会があれば、ぜひとも運転手の名前を気にしてほしい。私は「趙港生《ちょうこうせい》」さんが運転するタクシーに乗ったことがある。あれ?「港生（香港生まれ）」がどうして台湾でタクシーの運ちゃんをしてるのかしら。

ちょっと声をかければ、すぐ家族漂流のいきさつを教えてくれるだろう。港生さんの両親は戦乱の一九四九年、ミャンマーのジャングルを出発し、光も届かない山道を一週間歩き続け、香港まで逃げてきた。香港政府は彼らを調景嶺難民収容所に送った。港生はあの荒れ山にあった、油紙製のぼろテントの中で生まれた。だから彼は「港生」と名づけられたのだ。二年後、家族は台湾に移り、弟が生まれた。弟は「台生」と言う。

香港の映画スター、ジャッキー・チェン（中国語名「成龍《チェン・ロン》」）の本名はなんていうか知っているだろうか?「陳港生《ちんこうせい》」というのだが、この名前を見れば、彼の身の上話がどこから始まるか想像できるだろう。調べれば答えはすぐに出る。戦乱が続く一九四七年、彼の父、房道龍《ぼうどうりゅう》は安徽《あんき》省和《わ》県沈巷《ちんこう》鎮の家をあとにした。妻と子供たちを残したままである。流れ流れて香港にたどり着いた彼は、姓名を変え、新しい家庭を持った。そこで生まれた男の子は「港生」と名づけられた。

安徽省に残った妻子からすれば生き別れの悲劇であるが、ジャッキー・チェンの側から見れば、苦境に打ち勝った立志伝の立派な序章であろう。

今日、台北の青島東路から太原路まで乗ったタクシーは、乗務員証に「問中原」と書いてあった。「問中原《もんちゅうげん》」?

説明しよう。「中原」とはある地域名で、まさに中国の中央部一帯を意味する。しかも同時にひとつの概念——中国の文化と政権そのものを指し示す。姓は「問」、名は「中原」。そこに浮かぶのは「中原」、つまり都を奪還せんと気迫みなぎるイメージだ。江蘇省高郵《こうゆう》の人であった問さんの両親は、洪水のような人波をかき分け、船に乗り、海を渡り、高雄までやってきた。この港町で子供が生まれた。赤ん坊につけられた「中原」という名には、もう一度故郷を取り戻したいという両親の悲壮な夢が託されているわけだ。

台北の通りに立ち、ちょっとした好奇心と図太さで誰かに声をかければ、波乱と激動の時代をくぐり抜けた伝記を聞くことができるだろう。戦後の「台生」世代はまさに歩く〝戸籍謄本〟であり、一人ひとりが開きっぱなしの歴史地理の教科書なのだ。

私が住む、この「台北」という都市はその極めつけである。台北は大きく広げられた一枚の中国歴史地図なのだ。この地図の大きさは……縦一七キロ、横一六キロ、つまり二七二平方キロメートルほどになる。

どうして「歴史地図」と呼ぶのか? たとえば第一次世界大戦中のヨーロッパ地図はまさしく「歴史地図」である。地図の上に描かれているオーストリア＝ハンガリー帝国は、もはや存在しない。そして台北という都市の道路地図に描かれている中華民国は、一九四九年に時間を止めた歴史地図なのである。

さぁ、地図を開いて。肩を並べて、一緒に見ていきましょう。

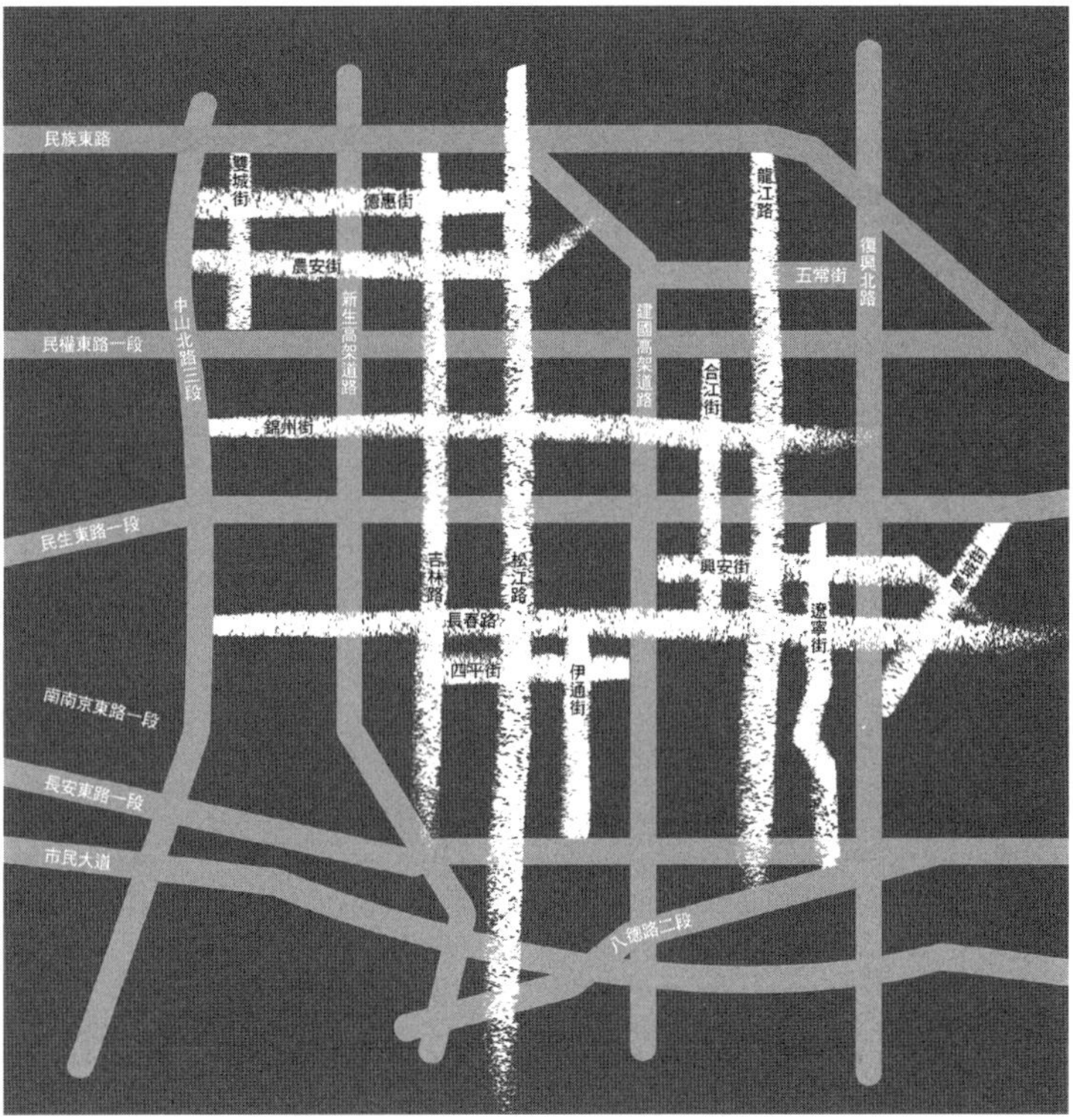

民族東路
雙城街
德惠街
農安街
龍江路
復興北路
五常街
中山北路三段
新生高架道路
民權東路一段
建國高架道路
合江街
錦州街
民生東路一段
吉林路
松江路
興安街
慶城街
長春路
遼寧街
四平街
伊通街
南南京東路一段
長安東路一段
市民大道
八德路二段

地図制作：羅季芬

台北を南北に走る中山路と東西に走る忠孝路が大きな十文字の座標を作り、上下左右に四つのブロックが現れる。まず、左上のブロックから。ここにある通りはどれも中国の西北にある都市の名前が付けられている。左下のブロックを走る道路は中国西南の都市の名前。右上のブロックは東北、右下のブロックは東南である。だからもし中国の地理に詳しい人なら目星がつくはずだ。「成都路」「貴陽路」「柳州街」を探すなら、西南つまり左下のブロックを見てみればいい。「吉林路」「遼寧路」「長春路」はどこか？ もちろんそれは右上ブロックにある。「寧波街」や「紹興路」に行きたい人が「西藏路（チベット）」を目印にすることはもちろんないはず。さて、ここで問題です。「涼州街」「哈密街《ハミ》（クムル市）」「蘭州路」「迪化街《てきか》（今のウルムチ）」はどのブロックにあるでしょう？

国民党の統治に反感を持つ人たちはこう言うだろう。——見ろよ。戦争に負けてこの島に逃げてきたくせに、地元の人びとの記憶をそっくり消し去り、台北の街に中国の地名を無理矢理当てはめた。そうやって自分たちの「大陸反攻」という見せかけの夢を満足させていやがる。まったく馬鹿馬鹿しい、不愉快だ。

統治者が台北を中国地図に変えたのは、いわば一九四九年に刻まれた心の傷のせいだと私はずっと考えていた。実体としての広大な国土を失い、せめてこの海の果てに夢の国土を描いた。そして毎日その地図の上を行き来しながら、いたわり合い、慰め合う。次のチャンスが来るまでこの逆境に耐えて頑張るのだ、と。

ところがちょっと考証してみてびっくりした。いやいや、そうじゃなかったのだ。われわれが当たり前だと思い込んでいた事実は、実は誤りであったのである。

日本の敗戦後、南京国民政府が一九四五年十一月十七日に公布した「台湾省県名・市名・道路名改正についての取り決め」は、各地方自治体に対し、日本の人物・事物を顕彰したり日本の国威を発揚するような道路名は二カ月以内に改正するよう求めていた。しかし学識者が指摘するには、そもそも「改正」という用語が誤りなのだという。日本人の都市計画には道路名はなく、町名しか使われなかった[*1]。だから一九四五年の台湾祖国復帰後、台北の道路名は「改名」されたのでなく、「命名」されたのである。

そして、新しい命名方法の、最重要原則は「中華民族の精神の発揚」であった[▼27]。

一九四七年、上海から来た鄭定邦《ていていほう》という建築家が台北市の道路名策定を拝命した。彼はやおら中国地図を取り出すと、台北の道路地図の上にかざした。そして腹這いになって、中国地図にある地名を、東西南北の方角はそのままに、一つひとつ台北の道路の上に書き入れていった[▼28]。

鄭定邦はどうしてまたそんなアイデアを思いついたのか。

いや解せない話ではない。なぜって上海の道路も、中国の省と都市の名前から命名されているのだから。南北を縦に走る道には省名が用いられ、東西を横に走る道には都市名が用いられている。河南路、江西路、浙江路、山東路はどれも縦だ。成都路、福州路、北京路、延安路は横になる。もちろん、いくらか例外はあるのだが。

中国地図を上海の道路の上に当てはめるというアイデアはこれまたどこから来たのか?

こちらはもっと面白い。一八六二年、英米租界が合併し共同租界となったのを機に、各地区の道路名も統一することとなった。イギリス、アメリカ、さらにフランスなどがそれぞれ好きなことを言い、自分の地区の道路名を残すよう主張した。そこでイギリス領事館のメドハーストは「上海道路命名に関する覚書」を策定し、すっぱり中国の地名を道路名に採用することで、白人同士の内輪もめを避けることにした。上海の道路地図はこのときより、一枚の中国地図となった。

また意外だったのは、「建国路」や「復興路」といった政治的な意味合いを持つ名前も、一九四五年の日本敗戦後すでに、国民政府が上海の道路名に使っており、一九四九年以降、わざわざ台北のためにあつらえられたものではなかった。言い換えれば、台北の街が一枚の大きな中国地図になったころ、国民政府は、自らが中華民国の国土を失うことになるなどと微塵にも考えていなかったわけだ。

台北の地図を大きく広げてみる。ここにあるすべては歴史の意外な符合であった。一九四九年、国民党政権が崩壊し、この島へ撤退してきた。この島を大陸反攻の基地とするためである。「国土の奪還」はこれより以降、何よりも崇高な教義となった。そして台北の道は、都合のいいことに完全な「国土地図」であり、この新しい歴史的運命をすんなり受け容れることとなった。

私や同世代の友人たちは、自分たちでは左右することができない歴史の運命の中で、このかざして写しとられた歴史の地図の上で成長したのだ。

25 〝吉林〟までひと歩き——国共内戦東北攻防の跡を歩く

友人との約束にはいつも、ランディス台北ホテルの一階にあるフレンチレストランを使う。一人のときは喧噪を離れた窓際のカウンターに座るのが好きだ。細かい木の格子から外をのぞくと小雨が降っている。ヘッドライトが近づいてきて、雨は光の輪の中をアニメーションのようにキラキラゆらめく。車が少しずつスピードを落とす。吉林路の交差点で信号待ちだ。横断歩道を渡った歩行者たちは、ホテルの突き出た軒下に差しかかると傘を閉じ、歩く速度をゆるめる。窓の前を通り過ぎるとき、見るというでもなくこちらに目を合わせ、素っ気なくそのまま立ち去る。

その人がそのまままっすぐ吉林路を歩いているのなら、いまごろはもう徳恵街（通り）を過ぎているはずだ。そのまま南へ進めば、錦州街、長春路、四平街といった横の通りとぶつかる。吉林路の少し東側を平行して走る縦の通りには松江路や龍江路があり、ぐっと短い遼寧街もその近くに隠れている。

「モノポリー」という有名なゲームがある。一枚の地図の上を一コマ一コマ進んでいき、取ったり取られたり、勝ったり負けたりするゲーム。この都市に暮らす人も毎日、勝ったり負けたり、取ったり取られたりして、この歴史地図の上を歩いている。


徳恵街は説明が必要かもしれない。徳恵というのは長春から北へ百キロ弱離れた位置にある、ハルビン、長春、吉林を繋ぐ鉄道上の重要な都市のことだ。一九四七年二月――ほら、抗日戦争が終わって一年半、国共内戦の戦端はすでに開かれていた――徳恵を守る国民党軍新一軍第五〇師団の二個連隊を、林彪率いる東北野戦軍が四個師団で取り囲んだ。両軍は一本の道を挟んで砲火を交え、一週間続いた激しい戦闘の末、共産党軍は敗走した。

顔中泥だらけの国民党軍兵士たちがトーチカの中から這い出してくる。凍結した荒野からはところどころ黒煙が上がっている。戦友の亡骸を運び出したあと、敵の遺体を数える。数百体あった。戦場視察にやってきた新一軍の孫立人と七一軍の陳明仁は、敵の亡骸に対しても思わず涙を流した。勇ましく敵を蹴散らした第五〇師団長、潘裕昆《はんゆうこん》は横たわる死体と死体の間を縫って歩くあいだ、一言も言葉を発することができず、やっと絞り出すように「一将功成りて万骨枯《か》る」（曹松《そうしょう》『己亥《きがい》の歳《とし》』）とつぶやくと、ただ目を真っ赤にした▼29。

徳恵の一戦は、国共内戦で最初の大規模戦闘であった。徳恵の戦場で死んだ兵士は生前の面影を留めないほど焼け崩れ、生き残った兵士たちも目を背けるほどであった。のちに台湾の新聞社、聯合報の報道部長となる于衡《うこう》は、従軍取材していたその日の気温が零下十七度だったことを覚えている。東北地方の大草原は果てしない荒涼であった。徳恵市街は爆破された家屋が黒々とした廃墟に変わり、もくもく煙を上げていた。電柱はなぎ倒され、電線が道路の真ん中を這い、ガラスの破片があちこちに散らばる。市壁の外には、共産党軍兵士の死体が積まれて小さな山になっていた。よく見るとどれもかちかちで冷凍魚のようであった。凍結しているため、血の跡は見当たらない。

男も女も縦も横もなくぐちゃぐちゃに打ち捨てられた死体の山に、十五、六歳くらいの女兵士の死体が一体混じっていることに于衡は気づいた。髪にはおしゃれな赤いリボンが結んであった▼30。

吉林路に沿って歩いていく。徳恵街を過ぎてさらに南に下れば、錦州街と交叉する。

錦州って聞いたことがあるだろうか？　遼寧省の、瀋陽と山海関の間にある都市だ。一九四八年十月十日、国共両軍は錦州郊外でぶつかり合った。范漢傑《はんかんけつ》率いる国民党軍十一個師団は、林彪、羅栄桓《らえいかん》の率いる東北野戦軍五個縦隊（独立正規部隊五個）との間で交戦に入った。飛行機の爆撃と重砲の砲撃により、作戦区域一帯は火の海となった。そして突然雪が降り始めた。アメリカ人記者は雪中の塹壕にうずくまる国共両軍の兵士の姿を、それぞれ写真に納めている。寒さで唇は紫、顔は真っ青だったが、目だけは狂気で爛々としていた。

十月十五日、解放軍は国民党軍十万人を「全滅」させ、錦州に入城した。

同時にここで想像してみよう。戦場は煙がくすぶる一面の焼け野原であったが、一方戦火がまだ及んでいない場所では、人びとが飢えに苦しんでいた。一九四七年七月二十四日付AP社の記事には、法幣百元の価値の推移が表で載っている――誤解しそうな単位だが間違えないでほしい。当時の貨幣は「法幣」と呼ばれていたのだ。つまり〝法定貨幣〟のことである。では百法幣で何が買えたのか？

一九四〇年　豚一頭
一九四三年　鶏一羽
一九四五年　卵一個
一九四七年　マッチ三分の一箱分

錦州で戦争が行われていたころ、上海の生活費指数は五ヵ月で八十八倍まで跳ね上っていた。▼31 その一ヵ月後にはさらに六百四十三倍となり、一九四九年四月下旬には、三十七万倍まで上昇した。大学教授の給料ではもはやコメが買えず、路上では学生による抗議デモが荒れ狂い、都市は麻痺状態に陥った。

さらに南へ。ネオンきらめく長春路は素通りして、小さな通りに入ってみよう。四平街という通りがある。松江路と伊通街のあいだの、たった数百メートルしかないブロックに女性向けの服飾店と宝石店が立ち並ぶ。周辺のビルでお勤めする若い女性はここをぶらつくのが大好きだ。でも「四平街」市という中国の都市がどこにあるかなんて、みんな知らないだろう。じゃあ台北の地図はちょっとわきに置いて、今度は中国東北地方の地図を見てみよう。

「四平街」市は、「街」という（中国語で「通り」を意味する）字が入っているが、これでれっきとした都市の名前である（のちに「四平」市と改称）。瀋陽と長春の真ん中にあり、一九四九年までは遼北省の省都であった（現在は吉林省に属する）。三本の鉄道路線が交わる交通の要衝であり、工業と軍事の面で非常に重要な都市でもあった。一九四六年三月、ここで二十万の解放軍と二十八万の国民党軍が対峙し、一カ月にわたる戦闘ののち、解放軍は北方の松花江《しょうかこう》へ潰走した。

国民党軍の資料によれば、アメリカ式の強力な火砲と空軍のじゅうたん爆撃により殺された共産党軍兵士はおよそ四万人に上った。国民党空軍は殺傷力の非常に大きい「パン籠」と呼ばれる爆弾を低空から投下し、一度の爆撃で共産党軍兵士は二千人の死傷者を出した▼32。

「パン籠」とはなにか？ それは一種の親子型焼夷弾である。第二次世界大戦でソ連がフィンランドに侵攻した際、市街地で焼夷弾を使用し、一般市民に大量の死者を出した。国際的な非難が集中したが、ソビエト外相モロトフは不遜にもこう言い放った——「われわれは爆弾を投下したのではなく、〝パンが詰まった籠〟を投下してやったのだ。」火力が強く、繁華街を焦土と化す焼夷弾はこうして「パン籠」と呼ばれるようになった。身の毛もよだつブラックユーモアである。

三月、東北地方の雪は混じり気のない白だ。砲火が一時途絶え、東北地方の農民たちがひょっこり顔を出して風景を眺める。原野にはやっぱり真っ白な雪が一面に広がるが、砲火に焼かれ、爆破された箇所がところどころ黒く汚れ、爆弾で飛び散った兵士の血肉があちこち生々しい赤の染みを残した。

爆撃の黒と血の赤で彩られた大地から朝日が昇る。目に刺さるような白に、赤と黒が鮮烈に映った。

一年あまりたった一九四七年五月、まるで綱引きのように、態勢を整えた解放軍が攻め返して来た。今度は国民党軍の「防衛戦」である。四平には再び血の河が流れた。国民党軍勝利という「成果」を取材するために招待されていた新聞記者たちが目にしたのは、徳恵と同じような黒煙たなびく瓦礫と残骸であった。冬とは違い、死体のにおいが街の隅々まで瀰漫した。

さ、台北に戻りましょうか。四平街を東に進めば遼寧街に突き当たる。遼寧？ と、台湾の子供は首をかしげる。どこにあるか知らないのだ。中国の子供たちはもちろんすらすらこんな文句を口にするだろう。「遼瀋《りょうしん》戦役[*2]は国共内戦の三大会戦のひとつで、一九四八年九月十二日に始まり、五十二日間続きました。解放軍は遼寧西部、瀋陽および長春各地区で大勝利を収めました。六万九千人の死傷者を出したものの、国民党軍四十七万人を殲滅しました」。

それは一九四九年の前夜であった。九月から十一月にまたがる二カ月にも満たない期間で、国共合わせて数十万人の兵士が凍える荒野で命を落とした。これはいったいどういう風景なのか？ 第二次世界大戦の独ソ戦に近い？ うん、私もたぶん同じような状況だったんだと思う。でも、わけもなく連想する出来事がひとつある。とっても些細で、もしかしたら直接の関連性はないかもしれないけれど……。

東北地方がまだ満洲国であったころ、多くの台湾人が出稼ぎに来ていた。台北出身の洪在明《こうざいめい》は一九三五年、長春に渡った。ほら、一九四五年以前、台湾は日本の植民地であり、満洲国は独立国家を名乗っていたものの実質は日本の勢力下にあった。だから当時、だいたい五千人以上の台湾人が満洲国で働いており、その多くは医者と技術者であった。

長春の冬は零下二十度にもなる。ある朝、家を出た洪在明は、ゴミ箱のそばで腰を曲げて立っている乞食を見た。きっと食べ物を探しているのだろう、と彼は気にも留めずそのまま仕事へ向かった。午後、仕事を終えて同じ道を戻ってくると、同じゴミ箱のそばに同じ乞食がいた。顔は楽しげに笑っている。一日中ゴミ箱を漁っていたのか？ と不審に思った洪が近づいてよくよく見ると、その乞食は凍死していた。立ったまま、ゴミ箱のそばで硬直し、顔に笑顔を浮かべたまま。

人びとが道を行き来する。微笑む乞食のかたわらをすり抜けるように[▼33]。

26　アメリカ兵がくれたチョコレート――ドイツは解放されたのか陥落したのか

息子のフィリップが、家族の資料をわざわざドイツから持ってきてくれた。

彼の伯父にあたるハインツはスイスの国境地帯に住んでいる。フィリップはその家までだいたい四〇キロを一人で運転していったらしい。伯父さんはすごく〝ドイツ人〟だから、きっと家族史に関する資料は丁寧に分類されてて、保存も完璧だったんじゃないかしら。

ひとつ目の資料はもう色あせて、紙ももろく、手書きのドイツ語は判読が難しい。息子に手伝ってもらいながら読んでみる――

アドルフ・ボッシュ氏は、一九四六年十月十三日、ロシア捕虜収容所よりドイツの故郷へ復員の途中死亡し、同十月十五日に埋葬されたことをここに証明する。復員輸送隊隊長が私に、彼の妻マリアへ通知するよう託した。隊長本人が現場の目撃者であり、その証言は事実である。以上、ここに証明する。

一九四七年二月二十七日　アルト・バベル

そっか、フィリップのおばあさん――マリアは、こうやって夫の死を知ったのね。

資料にはマリアの婚礼写真が入っていた。撮影日時は、一九三四年四月二十日。

花開く四月のころ。リンゴ、ナシ、サクラの花があちこちに咲き乱れている。ヨーロッパがもっともあでやかで美しいころだ。写真の二人はぎゅっと手と手を握り、喜びに満ちた甘い笑顔を浮かべている。船が沈没するのと同じように、国家は個人の運命を道連れにして滅んだ。そんなことになるなんて、彼らは考えたこともなかったろう。

アドルフ・ボッシュとマリアの婚礼写真
（K. Boss 提供）

夫の死を知ったころ、マリアはすでに二人の幼子を抱えた母であった。その三年後に再婚し、フィリップの父親を産んだ。だからいま、この息子がいるわけだ。

ドイツ敗戦の記憶を知るため、ハインツ伯父さんにインタビューして来てくれるようフィリップに頼んだ。伯父さんは自分のお父さん、つまりアドルフのことを覚えていただろうか？

彼は覚えていなかった……。一九四五年五月にドイツが敗戦したとき、マリアとハインツに知らされていたのは、アドルフは前線にいるということだけだった。まさかそのときアドルフがすでにソ連の捕虜収容所に収監されていたなんて、二人は夢にも思っていなかった。戦争が終わって、同じ村のよその家へは次から次へとお父さんが帰ってくる。彼らはまだ待ち続けなければならなかった。毎日晩ご飯になると、マリアは食卓の上にお皿とナイフ、フォークを三人分並べた。一人分は空のまま、毎日並べて、毎日そのまま片づけた。

このころ五歳だったハインツは生まれて初めてアメリカ人

を見た。戦車に乗り込んだ、いや戦車の上に並んで腰掛けていたアメリカ兵はでかかった。まるでごろつきみたいに大騒ぎして、ゲラゲラ笑いながら彼らは村にやってきた。

「じゃあ、伯父さんに訊いた? そのときドイツは〝解放〟されたと思ったか、それとも〝陥落〟したと思ったのかって」。

「訊いたさ!」と息子。

ハインツの話はこうだ。アメリカの戦車がやってくると聞いて、近所の子供たちが集まり――七、八歳の子供ばかり。十歳の子はいなかったと思う――拾った石ころをポケットいっぱいに詰め、拳にも摑めるだけ摑んで、村の入り口に隠れて待ち伏せた。戦車が来た。みな力いっぱいに石を投げつける。

「アメリカ人、帰れ!」と叫びながら、投げる。

「ガザ地区の子供がイスラエルの戦車にするみたいに?」と私。

「そうだね」と息子。

そこで、驚くべきことが起こった。

アメリカ兵はポケットに手を突っ込むと、ドイツの子供たちに向かって何か放り投げた。子供たちは腰をかがめて逃げようとしたとき、目の前に飛んできたのが石や爆弾ではなく、チョコレートであることに気づいた。ひとつかみ、またひとつかみと、チョコレートが降ってくる。

「そのとき、みんなすごくお腹が空いてたんだ」とハインツは言った。「おれたちみんな、よく石炭輸送のトロッコの後ろについて、落ちた石炭のかけらや屑を拾って、売りに行った。売ったお金でジャガイモを買って、母さんに何か作ってもらったんだ」。

子供たちは石を全部捨て、空にしたポケットに、チョコレートをしまった。

チョコレート事件のあと、アメリカ兵は子供たちの歓声の対象となった。さて、これは〝解放〟なのか？　それとも〝陥落〟なのか？

　ハインツの回想から、ドイツ人作家ハーブレッドが話してくれた物語を思い出した。一九四五年、彼は十九歳。戦争末期、人びとはうちひしがれていた。彼の部隊は多くが死に、多くが逃げ出し、すでに部隊の体裁を整えてはいなかった。村の倉庫に山積みのジャガ芋があると聞き、めまいがするほどお腹が空いていたハーブレッドと何人かの残存兵は、やっとのことでその倉庫を見つけ出した。ところがちょうど戸に手を掛けたところで憲兵が現れ、逃亡兵として捕まった。逃亡兵はその場で銃殺しても構わない。

　必死で弁解した。逃げている兵隊が軍服を着たまま、武器を肩から下げているわけないじゃないか。なんとか誤解を解いたハーブレッドは前線に戻り、アメリカ軍との戦闘に参加した。

　銃弾が飛んできて、彼は意識を失った。

　目が覚めると、真っ白なベッドの上で寝ていた。腿には包帯がぐるぐるに巻かれている。頭に包帯を巻いた、目の大きい幼顔のドイツ人傷兵が、窓際から下のほうを眺めている。彼が起きたのに気づくと手招きをする。「おい、早く。見てみろよ」

　足を引きずりながら窓へ近づき、表通りに目をやった。

　いや、見えたのは道路ではなく、小さな草地であった。まぶしい太陽の下、大きくて色鮮やかなビーチパラソルがゴージャスに開いていた。その日陰に置かれたビーチベッドには、どかっと男が腰を下ろし、足を組みながら缶入りサイダーを飲んでいる。その男は軍服を身につけていた。かたわらの草の上にはヘルメットが置いてある。アメリカ兵であった。

　ハーブレッドの全身から力が抜けた。そしてこう言った。「終わったんだ！　ありがとう神様！」

六十年が過ぎた。いま、十九歳のドイツ人である息子に、知っているかどうか訊いてみる。ソ連、つまりいまのロシアにあった捕虜収容所には合計二百三十八万八千人ものドイツ人が収容されていた。終戦までにそのうち百万人が虐待を受けて死んだ。もうひとつある。ソ連の戦場だけを見ても五百万のドイツ兵が死んだが、そのほとんどがアドルフと同じような若者だった。故郷の妻や幼子は毎日門先で父の帰りを待ち、老母は毎日駅に通い、ガタンゴトンと列車が到着するたびに、目を皿のようにして息子の姿を捜した。

息子はいともあっさりこう言った。「知らない」

「そもそも、なんで知る必要があるんだ?」となお問い返す。

十九歳よね。その眼に宿る挑戦的なきらめきが私には見える。

そしてこう言った。「ドイツ人が全世界に大きな災難をもたらしたことを知っていて、なお虐待を受けた百万人のドイツ人のために不平を訴える権利がある? ソ連は二千万の戦死者をどうやって数えたと思う? 二千万体の死体が積み重なった姿がどんなだったかわかる?」

二千万体の死体の山。私には想像もつかない。でもユダヤ人の友人が聞かせてくれた物語を私は覚えている。彼は五歳のころ、両親とともにハンガリーのゲットー(ユダヤ人強制居住区域)に送られた。

「應台、ぼくがどうやって一二三四の数え方を覚えたかわかるかい?」

「わからないわ。私は、一子、二丑、三寅、四卯って習ったけど。どうやって覚えたの?」

彼は答える。「われわれが集団移住させられた建物の前に小さな広場があった。どうしてかわからないが、そこにはいつも死体があった。ドイツ兵が二体の死体を並べて置く。その上に九〇度向きを変えてまた二体並べる。そうやって互い違いに一層一層積み上げていく。まるでキャンプファイヤーの薪を組み上げるみたいにね。だからぼくもそうやって数え方を覚えた。今日は一段、二段、三段、四段、五段、六段……」

二千万体の死体の山。私には想像もつかない。香港の人口の三倍、台湾の人口とほぼ同じ数だ。


二〇〇〇年、サンクトペテルブルグにほど近い静かな町が、海外メディアの注目を集めた。町が建立した新しい記念墓地に八万体のドイツ兵の亡骸が埋葬されたのだ。ドイツ、ソ連両軍の老兵が百万人以上この町へやってきて、レニングラード包囲戦の戦友を追悼した。

サンクトペテルブルグとは第二次世界大戦時のレニングラードである。戦中、ドイツ軍に九〇〇日近く包囲され、五十万人以上の市民が餓死した。今日、ロシア人は各地の戦場や小さな墓地に分散している引き取り手のないドイツ兵の遺骨を収集し、この真新しい墓地に改葬している。旧ソ連の国土には、このような外国軍人のための公共墓地が八十九カ所あり、約四十万体の異国の兵士たちがこの寒々しい土地で眠っている。

ふと考える。マリアの夫もここに埋葬され、「無名戦没者」と書かれた墓標の下に眠っているのではなかろうか？

幸いにも生き残った兵士たちだが、必ずしもその全員が家に帰れたのではなかった。

モスクワ当局によれば、最後のドイツ兵捕虜は一九五六年に帰国したとしている。

しかし二〇〇〇年、ロシアの極北にある荒れ果てた精神病院で一人の老兵が発見された。彼は第二次世界大戦でドイツ軍とともに作戦を担ったハンガリー兵で、名をペーテルと言った。ペーテルは捕虜となるなりすぐこの精神病院へ送られ、閉じ込められた。

ペーテルが精神病院に収容されてまもなくのころ、徳恵、錦州、四平、長春で中国人同士の殺し合いが始まった。十八歳のペーテルは、故郷から異国の戦場へ行き、戦場から名前も知らない精神病院へ連れていかれた。いま八十歳となった彼は誰のことも覚えておらず、また誰も彼のことを覚えていない。

27 小さな町で演じられた惨劇——虐殺と報道のリアリティ

マリアの夫、ドイツ軍将校アドルフ・ボッシュがモスクワ郊外の道端で粗略に埋葬されたのは一九四六年十月であった。同じころ、中国北方で万里の長城を防衛する軍事拠点、張家口《ちょうかこう》は激しい戦闘の末、国民党軍により占拠された。そこから遠くないところに、崇礼《すうれい》と呼ばれる小さな県都があった。共産党軍はその地を接収して十五カ月間管理下に置いていたが、今また国民党軍の攻撃にさらされている。

もしもこの長城の外域に位置する「水寒くして、風刀に似る」（「塞下曲《さいかきょく》」王昌齢《おうしょうれい》）平原を一人歩く旅人がいたとしたら、遠くにこの街が見えた瞬間、驚きの声を上げるだろう——単調な地平線に突如として現れる風情ある美しい町並み。さらにびっくりすることは、清水河《せいすいが》がカーブを描く河畔に美しく荘厳な教会があることだ。すぐ隣には中世ヨーロッパ風の修道院も鎮座ます。

崇礼は、北方にある普通の農村とはあらゆる点で違っている。もともと西湾子《さいわんし》と呼ばれていたこの村は、十八世紀にはカトリックのモンゴル宣教のための根拠地になっていた。十九世紀、「小南懐仁《なんかいじん》」と呼ばれたベルギーのテオフィロ・ベルビストがここにやってきて教会運営に打ち込み、二十四ヘクタールもの広さを持つ教会を建立した。二百年以上がたち、全村三千人の住民は基本的にみな敬虔なカトリック教徒であった。共産党は日本人の手からこの小さな町を接収したものの、共産主義無神論のイデオロギーと崇礼が長年培った文化の伝統はまったく相容れず、互いの不信感はつのっていた。十五カ月後、国民党軍が進攻し、崇礼の人びとは団結してそれを助けたが、共産党軍の反攻を受けて国民党軍が一時退いている間隙に、住民の多くが共産党軍に虐殺された。

国民党軍は一九四六年十二月に崇礼を奪還したあと、わざわざ飛行機で南京から記者団を招いた。長城以北の最新情勢を報道させるためである。

軍はまず、記者団を役所の大広間へ連れて行き昼食をとらせた。昼食後一行は、かたわらにある広場に出た。広場のずっと奥にこまごまと密集している何かが見えた。また広場の裏門の外側に二、三百人の村民が悲しげな表情を浮かべ、無言のまま立っていた。

〝特等席〟へ誘導された記者団は、ようやくそのこまごまと密集したものが何か知った。それは、七、八百体ほどの死体であった。記者たちがあっけに取られていると、それまで回廊で足止めされていた無言の人びとが、決壊した大河のように、悲痛な声を上げながら広場になだれ込んだ。亡骸を見つけ出したものは地面に跪き、冷たくなった家族を抱いて哀哭をあげた。そうでない遺族は死体と死体の間をおびえながら探し続ける。探しても探しても見つからない。涙をぼろぼろ流しながら、それでもなお探す。ひとつ身元がわかるたびに爆発的な泣き声がこだました。

『中央日報』[*3]の記者であった龔選舞《きょうせんぶ》は、凍える地表に放置された死体をじっと見ていた。あるものは手足が欠け、あるものは内蔵が露わになり、あるものは頭部がすっぱり半分に断ち切られていた。七、八百体の死体に四肢を残しているものはひとつとしてなく、明らかに残酷な処刑の結果であった。ちぎれ、崩れた死体が、雪降る冬の寒さでカチカチに硬直しているうえ、おぞましい青紫色を呈し、見る者

は戦慄を覚えた。▼34

これは虐殺であった。その後『中央日報』も現地ルポを掲載したが、書くことのできなかったひとつの疑問があった。それは――「殺された人びとの死体はなぜこんなに長い間、屋外にさらされたままだったのか？」

毀損された死体は、雪の中にまとめて捨てられ、四十日もの長きにわたって放置されていた。南京など各地からやってきた記者団が勢ぞろいするのを待ち、温かい部屋で歓談しつつ腹いっぱい食べたところで、ようやく現場は公開された。共産党軍が村民を蹂躙したあと、国民党軍はその死体をずっと現状保管していたわけだが、それはつまり、遺族に張り裂けるような悲しみを育ませ、生殺しのような苦しみを与えることで、記者たちの前で「リアリティ」ある場面を演出したのであった。この芝居のタイトルは〝共産党軍の残虐〟とでもつけようか。

崇礼の広場で見た死体の山に、少なくない軍人が混じっていたことに記者は気づいていた。どうしてわかったのか？　軍人は軍帽をずっとかぶっているので、帽子を取ると額に日焼けの分け目が出来るのだ。ちょっと不謹慎な喩えでいえば、日焼けあとのビキニラインと同じことだ。日本軍による南京虐殺事件が発生したとき、この方法で群衆に紛れた中国軍人を捜したそうだ。崇礼で殺された人のなかには、一般民衆以外にも明らかに相当数の国民党軍兵士が混じっていた。

殺した兵と殺された兵。目を閉じて考える――彼らはどんな人だったのだろう？

私が言っているのは、彼らが何省出身の第何部隊とかいう話ではない。私が知りたいのはつまり、あんな時代に、いったいどのような人が「兵隊」になったのか？

28 六歳でも兵隊になれる——兵隊を増やす方法、減らさない方法

どんな物事であろうと、その全貌を伝えることなど私にはできない。フィリップ、わかってくれるだろうか？ 誰も全貌など知ることはできない。ましてや、あれほど大きな国土とあれほど入り組んだ歴史を持ち、好き勝手な解釈と錯綜した真相が溢れ、そしてあまりのスピードに再現もおぼつかない記憶に頼って、何をして「全貌」といえるのか、私にはひどく疑わしい。よしんば「全貌」を知っていたとして、言葉や文字でどうしたら伝えられるのか。たとえば、一振りの刀で頭を真っ二つに切られたときの「痛み」をどう正確に記述するのか？ またその「痛み」と、遺体にしがみつく遺族たちの心の「痛み」を、どう比較分析するのか？ 勝った側の孫立人軍長は、殲滅された敵軍の死体を見て涙を流した。それも「痛み」というのか？ それとも別の何かなのか？

だから私が伝えられるのは、「ある主観でざっくり摑んだ」歴史の印象だけだ。私の知っている、覚えている、気づいた、感じたこと、これらはどれもひどく個人的な受容でしかなく、また断固として個人的な発信だ。

ときにこう感じることがある。だだっ広い荒野で、山の頂にぽつんと生えた小さな樹の影が、黄昏時の寂しい空に一本映っているなら、それで十分なんだと。

知ってるわよね？ 一九四五年に国共内戦が勃発する前、中国はすでに八年も戦争に明け暮れていた。「ああ、そうだよ」と答えるフィリップ。「でも、ドイツの歴史の先生はまだぼくの疑問に答えてくれないんだ」

西洋の歴史教科書で、第二次世界大戦は一九三九年九月一日に始まる。ドイツのポーランド侵攻の日である。彼が言いたいのは、どうして一九三一年九月十八日、日本軍の中国東北地方侵攻（柳条湖事件）を世界大戦の起点としないのか？　百歩譲って、どうして一九三七年七月七日の盧溝橋事件を始まりとしないのか？　どうしてドイツのポーランド侵攻を、日本の中国侵攻より重く見るのか？　まさかアジアの戦争は、白人が行うヨーロッパの戦争ほど重要でないと言うのか？

こんな学生、本っ当にやりにくいわよね。

私からすれば、中国が戦争の渦中に突入したのがヨーロッパよりかなり早かったという認識があるだけですごく助かる。そのあとに来る〝一九四九〟を語るのが、いささか楽になるから。覚えていなければならないのは、ヨーロッパは六年の戦争を終えたあと、ほっとひと息つくことができたということだ。アメリカ兵はゆっくり腰掛けてコカコーラを飲み、ドイツ兵捕虜は汽車に乗せられどんどん故郷へ帰っていく。ロシア人はようやく戦死した家族を埋葬できるようになっていた。そんなころ、中国人はさらに激しい戦争を発動していた。侵略してきた日本人との間で過酷な戦いを八年間続けてもなお、戦いは続く。しかも今度は、銃口を内に向けて、である。彼らの武器はアメリカ製、ソ連製、そして日本製だったが、彼らの兵は、いったいどこから来たのか？

やはり抗日戦争の八年間から見ていこう。さまざまな場面が、映画のように次々と映し出されていく。たとえば山東省。日本軍に占領されて以降、たくさんの子供たちが学校について、内陸部へ疎開の旅に出た。十五歳だった楊正民《ようせいみん》——のちに生物電子工学の専門家となる彼も、五千人の同級生とともに故郷を後にした。山を登り、歩き続ける。足が擦りむけて血が出たが、最後は適応したらしく、足の裏が馬や牛の「蹄」のようにぶ厚くなった。道中、病むものは病み、死ぬものは死に、捨てられるものは捨てられて、陝西省《せんせい》に到着したとき、残っていた生徒はたった八百人であった。漢水沿いに山を越え、その先に続く絶望を思わせる荒れ地にさしかかったときふと、向こうから行軍してくる国民党軍の隊列が目に入り、少年たちの心は奮い立った[35]。

距離が縮まってきた。楊正民の目にもその隊列の様子がはっきり見えてきた——十五、六人が鎖や荒縄で数珠繋ぎになっている。自由に歩くことはままならず、押し合いへし合い、ぶつかり合う。誰もが栄養失調で皮膚は黄色く、顔はおどおどしていた。誰かが「大便する」と言えば、その部分だけ鎖をはずす。見張りの兵が銃を下げ、用足しのかたわらで立っている。

一九四三年のことであった。

抗日戦争はすでに六年目に突入し、数え切れないほどの若い命が無駄についえ、国民政府の徴兵はすでに買うかさらうしかなくなっていた。部隊には人数が必要だった。人数が十分にないと補給が受けられないからだ。将校は部下に命じて、あちこちへ兵隊になれそうな若者をさらいに行かせた。さらってきた兵が多ければ、分隊長、小隊長になれる。

一般人をさらって兵隊にする……つまり誘拐である。ただここで誘拐していたのは国家であった。

じゃあ八路軍のほうはどうだったのか？

瞿文清《くぶんせい》の事例を聞いてもらおう。解放軍副軍長を務めた彼は、なにがきっかけで「兵隊」になったのだろう？　山東省に博山という場所がある。もしこの名前を聞いたことがなければ、臨淄《りんし》のそば、済南からも遠くない場所と言えばわかるだろう。臨淄といえば……、そう、そのとおり。あの「春秋五覇、戦国七雄の第一」である斉の国の首都として繁栄した場所である。春秋戦国時代って、西暦でいつごろになるんだっけ？　たしか、紀元前七七〇年から二二一年、古代ギリシャと同じころのはずだ。

日本軍が山東を占領してから、炭坑夫の父を持つ瞿文清とその家族は、家を捨て逃げ落ちることとなった。その旅の途中、父は病死、妹は餓死し、母は人ごみではぐれ、行方不明となった。十五歳の文清は大声で泣きながら母を捜した。そのとき銃を担いだ一群と出くわし、彼はその後ろをついて行った。柴拾いや湯沸かしなどの手伝いをすると、休み時間に粥をもらうことができた。

　しばらくして、よくわからないがその人びとは、銃を担いだ別の一群に負け、彼は勝った方の後ろをまたついて行った。柴拾いや湯沸かしなどの手伝いをして、道端で粥をすすった。こっちの人びとは「八路」と呼ばれていた。文清は「八路」がなんという意味かわからなかったが、ともかく粥が食えるのだからついて行った。「分隊長が服をくれた。副隊長がズボンをくれた。戦闘班長が靴をくれた。それからほかの人が手ぬぐい、脚絆、靴下などを寄せ集めてきてくれた。二日後、歩兵銃が一丁支給され、別の人は銃弾を百発携行するところ、まだ小さく背負えないため五十発与えられた。手榴弾も半分で、渡されたのは二発だけだった。」[36]

　炭坑夫の息子であった瞿文清は、こうやって「八路軍」となった。

　日本が降伏してのち、共産党の部隊は疾風のような急行軍で東北地方へ向かった。国民党軍に先んじるためである。この「関東突撃」部隊は、その半分以上が瞿文清のような山東省の少年であった。待ち焦がれていた日本の敗戦を目にした今、故郷に背を向けてなお行軍する理由がどこにあるだろう。しかも山東より北にあり、ずっと寒い長城の外側である。兵士たちは次々と逃げ出していった。一方、十五歳から銃を担いで戦争をしてきた文清は、このときすでに「古残兵」であった。彼は兵士の「逃亡」を見張る側に立たなければならなかった。

　日本人はかつてたくさんの中国人を捕らえては収容所に閉じ込め、炭坑作業に従事する苦力《クーリー》とした。

逃亡を防ぐため、見張り役は錠を何重にかけるだけでなく、就寝前に労働者たちから衣服をはぎ取り、パンツまで回収した。まるで豚扱いである。共産党軍は今、東北地方へ進軍する。十分な兵員数を保持したまま国民党軍と対するため、やむを得ず日本人の方法をそのまま採用した。寝る前に総員のパンツを回収する。もし夜中に逃げ出すなら、一糸まとわぬ姿で逃げるしかない！　行軍時、責任者はそれぞれの「統制対象」ににらみを利かせていた、「対象」とされたものは大きな石の陰で用を足すときでも、しっかり見張られていた。

それでも少年たちは必死に逃げた。一九四五年九月七日、共産党軍「東北挺進縦隊」の指揮官、万毅《まんき》は上官に対して電報を打った。「部隊は逐次動員すれども兵の脱走は著しく、昨夜のみで副小隊長以下八十名が逃走した」[37]。結果、蘇北を出発したとき三万二千五百人いた兵は、ずるずると四千五百人もその数を減らした。

これは一九四五年のことである。逃げることなく東北地方にたどり着いた若者たち、つまり国民党軍との戦いに臨んだ彼らは、徳恵、錦州、四平、長春、瀋陽を転戦し、その後華北地区や山東などの戦闘にも参加することになる。

山東といえば、そう、台北にも済南路がある。青島路と斉東街と臨沂《りんぎ》街があるあたり、徐州路の北だ。一九四八年、東北地方の遼瀋戦役は九月十二日に開戦し、済南の戦いもおっつけて始まった。済南を守る国民党軍は十一万人。攻める華東野戦軍は十八万人で済南を包囲して国民党軍の援軍を遮り、さらに十四万人をもってこの孤立した都市に進攻した。血で血を洗う六日間の戦闘の末、済南は陥落し、九万人の国民党軍将兵が「全滅」した。

陥落後、済南の通りは解放軍の兵士たちでいっぱいだった。二十三歳の盧雪芳《ろせっほう》は、びくびくしながら通りを歩いていた。共産党軍が国民党軍の家族を市外に放免するという噂を聞きつけ、通行許可証をもらいに行くのである。

向こうからやってくる国民党軍の傷兵の姿に、彼女は息を呑んだ。その若者の顔は右眼から鼻、そして上唇にかけてえぐれていた。左目の周辺と右ほほの縁に皮膚が残る以外、顔の中央部は真っ赤に弾けた肉であった。誰も彼を手当てしようとしない。彼は汚れたボロボロの軍服を着て、穴の空いた麻袋を肩から下げている。歩きながら、寒そうにずっと震えていた。

盧雪芳は途端に涙が溢れてきた。すると後ろから二人の八路軍兵士が話している声が聞こえた――

「これが国民党の末路だ」。

うら若き少女のどこにこんな無鉄砲な勇気があったのだろう？　彼女は身をひるがえし、二人の兵隊に向かってこう言い放った。「どうしてそんなこと言えるの？　この人が国民党のなんだって言うの？　あなたたちと同じ兵隊じゃない？　国民党が勝って、あなたたちは勝った。じゃあ分け隔てはもうやめて、今すぐこの傷兵を病院へ連れて行くべきじゃないの？　自分の同胞に対してどうしてそんなことが言えるの？　日本人にも劣るわ！」[38]

そう毅然と言い放った盧雪芳が当時知らなかったひとつの事実がある。共産党軍が済南進攻の際に採用した「兵力現地補充」作戦がそれである。つまり共産党軍は陣地をひとつ攻略するごとに、捕らえた捕虜を数え、かぶっていた国民党の帽子を取り上げて共産党軍のものと交換し、ときには帽子はそのまま帽章を取り換えただけで、次々戦場の最前線に送り、さっきまで味方だった国民党軍と戦わせた。だから共産党軍の発表では、済南六日間の戦いで二千七百人が犠牲になったというが、事実として、この数字に大量の捕虜は含まれていなかった。捕まった途端にくるっと向きを変えさせられ、弾よけとなった捕虜たちは。[39]

兵隊の話はまだ続く。私の親友、桑品載《そうひんさい》の物語を聞いてほしい。桑品載は『中国時報』文芸欄の元編集長で、生まれは浙江省舟山《しゅうざん》である。舟山は浙江省の沿岸に張り付くようにして長く連なる群島だ。

そうだ、先に台北市の南の端にある大安区に行ってみよう。そこに舟山路がある。台湾大学キャンパスにくっついて。ほら、道路地図では「台湾大学路」という名前で、括弧で「舟山路」と付け足してある。

国民党軍の舟山撤退は、言うまでもなく時間に追われながらの秘密行動であった。

一九四九年四月二十日、夜十二時。解放軍は千キロにわたる長江戦線に対し、兵力を三ヵ所に集中して、大挙渡河した。国民党軍が死守してきた防衛戦はここに壊滅した。

四月二十三日、第三野戦軍が南京に入った。翌朝、真っ赤な旗が南京総統府の正門に掲げられた。

五月二十七日、上海も共産党軍の手に渡った。この日より舟山群島の中心都市、定海《ていかい》は国民党軍反攻の足がかりとなった。台湾を離陸した飛行機が定海でガソリンを補給すれば、華東地区や武漢まで爆撃できたのである。

しかし、中共はソ連の協力のもと、あっという間に自前の空軍と海軍を創設し、舟山群島への上陸作戦の準備を始めた。最果てにぽつんと浮かぶ舟山群島は、台湾からあまりにも遠すぎた。国民党軍十五万人の兵力を温存するため、蒋介石は極秘の撤退作戦の準備にかかった。

盧雪芳（本人提供）

一九五〇年五月十二日に始まる、三日三晩の緊急行動であった。海空の全面的な護衛のもと三十六隻の輸送艦と五隻の揚陸艦が台湾に達した。これにより合計十二万五千の軍人と市民が、百二十一台の各種戦車、火砲などの重装備とともに撤退を完了した。

それほど大規模な軍事行動に、十二歳の子供が一人交じっていた。漁村生まれで、まだあどけなさを残していた彼、桑品載は、真ん丸で無邪気な瞳を大きく開いて、自分の理解を超えた出来事を見ていた。舟山埠頭は見渡す限り人で溢れ返っていた。姉と一緒に船に乗ったのに、出航直前急遽、非軍人家族の女性はみな下船させられた。軍人を先行させるためである。桑品載は甲板の上から、島に戻っていく姉を黙って見ているしかなかった。

船の上には、国民党軍の武器、弾薬、装備、食糧、炊事具が積み込まれ、兵士たちは汗びっしょりの背中がくっつくほどぎゅうぎゅう詰めにされていた。こうして船に存在していたであろう隙間はすべて埋まった。パニック状態の甲板に小さな体をねじ込ませて、桑品載は好奇心いっぱいにその風景を眺めていた。

突然甲板で暴動が起こった。縄で縛られ、甲板にしゃがみこまされていた若者たちだが、船が今に出航するとみて、何人かが一か八か縄を解いて逃げ出した。すし詰めの船上を脱兎のごとくすり抜けて、海に飛び込む。慌てて追いかける兵士たち。銃を構えて海に掃射する。若者のなかには逃げ延びたものもいたが、弾に当たったものもいた。それでも岸に向かって泳ごうとするが、水をかく手は動かなくなり、速度を失うと、ついにはゆっくり海の中に沈んでいった。

桑品載はそのすべてを見ていた。船が離岸するまで、そんな騒ぎが何度も起きた。船首から船尾までいたるところで、縄で縛られていたものたちがむしゃらに海へ飛び込み、結果射殺されていた。歩兵銃はもとより軽機関銃、さらに機関銃まで持ち出し、海面を隅々まで掃射すれば、死体が犬か猫の死骸のように浮かび上がり、波に合わせてちゃぷちゃぷ揺れ、血の色が少しずつ海水に拡がった。

十二歳の子供は、撤退前から国民党軍が活発化させていた人さらいのことを思い出した。舟山五十四万人の人口のうち、三分の一は漁師であった。あるものは漁を終えて家に帰る途中、さらいに来た国民党軍兵士に出くわし、田んぼに逃げたところを銃で乱射されて殺された。同じころ、桑品載の隣家では結婚式が執り行われていた。四人の若い親友たちが花嫁を乗せたみこしを担ぎ、にこやかな新郎をかたわらに練り歩いていた。ところが、家に帰る途中、彼らを遮る者がいた。国民党軍兵士である。彼らは銃でみこしを制止すると「担ぎ手」の四人の男を捕らえ、さらに新郎も忘れずにさらっていった。細長い道にみこしがぽつんと残された。新婦はみこしに座ったまま泣き叫ぶ。四方は田んぼに囲まれて、遠くには果てしない大海が見えた。

捕まって船に乗せられ「兵」となったのは、資料によると、二万人の青少年であったという。茫然自失となったであろうその新郎は、あるいは子供だった桑品載が船で目撃したという、縄を必死に解いて海へ飛び込んだ若者の一人だったのではなかろうか？　彼は岸に上がることができたのだろうか？　撃たれて海底に沈んだのだろうか？　それとも台湾島へたどり着き、八年後の金門島砲撃戦に参加したのだろうか？　故郷がある方向から飛んでくる凄まじい砲火に耐えきった後は、家もなく、妻もなく、親戚もなく、「退役軍人病院」で入院生活を送る「外省人老兵」となったのだろうか？

基隆港に上陸した十二歳の桑品載だが、現地の言葉はまったくわからなかった。『家なき子』のようにしばらくさすらいの日々を過ごしたのち、彼は「少年兵」となった。

それでも彼は最年少ではなかった。同じ部隊には六歳の「兵隊」がいたのだ。その子の名は郭天喜《かくてんき》という。そんなオーバーな、と思うかもしれない。六歳で「兵隊」って⁉

天喜くんのお父さんは東北地方のある戦闘で犠牲となった。錦州かもしれない。あるいは四平、はたまた徳恵かもしれない。お母さんは幼い天喜をつれ、兵隊の後ろについて二千キロの道のりを歩き最後、台湾へやってきた。

ある雨降りの夜、天喜くんのお母さんは一人、嘉義《かぎ》駅まで歩いた。そしてふらふらと、ゆるゆるとレールの上に体を横たえ、汽車が通り過ぎるのを待った。

孤児になった郭天喜は「少年兵特別隊」に加入することになった。

「少年兵特別隊」とはいったいなんなのか？

一九五一年のある日、部隊の検閲にやってきた孫立人はおかしなことに気づいた。どうして基地の中に、コロコロしたちびっ子がこんな大勢混じっているのか？ まったく話にならん、これでは演習ができんじゃないか！ と命令を下し、全体調査を行った。すると驚くことに、天喜や品載と同じ境遇の子供たちが千人以上もいた。やむを得ず孫立人は陸軍本部直属の「少年兵特別隊」を結成し、彼らを収容することとした。六歳の郭天喜と十二歳の桑品載は同じように軍服を着用し、銃を持ち、演習に参加し、そして同じように殴られ、同じように営倉に入れられた。▼40

「少年兵特別隊」時代の郭天喜と桑品載
（桑品載提供）

私はさらに訊いた。「その後、郭天喜はどうなったんですか？」。桑品載は答える。「知らない。消息は聞かない」。その代わり二人の少年兵のことを思い出してくれた。彼らと同じように両親のない子供で、ある日、通信機材を背負って山へ行き、台風の強風に煽られ谷に落ち、それきり戻らなかった。

「桑さん、郭天喜と一緒に写った写真を見せてくださらない？」

彼は写真を取り出した。「前列でしゃがんで、ラッパを吹く口が歪んでいるのが私。二列目の背が一番小さいのが郭天喜。気づいたかい？　だれ一人笑ってないだろう？」

確かに。子供たちはみな罰で立たされてるみたい。

「軍隊では笑っちゃいけないんだ。笑ったらお仕置きなんだ」と、桑さん。「子供たちが笑うと、分隊長がきつく怒るんだ。こら！　歯を見せるな！　なに笑ってる！」

第4章

軍服を脱げば善良な国民——包囲戦という日常

信じられない。写真の裏にあった青い万年筆の走り書きは、変色していたけれど確かにアドルフが自ら書き込んだ場所と時間――。

29　レニングラード包囲戦――戦地から届いた心優しき手紙

レニングラード、一九四二年

アドルフはレニングラードの戦闘に参加したのだろうか？　世紀の包囲戦が起こったとき、彼は歴史の現場にいて、つまり包囲するドイツ軍の一員だったのだろうか？　写真にはヘルメットを抱えたドイツ兵が二人写っている――彼らはきっと墓標に献花してきたばかりだろう……。

こっちはなんだろう？　手紙らしき束が一くくり……、レニングラードの戦場からアドルフが妻、マリアに送った手紙？　屋根裏部屋にしまってあったのだろうか？

あの屋根裏部屋には私も上がったことがある。天井板を一枚引き下ろすとそれが階段になる。段がとても急で、ほとんど垂直だった。上がりきって床板――つまり天井板なわけだが――を踏めば、おっかなびっくりの歩みに合わせてギーギー音が鳴る。光が差し込まない屋根裏にはどっしりとした木箱がいくつも並んでいた。そのうち銅の錠前で固く閉ざされた箱にはほこりがたっぷり積もって、いったいいつからそこに置かれているのか？

海賊の帽子と見紛うような青で塗られた木箱は以前、私も開けてみたことがある。中身はフィリップの父親とハインツ伯父さんが使っていたおもちゃと子供服。もちろん、マリアが片づけたものだ。そのとき私は、不意打ちされたように考えた。彼らゲルマン民族というのは本当にアメリカ人と違っていて、むしろ中国人の、幼い子供の心に古い人格が住み着くという「老霊魂」の考え方にどこか似て、やかましいくらい伝統の継承を大事にする。

それにしても、アドルフが戦場から出した手紙がこんなにあるなんて。どうして誰も教えてくれなかったのかしら？

アドルフはレニングラードの戦闘に参加していた（フィリップ提供）

レニングラード包囲戦。

一九四一年八月、ドイツ軍は大軍勢でレニングラード市街に迫った。九月八日、外部との交通が完全に遮断され、その時点で市内には一、二ヵ月分の食糧しかなかった。ところが誰も予想しなかったことに、包囲戦は三年近く、九〇〇日間続いた。一九四四年一月二十七日、ドイツ軍が撤退した。二六〇万人の人口を誇った都市は、一五〇万人までその数を減らしていた。三年間で消失した人口には、逃げおおせたものもいくらかは含まれているが、ドイツ軍砲火による包囲の内側でむざむざ餓死したものが、控えめな数字でも六十四万人含まれている。

レニングラード、いまのサンクトペテルブルグは北緯五十九・九三度に位置し、冬の気温は零下三十五度にまで下がる。包囲戦はパンや牛乳の補給を断っただけでなく、燃料や原材料をも途絶えさせた。わずかな食物と燃料は優先的に軍隊や工場へ回された。灯りも暖房もない生活を強いられていた庶民にとって、ロシアの冬はあまりに過酷であった。九月八日に包囲が始まり、市内の猫や犬がいち早く畜殺され、その次にネズミが殺された。餓死者、凍死者が出始めると、馬に曳かせた大八車で郊外まで遺体を運び、埋葬した。徐々に、馬も殺して食べるようになった。人の亡骸を地下倉庫に隠す家族も出始めた。なぜならよそに知られたら、食糧の配給がその分減るからだ。郊外に葬られた遺体も、ややもすれば夜半、誰かに掘り出されて食べられた。

レニングラード包囲戦が終結したあと、人びとはターニャの日記を発見した。ターニャは十一歳の少女である。彼女は家族が一人ずつ死んでいくのを見つめ、比類なき誠実な筆致で書き残した。そしてまだ死なない母を眺めながら考えていた。母さん、早く死んでくれないかしら。そうすれば配給を独り占めできる……。そして同時にわかっていた。娘が何を望んでいるのか、母はお見通しなのだと。

ターニャの家族は一人、また一人と死んで行った。誰かが死ぬごとに、ターニャは日記にその名前を記し、亡くなった日付と時間を書き入れた。そして最後のページにはこう書かれていた――「残ったのはターニャ一人」。（早乙女勝元『ターニャの日記』日本図書センター）

しかしターニャ自身もそんなに長く生きることはなかった。残された日記はのちにニュルンベルグ軍事裁判に提出され、包囲戦におけるドイツ軍の「非人道的罪」の証拠となった。

ヒトラーはレニングラード攻略など赤子の手をひねるようなものと考えており、祝勝パーティーの招待状が事前に準備されていたという。それがまさか、ロシア人がこれほどしぶとく、頑強に冬をひとつ、またひとつと耐え抜くことになろうとは。市内に死体がおびただしく転がっていたのは言うまでもないが、包囲しているドイツ兵にしても同じ零下三十五度の寒さを免れることはもちろんできず、氷雪に閉ざされた塹壕で病み、死に、結果十二万五千人が命を落とした。

アドルフの手紙は、レニングラード市外の塹壕で書かれたのだろうか？

一九四二年二月十日

愛するマリア

今日はとびきりいい天気だった。白い雪に照らされて、黒々とした松が生命の美しさを見せていた。われわれはレニングラードからおおよそ百キロを切った地点にいる。砲車の車輪が通ったあと、雪にひとすじの文様が残る。広々とした原野を行軍していたとき、あまりにも丸見えでひやひやしたが、同時に白く際限ない平原と遠くにびっしり植わった松の木が、白いテーブルクロスとそれを縁取るレースのように見えて、なんという美しい土地だろう！　と私は思った。いつになったら平和と幸せが訪れるのだろう？

戦友たちは重い武器や装備を背負って、雪道を苦労して歩いていく。行軍中、ある兵が私を追い抜いたあと、こちらに振り向いて言った。「君は第三師団か？　さっきの夕陽を見たかい？」

彼が何を言っているのか、私にはもちろんわかっていた。今日の夕陽は火の玉のように輝き、黄金色の光が紫を重ねて黒松の梢を照らした。教会の屋根を思わせる清らかさであった。

君と子供のことを思い出さずにはいられなかった。

一九四二年四月二日

愛するマリア
今日、ヨハンとお別れをした。ヨハンは一昨日、ソビエト軍の手榴弾の直撃を受け、その場で息絶えた。火薬が詰まっている戦車を臨時の「霊柩車」とした。戦友が松の枝で作った「リース」を飾り、彼を悼んだ。「霊柩車」が墓穴に向かってゆっくり進んでいく。われわれは直立不動でヨハンに敬礼した。
去年、ある砲火攻撃中にヨハンと同じ塹壕にいたことがあった。彼は十九歳でとても若かった。機関銃と砲弾の音も区別できず、顔を真っ青にして怖がり、ガクガク手を震わせていた。彼はいま重荷を下ろし、ずっと安らかに眠ることができる。

一九四二年八月十一日
愛するマリア
八月の温かい一日、君たちはきっと麦の収穫に大忙しだろう？　知らず知らず夏麦の歌が脳裏に浮かんだ。歌はいつも、わが家のことを強く思い出させる。昨日もまた山際に沈んでいく夕陽が見えた。その言葉にならない温かさは、悲しく恐ろしい場所にいる私の心にちっぽけな慰めをくれた。
色褪せてしまったけれど、手紙は一通一通、バラ色のスカーフでくるんであった。見覚えがあるスカーフ――マリアが巻いていたものだ。八十歳を過ぎて、顔が皺くちゃになってしまっても彼女はいつも首に巻いていた。

30　ソビエト軍による解放の影で——長春・人民大街が刻む歴史の証

私は長春へ行くことに決めた。そこには解けない秘密がひとつ隠されているのだ。

南京から長春まで飛行機で千五百キロ、時間にして二時間半の旅である。もしフランクフルトから飛行機に乗れば、同じ時間でデンマークに着く。南へ行けばマドリード、東へ飛べばハンガリーである。ところが中国では、たかだか別の省に移動するだけだ。

最終便に搭乗し、長春に到着したのは五月十三日の午前一時であった。たとえ深夜、人っ子一人いない広場がぼやっと暗い街灯に照らされて浮かび上がり、なおがらんと寂しく見えたとしても、やはり長春は別格だと感じるはずだ。だだっ広い道路が市の中心から放射状に拡がる。広場がそこらじゅうにあり、公園はことさら大きい。もしモスクワやベルリン、ブダペストを歩いたことがあるなら、長春から受ける印象はきっとこうだ——おや？　この都市は首都の街構え、都の風格を持っているぞ。

長春はかつて、東北地方の政治・経済の中心であった。一九三一年、満洲国が首都「新京」と定めてからは日本人が力を注ぎ、田園都市として整備が進んだ。都市計画はヨーロッパの大都市を模範とし、六車線道路がいくつもまっすぐに延び、広大な公園が各所で豊かな緑を湛える。駅前から伸びる中央道路は幅六十メートルあり、御影石で縁取られていた。道の両側に立ち並ぶ百貨店はどれも鉄筋コンクリート造りのビルで、美しい馬車の踏み進む音がカツカツと響く。また長春は早くに水洗トイレがあり、ガス管が全市に敷設されていた。同時に環状地下鉄、市電、高速道路の建設計画がすでにあり、主要な電線は地下に埋設されていた▼41。

長春の五月、風はまだ涼しい。お母さんが胸に抱いた子供にマフラーを巻いてやる。風を受ける子供のほっぺはまるでリンゴのようだ。私は人民広場の端っこに立っていた。仰ぎ見る先には、広場の中心にそびえる塔がある。

二七・五メートルある御影石のモニュメントが空に伸びる。てっぺんには戦闘機が一機据え付けられ、街全体を見下ろす。基部に中国語とロシア語の碑文がある。中国語は「ソビエト軍戦没者よ永遠に」と書かれ、「長春市各界代表」の署名がある。ロシア語のほうは二十三人の名前が刻まれている。ソビエト軍が東北地方を進攻した際犠牲になった飛行兵の名である。ソビエト軍は一九四五年八月九日、東北地方に進攻した。主要都市を占拠したあと、いの一番に手をつけたのがハルビン、長春、瀋陽などの都市の中心に「ソビエト軍戦没者記念碑」を建立することであった。

現代的な都市の交通の要所の、群衆が見上げるその先に戦闘機がある。本当にちょっとおかしい。ロシア人は同時に瀋陽市中心にも記念碑を建立し、そのてっぺんには十三トンの銅製戦車を据えた。地下鉄建設のために撤去される何年か前まで、「戦車」はずっとそこにあった。

人民広場は人民大街《たいがい》（大通り）に貫かれるようにある。人民大街は広々とした立派な通りで、人や車がひっきりなしに行き来する。道の両側には上海の外灘《バンド》のような、堂々たるヨーロッパ風古典建築がずらりと並ぶ。木陰が揺れる歩道を歩けば、誰もが私と同じことを考えてしまうんじゃないかしら。この通りは何度名前を変えたのか？　名前を変えたとき、いったい何が起こっていたのか？　そのことを知る人が少ないのはどうしてか？　あるいは知ってはいても、みなそれに触れないだけなのか？

日本人は一九〇五年の日露戦争でロシアを破り、南満洲鉄道の経営権を得ると、この地に駅と道路を築いた。道路は「長春大街（大通り）」と名づけられた。

本格的に長春の都市経営にあたるようになると、日本人は長春大街を「中央通り」へと改名した。この手の道路名は、台湾人も聞き覚えがあるはずだ。

溥儀の満洲国が成立し、長春は「新京」となった。中央通りも満洲国の年号にちなんで「大同大街」と改名された。

日本が敗戦し、ソビエト軍がやってきた。そしてこの大同広場の真ん中にソビエト軍記念碑を建立した。

そのあとすぐ、国民党軍が長春を接収した。そうして大同大街の北半分を「中山大街」、南半分を「中正大街」へ改名した。大同広場はというと、「中正広場」と呼ばれるようになった。これも台湾人にはひどく馴染みのある名前だ。

三年後、国民党軍が敗走し、解放軍がやってきた。北京とモスクワの偉いさんは緊密な協力関係にあり、一九四九年三月、中山大街はまた新しい名前をもらった——「スターリン大街」である。

長春の人びとはこの「スターリン大街」を半世紀近く歩んできた。

そして一九九六年、スターリン大街は「人民大街」と名前を変えていまにいたる。

私は今、この人民大街を南に向かって歩いている。長春の歴史をよく知る古老、于祺元《うきげん》さんを訪ねるのだ。一九四八年、長春の「人民」にいったい何が起こったのか、彼の口から直接聞きたい。

でもそこに行き着く前、人民広場に立ち寄り、ちょうどソビエト軍記念碑が地面に落とした影を踏んだとき、ふと考えた。長春の人、あるいは中国東北地方の人は、開けたことのない記憶の引き出しをいくつ持っているのだろう？

たとえば一九四五年八月、日本人による十四年間の統治のあと、ソビエト軍が「解放者」然としてこの街にやってきた。そして、長春や瀋陽の中心にあの高々とした戦闘機と戦車の記念碑を建てたとき、長春と瀋陽の人びとはどんな気持ちで、記念碑に「長春各界代表」と名を刻んだのか。事実として、記念碑が落成し「長春各界代表」がソビエト軍に敬意を表したそのころ、市内ではソビエト兵による焼き討ち、略奪が発生していた。

その年の冬、二十一歳だった台北出身の許長卿《きょちょうきょう》は、友人を瀋陽駅まで送って帰ろうとしたとき、ひとつの惨劇を目にした。

瀋陽駅前に大きな広場があった。(台北にある)今の総統府前広場と同じくらいの面積である。駅を出て帰ろうとしたとき、その広場を歩いている子供連れの女性が見えた。二人の子供の手を引き、背中にも一人おんぶしている。少し大きな子供がもう一人、ゴザを抱えてお母さんの後ろをついていく。そこに七、八人のソビエト兵が現れて五人を取り囲んだ。ソビエト兵は公衆の面前でもお構いなしに、まず母親を凌辱し、さらに子供に暴力を加えた。母の背中からはがされて、赤ん坊は泣き叫ぶ。ソビエト兵はさんざん彼らをいたぶったうえ、全員を地面に横たわらせ、機関銃を掃射して殺した。▼42

許長卿が見たのはおそらく、当時東北地方にいた日本人女性とその子供が遭遇した不幸であったろう。しかし中国人にしたって同じ恐怖の中で暮らしていたのだ。一九四五年の冬、同じく長春にいた于衡《うこう》の目撃によれば、「ソビエト軍の行くところはどこでも、女性は乱暴され、物は盗まれ、家は火を放たれた」。中国人であれ日本人であれ、女性はみな髪の毛を短く切り、男の服装を着ていなければ、町へはとても出られなかった。「解放者」と呼ばれた者たちの実態は、恐るべき無統制なごろつきであった。

しかし市民は何も言えなかった。市民はそれでも広場へ行き、記念碑の前に並び、脱帽、敬礼した。[43]

アレクサンドル・ソルジェニーツィン[*1]という名前を聞いたことがあるだろうか?

大丈夫。説明しよう。彼は一九七〇年のノーベル文学賞受賞者で、世界の人びとは彼を通じてソ連の強制収容所の実情を知ることとなった。もっとも一九四五年一月当時、二十七歳の彼はソビエト軍の砲兵連隊大尉であり、部隊とともにドイツ制圧下にあった東プロイセンに進軍していた。ソビエト軍は進攻の先々でドイツ市民に暴行を加えていた。彼は千四百行にわたる長詩「プロイセンの夜」の中でこう書いている——。

小さな女の子がベッドによこたわっている
何人の男が彼女と寝たのか? ——一個小隊の男が? 一個中隊の男が?
小さな女の子は突然女となり
そして女は死体になった……

まぁ、出来がいいとは言えないけれど、それでもソルジェニーツィン自身が現場の目撃者だったということに、この詩の価値がある。

でもソビエト軍が敗戦国であるドイツに対して行った「暴行」について、息子は聞いたことがないと言う。学校では教えず、メディアでも語られない。

息子がさも「物知り顔」で言う——ドイツ人の「集団贖罪心理」を考えれば理解できるさ。加害者は被害者である自分について、語る権利はないと考えているんだよ。

私は長春に来た。ひとつのことを知るためにである。

31　長春無血解放——飢えて死んだ市民たち

手紙を見るだけでマリアの夫が気持ちの細やかな人だったとわかる。でも、考えてしまう。レニングラード包囲戦に参加していたとき、包囲されていた側でなにが起こっていたか、彼は知っていたのだろうか？

私はもうひとつの小さな包囲戦を思い出した。河北省に永年という場所がある。歴史に名高い邯鄲《かんたん》から少し上ったところだ。この小さな町は、一九四五年八月から一九四七年十月までのあいだ、二年以上にわたって共産党軍に包囲されていた。

人口三万人の小さな町が「解放」されたとき、住民は三千人しか残っていなかった。解放軍が町に入ったとき、生き残った住民はみな「パンパン」に太っていた。とくに顔や足が膨れ上がっており、解放軍の兵士たちは奇異に思った。なにしろ木は皮を剝されてツルツルとなり、胃袋に入れられそうな草は洗いざらい抜かれ、戸板や窓枠もはずされて燃料にされた。そんな状態でどうして「パンパン」に太れるのか？　一九五八年の大躍進が引き起こす大飢餓を経験するまでまだ十年の猶予があった当時、町を包囲していた共産党軍はまだ、本当の「飢餓」がどういうものか知らなかった。▼44

長期の栄養失調がもたらす症状とはどういうものか――体重は減るが、きっと誰しも全身がむくんで「パンパン」になる。皮膚が少しずつ死体のように青白くなり、ぶ厚くなると同時にひどく乾燥し、何かにちょっと触れただけで痣《あざ》ができるようになる。むくみ始めた皮膚は練ったうどん粉のようで、もし指で押せば凹みができたまま、しばらくは元に戻らない。

髪の毛は誰しも細くなり、ちょっと縮れる。そしてどこかに引っかけたが最後、房ごと毛根から抜け落ちる。手足の関節はどこもかしこも痛み、痛くなければだるい。

歯茎から血が出始める。もし鏡があれば、「あっかんべえ」をしてみてほしい。きっと自分の舌が腫れ上がっていることに気づくだろう。いやあるいはもう収縮が始まり、乾燥して裂けているかもしれない。唇はカサカサに割れ、ボロボロとむけ落ちる。

鳥目の症状が出始める。夕方になればもう何も見えなくなり、誰もが盲人のように壁を伝って歩かなければならない。昼は光に対して過敏になり、ちょっとした光でも目に刺さったように感じて耐えがたい。

きっと貧血にもなるだろう。立っていると目が回り、しゃがめば立ち上がれなくなる。またひどい下痢で、虚脱症状とめまいを引き起こす。

首の甲状腺が肥大化し、筋肉は際限なく痙攣し、誰しも四肢の統合能力を失いバランスがとれなくなる。意識が混濁し始め、目は淀み、集中力を失い……。

長春の包囲戦は一九四八年、四平が解放軍に攻略されたことで補給ラインが絶たれた三月十五日をもって起算するべきだろう。五月二十三日には小型飛行機の着陸すら不可能となり、封鎖は十月十九日まで続いた。この半年間で、長春はどれだけの餓死者を出したのか？

包囲戦が始まった時点で、長春市にいた民間人の人口は五十万であったといわれている。しかし市内にはほかにも外地から流れてきた無数の難民と親類を頼る居候がいたから、総人口はおそらく八十万から百二十万人であったろう。[45] そして包囲戦が解かれたとき、共産党軍の統計によれば、中に残っていたのは十七万人であったという。

それほど大量の「蒸発」者は、いったいどうなってしまったのかって？

餓死者の数は十万から六十五万といわれ、あいだをとって三十万とすると、ちょうど南京大虐殺で引用される数字と同じになる。

聞いてほしい。どうしてもわからないことがあるのだ。これほど大規模な戦争暴力でありながら、どうして長春包囲戦は南京大虐殺のように脚光を浴びないのか？　どうして数多くの学術発表がされたり、口述記録が広く残されたり、年に一回は報道キャンペーンがあったり、大小さまざまな記念碑が建ったり、広大で立派な記念館が完成したり、各方面の政治リーダーたちが何かにつけて献花していたり、小学生が整列して頭を下げたり、フラッシュを浴びるなか市民が黙禱を捧げたり、記念の鐘が毎年鳴り響いたりしないのか？

どうしてこの長春という都市は、レニングラードのように国際的知名度のある歴史都市として扱われないのか？　何度も小説の題材になったり、舞台化されたり、ハリウッドで映画化されたり、あるいはインディーズの監督が記録映画を撮ったり、各国の公共放送が争ってドキュメンタリーを放送したり、結果、ニューヨークやモスクワ、メルボルンの小学生たちが地名を諳《そら》んじるようなことになぜならないのか？　三十万人以上が戦争の名のもとにむざむざ餓死させられたにもかかわらず、どうして長春は海外においてはレニングラードほど有名でなく、国内にいたっては南京ほど重視されないのか？

そして私は、身辺で「アンケート調査」を行った。すると、三十万人から六十万人が餓死したという長春包囲戦の史実を、台湾の友人たちのほとんどは聞いたことがなく、中国の友人たちもまた「よくわからない」と首を振るばかりだった。だから私は考えた。よその人はともかく、地元長春の人びとなら知っているだろう。あるいは長春なら、そんな大っぴらではないにしても記念碑くらいはあるだろう……。

ところが、わざわざ長春までやってきて見ることができたのは、「解放」記念碑とソビエト軍が作った飛行機と戦車の記念碑だけである。

やっとわかった。長春人自身、この歴史を知らないのだ。

どうしてこんなことになったのだろう？

長春で運転をお願いしたドライバー、王さんは三十代の長春人だ。私が包囲戦のことを話すと、まるでおとぎ話を聞くかのように目を丸くさせた。「本当にそんなことがあったんですか？」と、礼儀正しく、また用心深く私に訊ね、また驚きをあらわに付け加える。「生まれも育ちも長春ですが、どうして一度も聞いたことがないんだろう？」

ところが急に思い出したらしく、こうも言った。「昔、解放軍にいた伯父がいるんですが、たしかそのころ東北地方で国民党と戦ったと聞いています。ただ私らは子供でしたから、彼の昔話が始まるとさっと逃げてしまい、誰も聞きたがらない。だからあるいは伯父なら少しは知っているかもしれない」

「じゃあすぐに電話してみてよ」と私。「あの年、長春を包囲していた東北解放軍の多くは東北出身の兵隊さんだったのよ。包囲戦に従軍していたかどうか伯父さんに聞いてみて」

夕食のテーブルで、王さんは本当に電話をかけてくれた。しかも一発で繫がった。王伯父さんの電話の声はとても大きくて、隣で座っている私のところまではっきり聴こえてくる。彼はたしかに東北民主連軍の兵士で、思ったとおり包囲戦に参加していた。

「どこの検問所にいたんですかって、訊いて」

「伯父さん、どこの検問所にいたんだい？」王さんが訊いた。

「洪熙街《こうき》」と伯父さんは東北訛りで言う。「いまの紅旗街だ。あそこはいちばんたくさん人が死んだ」

自分の過去に興味を持つ人間が突如現れたことで、王伯父さんは明らかに興奮していた。電話口でどんどんしゃべって、四十分。ドライバーの王さんは箸を運びながら、もう一方の手で携帯を握りしめ、ずっと耳に張り付けていた。

百キロ以上にわたる包囲線は、五十メートルごとに銃を構えた歩哨が立ち、難民の通過を防いでいた。国民党軍によって市外に放り出されたたくさんの難民たちは……、そう、彼らは国民党軍の守備ラインと解放軍の包囲ラインに挟まれたベルト地帯で行き場を失っていた。死体はそこらじゅうで野ざらしとなり、ざっと眺めただけで数千体はあった。

がりがりにやせこけ、息も絶え絶えの難民たち。あるものは赤子を抱えたまま歩哨の前にひざまずき、すがりつき、通してくれるよう懇願した。「見ていて私も泣けてきました」王伯父さんは電話口でそう言った。「でも逃してやることはできませんでした。命令違反になりますから。ある日私は市東部の二《に》道河《どうが》地区に赴き、木板を見つけてくるよう命ぜられました。空き家らしき家を一軒見つけたので窓からのぞき込むと、中は大変なことになっていました。十人はいたであろう一家が、老いも若きも全員死んでいました。ベッドに横たわっているもの、床にうつぶせになっているもの、壁際に座り込んだままのもの、ぐんにゃりと戸の敷居に突っ伏しているもの。年寄りも子供も、家族全員餓死していました。私は涙が止まりませんでした」

林彪は五月中旬、包囲戦指揮所を設置し、同月三十日、長春封鎖作戦の布陣を定めた――

（一）（略）大小全ての道を塞ぎ、主要陣地を構築。主力部隊は市外にある空港を確実に制圧する。
（二）遠距離射程火力により、市内の自由大街と新皇宮空港を制圧する。
（三）食糧及び燃料の敵地区流入を阻止する。
（四）一般市民の市外流出を禁じる。
（五）予備隊を適切に掌握し、各検問所との相互連絡を密にし、分散している我が方の包囲部隊に対し攻撃を仕掛ける敵をいつでも撃退、殲滅せしめる。
（六）（略）長春を死の街にしむる。[46]

解放軍の士気を高めるスローガンはこれだ――「食糧一粒、草一株、敵に渡すな！ 長春の蔣賊軍を閉じ込め飢え死させろ！」。十万人の解放軍が市外より囲み、十万人の国民党軍が市内を守る。百万人近い長春市民は家に閉じ込められた。座して死を待つことを潔しとしないものは、それでも外へ逃げ出した。しかし包囲線には火力と兵力が集中配置されていたうえ、塹壕が深く掘られ、鉄条網でびっしり覆われていた。

長春市内を縦に貫く伊通河《いつうが》は、草木が青々と茂り、魚がすいすい泳ぐ。長春人にとって世代を超えた優しい母なる川である。いま、国民党軍がその川に架かる橋すべてに歩哨を立て、人びとはそこから出ることはできても戻ることはできない。橋を越えれば両軍が対峙する中間地点だ。三、四キロの幅で続く空間は見渡す限り死体しかなかった。

うだるような七月が来た。市内の道路に死体が捨てられ始めた。骨が突き出すほどやせこけた野良犬たちが死体を囲む。禍々しい赤光で眼をぎらつかせて食い散らかす。そして野良犬たちはその後、飢えた人びとに食べられることになる。

『長春地方誌』の編纂委員である于祺元は包囲戦当時、わずか十六歳であった。彼は溥儀新宮殿の建築予定地だった荒れ野（現在の地質宮）を抜け、毎日学校に通った。荒れ野は雑草が高々と生い茂っていた。夏になり、異様なにおいを感じるようになった。彼は好奇心を抑えきれず、においの方向へ踏み入り、折り重なった草をかき分けた。するとそこにはおびただしい数の死体が積み重なり、腐乱していた。またある日、市の中心に位置するこの荒れ野の奥で、何かが動いていることに彼は気づいた。近づいて目にした光景を、彼はいまだに忘れられない。

それは、裸のまま捨てられた赤ん坊であった。飢餓のため、肛門から直腸が体外にはみ出して固まっていた。死んでいなかったが、赤ん坊は虫のように弱々しく地面にうごめくだけで、もはや泣くことすらできないようだった。

「母の愛ってなにかね?」と彼は言う。「極限の状態になったら、そんなもの消えてしまうんだろう。きっと流す涙すら乾ききって」

国民党軍は食糧を空輸で運んでいたが、共産党軍に空港を攻略されたあとは、落下傘で自陣へ投下することにした。コメの詰まった大袋が空からフワフワ降りてくる。ところが風がサーッと吹くだけで、落下傘ごと共産党軍の方へ流れていってしまう。

「その後、国民党軍は落下傘を使わなくなった。解放軍が高射砲による迎撃を始めたから、輸送機はもっと高い上空から荷物をじかに落とすようになったんだ。絞めた豚を一頭まるごと落としたこともあったよ。でも落とした荷物が家を破壊したり、人を直撃して死なせたりした」

「何か拾ったことありますか?」と訊いてみた。

「あるよ。豆が詰まった大きな袋を拾った。急いで家まで引きずって帰ったよ」と于さん。「あのころ長春の守備にあたっていた国民党軍は部隊同士で投下物資を奪い合い、実弾で撃ち合うことまでしていたんだ。その後、取得した物資はまず本部に納め、それから各部隊へ分配する規定ができた。だから各部隊は作戦を考えた。物資投下の情報を聞きつけるとすかさず薪に火をつけ、大鍋で湯を沸かして待機する。そして物資を確保するやいなや、ご飯に炊いてしまう。誰か検査に来たら、両手を広げてこう言うのさ。『やぁ、もうご飯が炊けちゃったけど、それでも持っていくかい?』」

于祺元が生まれたその年、満洲国が建国された。彼の父親は溥儀に仕えた大臣であった。何の苦労も知らない少年時代を過ごした彼に、包囲戦の悲惨さはとりわけ消し去ることのできない記憶として残った。

若き日の于祺元。長春にて（本人提供）

「包囲戦が始まったばかりのころ、みんなまだ食糧の蓄えがあった。でもあんな長く——半年も続くとは誰も考えてなかったから、もとからあった食糧はあっという間に食べてしまった。市内では猫、犬、ネズミを食べたあと、馬も殺して食べた。馬を食べ尽くしてしまったあと、道路のアスファルトをはがし、どうにか畑にした。八月に種をまいたんだが、すぐ収穫できるわけじゃないだろ?　だから木の皮を食べ、雑草を食べてしのいだ。私は糀《こうじ》を食べたよ。酒造用の糀はれんがみたいなんだ。糀もなくなったら、酒粕を食べた。味噌みたいでね、真っ赤だった」

「酒粕はどうやって食べるんです？」

「酒粕を水で何度も洗う。ねちゃねちゃしてるところをキレイに洗い流す。ちょっとばかり残った実のところを日干しして、乾いたら、そば殻みたいなのができ上がる。それをすりつぶして、ちょっと水を足して食べるんだ」

黄昏時の太陽がわっと差し込んできて、突然部屋を暖色に包み込んだ。于さんはどんな話題でも静かな口調で話す。きっとこの世界で起こったありとあらゆる事象を見てきた人なのだ。

私は尋ねた。「じゃあ——人を食べることもあったんですか？」

言うまでもないんじゃないか？　彼はそう答えた。

于さんが記憶をたどる。全員死に絶えた一家があったのだが、最後の一人は首をくくって死んだそうだ。また当時こんなことを言う人があった。「あるばあさんが死んだ亭主の腿を、煮て食った」▼47

一九四八年九月九日、林彪らは毛沢東に対し、長春の状況報告を送った。

（略）飢餓状態はますます深刻となり、闇夜はおろか白昼であっても、飢餓民が大挙して押し寄せた。わが軍に追い返されたあと、彼らは敵味方の警戒線に挟まれた中間地帯で群れをなした。餓死者はこれおびただしく、市東部八里にわたる陣地一帯だけで、死者は約二千人に上った。（略）（略）飢餓民がこれ以上市内から流出せぬよう、出てきたものは追い返した。この策は飢餓民にとっても兵士たちにとっても納得しがたかった。飢餓民たちはわが軍に不満をぶつけた。その多くは「八路軍はわれわれを見殺しにする気か！」と訴えるものであった。彼らは集団で歩哨の前にひざまずき、通してくれと懇願した。ある者は赤子や子供をこちらに放って逃げた。またある者は縄を手にやってくると、わが軍の哨舎の目の前で首をくくった[▼48]。

十月十七日、長春市内を守る第六〇軍の二万六千人が武器を捨てて投降した。

十月十九日、抗日戦争中「天下一」の名声をほしいままにした新三八師団および新七軍その他合計三万九千人の国民党軍将兵が捕虜となった。アメリカ式の装備とアメリカからの援助物資はすべて解放軍の手に渡った。

国民党軍守備隊の雲南軍第六〇軍はかつて台児荘《たいじそう》の戦い[*2]で日本軍相手に血みどろの奮戦をし、かたや第七軍はかつてインド・ビルマ（現ミャンマー）戦区で弾雨をくぐり、英米連合国軍との共同作戦[*3]で、世界にその名を知らしめた。その両軍が長春包囲戦で壊滅したのである。

五十二日間にわたる遼瀋戦役全体で、四十七万の国民党軍が「全滅」した。

十一月三日、共産党中央委員会は前線にいる共産党軍将兵に祝電を送った——。

> （略）瀋陽を解放し、敵を全滅せしめた諸君を心より祝福する。（略）三年間の奮戦で百万あまりの敵を殲滅し、ついに東北九省全てを解放した。（略）諸君が今後、関内（長城以南）の人民および人民解放軍と緊密に協力し、ともに前進し、国民党反動派の統治を完全に打倒し、中国にはびこるアメリカ帝国主義勢力を駆逐し、全中国を解放させるため奮闘されんことを望む！

この「偉大な勝利」の記述において、長春包囲戦の凄惨な犠牲はまったく触れられていない。ただその「勝利」だけが、新中国の歴史教科書に載り、「無血開城」と称される輝かしい解放として代々受け継がれている。

32 死んでも君を待つ——届かなかった国民党軍兵の手紙

十月十九日の制圧後、混乱の長春で解放軍は大量の手紙を発見した。大きな袋に分けて入れられたそれは、国民党軍将兵が包囲戦中に書き上げ、切手を貼り、しかし送ることのかなわなかった手紙であった。中には遺書が数多く含まれ、また最後に撮った記念写真も多く混じっていた。

林彪の包囲軍指揮所が「長春を死の街にしむる」ため、全部隊出動を決めたのが五月三十日である。私が読んだこの手紙はその二日後に書かれたものだ。「耕」という兵士が、故郷で彼の帰りを待つ思い人に向けて書いた——。

芳へ

(略) 人びとの生活はこのように圧迫されるばかりで、貧しき者は樹の葉を食べ尽くし、通りに乞食が日に日に増えていく。(略) 国難のとき、人の生死はあらかじめ知ることができない。しかしぼく自身は、もう決死の覚悟を持っている。だからいまこのとき、ぼくにできるのは、最後に残った写真を君に送ることだけだ。記念としてずっと君の手元に置いておいてほしい。(略) 君のありったけの真心に感謝する。死んでもぼくのことを待つと言ってくれた。普段は気の利かないぼくも、その言葉に心打たれた。恥ずかしいのだが、ぼくは君のために涙を流した。（略）ぼくは簡単に君を諦めることはできない。ぼくの心には、君がくれた一途で純粋な気持ちが永遠に刻まれている。死んでも君を忘れない。（略）

ぼくはいま、最後の一息を吐き出すその瞬間まで社会と国家のために貢献できると、そう感じている。これがぼくの最後の希望だ。（略）ぼくの人生観には大それた望みなど微塵もない。ただ淡々と静かで、実直なものだ。軍服を脱げば、一人の善良な国民として、自身の義務を果たすだけだ。

耕　敬具

六月一日九時　第五十二号▼49

これは「耕」が戦場で書いた五十二通目の手紙であろう。端正な文体から推察するに、「耕」という男性は、一九四四年末、抗日戦争を戦うために学業を捨て、敢然と「十万人青年軍」運動に参加した若者の一人だったのではなかろうか？

しかし受取人である「芳」は、生涯この手紙を受け取ることはなかったのである。

于さんの家をおいとまして、私はまた人民広場に戻った。あのソビエト軍戦闘機の記念碑は正午、ひときわ大きく、高く見える。ちょうど太陽の方向にあるので、まぶしくて塔の先が見えない。私の手には古い新聞が何紙か握られていた。報道されているのはどれも同じニュースだ。二〇〇六年六月四日――包囲戦から五十年以上たってから報道されたのは――

新文化報（本社報）

「シャベルを入れるたびに黄ばんだ人骨が出てくる。四日間掘り続けたが、どう見ても数千体はある！」二日早朝、長春市緑園区青龍路付近の下水道管開削工事現場を多くの市民が取り囲んでいた。工事中、地中から発見された大量の人骨をこの目で見ようと集まってきたのだ。▼50（略）

ごっそり見つかった白骨は、長春のにぎやかな通りと新築ビルにまたがる地下に埋まっていた。野次馬が取り囲んでのぞき込む。老人たちが耳打ちをしている——そうそう、一九四八年の包囲戦のときの……。

あの「耕」という若者の遺骨も、街のいたる所でそびえる新築ビルの下水道の下に埋まっているのだろうか？

解放軍は十一月一日午後、瀋陽に攻め入った。「丸腰の国民党軍将兵がまるで羊のように一群一群追い立てられ、駅前の『匪賊掃討本部　軍事法廷』ビルに集められた」。通りのあちこちで、手足を失い、血まみれの包帯を頭に巻き、あるいはぱっくり開いた傷口から膿《うみ》とウジをあらわにした国民党軍傷兵たちがうずくまっている。

軍事教官として政治を教えていた二十八歳の郭衣洞《かくいどう》少佐、のちに作家となる柏楊《はくよう》*4は、そのとき瀋陽にいて、『大東日報』の発刊準備を進めているところであった。彼の目の前を、たくさんの解放軍兵士が意気揚々瀋陽に進軍してくる。みな灰色の綿製軍服を身につけ、なかに若い女性が混じっていた。彼女はトラックの隙間に座り込み、胸元を開けて赤ん坊に乳をやっていた。

最初の何日か、解放軍は「蔣匪」に対して寛大な政策をとった。つまり国民党軍兵士に「帰郷帰農」を許したのである。柏楊は国民党軍の軍服を着たまま瀋陽を逃れた。山海関のあたりで、一人の国民党軍将兵の姿を見かけた。大きく透き通った目をした、新六軍の少尉であった。彼は片足を失っており、鮮血を流れるにまかせていた。左右の松葉杖で身体を支え、歩いては転び、転んではもがき、起き上がってもう一度歩き出す。彼は湖南省の人で、まだ若かった柏楊に向かってこう言った。「這ってでも家に帰る。家には母と妻が待っているんだ[51]」。
あるいは彼が「耕」だったのかもしれない。

33 捕虜は恥か——烈士の自決、あるいは軍資横流し

一九四八年十一月一日、解放軍の兵士たちは威風堂々瀋陽に入城した。三年前、ソビエト兵が公衆の面前で女性を暴行したうえで殺したあの瀋陽駅前のほとんど同じ場所に、この日はむしろに覆われた一体の死体があった。すぐそばの地面には、白いチョークでこう書かれていた——。

士官学校十七期卒業。本籍湖南、姓は王である。このたびの戦役で、国に殉じた高級将校は一人としておりませんでした。私は信じております。杜聿明《といつめい》*5が東北地方に残っておれば、ここまで局面を悪化することはありませんでした。陳誠が瀋陽におれば、この地を撤退するようなことにはなりませんでした。よって私がここで自決することで、瀋陽市民と共産党に対し、国民党軍にも国に殉じる忠烈の士がまだいるのだと知らしめてみせます[52]。

もちろん、国民党軍にも「忠烈の士」はいた。たとえば抗日戦争の大事な戦役にはほとんど参加した「エース」、張霊甫《ちょうれいふ》将軍である。一九四七年、彼は山東省臨沂の孟良崮《もうりょうこ》で――台北市にも臨沂街があって済南路と交叉する――共産党軍に包囲されていた。再編七四師団は不毛な岩肌で囲まれた洞窟まで追い込まれていた。食糧は底をつき、水も飲み尽くした。アメリカ式の火砲は砲身に熱を持つため、水で冷却しなければ次の弾が発射できない。兵士は自分たちの尿で冷やそうと思い立ったが、脱水症状でそれすら出なかった。兵士がほぼ全滅し、最期のときだと覚悟した張霊甫は、妻への決別の手紙を書き上げ、拳銃で自決した

十万あまりの匪賊がわが軍に攻撃をかけている。今日戦況はさらに悪化し、弾は尽き、援軍はなく、水と食糧も底をついた。私と（蔡）仁傑は決戦ののち、最後の銃弾で自決し、仁をなす。上は国家、領袖に奉じ、下は人民、部下に報いんとす。老いた父とは南京で会うことならず、痛恨である！　くれぐれもよろしく世話をたのむ。幼き子供もくれぐれもよろしく養育をたのむ。我が妻、玉玲《ぎょくれい》よ、これが今生の別れである！

三昼夜を戦い、国民党軍三万二千人はここに殲滅した。一方、勝利した解放軍も一万二千人の犠牲を出した。直撃弾を受けた死体の残骸が岩の表面にべたべた張り付き、谷底で野犬が待ち構える。中国はまたしても山東省臨沂孟良崮という、屍《しかばね》と血で汚れた地名をひとつ増やしたのである。

最高元帥蔣介石は戦場からのたたき上げであり、兵士の苦労を知らないわけではなかった。一九四八年一月、彼は日記にこう書いている。

冬に入り、貧しい民の凍えと餓えを思うたび、また凍てつく戦場で寒さに耐えて苦闘する前線兵士の血の犠牲を思うたびに、余は食事も喉を通らない。自らに鞭を打ち、精進を重ね、強くなって恥を雪ぐことで、国のため私のため苦労を重ねてきた兵士と国民に報いる、それが自分の義務である。さもなくば、死して功をなした戦士たちの魂をどう慰めるのか？　どう顔向けできるのか？

そして決まりごとのように自らへの注意事項を加えている。

注意すべきこと。一、いかにして将兵の捕虜となるを防ぎ、戦死は栄誉なりと決心せしむるか。二、中小都市を攻略し、大都市を取り囲み、それぞれを殲滅せんとする共匪の戯言をいかにして粉砕するか[53]（略）

カリフォルニア州のフーヴァー研究所資料室で蔣介石日記を読んでいた私は、そこで溜息を抑えることができなかった。なんて矛盾した考え方なの？「戦士たちの魂を慰める」ための実践が、将兵たちに「戦死」が崇高であると教え、争って「烈士として国に殉じさせる」ことだなんて。これは日本の武士道の精神ではないか。比較すると、ヨーロッパ人はローマ時代から続いている観念として、戦争は敵を制するためであり、もし形勢が圧倒的に不利で敵を防ぐことが不可能であるとき、生命と力を温存することは恥とは見なさない。一九四一年に太平洋戦争が勃発したとき、どれだけ多くの連合国軍が部隊ごと投降したか。シンガポールではたった一週間抵抗しただけで、イギリス・オーストリア連合軍司令官は十万近い兵士とともに日本軍へ投降した。

瀋陽で自殺した将校があれほどの悲憤を訴えたのは、実情を知れば知るほど、自分の境遇に救いがないと感じたからにほかならない。戦場の勝敗などはそもそも戦争の勝敗のごく一部分に過ぎない。戦場の背後には政治、経済、社会、法制、教育などにわたる国家または政府という全体構造がある。絶望して自殺した彼はきっと、一九四八年の国民党軍がはまり込んでいる構造自体が、もはやにっちもさっちもいかないことに気づいてしまったのだろう。

ソビエト軍の暴行を目撃した台湾人、許長卿があるとき、瀋陽から天津までお茶を売りに行った。そこで孫さんという同級生が、彼にはお金があると見て、一緒に商売をしないかと持ちかけてきた。つまり許長卿が元手を出し、孫はコネを使い、国防省に三万人の兵団の申請をするのだ。国防省の三万人分の食糧を得るには、事実上一万人の頭数を集めれば十分だった。二万人の不足分は、国防省が検査に来るとき、通りや駅で誰か適当に引っ張ってきて、臨時「兵」にすればよかった。この商売の純益はつまり、二万人分の食糧と兵器だった。兵器はどこかへ売ってしまえばいい。

「兵器は誰に売るんだい？」

孫さんは躊躇なくこう言った。「八路軍に売る」[54]

34　お碗に落ちた戦友の肉片——死体は犬と同じように捨てられ

十一月、東北地方も華北地方も雪が降っていた。白くけぶる徐州郊外、都市を繋ぐ道は戦車と輜重《しちょう》隊の重さに舗装がボコボコとなり、砲弾が落ちた場所にはジープ一台ほどの穴がぽっかり開いている。村と村を繋ぐ未舗装の道は、おびただしい数の馬車、牛車、手押し車が行き交い、木の車輪が深い溝を何本も描く。はね上げられた泥塊はみるみる凍って鋭いカミソリとなり、行軍の靴を突き破り、足を切り裂いた。

瀋陽が攻め落とされてから四日後の一九四八年十一月六日、徐蚌会戦——解放軍が「淮海戦役」と呼ぶ戦いが全面的に始まった。国民党軍八十万と解放軍六十万が祖国の地で砲火をまみえ、白兵戦を繰り広げる。

「徐州の戦場で」と私は林精武《りんせいぶ》に訊ねた。「いちばん印象深いことはなんでしょう?」

林精武は台北市の温州街に住んでいる。あのあたりはどの通りにも浙江省の地名がついている——永康街、麗水街、龍泉街、瑞安街、そして青田街。八十三歳の林精武はときどき路地口の露店まで果物を買いに行く。用事はそれだけでも、彼は身なりを整えて家を出、腰をシャンと伸ばして路地を歩く。温州街の路地はこぢんまりとして、大木がそこここで空に伸び、まるで緑溢れる庭を歩いている気分になる。路地を歩く林さんはいたって普通のおじいちゃんで、かたわらを過ぎる人もわざわざ彼に目を留めることなどない。

彼の来歴を知っていればきっと別だろう。

林精武の人生は、激動の時代を生きた人の典型だ。十八歳のとき自ら決心して福建省恵安の家を出た。抗日戦争に従軍するためだったのだが、図らずもその半年後、日本は降伏した。そこから先は南北各省から集まった中国人同士の殺し合いが始まった。長く封印されていた過去に触れ、林さんは高ぶりを隠せないでいる。ほら、いま少しずつ、自分の感情を抑えてらっしゃる。

いちばん印象深いこととお訊ねになるが、と彼は言う。いったい何が印象深くないのかね？　援軍がすぐ到着するから死守せよ、と命じられ、一個中隊が全滅するまで戦っても援軍はまだ来ない。どうだね？　印象深くないかね？　東へ向かえば袋のねずみで、全軍包囲を受けて殲滅されることはわかりきっている。にもかかわらず最高指令は東へ行けと言う。もちろんわれわれは東へ進軍しなければならない。どうだね？　印象深くないかね？　食糧が尽き、弾薬が尽き、補給は来ず、馬の骨さえ食い尽くしたころ、空軍が物資を投下してくる。わらで包まれた弾薬が千発、そのまま地面へ投下される。毎日十人以上の兵士が友軍の投下する物資に当たって死ぬ。さあ、まだ印象深くないかね？　おびただしい数の傷兵が雪原に倒れている。掩体《えんたい》などない。そこに機関銃がダダダダッと豪雨のように降り注ぐ。血と脳漿が吹き出し、視界をべっとりと覆う。これも印象深くないかね？[55]

しかし、と林さんは言う。悪夢のように六十年間ずっと忘れられず、度々夜中に浮かび上がってくる光景はなんだと尋ねられたなら、あるいは、あのお碗に入ったまま食べることのなかった豚肉がそうかもしれない……。数日にわたって続いた不眠不休の戦闘のあと、戦友たちと飯を食うことにした。雪の上に座り、口の中は泥だらけ、眼球は腫れて真っ赤だったが、やっとのことで炊事係が作ってくれた豚肉汁だ。さぁ食べようと、お碗を手にしたそのとき、ヒュンと砲弾がひとつ飛んできて、鍋の上で爆発した。耳は一瞬、聴力を失った。われに返って見渡すと、戦友の頭、腿、手足がバラバラになり、爆破でぐちゃぐちゃになった肉がお碗に落ちて、汁に混じっていた。[56]

もうひとつ、ずっと心に引っかかっているのが戦友、黄石《こうせき》の死だ。共に死線をくぐってきた彼が敵弾を受け、どっと道に倒れてそのまま息絶えた。林精武は装備を全身に背負ったまま、死体のそばに突っ伏して泣いた。しかし埋葬する時間はなかった。しかも、当時従軍していた多くの愛国青年と同じように、黄石は志願するときに自分の名前を変えていた。広東省大埔《だいほ》出身ということは知っていたが、家族に通知するのは不可能であった。地表にはおびただしい戦死者が横たわり、部隊は離散していた。彼の戦死を記録し、家族に知らせ、孤児となった子供を慰め、世話をする――そんな体制がないことなど百も承知だった。黄石は戦死した。しかしそもそも「黄石」の本当の姓名や、親がどこの誰かなのかを知る者など、部隊には一人もいなかった。

六十年たったいまでも林精武は心痛むという。その理由を彼はこう説明する。日本人は戦友が戦死したら、指だけであっても切り取り、できる限り家族のもとへ遺骨を送ったという。アメリカ人は戦場で、なんとしても戦死者の識別票を回収したという。ならばどうしてわれわれの戦友は、野良犬と同じように死ななければならなかったか？

林さんがどうしてもとくれた紫のブドウをひと房下げて、家路についた。夜、通り全体が静まりかえっている。私が言っているのは、いま執筆している金華街のことだ。――無論この金華も浙江省にある都市の名前である。執筆室は机もソファーも床の上も、どこもかしこも資料でうずたかくなっている。でもそのとき、必要な資料はすぐ見つかった。一九四八年十二月十七日、包囲を受けている国民党軍側に対し、解放軍が通告した「投降勧告文」である。

杜聿明将軍、邱清泉《きゅうせいせん》将軍、李弥将軍、および師団長、連隊長各位

貴殿らはいま、崖っぷちに立たされている。（略）四方を囲むのはいずれも解放軍である。貴殿

らにそれを突破することができるであろうか？（略）貴殿らの飛行機、戦車はもはや使い物にならず、われわれの飛行機、戦車のほうが数が多い。ここには大砲と爆薬があり、人民がこしらえた手製飛行機と手製戦車の威力は、貴殿らの舶来飛行機と舶来戦車の十倍だ！（略）十日以上にわたり、幾度ともなく行われたわれわれの包囲と攻撃により、（略）わずか縦横十数里の場所に貴殿らは追い詰められ、多くの兵士がすし詰めとなり、われわれが一発砲弾を撃ち込めば、そこは死体の山となるだろう（略）

いますぐ全軍に対し、武器を捨て抵抗を止めるよう下命せよ。本軍は貴殿ら高級将校および兵士全体の命を保障する。貴殿らの生きる道はこれしか残されてない。考える時間を与えよう。武器を捨ててもいいと考えるならば、そうしたまえ。あくまでも戦うというのであれば、さらに一戦を交えよう。いずれにせよ貴殿らはわれわれによって打ちのめされるのだ。

中原人民解放軍司令部
華東人民解放軍司令部[57]

これって、竹竿やバットを持った子供たちが、隣村の子供たちとけんかするときに言い合う口ぶりとそっくりじゃないかしら？　両軍はわずか数キロの距離で対峙していた。静かなときは、相手方の咳払いが聞こえるほど。林精武の身辺に一人の雑役兵がいた。彼は腹が減って我慢できなくなり、闇夜に紛れ共産党軍の陣地へ侵入し、あちらの兵隊たちと一緒に飯を腹いっぱい食べたうえ、ついでにパンを一袋ちょろまかして帰ってきた。彼は背が小さく、銃も携行していなかったため、真っ暗闇の雪原にあって、共産党軍は自分たちの戦友と勘違いしたのだ。

まるで子供たちの騎馬ごっこや戦争ごっことそっくりなのだが、異常なことに、「名乗り」が終わったあとに行われる「戦闘」では、実際におびただしい血が流れるのである。

35　弾よけになった民間人——語られない死者たち

一個小隊の兵士が力いっぱい手榴弾を放り投げる。まるで空いっぱいに降り注ぐ飴玉のようだ。その直後、塹壕の内側にいた林精武から、敵方の「窪地全部が、揚げものをしている中華鍋みたいに爆発する」のが見えた。ところがそれでも、繰り返す波のように次々と人が溢れ、発熱する砲口に突進してくる。

押し寄せてくる人波の〝先鋒〟は、実は兵士ではなく、みな「民工（非軍属人夫）」であった。国民党軍による機関銃掃射は手がだるくなるまで続いたが、標的が一般人だとわかっていたので内心忍び難かった。あるときはいっそ眼を閉じて、なお強いて撃ち続けた。撃たないわけにはいかない。なぜなら「殺さなければ、殺される」からだ。機関銃掃射がいったん止まる。顔を出して見回すと、塹壕前にはずらり何百体もの死体が横たわっていた。戦場掃除が始まった。機関銃の発射口に覆い被さる死体をどけ、濡れた布で銃身を冷やす。▼58

林精武が「忍び難く」も撃ち続けた彼ら「民工」とは、解放軍の言葉で言う「銃〝前〟」の英雄のことである。共産党軍十大元帥の一人、陳毅はこう言っている。「淮海戦役は手押し車で前進した戦争だった」。なんて心が痛む謂いだろう。淮海戦役——つまりわれわれの言う「徐蚌会戦」——の戦闘は二カ月に及んだが、その間五百四十三万の人夫が徴用された。人夫はいわば、二足歩行のラバだった。彼らは食糧や弾薬を背負い、負傷者を担架で運び、弾雨のなか電線を敷設し、部隊とともに千里を行軍し、そして最前線で突撃をした。ある解放軍兵士の記憶によれば、江蘇省碾荘の国民党軍を攻めたとき、「銃前民工」は全員山東人だった。独特の訛りがあったし、彼らが解放軍兵士のために用意した食料はコメではなく、薄切りにした蒸しマンであった。

抗日戦争の名将、黄百韜《こうはくとう》率いる国民党軍部隊は十メートル幅の川の岸辺に強大な防衛陣地を構築した。どのトーチカにもびっしり銃眼がうがたれ、機関銃が川をねらう。ひと波ひと波、「民工」が銃口に向かって押し寄せる。ダダダダッと音が鳴り続くうちに、川は死体で埋まっていく。後方の解放軍兵士はその死体を踏み台にして渡河した。

わずか淮海戦役の、さらにわずか山東解放区だけを数えても、十六万八千人に及ぶ農村の若者が解放軍に徴用され、うち八万人がそのまま前線に送られた。[59] 大多数の農民は網の目のような「連勤（連合兵站）」体制に組み込まれ、補給など解放軍の後方支援を担った。国民党軍は補給物資輸送を百パーセント鉄道と自動車に依存していたが、解放軍は民工を使って道路を掘り返し、レールをはがし、国民党軍の弾薬食糧の補給を断った。解放軍は百万の民工の肩と腕を頼りに、前線まで物資を運び、傷兵を後方へ送った。民工は銃前と銃後を、働きアリのように行き来していたのだ。淮海戦役においても、解放軍の兵力と「銃前民工」との比率は実に一対九であった。兵士一人の後ろに九人の人民がいて、食糧手配、弾薬輸送、電線架設、戦場掃除、傷兵看護を担っていた。

国民党軍が通過するとき、ほとんどの村落がもぬけの殻であった。住民はみな「蒸発」し、食料もどこかへ隠された。第十八軍軍長楊伯涛《ようはくとう》は、捕虜となり後送されていく途中、不可解な光景を見た。以前、自らが大軍を率いて通った同じ道である。そのときは家々の戸や窓は固く閉ざされ、道は人気もなく、うら寂しく殺伐としていた。ところがいま、台所から煙が上がり、活気ある声が溢れ、豚を満載したトラックがにぎにぎしく通過していく。つまり前線の共産党軍を慰労するのであろう。彼は強い衝撃を受け、こう記している。

> 村を通過したとき、共産党軍兵と一般民衆が一緒にいるのが見えた。みなまるで家族のように打ち解けていた。こちらでは仲良く談笑をし、そちらでは火を囲んでともに炊事をし、またあちらでは手分けして桶を持ち、家畜に餌をやる。軍服かそうでないかが違う以外に、軍人と民衆の間の分け隔てはなかった。われわれ国民党の領袖は捕虜になるのでなければ、こんな場面を見る機会はなかったであろう▼[60]。

林精武中隊長は傷を負って逃げる途中、民工が押している手押し車を何百台も目にした。前線の共産党軍に補給するのだ。川や凍った地面、深いぬかるみがあれば、彼らは黙って手押し車を肩に背負い、なお前進した。女性は老いも若きも集いて、麦を粉にし、糸を紡ぎ、布を織った。また解放軍傷兵のため地面にへばりつくようにして薬を塗り、包帯を巻いた。解放軍が勝利すれば田畑を分けてもらえ、貧乏人も浮かび上がることができる。だから多くの農民が土地持ちという長年の悲願を胸に抱いて、戦争に参加した。

さらに、捕虜となった軍長と敗走を続ける中隊長がそれぞれ道中で目にしたのは、亡骸《なきがら》となった国民党軍の戦友たちが誰かに供養されることなく、野ざらしになっている姿であった。二人の心には同じように、わが身を切り裂くような問いがわき起こった。「人民の支持を失っては、前線の兵士がどれだけ勇敢に戦ったとしても、この戦争は無意味ではないか？」

敗れた側はそれきり、記憶に蓋をして、沈黙を選ぶ。一方勝った側はそれより、数多くの記念館、記念碑を建て、長きにわたり死者の栄誉を讃え、自らの成果を顕彰する。記念館の解説員は観光客を前に、嬉々としてこんな数字を並べたてる。

郯城《たんじょう》は魯南《ろなん》（山東南部）地区の一般的な県都で、当時の人口は四十万人であった。当時県庁にたった百万斤（六百トン）しか食糧備蓄がなかったところ、上部から指示された供出量は四百万斤であった。しかし郯城は最終的に五百万斤の供出を達成した。しかも人びとは食糧を腰にくくりつけ、自ら前線まで運ばんとする勢いであった。（略）淮海前線における食糧供出および米挽き運動には、豫西地区の二百万人の女性が参加し、米や麦を挽き、兵隊の靴を作るなどの作業に従事した。▼61

それにしても、この手の記述にはなぜか見覚えがある。どこで見たのか……。

思い出した。

こっちの文献も読んでみてほしい。

（略）理由――査西地区黒石関にある洛河《らくが》橋が流出したため、架橋部隊はすでに現地に到着し、人夫を雇い修復を急いでいる。現在、本村より毎日三百人強を木工苦力《クーリー》として徴用している。それ以外に小麦五千キロ、維持会費四万元、木材二十トン、麦わら二万斤（十二トン）、大麦二トンをそれぞれ供出させた。孝義《こうぎ》皇軍が毎日徴用する大工、左官などの苦力は五百名である。

ここで語られているのは解放軍のことではない。この文書は一九四四年に作成されたある議事録で、戦争中の日本軍が前線支援のため、杜甫の故郷である小さな町――河南省鞏県《きょうけん》（現在の鞏義市）で、いかに農民の労働力を搾取していたかが示されている。

洗脳されていたにせよ、甘い汁で釣られたにせよ、あるいは脅迫されたにせよ、国家あるいは軍隊という巨大な機械に強いられ、戦争という怪獣の底無しの胃袋へ、金銭と労力と食糧と人夫を供出したのは農民である。彼らの身の上と役回りはいつも同じであった。ただし日本軍のこの手の行為に対する中国人の記述は憤懣に満ちている。

日本軍が徴用した苦力《クーリー》と物資の膨大さを見れば、日本軍が行った中国人への搾取がいかに過酷で、かつ非情であったかがわかる。さらに不可解なのは、「偽（傀儡）政府機関」を構成する「（治安）維持会」のうち、該当地域の「漢奸《かんかん》（売国奴）」たちが、傀儡政府機関に協力し、日本軍が民衆に対して行った広範囲な抑圧行為を帮助したことである。売国奴どもの奴隷面がこの文書からありありと見えてくる。

この報道の見出しには「日本軍中国侵略の証拠　洛陽にて多数発見　日本軍の罪状を逐一記載」とある。[62]では、解放軍に徴用されて国民党軍と戦った農民なら、今度はどんな言葉で描写するだろう？

（山東省）莒南《きょなん》県の担架隊二七九七名の隊員のうち千二百名はズボンがなく、千三百九十名は靴がなかった。それでも十二月の寒空の下、前線を駆け回った。

そのうちとりわけ功績のあった銃前の士、朱正章《しゅせいしょう》は足に凍傷を負い、腫れに苦しみながらも杖をついて、なお傷兵を後送した。連続八往復し、歩いた距離は延べ三百キロ余りであった。さらに彼は、飯や水を入れる自分のお碗で傷兵の排泄物を受けた。

「人民の母」、(山東省)日照《にっしょう》県の范おばさんは三人の息子を解放軍に参加させた。三人は前後してみな犠牲となったが、その知らせを聞いたあとも彼女はいままでどおりに布を重ね縫いし、てきぱきと兵隊用の靴を作り続けた。▼63

歴史というのはそもそも、勝った側が書いたものか、あるいは負けた側が書いたものか把握していなければならない。私ももちろんそれを知らないわけではないけれど、同じ出来事にふたつのまったく相異なる解釈があったとき、われわれはついつい、どうしてそうなったのか裏の意味を考えてしまう。

国民党軍の歴史文献の中に、共産党軍が農民を交戦地区に動員する「人海戦術」を採ったことがたびたび触れられている。また同じ時期、解放区では「土地改革」の名を借りた殺人が盛んに行われていた。一九四八年の調査では、山西省興県《こうけん》だけで、闘争により死んだものは二千二十四人あり、うち老人と子供が二十五人含まれていた。康生《こうせい》自らが指導していた晋綏《しんすい》(山西省・綏遠省)解放区政府の臨県《りんけん》において、一九四七年から四八年の春までのあいだで、闘争により八百人近くが死に、その多くが生き埋めか腹を切られて死んだ。のちに中国共産主義青年団第一書記となる馮文彬《ふうぶんひん》は、一九四八年初め、共産党の根拠地であった山西省一帯に向かって歩いていた。村落と村落の間は黄色い大地が広がり、道から見えるのは木に吊るされた死体ばかりで、身の毛がよだった。▼64

しかし、だ。では、国民党軍は「敵」に対して「慈悲」を持っていたのか?

一九四七年七月、国民党軍再編六四師団は山東省沂蒙《ぎもう》地区において、陳毅の華東野戦軍と激しいつばぜり合いを演じていた。このとき「最上層」からの電報命令が届いた。曰く、「東里店を中心とする二十五キロ四方を『不毛の地』とせよ。本任務は五日以内に完了すること。該当地区の農作物と建造物はすべて火を放ち、老若男女を問わず住民を一律殺害することを命ず」。

最高元帥（蒋介石）の命令を目にした前線の将校たちは「顔を見合わせ、途方に暮れた」。たとえ共産党の根拠地であっても、一般市民に虐殺を加えることなどできない。黄百韜はのらりくらりと引き延ばして、命令をうやむやにした[65]。

二カ月の激戦の末、淮海戦役は終結した。抗日戦争の名将、黄百韜と邱清泉は拳銃で自決し、杜聿明と黄維《こうい》は捕虜となり、胡璉と李弥は命からがら逃げのびた。三十二万の国民党軍兵が捕虜となり、六万人あまりが「帰順」した。戦場で息絶えたものは十七万人。五十五万を誇った国民党軍は煙のように消えてなくなった。

一方、解放軍も死傷者数は甚大で、華東野戦軍の第四縦隊（独立正規部隊）は一万八千人いた兵士のうち、その半数が開戦から四十日の間に戦死した。

腿に銃弾を受けた林精武はどさくさの中、路傍に転がる死体の着衣から袖を引きちぎり、急場しのぎに患部をぐるぐる巻きにした。その足を引きずり、一人歩き始める。徐州の戦場から転々と、数百キロも離れた南京までたどり着き、最後は浦口にある長江河畔の陸軍病院に駆け込んだ。病院とはいうものの、湿った地面にぼろテントが並んでいるだけで、四方は雑草に囲まれていた。軍医が肉にくっついてしまった袖を切りはがす。林がのぞき込むと、足の傷口はもう腐っており、ぐちゃぐちゃの赤い肉にウジがわいていた。

雪原からは黒煙がまだくすぶっている。真っ平らな地表には折り重なる死体がびっしりと、果てしなく広がっていた。地方政府は死体を片づけるため一般民衆に募集をかけた。日当は食糧を現物支給する。死体を一体埋めればコーリャン五斤（約三キロ）、馬一頭を埋葬すれば二十四斤（約十四キロ）であった。結果、わずか張囲子《ちょういし》地域一帯で、一万斤以上のコーリャンが人びとの手に渡った。▼66

36 北京から逃げる、上海から逃げる——故宮の宝と膨大な金塊が台湾へ渡る

あらゆる出来事は同時に発生し、また平行して存在している。

十二月の大雪が降りしきる。長江以北、蘇北の荒野にうち捨てられたおびただしい死体の上を静かに積もっていく雪は、一片の曇りなく斎場を覆う白い布のようであった。同じころ、夜景きらめく魔都、上海はまったく違う種類の騒動に揺れていた。金曜日だった十二月二十四日、『上海申報』にこんな記事が載った——「金との兌換に市民殺到　痛ましい！ 死者七名、けが人五十名」。信用不安からパニックとなった五万人の市民が金との兌換申請のため、外灘《バンド》の一角に殺到したのだ。押し合う人混みのなか、体力のないものは足蹴にされた。人波が去り、もぬけの殻となった通りには、壊れた眼鏡や折れた傘、ぐちゃぐちゃの衣服が打ち捨てられ、子供の靴がぽつんと残されていた。

南京と上海の埠頭では、これ以上なく下卑でかつ壮大な、あるいはとびきり華美でかつ無残な歴史劇が、一幕また一幕と繰り広げられていた。

上海の埠頭。ここでは合計三七五万両（百四十トン）の黄金が木箱に詰められ、武装憲兵による厳戒のもと一箱一箱、軍艦へと積み込まれていった。噂によれば、運んでいた人夫たちは変装した海軍兵だったという。[*6]

南京の埠頭。ここでは故宮の陶磁器や書画、中央博物院の文化財、中央図書館の書籍、中央研究院歴史研究所の資料と収集物が合計五千五百二十二箱、船上に積み込まれた。[*7]

もともと一万箱以上あった故宮の文物のうち、台湾へ運ばれたのは三分の一にすぎない。一九三一年の満洲事変勃発以降、一万個を超える木または鉄の箱に納められ、さらに防水布で密封された文物は、戦火を避けて十数年も各地を転々とした。

1948年、秦皇島撤退（黄紹容提供）

文化財輸送の責任者であった那志良《なしりょう》は、ずっとこれらの箱に寄り添い、広大な国土を駆け回ってきた。その晩、彼は船内で横になっていた。人夫はみな家に帰り、埠頭はしんとしていた。出発を待つ船からブーンと機械音が鳴り、どこか遠くの駐屯地からはのどかなラッパの音が聞こえてくる。長江の水は韻律を持って、ひと波ひと波船腹を洗う。那志良は南京の夜空を眺め、悲しみに暮れてこう思った――人の人生にはいったいどれだけの歳月を許されているのか。[▼67]

一月二十一日、北平《ペーピン》（現在の北京）市民はラジオのそばで固唾をのんでいた。柏楊、聶華苓《じょうかれい》、劉紹唐《りゅうしょうとう》などもそのうちの一人であった。アナウンサーが「聴衆のみなさま、十分後に重要な放送があります。どうぞお聞きください」と宣言する。五分後、「聴衆のみなさま。五分後に重要な放送があります。どうぞお聞きください」。三回目は「聴衆のみなさま、一分後に重要な放送があります。どうぞお聞きください」。傅作義《ふさくぎ》率いる国民党軍北平守備隊が、武器を捨てたのだ。

十日後、意気揚々と解放軍が入城してきた。沿道は歓迎する群衆で埋め尽くされた。この群衆とは、梁実秋《りょうじっしゅう》*8が描いたような「北平人」が大部分であったろうが、それ以外にも、離散していた国民党軍将兵が多く含まれていた。柏楊、聶華苓らはこの歴史が転換する場面を冷静に眺めながら、また不安に駆られてもいた。「簞食壺漿《たんしこしょう》して、以て王の師《し》を迎うる（ねぎらいの食糧、水を用意して王の軍隊を迎える）」を地でいくように、大学生たちが若さと喜びを爆発させて解放軍を出迎え、青天白日の国章がまだ残った旧国民党軍の十輪トレーラーに乗り込むと、解放軍の隊列に混じって大声で歌った。

柏楊（遠流出版公司提供）

このとき突然、一人の国民党軍少佐が群衆から飛び出しトレーラーを押しとどめると、助手席にいた大学生二人の首根っこを掴まえて引きずり下ろし、ぼろぼろと涙をこぼしながら怒鳴りつけた。

「おい、この犬畜生のような大学生よ。政府がおまえらに何か悪いことをしたか？ われわれが戦地で雑穀を食っていたころ、おまえらは何を食っていた？ 真っ白なコメ、真っ白な小麦粉、そして肉だ。なのにおまえらは毎日デモに出かけ、飢餓反対だの暴政反対だの叫んでいた。おまえらが飢えて食えなかったとでもいうのか？

八路軍が来た日からおまえらはさっそく古いアワしか食えなくなる。肉は一切れもない。にもかかわらずおまえらは飢餓反対を叫ばない。しかもなんだ、今日の態度は。恩義を忘れおって。必ず報いがくるからな。このままで済むと思うなよ！」[68]

のちに台湾で、雷震《らいしん》[*9]とともに雑誌『自由中国』[*10]を創刊する聶華苓は、当時結婚したばかりであった。彼女は通行証の住所を改竄し、大学の卒業証書を鏡の裏に隠して荷物に入れ、夫と一緒に商人のように身なりを変えると、逃げる人波に紛れ、徒歩で北平を出た。

のちに雑誌『伝記文学』を創刊し、一人の力で一国の歴史を記録し、後世に残そうと尽力した劉紹唐は当時北京大学に通っていた。解放軍に志願するよう迫られていた彼は、支配者が変わってから初めての催しで芝居を一本見させられた――美しいヒロインは自分が立派な女兵士になれるよう、いつもレーニン服に身を包んでいる。一人の詩人が彼女に恋をした。彼女も衝動的な熱い口づけでそれに応えた。詩人は真心溢れる愛の言葉で求婚をした。それを聞いた彼女は、突然後ろに二歩下がり、拳銃を手に取ると、決然としてこの詩人を撃った。これで終幕である。思想の純粋さのために彼女が殺した四十一番目の求愛者、それが彼であった。脚本はロシア劇の翻訳で、タイトルは『四十一人目の男』と言った。[69]

劉紹唐（劉嘉明提供）

正式に「解放軍」の一員として、軍服を着ることとなった劉紹唐は一年後、偽のパスポートを作り、車を何度も乗り換え、服を何度も着替え、道中まるでスパイ映画のような危ない目に遭いながら、どうにか香港まで逃げおおせた。

のちに中国時報のワシントン特派員となる傅建中《ふけんちゅう》は、そのころ上海の中学生であった。北平が「解放」されて四ヵ月後、上海の街にも解放軍が現れた。それから祝日に催し事があるごと、学生たちは動員され、デモ行進をし、歌を歌い、スローガンを叫んだ。傅建中は何もわからないながらも大きな眼を見開き、高揚した気持ちで旗を振り、隊列に混じって歩いた。

七歳の董陽孜《とうようし》は——大人になって彼女はなんと大書道家になるのだが——上海の小学校で田植え歌を習い始めた。「ソラソラドラド」と、六十年たったいまもまだこの歌を歌うことができる。彼女より少し年長の姉は、いつの間にか首に真っ赤なスカーフを巻くようになり、放課後家に帰ると、共産主義と新中国がどういうものなのか七歳の陽孜に向かって熱く真剣に語った。ある日、姉は彼女を部屋の隅っこまで引っ張って行くと、険しい口調でこう言い聞かせた。「いい、もしお母さんがあんたを連れて行くって言っても、絶対について行っちゃだめよ。あんたも残って、新中国のために頑張るの」

上海の工場と軍事施設に対し、国民党軍爆撃機による空襲が始まった。陽孜の母親は低空飛行の戦闘機に機関銃で撃たれ、足を切断した。二年後、歩行は不自由であったが、若い母親はそれでも陽孜と弟を連れて上海を逃げ出した。

上海駅。赤いスカーフを巻いた姉がホームまで追いかけてきた。顔を真っ赤にして、汽車に座っている母と妹、弟をにらみつける。

「今日もまだ姉のあの表情を覚えてる」と陽孜は言う。「そして私たちに『裏切り者!』って。とっても怒ってた」

黒キツネが持つ青い目のような鋭い洞察力で、張愛玲《ちょうあいれい》（アイリーン・チャン）*11は上海の二年間を見ていた。共産党が行った土地改革や反腐敗キャンペーンのありさまをすべて心に刻み込み、陽孜が母親と一緒に上海駅を出発したのと同じころ、こっそりと上海を抜け出し、香港にやってきた。

これらはどれも、もう少しあとに起こる出来事である。林精武が淮海戦役の地獄を抜け出し、撃ち抜かれて流血する足を引きずりながら五百キロの雪原を歩いていたころ、上海の埠頭は黒山の人だかりであった。多くの人が野宿をして船を待った。船が来ても多くの人が乗りあぶれた。そして多くの人がほかの人に押され、海に落ちた。

船には乗り込めたが、向こう岸に着けなかった人たちもいた。

悲惨だった一九四八年がようやく終った。一九四九年一月二十七日、旧暦の大晦日前夜のことであった。骨を刺すように寒い日暮れどき、太平号は上海黄浦港を出航した。淞滬《しょうこ》警備司令部は海上戒厳令を発令しており、船舶の夜間航行は禁止されていた。臨検を避けるため、フェリー太平号は灯りを落として航行した。午後十一時四十五分、太平号は石炭と木材を満載にした建元号と舟山群島付近で衝突し、十五分後に沈没した。船とともに海に沈んだのは、中央銀行の書類千三百十七箱、華南繊維工場の機械、勝豊下着工場の設備、東南日報の印刷ラインと新聞用紙および資料の百トンあまりである。いうまでもなく、九百三十二人の乗客も一緒に海の藻屑とな

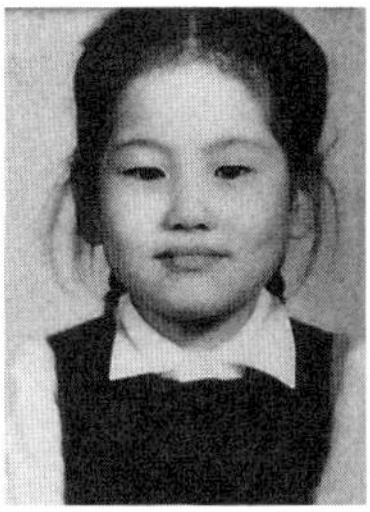
董陽孜（本人提供）

傅建中（本人提供）

った。▼70

わずかな生還者たちが目を閉じたとき、脳裏によみがえる光景——海水が激しく押し寄せる恐怖の瞬間、ハンカチに包んであった金《きん》が傾いた甲板を滑っていく……。そして幼い四人の子供を両手でぎゅっと抱きしめているお母さんの姿……。

一九四九年は、まるで窓から突然現れた黒猫のように、何を考えているかわからない投げやりな瞳で冷ややかにこちらを眺めている。鉢植えもない真っ暗な窓際で、それはたおやかに音もなく座り込む。輪郭が闇夜に溶け込み、その後ろに何があるのかもわからない。

後ろにあるのはつまり、その昔植え付けられた因果なのだ。

第5章

われわれは草鞋で行軍した——一九四五年、台湾人が出迎えた祖国軍

37　八月十二日、上海の朝――堀田善衞が見たもの

それは八月十五日ではなく、八月十一日であった。

朝早く、二十七歳の堀田善衞はいつもどおりに家を出た。するとおかしな光景が目に入った。上海の通りに青天白日の中華民国国旗が掲げられているのだ。ここにも一枚、あそこにも一枚、高低違えて折り重なる屋根で威勢よくひるがえる。

「今日はなんの日だ?」そう自問しても答えはなかった。汪兆銘南京国民政府の旗ならば「和平反共建国」と書かれているはずだ。しかしはためいているのは、一九四一年冬の日本占領以降この街から消えてしまったはずの、正真正銘の青天白日満地紅旗であった。

「いったいどういうことだ?」

日本から上海に渡ってきてまだ半年、彼の政治への嗅覚はまだ十分でなかった。これほどたくさんの青天白日旗が日本統治下の上海にたなびくことの意味を踏み込んで考えることなく、ただ「重慶国民政府」の文字が脳裏にぼんやり浮かんだきり、すぐ別の考えにかき消された。ところが路地を曲がって大通りに出た瞬間、彼はあっけにとられた。

大通りに面した建物のでこぼこした壁と柱に、ビラがびっしりと貼り出されていた。堂々としたものである。八月の生い茂るアオギリの大きな葉っぱに負けないほどはっきり目に映る。勢いよく書かれたものもあれば、稚拙なものもある。だが字体はともかく、文言自体はどれもズバリと言い放たれ、まる

で決起を高らかに告げる狼煙《のろし》のように、どこからでもよく目についた。

八年頭を垂れ苦しみがんばった　この朝我等眉を揚げ気を吐く
抗戦の勝利を祝す　最高領袖（蔣介石）を擁護せよ
河や山も我等のもとにもどったぞ　河も山も光りをましているぞ
全国統一を実現し　建国の大業を完成しよう
ありとあらゆる漢奸や反逆分子をやっつけろ　上海を収復する我軍を歓迎する
国父（孫文）がにっこり笑って極楽から見ている
憲政を実施し労働者の地位を高めよう
先烈の精神は死なない　一等強国をつくろうよ
自力更生　慶祝勝利
民衆意識を高め　労働者の生活を安定させろ

（堀田善衛『上海にて』ちくま学芸文庫、九七頁）

堀田は足を止めた。昨夜から残るすえたにおいが鼻をつく。誰かの体温を感じさせるような、上海の路地特有の生活のにおいだ。大きな赤い花柄の古びた布団が一枚、アオギリの樹と樹のあいだに干してある。その下を茶トラの子猫が背中を弓なりにして、すっとくぐり抜けていく。その瞬間、電気に貫かれたように、彼はすべてを理解した。

堀田善衛はのちに『上海日記《ママ》』を書き、この日、静けさが驚きで打ち破られたような上海の朝をこう回想している――「八月十日夜半、同盟通信社の海外向け放送が、日本のポツダム宣言受諾を放送し、この放送を受信したモスクワ放送局が、これを海外向けの全電波を動員して放送し、これを受信した上海の抗日地下組織が直ちに動き出してこのビラをはり出したのであった」。(同前、九八頁)

多くのいきり立つようなビラに混じって、一枚の対句が目に止まった。肌色の紙に青墨で書かれたそれは、ありきたりな石庫門《せっこもん》式住宅の玄関に貼られていた――。

茫然慙既往　默座慎将来
(茫然トシテ既往《きおう》ヲ慙《は》ジ　默座シテ将来ヲ慎メ)

(同前、九九頁)

灰色の二枚扉は固く閉ざされていた。対句の墨跡は瑞々しく、まるで帰ったばかりの客の湯飲みから、湯気が立ち上っているかのごとく。

堀田は内心強い衝撃を受けていた。「この都会の底の深さ、底知れなさに恐怖を抱いた。そうして、これらのビラの大部分が、既に印刷されていた、その地下組織の用意周到さにも、まったく愕然とした」▼71
(同前、九九頁)

その一日前、蔣介石は山深い重慶で、この国土を震撼させることになる知らせを受け取った。一九四五年八月十日の日記は落ち着き払った硬い墨跡で、高ぶった様子はまったくうかがえない――。

[恥を雪ぐ](略)八時過ぎ、求精高校にある米軍本部からふいに歓声が聞こえ、続いて爆竹が鳴

った。その激しい音に「かように騒がしいのはいったい何事か?」と訊くと、「なにやら敵が降伏したようです」と答えがあり、余は更なる調査を命じた。その後正式な報告がなされた。各方面から次々入る情報を総合すると、日本政府が天皇の尊厳を保つことのみを条件として、中米ソによるベルリン（ママ）協定（ポツダム宣言）を受け入れ降伏したというのである。▼72

蔣介石という人は生涯のうち五十七年間、一日も欠かさず日記を書き続けたお方である。血で血を洗う戦場で勇ましく戦い、声がかれるまで叫んだ日も、前線から帰った彼は夜、灯下に筆を執り、衛兵が控えるかたわら、黙々と日記をつけた。彼にとって日記をつけるという行為は、苦難に耐えつつ一人行う修行であり、また密室に閉じこもって行う自己治癒であった。それは十年一日、いや二十年一日、三十年、四十年、そして五十年が一日のごとく。

澄んだ水と深い山を持つこの国土が苦しみの底に突き落とされてより、誰もがじっと待ちわびてきた瞬間が実際に訪れたにもかかわらず、彼が残したのは、ペラペラの紙に淡泊な墨跡で書いた、たった数行の短い言葉であった。

38　九月二日、ミズーリ号上空は晴れて——終戦後の新しい舞台

九月最初の日曜日であった二日、世界中が東京湾を注視していた。

排水量五万七千五百トン。かつて硫黄島、沖縄という凄惨な上陸作戦に参加したミズーリ号はこの日、

平和の舞台としてそこにあった。艦上には威圧するように口径四〇六ミリ砲が三基鈍く光る。堂々たる戦闘機群が耳をつんざいて上昇していく。どれも、この日の「舞台」に用意された「大道具」であった。アメリカのテレビアナウンサーが高ぶった口調でこの壮観な歴史的瞬間を伝えている。「ブンバーブンバー」と息の合った金管が奏でる軍楽曲が流れ、ムードは最高潮に達した。

マッカーサーの巨体とわが物顔がひどく目につく。後列にずらり並ぶのは連合国軍各国の将軍たち。しゃべらずとも十分気おされそうだ。向かい合う日本代表団はたった十一名。少人数が甲板で身を寄せ合う姿はひどく惨めであった。首席全権であった外務大臣、重光葵《まもる》は山高帽に黒の燕尾服を着用し、白手袋が包む手はステッキを握っている。洋式礼服を着るとき、ステッキは彼にとって欠かせないアイテムであり、同時に傷ついた体を支える役目があった。十三年前、第一次上海事変直後の四月二十九日、重光は上海虹口で抗日志士の爆弾襲撃を受けて片足を失い、生涯義足を使用することとなった。[73]

戦敗国の代表は衆目のもと、片足を引きずりながら降伏文書の調印卓に向かった。彼は一言も言葉を発しないままサインを終え、元いた場所へ戻った。

重光葵のかたわらに立つ軍装の男。彼は望んでこの場所に来たのではなかった。この男は、最後の一兵卒まで戦うことを主張した陸軍参謀総長、梅津美治郎《よしじろう》である。権力を盾に「梅津—何応欽《かおうきん》協定」の調印を何応欽に強要し、華北を勢力下に置いたのが彼である。そして「燼滅作戦（三光作戦）」を発動し、中国の村々を焼き尽くし、殺し尽くし、奪い尽くした——それが彼である。「七三一部隊」の創設を許可し細菌兵器を製造させた——それも彼である。関東軍司令官を拝命したとき、梅津は「今後はますます粉骨砕身して皇恩に報いる」と厳粛に語ったという。[74]

このとき空は果てしなく晴れて、一方、艦上は息詰まるムードであった。立った者、座った者、取り囲む顔つきは一様に重々しかった。おびただしい血が流れた歴史は記憶に生々しすぎて、殺伐たる重みに心が押しつぶされ、誰もが息をのみ、声をなくしていた。甲板に向かい合うように立つ両者。勝った側は三分間の簡潔なスピーチを行った。負けた側はあくまでも押し黙り、一言も言葉を発しない。甲板上で両者は目を合わすことはなかった。ただ互いにひとつのことをわかり合っていた。つまり、調印卓の一方の人びとはもうすぐ、もう一方の人びとを裁くことになるのだと。

国際軍事法廷の準備はすべて終わっていた。ヨーロッパではナチスを裁くニュルンベルグ裁判が開廷間近であった。梅津が口にした「粉骨砕身」は予言となり、時を待たずして東京において、きわめて屈辱的な形で実現した。それから三年後の一九四八年十一月十二日、国際法廷はA級戦犯として、彼に終身刑の判決を下した。[75]

39　八月十五日、上海の夜景が甦る――英国人記者が見た日本軍人の死

上海は歓喜にわき返っていた。勝利のビラは「地下組織」が用意していたのだと堀田善衛は考えていたが、実はそれだけではなかった。沈莱舟《しんらいしゅう》という人物がいた。上海っ子ならその名を知らぬ者がないほどの老舗、恒源祥《こうげんしょう》の社長である。日本の占領下、彼は屋根裏にラジオを隠し持っていて、その夜、耳を張りつけるようにして日本降伏のニュースを聞いた。そして彼はこっそり家を抜け出し、桃色、薄黄色、萌黄色の紙を買って帰宅した。墨をすり、筆を執り、ビラを何枚も書き綴った。そして周囲に人が

いないのを確かめると、すばやく店先の石柱に張り付けた。

当時上海でいちばん高いビルはパークホテル（「上海国際飯店」）であった。あれから何十年もたったあとでも、たくさんの人がこんなことを言う。「あのビルは高かったよ。通りの向かいからビルを見上げると、帽子が後ろに落ちてしまうくらいだった」。十一日早朝、パークホテルの屋根の頂に中華民国の国旗が掲げられた。道行く人はそれを見て肝をつぶした。足を止め、人に気づかれないように旗を見上げる。どこの怖いもの知らずが挙げたのだろう？　それは誰にもわからなかった。

商務印書館の主宰であった張元済《ちょうげんさい》は出勤の途中、十字路の角にあるスペイン・ナイトクラブの前を通りかかった。すると奇妙なことに、もう何年もひっそりと活気をなくしていたナイトクラブから西洋音楽が聞こえてきたのだ。当時七十八歳、光緒年間に科挙に合格したこの進士は、その「時」が訪れたことを知り、踵《きびす》を返して家に戻った。禁書になっていた自身編集の書籍を取り出すと、見返しの部分に胸踊る喜びの言葉を書き入れた。それを二十冊かばんに入れて商務印書館の売り場へ急ぎ、レジのいちばん目立つ場所に置いた。

その本の名は『中華民族の人格』と言った。


上海人の商売根性は一夜にしてよみがえった。八月十五日を境に「特急ランチ」は「勝利ランチ」に名前を変えた。「平湖西瓜」を売る商人は「平和西瓜」にかけ声を変えた。そして『中央日報』一面、題字下に登場したパーカー万年筆の広告――。

抗戦の勇者を慰労する記念品にぴったり
「筆」と「必」は同音であります。万年筆をご贈答品、あるいはご自宅用にご購入いただき、建国の偉業が「必」ず達成するよう励まし合いましょう！

人の集まる場所に紙切りが現れるようになった。その場で紙にささっとはさみを入れるだけで、あっという間に鼻がでかい、スターリンやトルーマンの横顔を切り出す。

八月十五日、家々で灯火管制の覆いがはずされた。夜道を行く人びとはにわかのまぶしさにびっくりし、顔を見合わせ思わずこんなことを口走った――「そうか！　上海ってこんなに明るかったんだ！」[76]。

街中が大喜びであった。ずいぶん長いこと味わうことのなかった開放感に、人びとは通りへ、広場へと押し寄せた。子供たちは仲間同士、路地中を追っかけっこして遊ぶ。河岸や公園には、手をつなぎ寄り添う恋人たちが無邪気な笑顔を見せていた。


一方、『ノースチャイナ・デイリーニューズ（字林西報）』のイギリス人記者は、街全体にわき立つ喜びとはひどく対照的な、ある路地裏で目撃したひとつの現実を伝えている。

後ろ手に縛られた二人の日本人が軍用トラックで護送されていく。その目がキッと見つめているのは、かつて彼らが支配していた街の通りである。今、そこには完全装備の中国人警察官が立っている。護送の前後を行くトラックの荷台にもぎっしり、実戦装備の中国人兵士たちが乗っている。二人の死刑囚はこうやって市中を何時間も引き回されたあと、刑場へ到着した。刑場にはおびただしい数の群衆が集まっており、誰もがその目に恨みを宿らせていた。

腹の据わった二人は、何を考えているのか外からはまったくうかがえなかった。刑場を取り囲む男たちがどれほど罵ろうが、女たちが何を叫ぼうが、顔色ひとつ変えない。彼らはまさに軍人であり、軍人が死ぬときはこのように毅然とした態度であるべきなのだ。

彼らの罪は死んでなお余りある。それがわかっていても私は憐憫を覚えずにはいられなかった。

ひざまずかされる二人。二名の警察官がモーゼル銃に弾を込め、彼らのすぐ後ろにぴたりと立つ。号令が下された。後頭部に向けられた銃口がそれぞれ火を吹いた。前のめりに倒れた死刑囚は、発射の衝撃で頭部が半分失われていた。

次の瞬間、群衆が押し寄せた。軍警の立入禁止ラインを突破し、撃たれたばかりの死体に殺到する。ある女性は持っていたハンカチを流れた血に浸すと、死体に向かってヒステリックに罵声を浴びせた。次々に近寄って足蹴にする人びと。一人の若い娘が一体の死体から露出した生殖器を指さした。すると何人かの女が駆け寄り、素手のままそれを引きちぎり、ぐちゃぐちゃにした。▼[77]

英国記者が思わず顔を背けたとき、遠くでにぎやかな銅鑼《どら》の音が鳴り響いた。

40　九月二十日、中秋の名月と揚陸艦ＬＳＴ－８４７――米軍兵ボブの手紙

九月二十日は中秋の名月であった。しかし今年はずいぶん様子が違っていた。なにしろ、砲火にも警報にも邪魔されないお月見は、この数年来初めてのことだったから。

戦争はあまねく突然の死をもたらし、手がかりのない離別を招いた。多くの人が家族、あるいは愛する人を失った――彼らはどこかの戦場でなおざりに埋められ、もしくは身をやつして行方知れずになっ

1945年9月21日、揚陸艦LST-847が上海黄浦江に停泊した。（Mike Grobbel提供）

た。この一九四五年の十五夜、線香をあげてみんな心から願う。この細くてゆるやかな煙が天まで昇り、乱世に命を落とした家族に、戦争が終わったことを知らせてくれますよう。もしまだ生きているのなら、もう帰ってきていいよと優しく伝えてくれますよう。

そんなお節句ムードと裏腹に、黄浦埠頭は異様な慌ただしさに包まれていた。人びとが走り回り、耳打ちする――アメリカ第七艦隊が入港するぞ！

十五夜の前夜、月は洗ったばかりのように明るく輝いていた。早朝になり、川面は薄い霧に覆われた。空と川が曖昧に混じり合う水色から、四十四隻の巨大な軍艦が忽然と姿を現す。あまりに巨大すぎて、まるで蜃気楼か幻影のようであった。すでに埠頭で仕事を開始し、大きな荷物を背負う苦力《クーリー》たち。遠目にはせかせか動き回る働きアリの集団に見える。近寄って見ると一人ひとりみなやせ細り、頬がこけ、でも白い歯をのぞかせた笑顔はなんとも無邪気だ。体をかしげて重い荷を下ろしたとき、そびえ立つ山脈のような軍艦がいきなり目の前に現れ、苦力たちはみな目を白黒させた。

しばらくして、街も目を覚ました。みな仕事をほっぽり出して、次々と河畔に急いだ。埠頭は人で溢れ返り、通りはもぬけの殻になった。はだしの子供たちは軍艦を追いかけて、手を振りながら叫ぶ。誰かが爆竹を箱ごと持ってきたらしく、「パパパパパパパ」という音が埠頭に鳴り響き、煙とともに格好の景気づけとなった。しかも、いつの間にやら大きな垂れ幕が準備されていた。埠頭の向かいにあるビルに掛けられた幕には巨大な文字でこう書かれていた――「熱烈歓迎　第七艦隊」。

川面では物売りのジャンクがうろちょろと軍艦を囲み、ハチの巣をつついたような騒ぎだ。おんぼろのジャンクが波にあおられて巨艦に幾度もぶつかる。若い船頭たちは必死で櫓櫂《ろかい》を操り、甲板上の海兵と商売を試みる。

（中央社報）アメリカ第七艦隊司令官、キンケイド大将の率いる艦隊が初めて上海に入港した。この知らせに本市市民はわき立った。太平洋戦争勃発から全面勝利まで各地で激戦を重ね、多くの戦績を挙げてきた連合国軍艦隊が、初めて上海にその姿を現したのである。昨日午後三時（略）歓迎の列を作った男女青年団員および民衆たちの数は十万人あまりに上った。彼らは外灘《バンド》に列をつくり、黄浦江に向かって旗を振り、大きな歓声を上げた。その熱狂ぶりは数日前の国民党軍歓迎に勝るとも劣らなかった。▼78

揚陸艦ＬＳＴ－８４７の縁に立って、下の風景を眺めている金髪頭の兵士がいた。彼の名前はボブといった。年はわずか十八歳で、瞳の色はベイビーブルー。鼻のまわりにそばかすがたくさんあった。海軍に入隊したばかりの彼は、戦争終結後の乗船業務に危険はないと高をくくっていたが、実際はそんな甘いものではなかった。行く先々で港は、爆破された船で塞がれていた。戦場に転がる死体や骸骨と同じ黒焦げの残骸が、いちいち巨大な戦艦の入港を邪魔した。多くの港周辺海域で機雷がまだ残り、掃海作業にボブは冷や冷やしどおしであった。

甲板からはるか下に見えるのは、埠頭に詰めかけた群衆が手を振り、声を上げる姿であった。中国人の連合国軍に対する熱狂は、彼の想像を超えていた。

その夜、ボブは船室に並んだベッドに寝転がると、遠いアメリカにいる両親に無事を知らせる手紙を書いた。

一九四五年九月二十一日

父さん、母さん

（略）ここは実につまらないところだ。ぼくらが入港したとき、埠頭には日本人が十万人くらいたむろしていた。腹が減っていたのだろう、まるで幽霊の集団みたいだった。中国人は彼らに食べ物を与えていないんだ。（略）

ここは黄浦江という川だ。日本の船も停泊しているけど、日章旗の上にアメリカの国旗が掲げてある。日本人の目には「恐れ」が浮かんでいた。（略）一九四一年以来、ここはずっと日本の海軍基地だった。

だいたい百艘以上のボートがぼくらの船を取り囲んで、ウイスキーと中国国旗を売る。みんなニコニコと笑って、アメリカ人が来たのが

ボブ（Mike Grobbel 提供）

嬉しいみたいだ。

ぼくらがトラックから荷を降ろすとき、クレーン操作は六人の日本人がやる。ぼくらが振り返って見るたび、彼らはにこっと笑って応える。きっと、ぼくらに殺されちゃうと思ってるんだろうな。今日、アメリカ海軍によって大部分の日本人が送還された。なぜって、二百人以上の日本人が深夜のうちに共産党に殺されたとの情報が入ったからだ。やっかいなのは三つ巴の勢力争いで、実際上海の市中で起こっていることは、内戦と変わらない。

昨晩は非番だったので、人力車に乗って街をぶらぶらしてきた。通りに出た途端、二派の兵士が殴り合いをしているのを見た。

高級レストランに入った。ウイスキーだけで百万元した。米ドルで二十ドルくらいだろう。（略）アメリカ海兵はみなボートから買ったウイスキーでぐでんぐでんに酔っぱらう。本当であれば、既婚であろうと独身であろうと、誰でも四十四ポイント貯まれば退役できる。ところが軍はそう簡単には帰してくれない。いっそ艦長を消しちまうか、海へ飛び込んで逃げるしかないぜ、って誰か言ってたな。知ってるかい？ 父さん、彼らは従軍してもう三、四年になる古参兵だ。奥さんも子供もいる。沖縄港にいたときはいちばんひどかった。沖縄にはアメリカ本土に帰る便がいちばんたくさんあるんだ。ところが艦長のやつ、一律上陸禁止命令を出しやがった。（略）まったく卑劣なやつだよ。よその船に行きたくなった。

一九四五年九月二十二日
ごめん。昨日は途中まで書いて寝てしまった。
今朝早く、一人の海兵が急死した。ボートから買ったウイスキーにメチルアルコールが入ってたんだ。

午後、甲板にあった木板を片づけた。もともとガソリンを詰めていたもので、だいたい千五百枚くらいを全部海に投げ捨てた。それを拾いに来たボートが、最初は十艘くらい取り囲んでいたんだけど、捨て終わるころには五十艘に増えていた。板が当たってもどかないやつもいた。しょうがないから消防用ホースで放水したんだけど、ケラケラ笑うだけでへっちゃらなんだ。中国の船上生活者はとにかくバカなんだ。

最後の一枚は女の子の頭に当たっちゃったんだけど、その子もすぐ立ち上がって、これは私の、ってなもんで板をつかんで離さない。するとあっという間に船が十艘ほど集まって、取り合いになり、最後はけんかだ。いやいや、これがまたひどいんだ。男は女子供を引っつかんでガンガン殴る。顔面目がけてぶつんだ。女は櫓櫂で反撃する。ひどいやつは尖った係留フックを使って、皮が裂けて肉が見えるまで打ち付ける。

船上生活者は畜生のように生きている。朝一番に軍艦のそばまでやってきて、ぼくらが海に捨てたものを拾って食べている。これが中国の最底辺の民衆なんだ。

上海にて　ボブより▼79

見渡す限りトウモロコシ畑が広がるアメリカの大地からやってきたボブには、「畜生」のように木板を奪い合うこの中国人たちがそれまでどうやって生き延びてきたのか、きっと想像もつかなかったろう。ただ彼は、埠頭で送還を待つ日本人の眼に宿った恐れを見逃さなかったし、服装の異なる二派の兵士たちが街の真ん中で小競り合いするのを見て、内戦勃発が時間の問題であることをしっかり肌で感じていた。

41 「日本人じゃありません」——台湾人、満洲から逃げる

台湾総督府の統計によれば、一九四五年八月十日までに台湾で米軍の空襲により亡くなった人の数は五千五百人余り、負傷したのは八千七百人余りであった。

また戦時中、軍夫・軍属あるいは「志願兵」として中国や南方へ送られ、苦役に従事したり、戦闘に参加した台湾人は二十万人に上った。

また日本に連れて行かれ、神奈川県にある高座海軍工廠[*1]で少年工になった台湾人は八千四百人余り。戦争が終わるまでに、日本のために犠牲となった台湾の若者は合計三万三百四人であった。

八月十五日、天皇の厳めしく震えた「玉音」がラジオから流れたそのとき、台湾人はいったい敗者になったのか、勝者になったのか。

八月中旬、台湾ではちょうどお盆（中元普渡）を迎えていた。台北萬華の龍山寺は人でごった返している。線香の煙がもうもうと立ち込め、門前の屋台街もわいわい活気に溢れている。獅子舞の激しい動きは、人びとの笑い声をなおのびのびと、大らかにした。子供たちは獅子舞に爆竹を投げつけていたずらする。中秋の名月の風物詩である月餅屋は、早くもブンタンや月餅セットを道々で売り出していた。[▼80]
小説家、黄春明《こうしゅんめい》[*2]はこう言っている。天皇が日本敗戦を発表したあの日、彼の祖父は「解放」された！ と感じていたのだろう、とにかくご機嫌だった。一方、彼の父は「敗北」だと考え、うなだれ落

ち込んでいた。十歳だった宜蘭の子供春明は、目を大きくしてその二人を見ていた。そう、たまたまいつ生まれたかで、アイデンティティは決まってしまうのだろうか？

台南で医者をしていた呉平城《ごへいじょう》は、一九四四年に召集を受け南方へ送られた。五十九名の医師、三名の薬剤師および八十名の助手が高雄港から神靖《しんせい》丸に乗り、南方戦線へ向かった。太平洋はすでにアメリカ空軍に制空権を奪われており、攻撃を避けるため神靖丸は「之」の字航行を余儀なくされた。それが〝地獄船〟であることは最初からわかっていた。事実、一九四五年一月十二日、神靖丸はサイゴン沖で爆撃を受け、船上の三百四十二名のうち二百四十七名が死亡した。

1937年、台北帝国大学医学部に入学したあるクラス（鄭宏銘提供）

生き残った呉平城はベトナムのサイゴンに送られ、日本人負傷兵の手当てに従事した。八月十五日、サイゴンの軍病院で彼は、三百人の職員と共に中庭で直立し、天皇の放送を恭しく聞いた。台湾人である彼には、内心喜びしかなかった。家族のもとへ帰れるかと思うと、抑え難い衝動にかられた。軍医長が呉に向かって——このとき彼は「山田」と名乗っていた——こう言った。「山田、これより君は中国人だ。われわれは日本人だ。今後もし機会があったら、中国と日本で一緒にアメリカをたたこうじゃないか！」▼81。呉が答えるより早く、日本人軍医であった田中大尉が冷ややかにこう言い放った。「軍医長、まだ観念してないんですか。日本はあなたと同じような考えの人間が多すぎた。世界を統一して、世界中の人に日本語を話させ、和服を着せようとした。だからこんなひどいことなったんですよ！」

サイゴンの軍病院には台湾人医師が二人いた。日本軍部隊と行動をともにするか、それとも隊を離れるか――山本軍医長にそう尋ねられると、二人とも後者を選んだ。翌日、給料を受け取った二人は、シクロに乗って病院を去った。そのとき、軍医長をはじめ全職員が病院の入り口に整列して、二人の同僚に向かって帽子を振り、敬礼した。きわめて丁重な見送りであった。

「あれは日本海軍の別れの儀式でした」と呉は感慨深げに言う。「それ以降はお互い異国人、アカの他人になるのに、最後まで礼節を尽くしてくれたのです」

翁通逢《おうつうほう》は嘉義《かぎ》出身で、東京の東洋医学院を卒業した。呉平城が神靖丸に乗り込もうとしていたころ、東京はすでに米軍の空襲で大きな被害を受けていた。翁は危うくなった日本を離れ、急ぎ満洲国に向かった。

彼は八月十五日の放送を聴いてはいない。八月九日の早朝まだ暗い時間、新京（現在の長春）の空襲警報が突如鳴り響き、日々びくびく暮らしていた市民をたたき起こした。砲火と戦車があっという間に市内へ押し寄せた。ソビエト軍が侵攻してきたのである。多くの台湾人にとっては寝耳に水であったが、情報に聡い日本人たちはとっくに市外へ「疎開」していた。日本語を話し、日本の服を着ていた植民地出身の台湾人は、誰からも通知してもらえず、気づけば市中に取り残されていた。ソビエト軍の残虐行為を恐れ、また満洲人の報復を恐れ、台湾人たちは団結し、自分たちの力で食料を集め、車を手配し、逃走経路を考え出すと、あとは各自分かれて出発した。

翁通逢たちのグループも出発した。携行していたのはコメ二袋、豆と塩各一袋だけである。長春市東部の伊通河には郊外の二道河子《にどうがし》に続く橋が架かり、脱出するには必ず通らねばならないルートであった。日本人の統治下で十四年の長き歳月を過ごした満洲人は、この橋の欄干で日本人を「通せんぼ」して、有無を言わさず殺した。そして「二日たつと、川の水全体が真っ赤に染まった」[82]。戦争中日本軍は満洲「開拓」を奨励し、数十万人の民間人を日本から移住させたが、その多くは貧農であった。八月十五日以降、彼ら開拓民はみなしごのように見捨てられた。翁は開拓民に知り合いがおり、長春まで逃げてきたと聞いてわざわざ「東北地方日本人救済総会」へ見舞いに行ったが、北満洲から逃げてくる途中で、すでに三分の一が死んでいた。

八畳ほどの部屋に十人近い人が眠っていた。もっともそのうち何人かはすでに硬くなっており、生きて眠る人のあいだにそのまま放置されていた。生きている者に、友人や家族の遺体を運び出す力は残っていなかった。

旧満洲で、台湾人たちは注意深く生きた。ソビエト兵は方々で女性を暴行し、軍服のまま市中を略奪して歩いた。ソビエト兵が去ると八路軍が来た。八路軍の次は国民党軍。国民党軍が去って最後に来たのは共産党軍だった。満洲人は日本人を「日本鬼《リーベングィ》」と呼んだが、台湾人のことは「第二日本鬼」と呼んだ。逃げる途中、検問に引っかかるたび、台湾人は必死で自分が日本人でないことを証明しようとした。つたなくても中国語が使えるものはいちかばちか、自分は「上海人だ」と言い逃れた。また、ある者が思わず、家で使う客家語で「台湾人です」と叫んだら、殺されずに逃げることができた。

翁通逢が旧満洲から台湾に帰ることを決めた一九四五年、地獄から生き延びた人びとをさらに厳しい冬が襲った。彼は敗戦国民の惨状を目の当たりにした。

それは十一月のことだった。北満洲から疎開してきた若者がだいたい百人ほどいただろうか。二十歳そこそこの若者は本来、勇ましく気力に溢れているものだが、身ぐるみはがされ、わらを服代わりに零下二十度のなかを歩く姿は、みな消沈しきっていた。

よろよろした歩き方を見て、彼らももう長くないだろう、と内心思った。どこで寝泊まりしているのか気になり、私は彼らの後ろをついて行った。行き着いたのは日本人の小学校であった。中はがらんどうで、凄まじい冷気以外、何もなかった。三週間後にもう一度行くと、運動場はもう墓場さながらであった。

夏になればおそらく死体を埋めた穴から水が漏れ出し、伝染病が発生するだろう。ここは逃げの一手しかない。▼83

42 LST－847が運んだもの——沖縄、上海、青島、ベトナムそして基隆へ

ベッドに寝転んで手紙を書いていた海兵ボブは、自分の乗り込む戦車揚陸艦U.S.S.LST－847が、まさに中国現代史の大舞台へ漕ぎ出でんとしていることなど知る由もなかった。

九カ月前に進水したばかりのこの船は全長三百二十八フィートあり、千人以上が積載可能だった。最大速度は十二ノットで、四十ミリ口径砲八門、二十ミリ口径砲十二門を装備。百三十名の将兵が搭乗していた。

大海原を股にかけて生きる人なら誰も、船には生命や感情が宿り、宿命を持つものだと信じている。

茫々たる大海に浮かび、見渡す限りの青空を見れば、大きな野望がむくむくともたげてくる。でも次の瞬間船が転覆して、底知れぬ闇へと沈んでいく可能性だってある。そこに納得いく理由など与えられないままにだ。この大きな海で、人間などちっぽけな存在だ。死ぬも生きるも船と一蓮托生、まるで船板に染みついて変色させる汗か涙か血液みたいなものだ。

一九四五年一月十五日に就役して最初の任務に向かったこの新造船は、翌年六月に退役した。無理もない。わずか一年半のあいだに太平洋海域をひっきりなしに行き来し、昼夜ない過密な航海のその一回一回に、この世の別れという別れと、おびただしい数の涙、そして苦痛に漏れた溜息を運んでいたのだから。

航海日誌は船の年譜か履歴のようなもので、いつどこから来てどこへ行ったのかをわれわれに教えてくれる。一見単調極まりないものだが、注意深い人には素っ気ない日付と地名の羅列の背後に、歴史の現場を見いだすことができるはずだ。それはなんとも、身の毛がよだつような現場であるが。

一九四五年秋から四六年春までの半年のあいだに、この軍用艦は上海、青島、佐世保、基隆、高雄などの港を休むことなく行き来した。中国人兵士が乗船し、下船する。日本人捕虜が乗船し、下船する。そんなあくせくと、いったい何をしていたのか？

頭の中に太平洋地図を広げてみてほしい。全体を見渡せばきっと見えてくるはずだ。一九四五年の秋から翌年の春にかけて、つまり戦争が終結してから半年のあいだは、どの埠頭も人、人、人であった——百万もの国民党軍が、敗戦した日本の旧領土を接収しようと急いだ。接収後、百万の国民党軍はまた海を渡り、南から北へと内戦の前線に向かう。数百万もの日本人捕虜と民間人が故郷に帰る船を待つ。

1945年、数多くの台湾人がオーストラリアとニューギニアの埠頭で、故郷へ送還されるのを待っていた。2人のフォルモサの子供が、窓から顔を出している。
（オーストラリア戦争記念館提供）

華北、華南、海南島、あるいは南方戦線の各地に捨て置かれていた台湾人たちも、自分の島へ帰ろうとしていた。太平洋に散らばる収容所から解放された数十万のイギリス兵、インド兵、オーストラリア兵、アメリカ兵もみな家路を急ぐ。

佐世保、葫蘆島、秦皇島《しんこうとう》、塘沽《タンクー》、青島、上海、広州港、寧波、基隆、高雄、香港、海南島、シンガポール、ベトナムハイフォン、マニラ、ニューギニアラバウル……。

これらの埠頭で繰り広げられているさまざまなシーン――憔悴しきった日本人たちが家族で寄り添い、携行を許された最小限の荷物を手にひっそり縮こまっている。日本軍を除隊したものの、いまはよりどころなく各地に捨て置かれたままの台湾人軍属たち。ニューギニア戦線に送られ荷役をしていた台湾と広東の人夫たちは、集団で埠頭に陣取り、家に向かう船をジリジリと待っている。八年の抗日戦で疲れ切った国民党各方面軍はもう一度体勢を整え直す。埠頭には戦車、弾薬、軍馬、車輌、兵器がぎっしり並んでいた。

もしも民族の大移動、大漂泊を言うのなら、一九四五年は一九四九年よりそのうねりも変容も断然大きく、激しい。ボブの乗る揚陸艦も、何百隻あった輸送艦船のうちの一隻にすぎない。でもその航海日誌をつぶさに見てみれば、一つひとつの航路に立ち上がった白波は、あたかも民族全体の運命を描いているようであった。そしてまた、それぞれの埠頭で繰り広げられた別れと旅立ちは、一人ひとりの、自分ではどうにもならない未来を予言していたのだ。

揚陸艦LST－847航海日誌

一九四五年九月十六日　沖縄を出発、上海へ向かう
　九月二十日　上海埠頭に着岸
　十月八日　中国軍（国民党軍）第七〇軍指揮官とその随員が乗船
　十月十日　上海を離れ、寧波へ向かう
　十月十二日　寧波埠頭に到着、錨泊。第七〇軍指揮官とその随員が下船
　十月十四日　第七〇軍兵士五百名が乗船
　十月十五日　寧波を離れ、基隆港に向かう
　十月十七日　基隆港到着。第七〇軍兵士、基隆埠頭に下り立つ
　十一月十五日　ベトナムハイフォン港到着
　十一月一九日　中国軍第六二軍所属の将官五五名と兵士四百九十九名がハイフォンより乗船
　十一月二十日　フォルモサ打狗港（台湾高雄港）へ出発
　十一月二十五日　打狗（高雄）到着
　十二月二日　ハイフォン到着。中国軍軍用トラック四七台を積載、同時に運転要員も乗船
　十二月八日　のべ六八八名の中国軍兵士が下船および乗船。ハイフォンを発ち、秦

皇島および葫蘆島に向かう

十二月十九日　機雷を二基破壊

十二月二十二日　葫蘆島到着、中国軍兵士下船

十二月二十六日　青島到着

一九四六年一月二十一日　アメリカ海兵六名と、日本人捕虜と民間人千二十名およびその装備を積載

一月二十二日　日本、佐世保基地に向かう

一月二十五日　日本の民間人で二歳の幼女が栄養不良で死亡。船上で水葬を行う

一月三十日　中国の民間人を十九名乗船させる――内訳は女性十八名、男性一名。青島に向かう

二月十四日　青島到着。中国民間人を下船させる。日本人捕虜と民間人を千百九十名乗船させる。佐世保に向かう

二月十八日　日本人幼児二名が肺炎で死亡。船上で水葬を行う

二月二十五日　佐世保到着。日本人捕虜と民間人を下船させる

二月二十七日　三十一歳の日本人兵死亡。船上で水葬を行う

ボブの乗る揚陸艦がいかりを揚げ、沖縄から上海に向かおうとしていたのと同じころ——一九四五年九月十六日、国民党軍第七〇軍は雄々しく寧波《ニンポー》の市街に入る城門をくぐった。数え切れないほどの市民が沿道を埋め尽くし、老人も子供も歓声を上げて彼らを迎えた。多くの人がそれまでのつらく疲弊しきった歳月を思い、堪えきれず涙を流した。

第七〇軍の入城は、つまり国民政府が寧波を接収したことを表す。

接収とは、当たり前のように行われることではけっしてなかった。なぜならすべての都市が自ら門を開け放ち、国民党軍を迎え入れるとは限らなかったからだ。一九四〇年末の時点で、中国共産党の八路軍はその規模を四万人から五十万人に拡大し、党員もまた四万人から八十万人まで膨れ上がり、共産党支配地域の人口は一億に近づいていた。その三年後、共産党は日本軍の手から十六の県都、八万平方キロメートルの土地と千二百万人の人民を奪還したと発表した。さらに日本軍が降伏を宣言したとき、国民党軍の主力は遠く西南地区にあったため、共産党軍はその隙をついて二百八十の中小都市を接収した。

九月、寧波の市城を守るのは日本軍独立混成第九一旅団と汪兆銘南京政府の「偽軍」第一〇師団であった。市周辺を跋扈するのは共産党新四軍所属の浙東遊撃縦隊であり、国民政府第三戦区正規軍（国民党軍）は寧波からはるか遠い浙南《せつなん》（浙江省南部）、贛東《かんとう》（江西省東部）、閩北《びんほく》（福建省北部）に展開していた。共産党部隊による接収を防ぐため、国民政府は寧波にあった日本軍にそのまま駐留を続けるよう命じた。名目は治安維持である。同時に「偽軍」の地方部隊を「軍事委員会忠義救国軍上海特別行動総隊」配下の一独立部隊として組み入れた。

より重要なのは、遠く福建にあった第七〇軍が下命を受けるや北上を開始し、昼夜なく行軍を続け、要衝の地である寧波接収に向かったことだ。

寧波市民にとって、戦争は一向に終わっていなかった。第七〇軍が急行していたそのころ、寧波の周辺ではなお砲弾が激しく飛び交っていた。新四軍が寧波を攻略する戦いを、共産党の文献はこう描写している――。

（略）観海衛《かんかいえい》など日本軍・偽軍（汪兆銘南京政府軍）の拠点を破竹の勢いで連続攻略し（略）寧波に迫った。鄞江橋《ぎんこうきょう》の戦いでは偽軍第一〇師団から二度にわたる増援があったにもかかわらず、敵を撃破した。偽軍大隊長以下将兵四〇人を討ち倒し、百人あまりを捕虜とし、迫撃砲二門を鹵獲《ろかく》した。[84]

第七〇軍の大軍が寧波郊外に迫った。新四軍はその大きな戦力差から即座に寧波攻略を放棄し、北へ撤退した。

国民政府が接収に来るという情報を得、寧波市民たちは急ぎその知らせを伝え合った。お祝いの真っ赤なぼんぼりとすだれを下げた牌楼《はいろう》（くぐり門）があっという間に設営され、街中に国旗がひるがえり、爆竹が鳴り響いた。外で遊ぶ子供たちはいつの間にか新しい遊びを生み出していた。「連合国軍日本粉砕」という名前のそれは、地面に日本の旗を描き、じゃんけんで中米英ソから自分の国を選んだ四人の子供たちが日の丸に目がけて錐《きり》を投げ、真ん中に深く刺さった子供が勝ちだった。[85]

一九四五年九月十七日午前十時、第七〇軍および寧波の有力者と市民は、鼓楼の前で入城を記念する国旗掲揚式典を執り行った。

鼓楼を背にゆるゆる上がっていく青天白日旗に、広場の老人は、ただただ見入って立ちすくむ。この鼓楼は本来古い城壁に連なる南門であり、唐同治帝の時代、西暦八二一年に建立された。実はその名に違えてここに時を知らせる太鼓はなく、時を計る漏刻があっただけだという。一〇四八年、当地鄞県《ぎんけん》の県令はこの鼓楼のため新しい漏刻を作り、『新刻漏銘』を記した。この県令はそんじょそこらの県令ではない――その名を、王安石《おうあんせき》*3と言う。

鼓楼は千年の間、そこで上げ下げされる旗の移り変わりをずっと見守ってきた。

日本軍の占拠から四年五カ月がたち、ようやく寧波に静けさが訪れた。

鼓楼の前の物売りがそろい、いたずらして走り回る子供たちが増え、スズメが物怖じもせず広場に下り立ち、騒がしく追いかけっこをする。せむしの老人は、軒先の日だまりに置いた床几で安穏と居眠りしている。ここで言う静けさとはこんな風景のことだ。

揚陸艦の航海日誌にはこう書いてある――十月十日、上海を離れ寧波へ向かう。

長行軍で疲れ切った第七〇軍は、てっきりこの寧波にしばらく駐屯するものと考えていた。ところが突然新しい命令を受け取る――三日以内に乗船して出発せよ。台湾接収に向かえ。

44 十月十七日、第七〇軍が来た――兵隊が次から次へと補充される

国民党軍第七〇軍は、少年海兵ボブが乗り込む揚陸艦によって寧波から基隆へと輸送された。

では第七〇軍とはどんな部隊だったのか？ どこから来てどこへ行き、どんな戦場を戦ったのか？

そのとおり。彼らは一九三七年の第二次上海事変に参加している。知ってるだろうか？ 三カ月にわたるこの戦闘で中国軍は十八万七千二百人の死傷者を出した。▼86 日本軍の装備は高性能かつ強大で、海空

アメリカ海兵ボブが、同じく海兵服を身につけた戦友とふざけながら、物珍しく目の前の中国軍を写真に撮った。第 70 軍兵士が履いていたのは草鞋だった。（Mike Grobbel 提供）

の火砲は厚く激しく、出撃する国民党軍兵はあたかも燃え盛る高炉に飛び込んでいくがごときであった。この戦闘に参加した一人の老兵はこう語っている。「一個中隊が数日でほぼ全滅し、次の部隊と交代する。私が実際に目にした例では、ある幹部候補選抜総隊所属の連隊が全員出撃したきり、何組かの糧秣運びを除いて、一人も戻ってこなかった」▼[87]

陳《ちん》履《り》安《あん》が訊いてくる。「應台、それがどういう意味がわかるかい？」

陳誠を父に持ち、自らも国防大臣を務めた彼は、老兵の話となり、思わず感傷的にこう漏らした。「軍隊において中隊というのはだいたい百三十人の兵士で編成されている。一個中隊が戦闘で残存五十人から六十人になったらすぐ補充をする。第二次上海事変の経験を老兵が話してくれたことがある。彼の中隊は十八回補充した、と。じゃあわかるだろう。どれだけの兵士が死んだことになるか」

砲弾が間断なく飛び交うような状況なのに、

補充ってどうやって？　と私は訊いた。

「同感だ。だから老兵に訊いてみた」と履安。「彼はこう答えた。一九三七年当時、大学生を中心に、戦争に行こうとする若者は順番待ちするほどたくさんいた。みんな、日本人をやっつけるために▼88（略）」

だから第七〇軍といわれる部隊は、けっして固定された顔ぶれの部隊ではない。一個百人以上の中隊が一度の会戦で十八回「補充」されたという。先に戦場へ赴いた兵士は砲火にのみ込まれるように消え、どんどん後釜の兵士が補充されていく。まるで薪を炉にくべ続けるがごとくである。初めのころはみな十分な訓練を受け、勇敢で士気の高い軍人であった。しかし、あとになればなるほど、ろくな訓練も受けていない愛国学生が大半となり、しまいには補充されるほとんどが、右も左もわからない年若の新兵で、農村でさらわれるや、銃の持ち方も教えられないまま戦場に送られた。

1941年の陳履安、重慶にて（本人提供）

第七〇軍はその後も引き続き激しい戦闘に参加した。武漢会戦、南昌会戦、第一次長沙会戦、第二次長沙会戦、浙贛《せっかん》会戦、閩浙《びんせつ（ママ）》戦役など、どれも例外なくむごたらしい戦闘で、おびただしい犠牲を出した。一九四一年三月、上高会戦（錦江作戦）が起こった。第七〇軍と張霊甫の第七四軍は共同作戦の主力であった。激しい肉迫戦として知られるこの戦いで、国民党軍は日本軍一万五千人あまりを打ち倒したものの、自軍はそれより多く死傷者を出し、二万人近い将兵が戦場で命を落とした。
一つひとつの戦いは、後世の歴史書に一行記載されれば立派なもので、それでも後世の読者に読まれることなどほとんどない。しかし戦闘が終わった直後の荒野には事実、破損した死体が二万もうち捨てられ、ハゲタカすら持て余した。

一九四五年十月中旬、長駆の行軍の末ようやく寧波にたどり着いた第七〇軍は、息を整える暇すらなく、急遽台湾接収を命ぜられた。慌てて乗船する彼らは想像すらしていなかった。その航海のエンディングシーンが、台湾の歴史に長く残ることになろうなどとは。

「台湾へ向かうため寧波埠頭から艦船に乗り込む第七〇軍を目撃した中国人がいた。「台湾接収」という重大な任務にもかかわらず、必要な準備がまったくされていない国民党軍のありさまに、彼はひどく驚いた。

埠頭の上は大騒ぎであった。埠頭の一方に見送りにきた現地の役人と市民が並び、それと向かい合うように将兵がぎゅうぎゅうに並んでいたが、どういう順序で乗船するのか彼ら自身わかっていなかった。埠頭の先端で得意げに立っていた数人のアメリカ海軍指揮官は、そんな状況を見て英語で何ごとか口にしたが、どこからも反応がないことに気づいて、大声でこう叫んだ——「Who can speak English ?」▼89

二昼夜の航海ののち、一九四五年十月十七日、雄壮たる大艦隊は歓迎の旗がなびく基隆港へ入港した。作家の楊寿《ようじゅ》は第七〇軍の隊列に混じり、この埠頭に足を踏み入れた。そこで目にした混乱はさらにひどいものだった。

埠頭には古い列車が何両か停車していた。その反対側から先を争うように上陸する将兵たち。スローガンを口々にがなり、隊列は押し合いへし合いして、大混乱であった。とくに輜重部隊は

（略）銃、火器をわれ先にと車輌に積み込む。口々に声を荒げて騒ぐ姿はことさらひどかった。そんな彼らが、十分な訓練を受けた規律ある部隊で、国土接収という栄誉ある任務のためにやってきたとは、とても思えなかった▼90。

私はてっきり、戦争終結直後ならどこの接収部隊も混乱していて当然だと考えていた。ところが張《ちょう》拓蕪《たくぶ》の話を聞いて、必ずしもそうではないことを知った。

作家、張拓蕪は第二一軍に所属していた。そう、一九四七年、二・二八事件[*4]が発生して九日目に、急遽転出されて台湾にやってきたのが、「軍」から再編された第二一師団である。第七〇軍が基隆に到着して二週間後、張拓蕪の所属する第二一軍は下命を受け江蘇省鎮江《ちんこう》に向かった。そしてその途中、南京を通過した。

南京は「通過」するだけでけっして「接収」に行ったのではない。それでも第二一軍は念入りに下準備をした。南京市城からまだ十分に距離がある安徽省采石磯《さいせきき》で、部隊はいったん行軍をやめた。そこで丸々三日間の時間をかけて部隊全体の点検整備を行った。まるで舞台に立つ前、楽屋の鏡に向かって身支度を整え、化粧をするのと同じようにである。まず人選をした。年齢がいっている者、姿の醜い者、あるいは病を持っている者、怪我が治ってない者、足を引きずっている者は列から離れた。そして数多くの人夫たち、つまり馬夫、荷運び、炊事夫と、彼らが肌身離さず持ち運ぶ鍋、碗、勺《しゃく》、盆、雨傘、竹籠、そして弾薬、医療器具その他貨物はすべて、南京入城前の深夜、市域を迂回し、列車で次の駅まで先乗りさせた。

若くて力がみなぎる、姿の美しい兵隊は、列の先頭に並んだ。

城門の外に到着し、人目につかないうちに部隊はもう一度身支度をした。兵士全員が腰のベルト、靴ひもを締め直し、リュックも一度下ろして背負い直した。

その第二一軍の装備、実はどれもあり合わせのものばかりであった。リュックは帆布ではなく、細かく編んだ九枚の竹板で作られたもので、角砂糖の形に折り畳んだ布団を両側から竹板でぎゅっと挟み、その端をひもで結って背負った。彼らのヘルメットは一見ドイツ兵のヘルメットと同じ形だが、実は鉄製であったことなど一度もなかった。鉄は贅沢品であり、彼らの頭に載っていたのは「竹帽」であった。竹べらを編み込み、ヘルメットの形にしていただけである。

考えてみてほしい。降り注ぐ砲弾と機関銃の弾に向かっていく頭を守るのが竹の陣笠である。小石すら跳ね返すことはできない。

南京市民が目にした第二一軍の入城シーン。竹笠に草鞋姿であったが、ちょっと手間暇をかけたおかげで、装備はすっきり、歩調は力強く、それなりに美しい隊列であった。当時十七歳だった張拓蕪はいまでも覚えている。城門に入った途端、沿道にたくさんの日本軍人が並んで敬礼しているのが見えた。城門の上に長々と連なった二列の爆竹に火が点けられ、パパパパパンと耳をつんざいた。「われわれの気持ちもそれを見て奮い立ち、草履が地面を蹴る力もより力強く確かなものになった▼91（略）」

45　五十年ぶりの中国軍——ステレオタイプの起源

五十年間の長きにわたり中国軍を見る機会がなかった台湾人は、基隆埠頭と台北の通りに押し寄せた。国民党軍が基隆から汽車に乗って台北に向かうと知り、線路沿いにもたくさんの人が待ち構えた。なかには南部の辺鄙な場所からわざわざやってきた人も多くおり、歴史的な瞬間をいまかいまかと待っていた。

台北の熱狂は基隆を凌駕するほどであった。通りは黒山の人だかりで、汗のにおいと人の体温が混じり合う。肌と肌がくっつくような人垣でみなつま先立って、首を伸ばす。子供に一目見せようと肩車をする親たち。真剣さと緊張感がそこにあった。

作家、呉濁流《ごだくりゅう》*5は小説に登場させた台湾人少女「玉蘭《ぎょくらん》」の目を通じて、「祖国」の姿をこんなふうに映し取った——。

> 老若男女が集ってきて満都の人が沸き返るような騒ぎだ。（台湾省行政）長官公署の前には日本人の中学生、女学生、高等学校の生徒などがずらりと大通りの両側に大人しく立ち並んでいる。玉蘭はそれを見て心の中で呆れてしまった。「支那兵　支那兵」と云って今まで莫迦にして威張っていたものが、こんなざま（である。略）
>
> やっとのことで祖国の兵隊が来た。（略）蟻の行列のようにぞろぞろやって来た。どれもこれも傘を背に負っているので玉蘭は一寸変に感じた。しかし、すぐそれを打消すようにそれも見馴れてないせいであろうと解釈した。鍋をはじめ食器や夜具を担送するものもいた。玉蘭は子どもの頃、台湾芝居が場所替えのために行列して行くのを見たことがあったが、丁度そんな感じであった。▼92
>
> （「ポツダム科長」日本統治期台湾文学集成30、『呉濁流作品集』所収、緑蔭書房）

これとだいたい同じころ、二十二歳の彭明敏《ほうめいびん》*6も日本の佐世保軍港から基隆港へ向かう船上にいた。ひょっとすると、ボブの揚陸艦だったのかもしれない。

戦前、彭は東京帝国大学で政治学を専攻していた。日本軍に徴兵され戦争に行くことを望まなかったため、彼は東京を離れた。長崎の兄に頼ってのことだったが、その途中、米軍の空襲に遭った。彼は直撃弾を受け、それきり片腕を失った。のちに台湾独立運動のリーダーとなる彭明敏が、上陸した基隆港で祖国というものに初めて触れたときも、ちょっと変に感じた。


（略）途中、みすぼらしい軍服を着た集団を見かけた。彼らは台湾人ではなかった。車夫たちは「最近大陸の港から米軍船で送られて来た国民党の連中さ」と吐き捨てるように言った。（略）（中国人による接収後すべてが、）麻痺し始めた。電気や水道などのサービスが滞るようになった。新たに中国から来た官僚たちは無能の輩で、信じられないほど腐敗していた。また、ばらばらな軍服を着た国民党軍はこそ泥の集まりであり、船を下りるや否や盗賊集団と化した。世情は暗澹としていた。（略）

基隆駅は汚れ放題になり、うす汚れた兵士たちが、居心地のよい寝場所を求めて、一晩中うろついていた。列車が駅に入って来ると、人びとは争うように乗り込んだ。押し合いながら前に進み始めると、荷物や子供が窓から入れられ、次に大人たちが争うように乗り込んで席を奪い合った。我たちは何とか席を確保し、のろのろとした長旅が始まった。割れた窓からは、冷たい一月の風が入って来た。以前座席に張られていた緑色の布地は剝がされていた。車両の中は、もう何週間も掃除されていないことが一目瞭然だった。これは、私たちの知っている「日本の台湾」ではなく、「中国の台湾」であった。私たちは、それまで汽車の中でこれほどまでに汚れた無秩序な光景を見たことがなかった。[93]

（『自由台湾への道――新時代の旗手・彭明敏自伝』鈴木武生、桃井健司訳、社会思想社）

彭明敏が目にした第七〇軍はひたすら憎々しいが、歴史家、楊逸舟《よういっしゅう》の目に映った第七〇軍は、ちょっと笑ってしまう。

ある者は天秤棒の前後に籠を下げ、一つには木炭と七輪、もう一つにはコメとしなびた野菜を入れていた。兵士たちは十代の少年兵もいれば、歩みがおぼつかない老兵もいて、みな草履を履き、ひどい者は片っぽがはだしだった。足をひきずる者もいる。片目がつぶれている者もいる。皮膚病の者もいる。みな緑色の綿入れ軍服を着ているため、ぱっと見、体を布団にくるんで歩いているように見える。だから台湾人は彼らを「布団軍」と呼んだ。背には雨傘を差し、雨が降ればそれを差して行軍した。隊列はどこまでもぐにゃぐにゃで、いやはや天下の奇景であった。[94]

1940年、日本で学生をしていたころの彭明敏
（写真中央、本人提供）

寧波から基隆にやってきた第七〇軍の姿はこうやって、マンガや京劇の隈取りのように定型化し、揺るぎないイメージの「決定版」として、台湾現代史の主役についた。六十年以上がたち、台湾のある私立高校の歴史のテストにこんな問題が出題されていた。

台湾のある時代を描写した以下の文章を読んで問いに答えなさい。「（略）第七〇軍が台湾に上陸したとき、彼らの衣服はぼろぼろで、規律はゆるみきり、足元は草履あり布靴ありとでたらめであった。さらに傘を下げ、鍋を背負い、豚を追い立てているなど、奇異でない者は一人もいなかった」

これは台湾史のどの時代を描写したものか。

【A】日本統治時代（一八九五―一九四五）
【B】国民政府時代（一九四九―）
【C】台湾省行政長官公署時代（一九四五―一九四七）
【D】省政府時代（一九四七―一九四九）

▼95

正解は言うまでもなく【C】である。

46　台湾海峡の水葬――国民党軍、ベトナム接収から極寒の東北へ

台湾接収のため、一九四五年十月十七日に基隆港へ上陸した第七〇軍であったが、台湾の主流派言説ではすっかりイメージが定型化し、これを「浮浪者部隊」「乞食軍」と称している。

しかし、定型化し、あるいは単純化してしまったこの〝隈取り〟を落とした素顔には、それを拒絶する何かがきっと隠れているはずだ。

私はずっと考えていた。当初の接収任務を担った第七〇軍にもまだ、誰か生き残りがいるはずだ。なのになぜ誰も発言しないのか？「浮浪者部隊」「乞食軍」の裏に隠された歴史のいきさつがきっとあるはずなのだが、それはいったいなんなのか？　彼らは突然命令を受け取り、寧波から川を越え海を渡り、三日後にはこの見知らぬ島に来ていた。その埠頭に足を踏み入れたとき、彼らは何を考えていたのだろう？

第七〇軍があんなぼろ雑巾みたいになっていたのには、何か理由があるはずだ。

絶対に第七〇軍の老兵を見つけ出したい。

そう考えていたとき、国民党軍領袖、劉玉章《りゅうぎょくしょう》の回顧録が一筋の光を与えてくれた。日本が降伏したあと、劉玉章は中華民国政府を代表して第五二軍を率い、ベトナム北部の接収に向かった。連合国軍最高司令官マッカーサーが発令した命令――「支那（満洲を除く）、台湾および北緯十六度以北の仏領印度支那に在る日本国の先任指揮官並に一切の陸上、海上、航空および補助部隊は蒋介石総帥に降伏すべし」（降伏文書　一般命令第一号（陸、海軍）（イ））により、ベトナム北部の接収を行ったのが国民党軍だったのである。

七〇軍が海を渡って台湾接収に向かったのとほとんど同じころ、ベトナム接収を終えた第五二軍が受けた命令はこうだ。直ちに艦艇に搭乗してベトナムハイフォン港を出発せよ。台湾海峡を通過して秦皇島へ急行し、東北地方接収に向かえ。

第七〇軍と同じような任務を背負い、また同じように国土を南北無尽に駆け回り、八年の血戦をくぐり抜けてきた国民党軍第五二軍兵士たちは、さらに同じように綿製の軍服と底が抜けた靴という出で立ちで、台湾海峡の荒波と悪劣な天候を突き進む。ところが劉玉章の回想録での描かれ方は少し趣きが違う——。

台湾海峡航行中、風は強く波も大きかった。将兵の多くは船酔いし、ひいてはそれが原因で死ぬ者もいた。船内で牧師が祈りを捧げ、水葬を行った。(略)

思い出すにベトナム接収の際、戦争で工場が閉鎖し、無数の工場労働者が仕事にあぶれ、生計を立てるため数百人が本師団に志願してきた。ベトナムは常夏であり、人びとは過酷な寒さを経験したことがなかった。本師団は東北地方へ向かった。季節はすでに冬であったが、防寒服は備えてなかった。日に日に寒さが増す航海で、ベトナム人兵士の凍死者は十数人に上った。心中忍びがたいことであるが、ただ「詮方ない」と空しく嘆くよりほかなかった。▼96

劉玉章の「忍びがたい」思いに満ちたこの文章が私に教えるのは、ああ、地上作戦に慣れた兵士たちは船に乗ると多くは船酔いし、ひどいときは何かの持病を併発させて死ぬこともある、ということだ。兵士たちはそれぞれ東西南北各地の故郷から出てきたわけで、水が合わなかったり、厳冬や酷暑に参れば、それだけで死にいたることもあるのだ。

台湾海峡を突っ切って移動したことが災いして、船酔いで命を落とし「水葬」された彼ら兵士たちの最期を、家族は知ることができたのだろうか? あんな動乱の時代にあって、亡骸が海に流されたあと、家族への通知は間違いなく届いたのだろうか?

47　草鞋——第七〇軍兵士の証言

私はようやく第七〇軍の老兵の一人を見つけ出した。いまは台北市温州街の路地裏に住むこの老人の名は、林精武《りんせいぶ》という。

この「老兵」も当時は満で十八歳になったばかり。一九四五年一月に入営して、同年十月には台湾接収に向かう第七〇軍の一員として洋上にいた。

「揚陸艦で船酔いしませんでしたか？」私は訊いた。

彼は答えた。船酔いなんてもんじゃない。

第七〇軍一〇七師団は、寧波からアメリカ軍の揚陸艦に搭乗した。アメリカの軍艦は甲板が清潔なうえに、コーヒーが樽で並んでいた。親切なアメリカ兵が、中国兵はただだから好きなだけ飲め、と勧めた。

私は目を見張る。いまここにいらっしゃる林さんは十八歳のとき、フォルモサの基隆港へと急ぐ船の甲板で、同じ十八歳のミシガンからやってきたボブと顔をつき合わせ、コーヒーを飲んでいたに違いない。なんという巡り合わせだろう。

彼はこの「真っ黒で奇妙な物質」を何口か飲んでみた。アメリカ兵は大声で彼を褒めそやした。

船は海で木の葉のように揺れ、第七〇軍の兵士たちはもがき苦しみ、嘔吐し始めた。

頭と足の位置がひっきりなしに入れ替わる。外からは鉄錆の臭さ、内からはコーヒーの苦みが押し寄せる。船は天地をひっくり返すようにゆれた。（略）吐き続けて、胆汁を絞りきってもまだ止まらず、七転八倒して目が回る。吐瀉物が船上に垂れ流しとなっている。人さまの清潔な甲板を汚し、悪臭まみれにし、まったく目を覆いたくなるようなありさまだった。▼97

福建からやってきたこの青年は悶絶の苦しみで嘔吐しながら、同時に自分の吐瀉物がアメリカ人の清潔な甲板を汚したことを恥に思った。「軍人の栄誉を貶め、中華民国の体面を汚す」と。

八年にわたる抗日戦争を戦ってきた第七〇軍兵士たちがみな軍艦の上で転げ回り、もだえ苦しむ。林も丸々二日間、コメ一粒、水一滴口に入れることができなかった。何もかも吐いてしまうと、お腹が空っぽでめまいがした。「こんな部隊で戦っていけるのだろうか？　そう思っていたら『山が見えるぞ』という大声が聞こえた。あと少しだ▼98」

拡声器が命令を伝達する。「まもなく基隆に到着する。上陸準備にかかれ。日本軍の反抗に備えて、各班いつでも作戦に入れるよう！」

全船の兵士が準備を始めた。船酔いで全身虚脱状態だが、それでもリュックと装備を背負い、無理矢理足を前に運び、船を降りる。アメリカ軍が甲板に整列して彼らを見送る。林精武は埠頭に向かって歩きながら、内心忸怩たる思いであった。船を汚したまま下船するなど、申し訳が立たない！

基隆の埠頭で第七〇軍の兵士たちは、真っ白に輝くうずたかい結晶の山を見た。福建の海辺でもこんなふうに塩を積み上げておく。誰かがいたずらに指で舐めてみた。すると彼は飛び上がり、大声を上げた――「白砂糖だ！」。無理もない。中国大陸には黒糖しかなく、白い砂糖を見るのは生まれて初めてだったのだ。ある分隊長は洗面器に白砂糖をすくい、まだ頭をくらくらさせている兵士たちに「台湾の味だ」と食べさせてやった。

思いがけないことに、基隆の埠頭に下り立った兵士たちがまず目にしたのは日本人の集団であった。彼らは駅の近くで野宿しながら、引揚げ船を一日千秋の思いで待っていた。

第七〇軍の老兵たちには湖南省出身者が多く、自らは八年の抗日戦争で死線をくぐり抜け、故郷の家族はバラバラになった者ばかりであった。船を下りるなり日本人の姿を目にし、一部は激高し、心の痛みそのままに大声で罵った。女性をさらって乱暴し、同胞を切り刻み死にいたらしめ、そしていまのうのうと家に帰る。こんなことが許されていいのか！

「聞いた話だが」と林さんは言う。「その夜、怒りを抑えきれなかった二人の兵士が、一人の日本人女性を暴行したらしい」

「埠頭で？」という私の問いに、林さんは答えた。

「そうだ。聞いただけで、目撃したわけじゃないが」


林精武は故郷を出るとき国産の運動靴を履いていたが、誰もがそれをうらやましがった。両親が買ってくれた靴は、千里行軍のときも駆け足や体操のときも一緒だった。基隆に着いたとき、靴底にはもう穴が開いていた。道路と擦れて足には水膨れができ、熱と痛みを持って腫れ上がった。

軍は金がなく、兵士に靴を支給することができなかった。あの有名な第七〇軍も、履いていたのは兵士自身が編んだ草鞋であった。草鞋を編むのは当時の軍人にとって〝いろは〟であり、箸の持ち方を覚えるくらい当たり前の技能であった。

麻を綯《な》って縄にする。その縄にわらと端切れ布を編み込んでいく。五本の縄をピンと張らせるのがコツだ。雨が降り、演習ができない日は決まって草鞋を作った。兵士たちがみな座り込み、五本の縄の一端を柱にくくりつけ、もう一端は自分の腰に繋ぐ。おしゃべりをしながら、ぼろ切れとわらを手早く編み込んでいき、あっという間に草鞋ができあがる。

新兵だった林は草鞋が作れなかった。湖南省湘郷《しょうごう》出身の分隊長が縄の綯い方から教えてくれたのだが、福建方言しかわからない彼は、湖南方言の説明がさっぱりわからず困っていた。すると湖南省湘《しょう》潭《たん》出身の老兵が割り込んできて、分隊長の湘郷訛りの湖南方言を自分の湘潭訛りの湖南方言に通訳してくれた。林は汗びっしょりになりながら手を動かしたが、結局うまくできなかった。自分で編んだ草鞋は目がゆるくて、十里も歩けない。足の皮がむけ、指のあいだに水膨れができ、突き刺さるような痛みだった。学校を出ていた十八歳の彼はやむをえず、読み書きができない老兵のため新聞を読み、手紙を代筆し、その代わりに自分用の草鞋を作ってもらった。


「林さん」と、ちょっと訊いてみる。「台湾でいま第七〇軍と言えばすぐ、草鞋を履き、傘を背に差した、見るに堪えない乞食軍だったと言われますが……どう考えておられます？」

「そのとおり」林精武はぴしっとした姿勢で、一点の曇りもない目で私を見ながら答える。「端から見れば間違いなく『浮浪者』だったろうね。基隆港に着いたとき、われわれの綿シャツはシラミだらけだったよ。髪の毛の中までね」

私も彼を見る。当時は十八歳だった福建の青年も今や八十三歳である。彼の声に、一本気な「気概」を感じた。

「われわれは乞食軍さ」と彼は続ける。「ただ考えてみてほしい。第七〇軍が基隆港にたどり着いたとき、八年間の血の河から這い上がってきたばかりだったんだ。わかるだろうか？　寧波で船に乗る直前まで、われわれは戦火の中、何百キロを急ぎ行軍していたんだ。草鞋が破れてないほうがおかしい」

私はそんなこと考えたこともなかった。でも当時、そう考えた人が確かに一人、いた。

一九四六年春、二十三歳の台湾人青年、岩里政男は日本敗戦を機に学生の身分に戻し、東京から台北へ帰って、台湾大学に通うことにした。

古い米軍貨物船「リバティ」に乗り、彼は基隆に到着した。ところが検疫を全員に対して実施したため、なかなか下船できなかった。乗客のほとんどが日本から帰ってきた台湾人で、また多くは彼と同じ大学生であった。甲板からは中国兵たちの姿がはっきりと見えた。埠頭の地べたに座り込み、あるいはしゃがみ込んで飯を食っている。日本兵に見慣れていた台湾人からすると、装備は古く、疲弊もひどく、その風貌と体格は見るに堪えなかった。甲板上の台湾人たちも誰彼なく批判を口にし、失望と軽蔑を隠さなかった。

このとき、ずっと一人でおとなしく本を読んでいた岩里が突然話を割り、みなに向かって言った。

「われわれの国家のために」とこの若者は言った。「国民党軍はあんなひどい装備で日本人に勝ったんだ。素晴らしいことだ。われわれは敬意を持って彼らを見るべきじゃないか？▼99」

岩里政男はその後、名前を中国語名に戻した——李登輝である。

あんな状況下でこれだけの言葉を口にできる二十三歳。その思いやりと度量は、まったく並大抵ではない。

48　歴史的瞬間だ、乗り遅れるな――祖国軍歓迎の歌

埠頭や線路のそば、あるいは広場で、切実な思いを胸に、首を長くして国民党軍を待っていた台湾人はもとより、あんなボロボロで疲れ切った姿の第七〇軍の人びとが、どれほど屈折した感情を心に隠していたかなど考えも及ばなかったが、第七〇軍の兵士にしたところで、歓迎の音楽に合わせ旗を振り、歓声を上げる台湾の群衆もまた、一人ひとりが限界まで辛抱し傷つき、五十年の鬱屈を抱えていたことなど、想像だにしていなかった。

たとえば、沿道を埋める歓迎の人垣のなかに呉新栄《ごしんえい》*7のような人が含まれており、彼が何を考えていたかなど、第七〇軍にわかるはずもなかった。


東京医科大学を卒業したあと台南の佳里鎮で開業した文人医師、呉新栄は日記をつける習慣があった。一九四五年九月、巷では国民党軍が南部に上陸するという噂で持ちきりだった。嬉しさがふつふつと込み上げ、彼はなかなか眠ることができなかった。

九月七日の日記にはこう書かれている。「十二日に中国軍がやってきて、台南に駐留すると聞いた。この歴史の感動を見届けようと友人と約束した。夜、体を清め、金蘭酒を少し飲む。たいへん愉快だ」。「歴史の感動」という言葉は、台湾という植民地で育ち、日本を宗主国とするエリート教育を受けたこの文人の心中で高まっていた、抑圧され続けてきた悲願といまにも爆発しそうな民族感情の熱量を示している。

九月八日、高ぶりのあまり彼は机の前に座し、筆を執り漢詩を書いた。無邪気な言葉、純粋な気持ち、そして清らかな心境。それはまるでその日の名月のようであった。まるで漢の時代の楽府が再現された

ように。

昨晩はお茶を飲み過ぎたため、夜半、強いて床に就いたものの寝つけなかった。いっそ起き出して黄百禄《こうひゃくろく》と楊栄山《ようえいざん》の両名に手紙を書いた。十二日、台南へ中国軍上陸の様子を見に行く旨をしたため、最後に「祖国軍歓迎の歌」を付した。

旗が街中にはためき　太鼓が山村に響く
我が祖国軍来れり　なんと悠々たる姿
五十年間の暗き天地に
今日ついに青天が現る　今日ついに白日が現る
大衆の歓声は響き　民族の気概は高ぶる
我が祖国軍来れり　なんと堂々たる姿
五十年間の奴隷の日々に耐え
今日ついに自由を得る　今日ついに解放を得る
黄帝の子孫たる誉れを　明朝の誇りを持て
我が祖国軍来れり　なんと雄々しき姿
五十年間の襤褸衣生活が過ぎ
今日ついに祖国を拝し　今日ついに民族に帰る▼100

49 線香を一本手向けて――台湾人の失望、流された血

実は九月十二日、国民党軍は台南に上陸しなかった。ボブの乗り組む揚陸艦は第七〇軍を基隆港に送り届けたあと、そのままベトナム・ハイフォン港へ向かった。劉玉章の第五二軍と同じように、第六二軍がハイフォン港で船を待っていた。各地の埠頭には送還を待つ者が数百万人いて、船は足りなかった。航海日誌には、LST－847揚陸艦が十一月十九日、ハイフォン港で第六二軍五十五名の将校と四百九十九名の兵士を載せたあと、「フォルモサ（台湾）」に向かったとある。六日たって船は、日誌に「打狗（Ｔａｋａｕ）」と記されていた高雄港に到着した。台湾南部接収を任務とした第六二軍が高雄に上陸したのは、十一月二十五日のことであった。

祖国の軍隊を見に行くため、呉新栄が「身を清め」たのは九月。しかしそれは無駄骨に終わった。そして国民党軍が来るより先に、十月十日の双十国慶節（建国記念日）がやってきた。

五十年間祝うことのなかった国慶である。呉新栄は胸を高鳴らせながら自転車を急がせた。台南は「街中いたる所に青天白日旗」がひるがえり、有力者たちが郡役場のテラスに上がり、通りを埋め尽くす民衆を前に、「大中華民国万歳」を腹の底から叫んだ。三十八歳の医師、呉新栄の胸には万感が去来し、涙が止めどなく流れた。[101]

彭明敏の父は、何かが違うと感じていた。彼、彭清靠《ほうせいこう》は清廉で人望ある医師であり、一九四五年十月、全島が歓迎にわくころ、地区の「歓迎委員会」主任に推挙された。国民党軍歓迎の式典とその動員を準備するのである。何日も打ち合わせをし、十分な爆竹を求め、歓迎の旗を作り、埠頭には真新しいテントを設置し、大量のチャーシュー、ソーダ、おやつを購入した。準備が一通り終わったあと通知が来た。

到着は延期だという。沿道に並べられていた大量の食べ物を目の前に、みんな途方に暮れた。

同様のことが、何度も繰り返された。

最終的に十一月二十五日、果たして六二軍はやってきた。下命された日本軍が埠頭に整列して歓迎する。負けたといっても日本軍の服装は折目正しく、兵士のたたずまいもあくまで厳粛であった。

軍艦が入港する。タラップが下り、勝者である中国軍が下船してくる。

彭清靠、呉新栄、そして通りを埋め尽くす高雄と台南の人びとが、勝利した祖国の軍隊の登場を見守る。

> 初めに姿を現わした汚い身なりの男は、いでたちといい、振る舞いといい、兵士というよりむしろ人足のように見えた。肩に担いだ棒には、傘、敷布団、料理鍋、コップなどがぶら下げられていた。この男の後にも同じような人間が続き、中には裸足の者もいた。銃を持っている者は、ほとんどいなかった。秩序や規律も全くなく、押し合うようにして船を下りた。彼らは陸地に下りられたことを喜んでいたが、両側で敬礼している日本兵には見向きもしなかった。[▼102]
>
> （『自由台湾への道―新時代の旗手・彭明敏自伝』鈴木武生、桃井健司訳、社会思想社）

彭清靠（彭明敏提供）

彭清靠は家に帰ると、息子、明敏に日本語でこう言った――「穴があったら入りたい！」。歴史をよく知る彭明敏には理解できた。タラップを下りてきた勝者、国民党軍は、その多くが田植え時期にさらわれて兵隊にさせられたのだ。そんな彼らが、この歓迎式典のために地元住民がどれほどの心を砕いたかなど、理解するはずなかった。そして盛大な式典にしようと準備する人びとの胸に、どれほど長い辛抱と、どれほど大きな期待が隠されていたかなど、なおわかるはずなかった。

彭明敏はこう言う。彼ら兵士は「たぶん生涯一度も『歓迎』されたことがなかったのだろう。同行の中国人将校たちからは、挨拶もなければ感謝の言葉も聞かれなかった。（略）彼らにとっては、台湾人は被征服民のうちだったのだ」▼103。（同前）

台湾接収を任務とする国民党軍と、「王の軍隊」の到来を期待していた台湾の民衆。その「痛み」はまったく違う場所で疼いた。そして歴史の歩みはせっかちにも、両者を正面からぶつかり合わせた。まるで宇宙人とのファーストコンタクトのようにである。相互不理解は内出血のごとく、あっという間に悪化して化膿した。それからわずか十四カ月後、一九四七年二月二十八日、台湾全島で動乱が起こり、激しい衝突で多くの血が流れた。二・二八事件である。彭清靠は高雄市参議会（市議会）の議長として、「秩序」の維持を任務とする国民党軍と、民衆との間を取り持つことが自分の役目だと考えた。二つの文化の衝突――もしこれを異なる二つの近代化プロセスの激しいぶつかり合いだと言うなら、間違ってない――が、いまここに、悲劇として幕が開く。

彭清靠とほかの有力者たちは司令部に足を踏み入れた途端、捕らわれて後ろ手に縛り上げられた。曲がったことが嫌いな涂光明《とこうめい》はいきなり言葉を荒げ、蔣介石と陳儀《ちんぎ》*8を批判した。涂は即座別室に連れて行かれ、「軍法会議」のあと射殺された。

彭明敏の記憶によれば、帰宅した父は疲れ切っていて、二日間食事をとらなかったという。希望の世界はもう粉々に崩れてしまった。彼の父はそれよりきっぱり政治にかかわるのをやめ、二度と公職に就くことはなかった――。

（彼は）裏切られた理想主義者の悲哀を味わっていたのである。父は号泣しながら、自分に中国人の血が流れていることを恥入り、子孫が外国人と結婚して中国人でなくなることを望んだ。▼104

（同前）

「傷ついた」記憶を持つ台湾人は、彭明敏一人ではない。

蕭万長《しょうまんちょう》が私の目の前に座っている。彼はかつて行政院長を務め、いまは副総統の地位にあるが、それでもある種、田舎生まれの木訥とした気質を持ち続けている。一九四九年、この田舎の子供は十歳であった。家は食べるコメがないほど貧しかった。だからいまも庶民の暮らしを第一に考えている。〝一九四九〟のことを訊ねると、むしろ忘れられないのは〝一九四七〟だとおっしゃる。

八歳の子供が何を覚えているのだろう？

彼が覚えているのは、潘木枝《はんもくし》という医師のことだ。

子供が病気になっても、貧しい家には医者を呼ぶ金がなかった。でも東京医学専門学校を卒業して嘉義に「向生院」を開業した潘木枝は、率先してお金に困っている人を助け、お金を取らずに診療した。蕭万長の母は子供だった彼に口酸っぱくこう言った。「潘先生はあなたの命の恩人よ。この恩を一生忘れちゃだめよ」

彭清靠と涂光明が高雄要塞へ談判に向かったところ、潘木枝もまた嘉義市参議会議員としてほかの地元有力者十一名とともに嘉義県水上の飛行場へ赴き、軍と話し合いをもった。

この十二人は全員拘留され、一九四七年三月二十五日、嘉義駅前へ連行されると、群衆の眼前で銃殺刑に処された。

八歳だった蕭万長もまたその人混みの中にいた。何が起ころうとしているのかわからなかったが、それでも目をいっぱいに開けて、家族全員が親しみ、感謝し、敬愛した先生を見つめていた。両手を縛り上げられ、背には死刑犯を知らしめる幟が差してある。押さえつけられひざまずくと、銃口の位置が定まった。そして銃声が続けざまに鳴り響き、潘先生は血潮の中へどっと倒れた。血がどくどく流れている。

「八歳で」と私。「八歳で全部それを見たんですか？ 駅前のその現場にいらした？」

「そう。そこにいたんだ」

こぢんまりして装飾のほとんどない総統府の応接室。私たちのあいだにふと沈黙が訪れた。

駅前を取り囲んだ群衆は、しんと静まりかえっていた。誰も身動きひとつできない。

文盲の母がいつのまにか一本の線香を手にし、声を潜めて息子に言った。「行ってきなさい。命の恩人の先生に線香を手向けて拝んできなさい。お前は子供だから大丈夫。ほら」

ちびで田舎の子供だった蕭万長は、▼105 線香を摑むとおそるおそる前に出た。血潮に倒れ込む亡骸の前まで歩き、そして頭を低く跪き、焼香した。

第6章

フォルモサの少年たち——捕虜収容所にいた台湾人日本兵

50　歴史の奔流にのみ込まれた水滴がふた粒——第七〇軍に参加した十七歳の先住民

台湾の北部と南部にそれぞれ駐留した第七〇軍と第六二軍は、さっそく兵隊の募集を始めた。一九四五年十二月三日、『台湾新生報』に第七〇軍の「台湾接収志願兵」募集公告が掲載された。十七歳から三十歳までなら誰でも応募できる。

台東にある卑南《ひなん》郷泰安村はとても小さな村だ。数十世帯しかなく、その多くは土を固めたれんが造りの家であった。村は山と海に挟まれ、山を望めば深い緑のヤシとビンランが生い茂る。熱帯の景色である。海を見れば、太平洋の深い青がどこまでも伸びて、空の淡い青の果てと溶け合う。村のなかの粘土の道を歩けば、ヤシの葉がさわさわ、海の波がざわざわ、混じり合って耳に届く。

ここで育った子供たちは誰もが、キャラメル色の皮膚と梅花鹿《ばいかろく》のような大きな目を持つ。十七歳の陳《ちん》清山《せいざん》と、同じ年に同じ村で生まれた幼なじみ、呉阿吉《ごあきち》はどちらも利嘉小学校の卒業生である。利嘉小学校は、山の中腹のヤシ林の中にある。海風はいつも、東の太麻里から吹いてくる。ヤシの大きな葉っぱが踊り子のスカートのように揺れる。子供たちはそれを、草地に寝転がって見るのが大好きだ。古い梅の木があって、花を咲かせたあと必ず実をつけてくれるので、先生は子供たちと一緒に梅ジャムを作る。

日本人がいたころは、毎日銃の操作を訓練させられた。南方で兵士が足りないのだと聞いた。日本人が去ったいまは農地に戻り、野菜を植え、雑草を抜き、牛の世話をする。家は相変わらず食えたり食えなかったりで、お腹がすいたら山に入って狩りをした。村の少年は靴がなかった。はだしで花咲く野を歩き回りながら、みな鬱々と自分の将来を考えた。そんなとき村の集会所に国民党軍の宣伝員がやってきた。そして流暢な日本語でこんな放送をした——「気骨ある若者よ、中国へ行こう！ 国家建設は君を必要としている。月給は二千元、中国語と技術が学べる」。

小さな泰安村だけで二十人が応募した。真ん丸の眼と真っ黒の肌を持つ少年たちであった。

それから三十年以上たった平和な時代、同じ泰安村の同じく貧しいプユマ族*1の家庭から、一人のつぶらな瞳の少女が、パワフルで心打つ歌声を武器に村を出た。そして数々のヒット曲を放ち、台湾でその名を知らぬ者がないほどの大スターになった。

彼女は、張恵妹《チャンフイメイ》*2という。

一九四五年十二月二十五日、ゴーッと音をたてて一台の軍用トラックが泰安村に入ってきた。村が地面ごと揺れ、道端で草をはんでいた牛も首を回してトラックを見やった。軍用車は二十人を載せて走り去った。陳清山の妹はサツマイモ畑を耕していて、兄の出発を見送ることはできなかった。

トラックは台東市まで走った。陳清山と呉阿吉が到着したとき、すでに県全域から集められた二百人以上の若者が広場に集合していた。その大部分は先住民族であった。軍服姿の長官が司令台に立ち、訓話が始まった。同郷同士みな顔を見合わせる——「やべぇ、なに言ってるのかわからねぇ」。

陳清山と呉阿吉は第七〇軍の兵士となった。泰安村からきた少年たちは、新しい標準語となった中国語がわからないだけでなく、台湾で使われる閩南語《みんなん》もわからなかった。彼らにとって日本語が唯一の共通言語だったのだが、第七〇軍も第六二軍も日本語は通じない。▼106

田舎の少年たちはもちろん何も知らなかったが、彼らが第七〇軍や第六二軍に加入したころ、中国東北地方の情勢はすでに不穏であり、風雲は急を告げていた。一九四五年十二月二十一日、陳誠は蔣介石に秘密報告を行った。それは状況の「中」にいる人びとには知り得ない全体の局面を描き出している。

共産党軍進軍概況

（一）山東省から帆船に乗って渡海し、安東省（現在の吉林省など）荘《そう》河《が》県から上陸した者は一万人あまり。

（二）河北省、熱河省（現在の河北省など）から遼寧省に入った者は一万人あまり。

（三）延安より徒歩で遼寧省に到達した者が二万人あまり

（四）遼寧省、吉林省で応募した者、または偽満（旧満洲国）警察・憲兵から強制転属された者、失業労働者、土匪・流民、新卒失業者および中条山作戦（中原作戦）で捕虜となった国民党軍が計十五万人[107]。

戦争という名の土石流はいまにも堰切って流れ出そうとしていた。しかし、この奔流がどこに向かおうとしているかなど、中に紛れた水滴にわかるはずもなかった。

51　高雄から戦地に向かって船が出る——最初は国民党軍、そのあと解放軍

二〇〇九年二月二十五日
台湾台東県卑南郷泰安村　陳清山宅
呉阿吉（八十一歳）
陳清山（八十一歳）

陳清山と呉阿吉は十七歳のとき、台東卑南の故郷を出て国共内戦の戦場に行った。それから六十五年がたったいま、二人は故郷の家にある籾干し場で腰かけて、私とおしゃべりをしている。五、六歳くらいのはだしの子供がちょろちょろと私たちにまとわりついてくる。かまってほしいのだろう。丸くて大きな、そして驚くほど美しい目をいっぱいに開いてこちらを見る。鮮やかな羽根を持つ雄鳥が私たちの座る低い椅子の下で雌鳥を追いかける。プユマ族のおばあちゃんが竹箒で地面を掃く。太平洋の風がまったりとヤシの林を吹き抜ける。

目を閉じて、集中して彼らの声を聴こうと思った。彼らの中国語はなんと、プユマ族の訛りと河南の訛りが混在していたのだ。

少年のとき卑南の故郷をあとにした彼らは、中国大陸で国民党軍の兵隊になった。そのあと解放軍の兵士にもなった。あちらに暮らしていた五十年間、故郷の地を踏むことは永遠にかなわぬ夢であった。なぜなら故郷は、自分たちがまさにミサイルの照準を向けている敵地区にあったのだから。

陳清山は山東戦役で解放軍の捕虜となり、軍服を取り替えた。一八〇度向きを変え、解放軍の兵隊として国民党軍と戦い、傷を負った。「ほら見てごらんよ」と曲がったまま戻らない腕を差し出した。「国民党軍の機関銃に撃たれたんだ」

そのころ呉阿吉は国民党軍側にいた。彼は得意げに笑ってこう言う。「おれが撃ったやつじゃないか？」

これはちょっと怪しいところだ。なぜならその後何日かして、呉阿吉も捕われて捕虜になったからだ。彼もまた帽章を取り替えて解放軍兵士になり、またもや陳清山の戦友となった。

二人はもう八十歳。白髪頭になったプユマ族の少年はいまでもこんなふうに丁々発止。楽しくなったところで二人そろって解放軍の歌を歌い出した。五十年の歳月はかくもさわやか、かくも穏やかで、私は少々あっけにとられた。

龍應台（以下、龍）　一九四五年、台湾祖国復帰のとき、お二人はなにをしてらしたんですか？

陳清山（以下、陳）　家で農業をしていました。

龍　田舎で、どうやって兵隊募集を知ったんですか？

呉阿吉（以下、呉）　日本が降伏して、すぐ国民党軍が村に来ました。

陳　たしか、あのとき集会所にみんな集まって一緒に話を聞いたんです。国民党軍が村に来ました。来て、力仕事があると言いました。あのころわれわれは貧しくて、食べるものもなかったですから、力仕事に行こう、金を稼ごう、とみんなで行くことにしました。

龍　力仕事だと考えていて、兵隊になるとは知らなかった？

陳　そうは言われませんでした。

呉　国民党軍が「お前は何がしたい」と訊いてきました。私は「勉強したい」と答えました。すると彼らは「勉強もできるぞ。われわれと一緒に来れば、勉強させてやる。約束しよう」と言いました。

龍　お二人の家でほかに国民党軍の兵隊に行かれたご兄弟がありましたか？

呉　私だけです。兄は日本兵でした。

龍　入営して、基隆に送られて訓練ですよね。何を訓練したんですか？
呉　気をつけ！　休め！
陳　撃て！　でも普通の勉強もしました。政治の授業も受けました。
龍　そのころ漢字はおわかりになった？
呉　日本語の漢字はわかりました。中国語の漢字はわかりませんでした。
陳　標準語（中国語）もわからなかった。
龍　配属された分隊の人数は何人でしたか？
呉　十二人でした。分隊長と副長以外はみんな台湾人でした。
龍　どこで兵隊になると知ったんですか？
陳　基隆に着いてからです。銃を撃たせてくれました。銃を撃って初めて、これは力仕事じゃない、兵隊だ、と思いました。
龍　どんな服を着ていました？
呉　国民党軍の軍服です。
龍　ゲートルも？
呉　ありました。
龍　靴はどんな？
呉　布の靴です。
陳　違うよ。日本の軍靴だよ。日本人から鹵獲《ろかく》した。
龍　基隆で訓練した三カ月の間、逃げた台湾兵はいませんでしたか？
陳　いました。捕まって殴られた。

龍　どんなふうに？

陳　棒でぶたれて、銃で突かれました。淡水のあいつは凄まじかったなあ。ひどいぶち方しやがった。

呉　淡水の野郎は権柄ずくだった。棒でぶちやがった。

陳　もう一人、銃剣で刺したやつがいた。

龍　だからあなた方は逃げなかったわけですね？

陳　とても逃げる根性はなかった。そのアミ族の連中は十三人いっせいに逃げ出したんですが、最後は台北で捕まって、全員連れ戻された。みんな台東のやつらです。きつく殴られてた。

龍　初めて殴られたのはいつか覚えてますか？

呉　あのときはたしか、高雄の山に逃げたんだ。脱走です。山の中はいたるところ兵隊だらけになって、おれは捕まったんだ。殴られたよ。あんときの棒はこんなでかくて。「バシバシ」って尻をたたかれた。

陳　そう、おまえは殴られた。おれは殴られたことないよ。いい子だったから。

呉　そう、こいつは上の言うことをよく聞いて、いい子だった。

陳　おとなしく上に言われたことをやる。訓練で「よくやった」と褒められたこともあった。中隊長が親指を立てて褒めてくれた。

龍　中国本土に送られると知ったのはいつですか？

陳　最初はただ「行軍訓練」に行くと言われていました。軽装で、何も持っていかなかった。リュックも兵舎に置いていった。行軍から戻って昼飯を食うと言っていた。ところが午後になってもまだ歩き続けて、高雄港についた。大きな輸送船を見て、ああ乗船するんだってわかった。

龍　出発前の準備について教えてください。銃は持っていましたか？
呉　古参兵に取られました。
陳　古参兵は銃を持ってわれわれを見張ってました。でもその「古参兵」たちも、もともとはさらわれてきた「新兵」だった。そうあとで知りました。四川や湖南や安徽から来たんです。やつらも家が恋しかったらしい。夜は泣いてた。
龍　高雄埠頭はどんなでしたか？
呉　軍人だらけでした。
陳　乗船したあとも、まだ逃げるやつがいました。船から海に飛び込んで逃げたやつもいた。海水に飛び込んだあと、機関銃で撃たれて。ずいぶん死んだ……。
龍　埠頭について、船を見て、中国本土に送られると知って、何を思いましたか？
陳　やりきれない気持ちでした。故郷を離れるんですから。でも、行くなら行くしかないし、死ぬなら死ぬしかない。自分じゃどうにもならないでしょう。よく覚えています。たくさんの人が泣いていました。泣きながら海に飛び込んだやつもいました。船室で大きな声を出して泣くやつもいた。
龍　船にはどのくらいの人がいましたか？　みんなお二人と同じくらいの十六、七歳くらいの台湾人兵だった？
陳　一個連隊です。だいたい千人以上。ほとんどが台湾の新兵でした。
龍　船でみんな泣いていた？
呉　泣いてました。子供でしたから。私も必死で泣きました。泣いたって何も始まらない。無意味です。家に帰りたい、でも帰れないんだ。
龍　家の方はお二人が中国本土に行くことを知ってらした？

陳　知りませんでした。家を出てから、連絡はしませんでした。
龍　乗船のとき、同じ船に軍馬をたくさん載せたと聞きましたが？
陳　いました。一個連隊で馬を何頭か連れて行きました。海に落ちた馬もいました。死んでしまったので、海に捨てた馬もありました。
龍　船が上海に着いてから、それが上海だと知ったんですか？
陳　そうです。上海では宿営せず、そのまま汽車で北へ向かいました。徐州に着いたのは夜です。寒かった。着ていた綿の服は薄かった。武器も替えました。もともと持っていたのは三八式でした。日本軍の。そのあと七九式に替えました。国民党軍の歩兵銃です。
龍　先住民族出身の兵士が二人、上海埠頭の倉庫に宿営して、翌朝凍死したと聞きましたが？
陳　当時話に聞きました。でも自分たちの分隊じゃありません。
龍　高雄で乗艦する前に、中国本土で戦争をしていたことを知っていましたか？
呉　知りませんでした。
陳　私は知ってました。共産党がいると聞いていました。
龍　つまり高雄から上海へ行き、上海から南京へ行き、さらに徐州に行ったわけですね。徐州で何をしたんですか？
陳　そこに三カ月いました。飛行場の守備についていた。
呉　共産党の遊撃隊を掃討しに行きました。
陳　麦わら帽をかぶって、布袋を背負った男を一人摑まえました。民間人だと言い張るんですが、分隊長は信じません。縛り上げて「おまえはスパイだろう？」と尋問し、殴り続けました。木に吊るしてぶち続けました。

龍　お二人はどうやって捕虜になったんですか？

陳　国民党軍は撤退していました。共産党軍が追撃してきます。腿を撃たれ、歩けなくなりました。恐ろしかった。解放軍に捕まったら、鼻を裂かれ、耳を削がれ、そのあと撃ち殺されると聞いていましたから。とにかく怖かった。

呉　国民党軍にそう教わりました。

陳　怖くて泣きそうでした。でも泣いたって始まらない。解放軍がやってきました。短銃を持った背の高い男が私の傷に気づき、自分のズボンを裂いて傷口に巻いてくれました。殺されると思ってたのに、まさかそんないいやつだとは。傷の手当てをしてもらってから、後ろをついて行きました。そこから解放軍になりました。

龍　それから一八〇度向きを変えて国民党軍と戦ったんですね？　葛藤は感じませんでしたか？　だって呉さんが国民党軍にいるわけでしょう!?

陳　そうです。国民党軍と戦いました。でも、すぐ国民党軍に撃たれて負傷しました。

呉　おまえとは思わなかったからさ！

陳　おまえは国民党軍で、おれは共産党軍だった。

龍　つまりお二人はそのまま戦争を続けていたわけですね？　ただ敵味方に分かれたというだけで。

呉さんが捕虜になるまで？

陳　そうです。こいつは淮海戦役で捕虜になりました。おれが捕まえた。

呉　おまえに捕まって捕虜になった？　聞いたことないな。

龍　陳さん、国民党軍を「殲滅」したとき、嬉しかったですか？

陳　勝ったんだから、そりゃ嬉しい。
呉　おまえが勝ったから、おれは嬉しくなかった。
龍　では、国民党軍を捕虜にした経験はありますか？
陳　ありますよ。あるとき国民党軍の一個中隊を捕虜にしました。彼らがちょうど食事をしているところをわれわれが包囲しました。そして手榴弾を投げました。いくつも放り込んだ。
呉　おい！　おまえそのとき、共産党軍か国民党軍かいったいどっちだったんだ？
龍　共産党軍ですよ。国民党軍に――つまり呉さんに向かって手榴弾を投げていたんだわ！
陳　うん。そのときこいつは本当に捕まえたなかにいたと思うんだ。
龍　一九四五年に卑南の故郷を離れてから、陳さんが次に里帰りしたのはいつですか？
陳　一九九二年に帰りました。両親はもう亡くなっていました。
龍　呉さん、淮海戦役中に捕虜となり、解放軍兵士になって、また朝鮮戦争に従軍して、朝鮮半島に送られた？
呉　そうです。鴨緑江《おうりょくこう》を渡りました。韓国側まで攻めました。
龍　鴨緑江を渡られた。しかも雪と氷に閉ざされた冬ですよね。台東の子供からしたらつらすぎたでしょう？
呉　死ぬほどつらくってもどうしようもない。そのときは泣きますよ。泣いたって始まらないけど。
龍　鴨緑江を渡る前、共産党軍になんと言われていたんですか？
呉　「アメリカ人をやっつけに行く」と言われていました。アメリカ人は背がでかくて標的がでかいから、鉄砲は当てやすい。
龍　お二人の部隊が朝鮮半島に入る前、帽章を替えて「志願軍」を装った？

呉　帽章、腕章、胸章全部取りました。「軍人だとばれてはいけない」と言われました。ばれたら侵略になる。

龍　でも、もし戦死したらそれが呉さんだってわからないじゃないですか？

呉　そうです。

龍　一九四五年、卑南郷を出て一緒に兵隊になったのは二十人。じゃあ、残り十八人は？

陳　戦場で死んだり、病死したり、大部分は大陸で死にました。五十年たって、台東の故郷に帰ったのは、私とこいつ、二人だけ。あともう一人、邱耀清《きゅうようせい》がいた。全部で三人です。

龍　では、国民党軍はどうして共産党軍に負けたと思いますか？

陳　一般民衆の支援がなければそうなります。あの「三大規律、八項注意」の歌はいいよ。おまえ歌ったことある？

呉　（歌う）三大規律、八項注意

陳・呉　（合唱）

〽その一、いっさいの行動は指揮にしたがう　歩調を合わせて勝利しよう
その二、大衆のものは針一本、糸一すじも取らない　群衆は我等を擁護し慕ってくれる
その三、いっさいの鹵獲品は公のものとする　努力して人民の負担を軽減しよう

龍　じゃあ国民党軍の歌は覚えてないですか？

呉　これが国民党軍の歌ですよ。

陳　なにでたらめ言ってんだよ。この歌は解放軍のだよ。

呉　解放軍は国民党軍じゃない？

陳　どこをどう間違ったら解放軍が国民党軍になるんだ。国民党軍は国民党軍、解放軍は解放軍だよ。

龍　大陸に五十年いて、結婚して子供もでき、その地に根を下ろして暮らしておられた。どうして台東に帰ろうと考えたんですか？
陳　故郷が恋しかったから……。
呉　故郷が恋しかったから……。
龍　じゃあ、いま台東に戻ってきてから、河南の家を思い出したりしませんか？
陳　そりゃ思い出しますよ。子供はあっちにいるんだ。
龍　呉さん、人生を振り返っていちばんつらかったのはいつですか？
呉　やっぱり高雄港から船が出るときです。

52　死体から染み出た水をすすり――一九四六年冬、十七歳の国民党軍兵士

陳清山と呉阿吉は昭和三年、一九二八年生まれである。一九四五年、国民党軍の台湾人兵士募集に応募した際、彼らはまさに十七歳であった。

十七歳の男子は、子供でもなければ大人でもない。彼らは少年であり、少年であるからこその中途半端さがある。つまり、遠くから見れば、背丈も体つきも十分大人に見える。ひょいと肩にコメ袋を担げば、何食わぬ顔でたったか歩いて行くだろう。しかし近づいて、とりわけその目をのぞき込めば、まだ幼い男の子が持つような内気と不安がにじむ。母親の姿が一瞬でも視界から消えようものなら、慌てて手を伸ばしスカートの端をぎゅっと摑むようなそんな内気。誰かが顔をぬっと近づけてきたら思わず声

を出して泣き出してしまうような不安。でも同時に無鉄砲さと、くそ度胸も持ち併せている。家を出て広い外の世界に飛び込んでみようと思い込んだら、さっさと一人で道を切り開いていく、そんな無鉄砲な度胸。十七歳の少年はまるで羊の蹄を持つギリシャ神話の牧神パンのように、子供の感受性を持ったまま、一足飛びに大人の世界に入っていく。

十七歳の少年はたとえば父とともに腰を曲げて畑打ちをしているとき、あるいは母の代わりに薪を割り、火をおこしているとき、自分はもう子供ではないのだとふと気づいてしまう。現実を観察する能力が突如芽生えて、気づく。父はもう重い荷物を背負うことができない。幼い弟妹にまとわりつかれながら、うす暗い台所から出てきた母の目はひどく疲れている。このとき少年なりの責任感が自然とわき上がる。家族のために何か背負わなければならない。いや、もう村を出る年齢ではないか？

呉阿吉と陳清山はこうして卑南郷をあとにした。

張拓蕪も同じように自分の村をあとにした。

彼の故郷は台東からずいぶん離れたところにある。安徽省涇県《けいけん》の后山郷《こうさん》である。安徽省はどんな場所にあるか？　安徽省を時計の中心とすれば、三時の方向に江蘇省があり、五時の方向に浙江省があり、六時に江西省、九時に湖北省、十一時と十二時の方向はそれぞれ河南省と山東省がある。そして涇県は安徽省の東南部に位置する。

ここに暮らす人びとが一生のうちに目にする乗り物といったら、手押し車か川をのんびり進む木船が関の山で、汽車や自動車、フェリーを見たことのあるものなど一人もなかった。

張拓蕪の本当の名前は張時雄と言った。のちに兵隊となり、都合十一回脱走した。そのたびに名前を変えたのだが、最後の一回、高雄要塞で新しい部隊に編入されたとき、一人の諜報班長が「論語」などの四書をめくって、「拓」という字を見つけてくれた。自分でもそれが気に入り、ずっと使うことにした。ただ二文字の姓名では物足りなかったので、考えたあげく「蕪（荒れ果てるの意）」の一文字を加えた。国土は変わり果て、死別を繰り返し、自分の故郷の田畑もすっかり荒れ果てた——そんな感慨を込めたのだ。

呉阿吉や陳清山と同じく、張拓蕪は一九二八年生まれである。安徽省涇県后山郷と台東卑南郷泰安村、どちらの村が貧しかったろう？ こればかりはなんとも言えない。阿吉と清山の記憶によれば、家にはいつもコメがなかったという。拓蕪の記憶によれば、故郷にはよく首が太い人がいたという。長いあいだ塩が買えないとヨウ素が不足し、だいたい五戸に一人は甲状腺が腫れて首が太くなった。首の下に「大きなコブがぶら下がり、まるで鈴をぶら下げた家畜のようだった。小さいものは拳ほど、大きいものは洗面器ほどもあった[108]」。

拓蕪の決断は、阿吉、清山と同じ決断だった。十七歳のその年、彼は安徽省で国民党軍——第二一軍第一四五師団迫撃砲大隊第三中隊に入隊した。

入営初日、小隊長のところに挨拶をしに行った。礼儀正しくお辞儀をしているところをいきなりビンタされ、よろよろあとずさった。小隊長は四川方言でこう怒鳴った。「コンの出来損ない。敬礼もできんのか。クソッたれ！ それでも兵隊か？[109]」

十七歳の張拓蕪が最初配属になった兵種は砲兵であった。しかし砲兵とは名ばかりで、実態はただの人夫であった。ずっしり重い山砲を人力で引きずって山を越えた。荷物を運ぶラバと同じである。しかも彼の胸元には部隊番号や姓名すら縫い込まれていなかった。嘘じゃない、本当の話だ。彼の胸にあったのは古典文学によく出てくる四文字——「代馬輸卒」——馬の代わりに輸送に従事する兵卒であった！

一九四六年の冬、張拓蕪の部隊は江蘇省北部の塩城《えんじょう》に向けて行軍した。塩城という都市は国民党軍が共産党の手から奪い返したばかりで、第二一軍はその駐屯、守備を下命されたのだ。塩城に生まれ、のちに故郷を離れた子供たちには、国防大臣を務めた郝柏村《かくはくそん》大将や、台北で九歌文学出版社を創設した蔡文甫《さいぶんふ》がいた。もっとも国民党軍が奪還した当時の塩城は人っこ一人いない死の街であった。

蘇北地方は共産党が長く統治した地盤であったが、国民党軍に奪回され、城壁には今青天白日旗がたなびく。

この地を奪回するため、凄惨な戦いが繰り広げられたはずだ。しかし、十二月の凍える大地を踏み締めて入城した塩城は、明らかにどこかおかしかった。張拓蕪は疑問に思った。この城塞都市にはどうして四方を守る堀がないんだ？　中国に堀がない都市などありえないではないか！　城門をくぐり、城壁の内側に入る。さらに奇妙なことを発見した。市内をぐるりと見渡しても、塹壕がないのだ。両軍がこれほど長いあいだ抜き差しならぬ状況で対峙していて、塹壕が構築されないわけがない！

駐屯地には水源がなかった。城門のあたりに浅い水たまりを見つけた。地面からにじみ出してくるようなそれは赤や黄色でひどく汚かったが、ないよりはましだった。彼らはその水を飲み、その水で飯を炊いた。

何もない空き地に第二一軍の兵士が一人しゃがんでいた。ちり紙は贅沢品だから、お尻を拭くために石を探した。雪と氷で固まった石ころをどうにかこうにかひっぺがすと、その下には腕が一本埋まっていた。軍服を身につけた腕は、凍結して真っ青であった。

塹壕がないのではなかった。塹壕はすべて埋められていたのだ。塹壕があったであろう場所を掘り返すと、七百体の死体が埋まっていた。共産党軍兵士である。張拓蕪にはわかりすぎるほどわかっていた。

溝に冷たく横たわっていた兵士たちは、共産党軍とはいうものの、多くは無理矢理従軍させられた農村の子供たちであった。掘り出した死体の軍服のポケットにはどれも家族からもらった手紙や写真が入っていて、みな雪で湿っていた。

待てよ、と分隊長がつぶやく。もし中に塹壕があるのなら、外に堀があるはずだ。

第二一軍は城壁の外の堀があるべき場所を掘り始めた。

雪はやみ、地面は凍結していた。スコップを入れようとすれば、カンカン音が鳴るばかりである。空は鳥一羽飛んでおらず、地面は木一本生えていなかった。地上に唯一生育するのは、池のまわりを不ぞろいに取り囲む葦だけであった。池は雪に覆われ、葦は冬一面に広がる衰えのように、薄気味悪く黒い歯を突き立てていた。

のちに張拓蕪が瘂弦《ヤーシエン》の詩を読んだとき、塩城の寄る辺ない寂しさや、万物が打ち捨てられているかのような凍えた平原を、一瞬のうちに思い出した。

塩

ばあさんはどだいドストエフスキイに会ったことがない。春、ばあさんはただ一言叫んだだけ。塩、塩、塩を一つまみおくれ！　天使たちは楡の木のてっぺんで歌をうたっていた。その年エンドウ豆はほとんど花をつけなかった。

塩務大臣の駱駝隊が七百里離れた海辺を進んでいた。ばあさんの見えない瞳には一筋の海藻もなかった。ばあさんはただ一言叫んだだけ。塩、塩、塩を一つまみおくれ！　天使たちははしゃいで彼女に雪を降らせた。

一九一一年党員たちは武昌に到達した。でもばあさんは楡の木に纏足のひもをかけて首を吊り、野良犬の呼吸のなかに、禿鷹の翼のなかにもぐりこんだ。しかもたくさんの音が風のなかで死を悼んだ。塩、塩、塩を一つまみおくれ！　その年エンドウ豆はほとんどみな白い花をつけた。ドストエフスキイはどだいばあさんに会ったことがない。

（『深淵　瘂弦詩集』松浦恆雄訳、思潮社）

堀の中から見つけ出した死体は三千体以上。その全員が国民党軍第四九軍所属の兵士であり、胸には「鉄漢」の縫いつけがあった。王鉄漢《おうてっかん》の部隊である。掘り出された遺体の顔は寒さのあまり、みな青黒くなっていたが、眉目は整い、多くは目を開いたままだった。突き出た目が荒漠の空を見つめる。まるで酢漬けにした魚のようであった。

三千体を超える死体の多くは、きっと十七歳の少年であったろう。

第二一軍がそれまでに飲み、粥を煮ていたあの水たまりの赤や黄色の水は、溶けた雪が死体と混じって、徐々ににじみ出してきた血の水であった。

張拓蕪の部隊が名もない死体たちを改葬していたころ、呉阿吉と陳清山がまさに高雄鳳山から行軍を始めていた。分隊長は、昼には帰ってきて食事をとるから荷物は置いていけ、と言った。しかし、彼らはずっと歩き続けた。命令が彼らの歩みを止めたとき、そこは高雄港であった。一隻また一隻と輸送船が埠頭に接岸する。彼らを中国の戦場に送るのだ。

一九四六年、深い冬であった。

53　一九四二年、台湾の少年たちが歌う君が代——花と散るなら桜の花よ

呉阿吉と陳清山、張拓蕪は一九二八年生まれの子供たちであった。それより少し早く生まれた彼らの〝兄〟たちは、何年か前に十七、八歳あるいは二十歳という転機の年を迎え、人生の重大な決定を下していた。たとえば彼らより五歳上の蔡新宗《さいしんそう》、あるいは八歳上の柯景星《かけいせい》。蔡新宗の家は日月譚の魚池《ぎょち》郷にあり、柯景星は彰化にある和美《わび》の人であった。彼らが二十歳を過ぎ人生の転機を迎えたのは、支配者の変わった一九四五年ではなく、まだ戦争中の一九四二年であった。台湾はまだ日本の国土に含まれていた。蔡新宗は「藤村茂」という日本語名に変えており、柯景星もじきに「河村輝星」となる予定であった。

ほかの台湾の子供たちがそうであったように、柯景星と蔡新宗は毎朝登校したら必ず、校長先生の号令のもと、まず日本の皇居に向かって遙拝した。そして日の丸の掲揚を敬礼して見つめ、そのあと国歌を斉唱する。国歌は「君が代」といった。美しい歌詞は中国の「楚辞」の味わいがある。もっとも子供たちは「楚辞」を習わなかったが。

皇祚（君が代）
皇祚連綿兮久長（君が代は）
萬世不變兮悠長（千代に八千代に）
小石凝結成岩兮（さざれ石のいわおとなりて）
更岩生綠苔之祥（こけのむすまで）

子供たちが授業で習ったのは「教育勅語」であった。一八九〇年、天皇の名で発布されたそれは、子供たちに「一旦緩急あれば義勇公に奉じ以て天壌無窮の皇運を扶翼すべし」と教えた。少年になり、次は「軍人勅諭」を学んだ。一八八二年発布のそれは、「忠節を尽す」「礼儀を正しく」「武勇を尚ぶ」「信義を重んず」などの軍人精神を彼らに教えた。こうした品格の鍛錬とは、なべて「天壌無窮の皇運」に忠義を尽くすために行われた。

太平洋戦線が緊迫していくにつれ、植民地の思想教育も積極的なものに転換していった。誰もが口ずさむような台湾の流行歌は、新しく日本語の歌詞がつけられ、行進曲のリズムに変更され、次々と軍歌に生まれ変わった。「月夜愁（月夜の愁い）」は「軍夫の妻」という歌になり、「望春風（春の風を望めば）」は「大地の召喚」に姿を変えた。周添旺《しゅうてんおう》が作詞し鄧雨賢《ていうけん》が作曲した「雨夜花（雨の夜の花）」*3はそのたおやかさと奥床しさが人びとに愛され、井戸端や市場であまねく歌い継がれていた。もともとは思春期の少女が傷つきやすい自分を歌った歌であった。

雨夜花　雨夜花　受風雨吹落地
無人看見　瞑日怨嗟　花謝落土不再回
花落土　花落土　有誰人通看顧
無情風雨　誤阮前途　花蕊凋落要如何

雨の夜　風に吹かれて花は落ちた

見てくれる人はいない　夜に嘆く　花は落ちて二度と戻らない
花は落ちる　放ったらかしのまま
雨は無情で　私の夢の邪魔をした　花は枯れてもうそれきり

流行歌の伝播力は強い。だからこの「雨の夜の花」は、メロディに手を入れられ、歌詞を改変され、「栄誉の軍夫」という新しい名前になった。

赤い襷に誉れの軍夫　うれし僕等は　日本の男
君にささげた男の命　何で惜しかろ　御国の為に
進む敵陣ひらめく御旗　運べ弾丸　続けよ戦友よ
寒い露営の　夜は更けわたり　夢に通うは　可愛い坊や
花と散るなら　桜の花よ　父は召されて　誉れの軍夫▼110

（栗原白也詞）

54　台湾人志願兵――誇りを持って南十字星の下の戦場へ

〝弟〟たちがそれから三年のちに、列をなして国民党軍に応募したのと同じように、一九四二年、〝兄〟たちも大変な努力をして日本軍に応募した。「陸軍特別志願兵」の募集が台湾で始まったのだ。第一期、日本軍が募集した兵士はたった千名。にもかかわらず四十二万人もの台湾人が応募し、狭き門を争った。しかも多くの青年が血書を付し、国のため犠牲になる決意を示した。第二期も同じく千人の枠しかなく、応募した「熱血青年」は六十万に上った。一握りの合格者たちは家族や郷里の誇りであった。合格できなかった者のなかには、敵をやっつけるという熱い志が遂げられず不満と失意に自殺する者さえいた。

　戦争が始まったころ、台湾人青年に日本兵になる資格はまだなかった。「軍人、軍犬、軍馬、軍属、軍夫」の〝階級〟のうち、軍属、ないしは軍夫にしかなれなかった。つまりもっぱら前線兵士のための輸送や後方支援を担ったのだ。一九四二年になり、太平洋戦争の前線が危険の縁まで拡大したころ、日本軍はようやく台湾で「志願兵」の募集を始めた。日本厚生省が一九七三年にとった統計によれば、一九三七年から一九四五年に台湾総督府が募集した軍属と軍夫は十二万六千七百五十名で、一九四二年から四五年に募集した軍人は八万四百三十三人。合わせて二十万七千八十三名であった。二十万人あまりの台湾人青年のうち、三万三百四名が戦死した▼[111]。

　南方戦線に送られた台湾の青年たちは、高温多湿で伝染病蔓延るジャングルの夜に、星の瞬く空を仰いでこんな歌を口ずさんだ。誰もがよく知る「台湾軍の歌（太平洋の空遠く）」という歌だ——。

　太平洋の空遠く　輝やく南十字星
　黒潮しぶく椰子の島　荒浪吼ゆる赤道を
　睨みて立てるみんなみの
　護りは我等　台湾軍

あゝ　厳《げん》として　台湾軍
歴史は薫る五十年　島の鎮《しず》めと畏《かしこ》くも
神去りましし大宮の　流れを受けて蓬莱に
勲《いさお》をたてしみんなみの
護りは我等　台湾軍
あゝ　厳として　台湾軍

歌詞に出てくる「南十字星」は、南半球にある、いわば北斗星にあたる星座で、北半球ではほぼ見ることができない。夜空に輝く二筋の星が「十」の字を描いて交わり、果てしないロマンと追憶をかき立てる。

それから五十年後、ボルネオ育ちの小説家、李永平《りえいへい》*4は幼年期の思い出として、父が話してくれたことを書き残している。彼の父がよく耳にしたのは、日本軍が行軍するときの重苦しく、なお一糸乱れぬ軍靴の音であり、また日本兵が慰安所でべろんべろんに酔っ払ったときに男女大勢で歌う、「月夜の愁い」や「雨の夜の花」の悲壮感漂う歌声であった。

二十歳前後の若者だった柯景星と蔡新宗は、天にも昇るような気持ちで日本軍の一員に加わり、南方へ送られて「連合国軍兵捕虜収容所」の「監視員」となった。彼らはまず一九四二年七月、嘉義の白河駐屯地で基本軍事訓練を受けたのだが、そこで柯景星はびっくりした。なんとビンタの訓練があったのだ。二列に向かい合って並んだ新兵がお互いにビンタする。強く正確にたたかないと合格できなかった。「軍属」の身分を手に入れた途端、通りを歩いているだけで少年たちは武者震いがした。ある少年はさっそく日本軍指定の商店に行き、日本の戦闘員がかぶるような帽子を買った。まだ子供っぽさが残る顔を店の鏡に映して、帽子を載せる。なかなか似合ってるぞ、と満足げに店を出た。いつもはぶらぶらしている少年と見れば、呼び止めて偉そうに説教をたれる警察も、いまは彼らに敬礼するのだ。少年の心は、国に報いることの高揚感と栄誉で満ち満ちていた。

八月三日、短い訓練を終えた台湾の少年たちは、親兄弟に別れを告げた。今生の別れというような重苦しさは微塵もなく、みな足取り軽やかに村を出発した。心踊るような気持ちはまるで、遠足の集合場所に走る子供のそれと同じであった。

台湾の各地から南へと、少年たちが続々と集まってくる。最終の集合場所は高雄港である。

埠頭にはとても大きな倉庫があって、トタン屋根がふいてあった。貨物船を改造した輸送艦が埠頭に接岸し、フォルモサの少年たちを待ち構える。彼らを南十字星の下の戦場へ送るために。

55　捕虜収容所の台湾人監視員たち——クーチン、サンダカン、ラバウルへ、

八月三日。ミッドウェーの激戦からすでに二カ月がたっていた。二日間にわたるこの海戦で日本は航空母艦四隻、重巡洋艦一隻、航空機三百三十二機を失い、三千五百名に及ぶ戦死者を出した。この敗北をきっかけに日本軍は劣勢に転じた。それ以降、太平洋水域を航行する日本艦船は軒並み、連合国軍の魚雷、潜水艦、飛行機による攻撃の脅威にさらされることとなった。蔡新宗と柯景星を乗せた「三池丸」もまた、高雄港を出港すると、天を洗うごとき黒波を切り、魚雷を回避するためジグザグ航行で南をめ

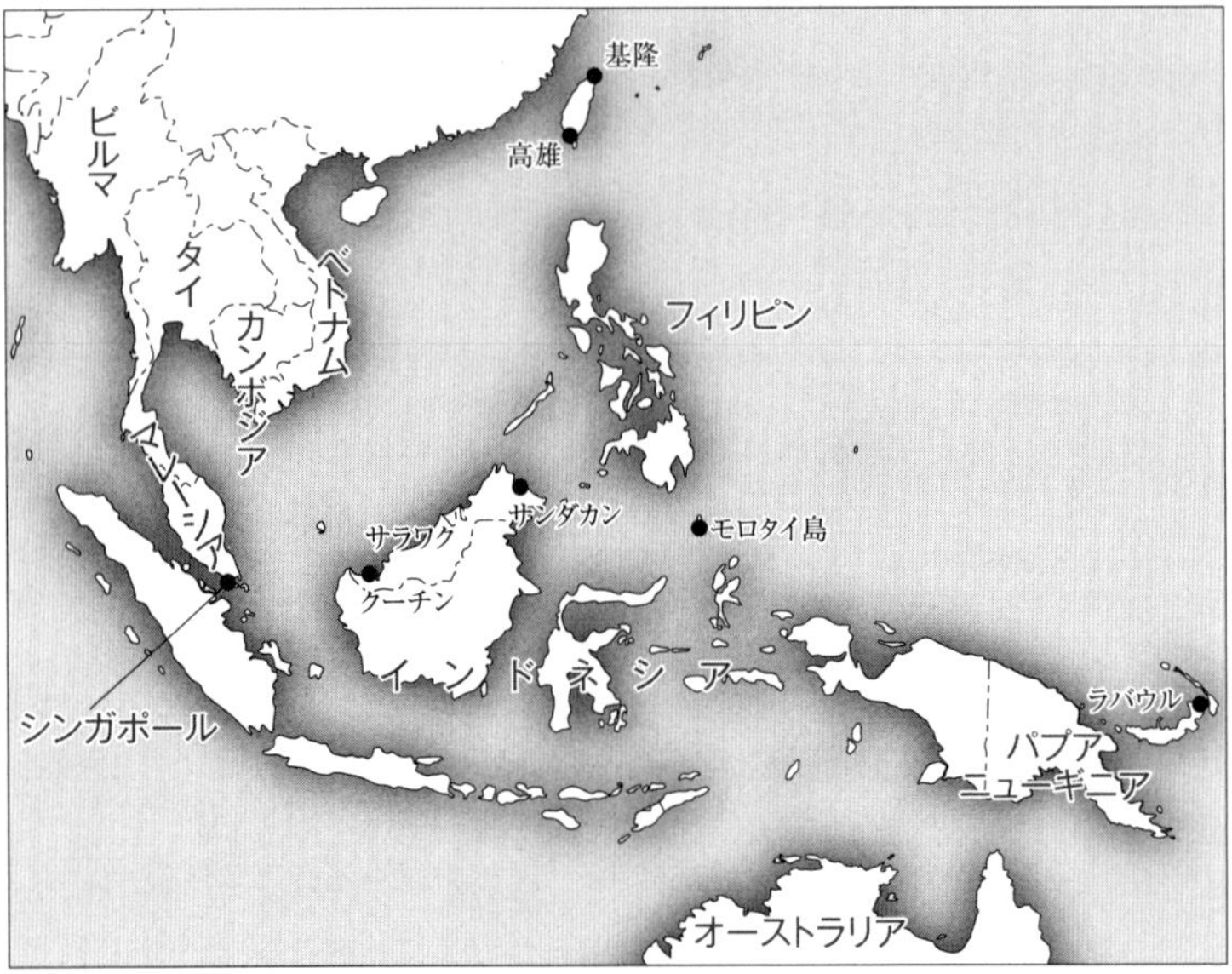

ざした。

もっとも空中から攻撃されれば、機関銃は上空からでも三層の鉄板を撃ち抜く。どうしたって逃げ切れるものではない。

一カ月後、ボルネオ島のクーチンという小さな町に到着した。現在で言えばマレーシアのサラワク州にあるここから、少年たちはそれぞれの道を歩み始めた。蔡新宗は本部であるクーチン捕虜収容所に配属となった。彼は「戦場の覚悟」という作文を書いた。小さな楷書で書かれた日本語は長官を驚かせるほどの出来映えで、さっそく収容所文書係の仕事を与えられた。柯景星は北ボルネオのラブアン島に派遣された。故郷を離れてからつらい日々をともにし、助け合ってきた多くの戦友たちは、ボルネオ北部、現在のサバにあるサンダカンという小さな町に配属となった。

呉阿吉と陳清山の〝兄〟たちはこうして、台湾の片田舎から南方戦線へとやってきた。初めて目にする手つかずのジャングルと、滔々と流れる太古そのままの大河。岸辺には単独峰のように天を突く木々が、アリンコのような人を見下ろす。ワニのように巨大なトカゲが混濁した河を悠々と泳いでは、長いしっぽをずるずる引き上げ、浅瀬の岩に横たわる。王のような格好で、ロウ作りのような瞳で、河岸の人びとを見る。

その後もフォルモサの少年たちが次々と南太平洋へ、台湾から三千キロも先のニューギニアにまで送られた。たとえば南投埔里《ほり》出身の四十人はみな十八、十九歳であったが、「台湾特設勤労団」に参加し、日本海軍基地があったラバウルに派遣された。ラバウルには十万の精鋭が配備され、連合国軍による連日連夜の爆撃により、食糧の補給は途絶え、島での自給を強いられていた。埔里の少年たちは神経を張り詰め、毎日昼夜なく忙しく働いた。農地を開墾して大量の野菜を栽培し、前線の兵士に供給しなければならない。

彼らの仕事はまだほかにもあった。防空壕と墓穴を早急に掘らなければならなかったのだ。遺体五十体に一つ、埋葬用の大きな穴を掘った。定数に達するまでの間は美しいヤシの葉で死体を覆い隠しておく。火葬をするには大量の木材と油が必要だった。戦争末期、死体は多すぎて、燃料はいつも足らなかった。埔里の少年の任務は死体を手首で切り落とし、手だけを燃やしてその遺骨を日本に送還することだった。言うまでもなく、それも最後には指一本となり、わずかばかりの骨が遺族に返された▼112。

南方にあって彼ら台湾の若者は、凛々しい日本軍服を身にまとい、銃剣装着の歩兵銃を肩にかけ、胸元には日本名を縫いつけ、監視兵として収容所前に立っていた。彼らが監視していたのは日本軍の捕虜となっていた連合国軍兵士たちである。白人兵士に砂利を運ばせ、穴を掘らせ、銅を採掘させ、飛行場を建設させる。飢餓がもっとも深刻な状態でこうした苦役に従事させせた。

連合国軍兵士と言うが、これもまた十八、十九歳の若者であった。オーストラリア兵であれば背は高く、金髪に青い眼の者が多かった。もしシンガポール攻撃で集団投降したイギリス軍であれば皮膚が黒く、眼をらんらんと輝かせるインド人兵が多かった。

クーチン、サンダカン、ラバウルには、日本軍が設置した大規模な捕虜収容所があった。一見日本人兵に見えたであろう彼ら台湾人監視員は、自分がそこでしていることに、はっきりとした自覚があったのだろうか?

56 トウモロコシ農場で出会った元米軍兵捕虜——ダイアンのお父さんの心の傷

あれは一九七七年のこと。私はアメリカ留学中だった。大学院の同級生、ダイアンがある週末、私を家に招待してくれたことがあった。カンザス州の農場はどれもとても大きい。どれくらい大きいかというと、飛行機に乗らないと自分のトウモロコシ畑を全部見回ることができないというのだ。彼女は笑って言った。「うちのはそんな大きくないのよ。まぁ、確かに肉眼じゃ端が見えないんだけど」

アメリカ中西部の秋。空はどこまでも透き通っていて、仰ぎ見るとふと不安になる。まるで私という存在すべてが、果てしない藍色に吸い込まれてしまったかのよう。私たちは収穫を終えたばかりのトウモロコシ畑のかたわらに立っていた。たくさんのカラスが畑を歩き回り食べ物をつついていたのだが、突然騒がしくいっせいに飛び立った。遠くからゴーゴーと音をたてて一台のトラクターがやってくる。収穫がすんで凸凹に地面をあらわにした畑を、砂ぼこりを巻き上げて走ってくる。

「パパよ」と、ダイアンがトラクターの運転席に向かって手を振る。
「ダイアン！」遠くから、喉が張り裂けんばかりの声でダイアンのお父さんが叫ぶ。「友達かい？ そいつぁ、いい」

トラクターのタイヤは人の背より高い。農作業用ズボンをサスペンダーで留めたダイアンのお父さんはエンジンを止めると、難儀そうに運転席から体を抜き、そろりそろりトラクターから降りてきた。帽子をかぶっていて、顔がよく見えない。歩き出した彼を見て気づいた。やせ細ったその足は左右長さが異なり、明らかに一方を引きずっている。

ダイアンが飛びつくようにお父さんを抱きしめ、キスする。お父さんは大きく笑って、「痛いよ！ 年寄りなんだ。骨が折れちゃうよ」と娘を抱きしめながら、私のほうに顔を向けた。

彼は私を一目見るなり色を失い、次の瞬間、さっと表情を暗く沈ませた。挨拶しようと伸ばした私の手は、中空に置かれたまま行き場を失った。

すると一瞬きょとんとしていたダイアンが何ごとか悟ったように、さらりとこう言った。「パパ、彼女は日本人じゃないわよ。中国人なの。台湾人でもないわ」と、面食らってる私に目配せをした。

ダイアンは私の手とお父さんの手を左右それぞれに繋いで、半ば引っ張るようにして大きな白い家へと歩いていく。家に着くまで、ダイアンは甘えた声でお父さんと話していた。

夕食をすませ、私は早々とベッドで丸くなった。柔らかな毛布にくるまり、窓の外を見ていた。清らかでしたたるような月の光が、広々と緑の生い茂る畑を無言で照らす。どこまでもとろけるように美しい。穀倉のあたりから伝わってくる犬の低い遠吠え。どうやら乳牛が畜舎でうろうろしているらしい。

ダイアンがはだしで入ってきた。パジャマに着替えた彼女は長いブロンドの髪をバサッと肩まで下ろしている。その手に茶色いクラフト封筒を持っていた。

ベッドに飛び乗り、彼女は猫みたいに四本の手足を伸ばした。そして封筒から色褪せた二枚の紙を取り出し、丁寧に毛布の上に広げた。しわしわで黄ばんだそれは、五〇年代のタイプライターが打ち出した書類らしい。長い時間を経てちょっと汚く見えた。しかも見るからに脆く劣化した紙は、めくるだけで粉々になりそうだ。

「パパは空軍だったの。一九四二年、二十一歳のときママと婚約したばかりで、太平洋戦争に参加したの。ある島を攻撃したとき飛行機を撃ち落とされて、日本人の捕虜になった。ママから聞いたんだけど、戦後、収容所から帰ってきたときは、骸骨みたいにがりがりで怖かったって。肋骨が一本一本くっきり浮き出て、目のくぼみが洞穴みたいだったって。ママがそう言ったのよ」ダイアンは両手で左右の目の前に洞穴を作ってみせ、笑った。「しかもひどい鬱病になって、病院でゾンビみたいに丸々半年間横になってたの」

「何ていう島?」と訊いた。

「知るわけないじゃない」と私をちらりと見て言った。「太平洋のどこかよ。たしかオーストラリア軍が守備についていたけど、日本軍に奪われたっていう。そのあと連合国軍が取り戻した。たしかニューギニアのどこか……」

「ニューギニアのどこ?」

うんざりしたらしく彼女はこう言った。「知らないわよ。オーストラリアから近いんでしょう? 鼻に穴を開けた種族がいて……」

部屋に戻ろうとして、ダイアンがドアのところで振り返った。そして小さい声で付け加える。「収容所の中で何があったのか、あれから何十年、パパはいっさい口にしないの。私たちが知ってるのは新聞に書いてあるようなことだけ。あとは古い書類に残ったパパやパパの戦友の記録くらい。ほらそれ、見てみてよ。もしかしたら今日パパが変だった理由がわかるかも」

57　自らの手は汚さずに——アメリカ前陸軍航空隊少尉の証言

元陸軍航空隊少尉ジェームズ・マックマレー　証言書
主旨　ラバウル捕虜収容所実態調査
聴取場所　ジョージア州コロンバス市
聴取日時　一九四八年七月二十一日

問　捕虜になった経緯を述べてください。
答　一九四三年一月二十日、私はB24航空機を操縦していました。任務はニューギニアのウェーク島爆撃です。飛行機は日本軍の砲撃を受け墜落しました。戦友が二名即死し、私を含む九名が捕虜となりました。捕虜になったあと、日本軍はわれわれの手足を電線できつく縛りました。あまりにきつかったため、私たちの手首や太ももは三倍に膨れ上がりました。水がなく、食物も与えられませんでした。彼らはわれわれから部隊の情報を聞き出そうとし、何も言わなければ棒で殴りました。われわれはその後ラバウル捕虜収容所へ送られました。

問　捕虜の食料と衛生設備、医療設備について説明してください。

答　白飯と水しかありませんでした。配給は一日六オンス（百七十グラム）だけです。まれに小指ほどの干物が一匹、飯の上にのっていました。衛生設備はありません。医療設備もありません。捕虜の九十パーセントが虐待を受けて死亡しました。

問　その後送られた「トンネル捕虜収容所」の状況について説明してください。

答　実際それはトンネルというようなものではなく、山に向かって掘り進められた洞穴でした。われわれは二十四時間ずっと手錠に繋がれ、しかも穴がひどく小さかったため、みんな背中をくっつけて立っているしかありませんでした。最初の三日は水も食べるものもありませんでした。そこに三週間閉じ込められました。

問　あなたが目撃したマラリアの人体実験について述べてください。ヤードチン伍長とランニーゲン伍長はどのように死にいたったのか？　東京で行われた戦犯への尋問のなかで平野軍医は、事前に捕虜からの同意を得ていたと証言していますが、それは事実ですか？

答　私の知る限り平野軍医が実験台にした捕虜は五人いました。ヤードチンとランニーゲン、そして自分が含まれます。われわれ五人は三日毎に血を抜き取られます。そのあと軍医が、マラリアにかかった日本軍兵士の血をわれわれの体に注入します。われわれは自ら望んだのではありません。ヤードチンとランニーゲンは死にました。この実験が原因であることは明らかです。

問　菊池大佐は捕虜収容所の指揮官であった。君の知る限り、捕虜への暴力行為に彼自身が加わっていたか、いなかったか？　あるいは彼は部下に対してそれを下命したかどうか？

答　指揮官の下命があろうとなかろうと、兵士はみな暴力をふるいました。彼本人が自らの手を汚す必要はいっさいありません。

ジェームズ・マックマレーは以上の証言が事実であると宣誓します。
証人　ジョージ・ハン

58 ビルが描いたサンダカンのスケッチ――連合国軍兵捕虜への虐待

太平洋戦争が勃発したとき、まだ十五歳だったビルは、十八歳と年齢をごまかして入隊した。オーストラリア国軍第八軍の兵士として、イギリス軍との共同作戦でシンガポールの守備についた。十八歳を騙ったビルも、背は確かに高かったが、顔はまだまだ子供だった。

彼は兵隊になって国に報おうとした。中国の青年たちと同じようにである。だが思いもよらなかったことに、一九四二年二月五日に始まる日本軍のシンガポール攻撃により、十万人のイギリス・オーストラリア・インド連合軍はたった一週間で総崩れとなり、全員が捕虜となった。チャーチルは憤慨してこう言った。これはイギリス史上最大規模の投降であり、またもっとも痛ましい惨事である、と。シンガポールで武装解除されたビルたちオーストラリア軍兵士千五百名あまりは、七月八日より何隻かの大型船に押し込められ、一路北へ向かった。ボルネオの捕虜収容所に送られたのである。

ビル（Bill Young 提供）

とても大きな望遠鏡が満月と同じくらい高い空にかかっているとしよう。

接眼レンズをのぞき込んで、シンガポールからひょいと東北にずらして台湾島に焦点を合わせてみる。ほら間違いない。何万人の英豪捕虜とともにビルがシンガポールからボルネオに送られたのとまったく同じ日、彰化の柯景星と日月譚の蔡新宗、そして千人を超える台湾の少年たちが真新しい軍帽を頭に載せ、嘉義の白河駐屯地に足を踏み入れ、訓練を開始した。捕虜収容所監視員になるため、彼らは真剣にビンタの練習をした。囚人管理を学び、射撃訓練、体力訓練にいそしんだ。

太平洋戦争の激しさはいま沸点に達し、日本軍はもがけばもがくほど沈む泥沼にはまっていた。北ボルネオの首都サンダカンの何もない熱帯雨林のど真ん中に、日本軍は戦闘機用滑走路を二本、是が非でも建造しなければならなかった。インドネシアから捕えてきた三千六百人を軍夫とし、さらに占領地より連合国軍兵捕虜二千七百人を運び、強制労働を行った。

サンダカンへ送られたとき、ビルは十六歳になっていた。絵の才能があった彼は、ちびた鉛筆を靴底に隠し持ち、盗んだ紙にスケッチを描いた。トランプほどの小さな紙に、その目で見た時代を記録した。▼113

戦後、残虐極まりない「捕虜虐待」の象徴となったサンダカン捕虜収容所。十六歳だったビルの印象に残っているのは鉄条網である。生活はすべて鉄条網の内側で行われた。そして毎日ゲートから出かけ、終日労役に従事した。使えたのは鍬、スコップ、天秤棒、竹籠といった原始的な道具ばかりであった。まるでスプーンでトンネルを掘るがごとく、愚直に飛行場と防空壕を建設した。炎天下、多くの捕虜が太陽に焼かれた石の山にぶっ倒れ、あるいはジャングル特有の熱病に襲われ、痙攣を起こしながら死んだ。

英豪捕虜の記憶に残る、もっともありふれた懲罰コースといえば、フォルモサの若者たちが白河訓練

ビンタの勢いでデニッシュの眼鏡が足もとに落ちた。（Bill Young 提供）

所でわざわざ習得したビンタであった。

ある日、仕事を終えて宿舎に戻ろうとしていたデニッシュとのっぽのジョークは、ゲートわきの日本兵に向かっていつものように敬礼をした。敬礼のやり方が間違っていたのか、あるいは日本兵がひどくつまらないやつだったのか、二人は呼び止められ、向かい合って立つよう命じられた。デニッシュの背はジョークの胸元くらいしかない。

続いて日本兵が二人にビンタを命じた。これは日本兵がいちばんよくやる暇つぶしである。ジョークは軽くデニッシュを一発ぶった。デニッシュも一発返す。

「もっと力を入れろ！」大声で叫ぶ日本兵。（略）デニッシュにはわかっていた。もしジョークが本気を出したら、自分は間違いなくぶっ倒れてしまう。何回ビンタさせてもらちが明かず、業を煮やした日本兵は「こうやるんだ！」と叫び、デニッシュの顔めがけて一発殴った。デニッシュはよろけてあとずさる。でもなんとか耐えた。地面に倒れたらおしまいだ。日本兵に足蹴にされ、自力で立ち上がるか、死んでしまうまで彼らは蹴りをやめない。

ビンタの勢いでデニッシュの眼鏡が足もとに落ちた。腰を曲げて拾おうとした手を、日本兵は銃床でガンガン打ち付けた。眼鏡と手が砕けた。さらに飢餓で浮かび上がった肋骨に向かって銃床を打ち下ろし……。（略）

虐待は常にあった。

ある捕虜はぎらぎら照りつける太陽の下で、気をつけの姿勢のままずっと立たされ続けた。また別の捕虜は、万歳の格好で重い石を持たされたまま、そのわき腹を日本兵の銃剣で刺された。デニッシュが実際に見た虐待では、ある少年兵捕虜が木の下に宙吊りにされ、日本兵は少年の太腿のあいだに向かって銃剣を突き刺し……。（略）

「絶対に逃亡いたしません」という念書へのサインを拒んだスコットランド兵捕虜がいた。彼は後ろ手に縛られ、木の幹にくくりつけられた。日本兵が幹の後ろを銃床でガンガン打ちつけ、すばやく飛びのく。次の瞬間、樹の穴からブワッと赤アリがわき出し、動けない捕虜に群がった。彼は同じ姿勢で縛られたまま三日四日放置された。大便も垂れ流しであった。その後、彼が生き延びたのかどうか、デニッシュは知らない。（略）

毎日朝になると死体が増えていた。収容所の周囲にある墓地まで運び、彼らを埋葬した。▼114

捕虜たちの口に上る「日本兵」には、実は少なくない台湾出身の監視員が混じっていた。彼らは第一線で捕虜に接し、その管理をする人員であった。鉛筆を盗むことに成功したビルは、冷静沈着なカメラマンのように捕虜収容所で経験した一コマ一コマを残した。彼の〝写真〟にはいつも監視員が写っていた。彼らは食料の配給者であり、奴隷の監督者であり、鍵をじゃらつかせた牢獄の見張り番であり、はたまた暴力をふるう権力の象徴でもあった。ビルも、あるオーストラリア人パイロットの災難には目を覆った。監視員の銃剣に脅されるまま、彼は穴を掘った。掘り終わると穴の前にうずくまり、待ち構える。「日本兵」が軍刀で彼の首をはね、切り離された頭と胴体は、その穴へすとんと転げ落ちた。

同じころ、同じ場所で、彰化の若者であった柯景星は歩兵銃と五十発の弾、銃剣、ゲートル、防毒マスクなどの装備を支給され、銃剣と剣術、射撃の訓練を受けた。彼は監視員であったが、下命され戦場

サンダカン捕虜収容所、1942 年 8 月
（Bill Young 提供）

に赴く準備を終えた。天皇のために犠牲となるのだ。

59 監視兵が戦犯になり――ラバウル軍事裁判で裁かれた台湾人

私はビルを見つけ出した。八十歳を超えた彼は今、オーストラリアのシドニーに住んでいる。電子メールを送った。一時間後、私のパソコンにビルからの返信が届いた。

彼の言い方はこうだ――どの収容所も例外なく地獄だったわけではないし、監視員が一人残らず悪魔だったわけでもない。クーチン捕虜収容所に送られたとき、ビルはけがをしていたが、台湾の監視員は傷の手当てをしてくれた。尋問中に悪化しないよう、丁寧に腕を吊ってくれたのだ。

収容所の食糧支給がとうとうゼロになったころ――なにしろ日本軍自身も食べるものがないのだ――伝染病が吹き抜ける風のようにはやり出し、さっと一吹きすればバタリと誰かが死んだ。捕虜たちは毎日戦友の亡骸を運び出し、穴を掘って埋めた。名前と生年月日、死亡年月日を書いた木っ端を地面に立てる。そこは巨大な墓場となった。

ビルがサンダカンの捕虜だったころ、台中出身の周慶豊《しゅうけいほう》はサンダカンの監視員であった。ビルとほとんど同い年の彼はいま、故郷である台中に住んでいる。彼が覚えているのはこんな風景だ。「白人は、病死した兵士の亡骸を軍用毛布でくるみ、地面に並べる。かたわらに立って見送る戦友が、親しげにその顔をのぞき込む。そして頭を垂れ、しばらくお祈りを捧げたあと、声もなく泣く▼115（略）」。一九四五年の終戦後、人びとは徐々にではあるが、一つの事実を知ることになる――ビルを含むサンダカンのオーストラリア兵捕虜千五百名のうち、その三分の一が虐待により命を落としていた。

東京裁判の判決結果からわかることがある。日本の捕虜収容所に収容された連合国軍兵は合わせて三十五万人いたが、平均すると百人の捕虜のうち二十七人が死んだことになる。これはドイツおよびイタリアの捕虜収容所における連合国軍兵士死亡率の実に七倍である。恐ろしくなるほどの差だが、日本軍の捕虜収容所における中国人の死亡率は白人とくらべてもなお飛び抜けて高かった。


戦争が終わった。幸運にも生き残ったビル、そしてダイアンのお父さんとその仲間たちは家路についた。一方、フォルモサの監視員はその後、希望を胸に仲間とともに旅立ったあの日には考えも及ばなかった運命をたどる。戦後、日本に対する裁判で、百七十三名の台湾人兵が起訴され、うち二十六人が死刑の判決を受けたのだ。

台湾籍監視員の起訴状にある「起訴理由概要」を開けば、その生々しく残酷な記述に戦慄を覚える。


——昭和十八年（一九四三年）三月三日、ラバウル丸木桟橋付近で、中国人捕虜二十四名を洞穴の中に追いやり、火器によりこれを殺害した。また三月十一日にも同じ地点で同じ方法を用い、中国人捕虜五名を殺害した。

——昭和十九年（一九四四年）ラバウルにおいて（略）治療のため入院させてやると三名の中国人労働者を謀り、連れ出したうえこれを斬殺した。

——昭和二十年（一九四五年）七月四、五日の両日中、被告はラナウでの作業に向かう途中、病気で倒れたオーストラリア兵捕虜××の頭、腹、睾丸を蹴り、翌日死にいたらしめた。

——昭和二十年（一九四五年）八月一日、英領北ボルネオ、ラナウ付近において、姓名不詳の捕虜約十七名を違法に殺害した。

二十二歳の柯景星はほかの台湾人青年六名とともに被告となった。起訴理由はこうだ。

北ボルネオ、ミリ付近において、姓名不詳の捕虜約四十六名を刺殺および射殺した。[116]

彼ら七人は死刑の判決を受けたが、一カ月後の再審で禁錮十年に減刑された。

それから数カ月がたった一九四六年初め、判決を受けた台湾人青年たちはニューギニアのラバウルへ移送された。

ラバウルは、戦時においては日本軍が集結していた重要拠点であり、結果、連合国軍の爆撃目標となり、戦後は太平洋地区の軍事裁判会場となった。解放された連合国軍兵捕虜がラバウルの埠頭で帰還船を出迎えていたのと同じころ、それまで捕虜を監視する側であった台湾人兵は監視される側になりかわった。たった一夜の早変わりであった。それまで連合国軍将兵を閉じ込めていた収容所へ、羊の群れのように送り込まれる。収容所の慣れ親しんだ施設は以前と何も変わらず、しかしいま、捕虜は監視兵となり、監視兵は捕虜になった。

60 「これは天が殺すんだ。私が殺すんじゃない」——禁錮十年と言い渡されて

二〇〇九年二月二十六日
台湾彰化県和美鎮　柯景星宅
柯景星　八十九歳

大正九年、つまり一九二〇年、柯景星はこの伝統的な三合院《さんごういん》（閩南《みんなん》式家屋）に生まれた。赤れんがの建物をうっそうとした竹林が囲む。その外はゆらゆら水が揺れる大きな田んぼである。二十二歳でこの家を出て、次に帰って来たときには、十年以上の歳月がたっていた。私が訪ねたとき、彼はもう九十歳の翁であった。「コ」の字に並ぶ家は崩れ、門の正面にある母屋の屋根は落ち、割れた瓦と崩れたれんがが床一面を覆う。黄色い花たちがその隙間で負けじと咲き誇る。雨が打ちつけてまだらになった壁に木の札が下がり、筆で家族の名前が書いてある。「お参り用です」と柯さん。札はもう朽ちて、打ちつけた釘も錆びて頭がない。消えかけた名札から、柯さんは真ん中の二文字を指さす。「これは父です」。

柯景星

黙っていた柯さんがまた口を開く。「父は私に詩を教えてくれました。まだ少し覚えています——三更《さんこう》の灯火　五更《ごこう》の鶏、正にこれ　男児の立志どき（夜明けから夜中まで努力しろ。男子、志を立てるとき）」（顔真卿《がんしんけい》「勧学詩」）

柯さんの記憶はまるで、時の流れにさらして現像した、露光過多のモノクロ写真のようだ。線や光があちらこちらに現れては途切れ、でも輪郭と魂は確かに存在している。

龍應台（以下、龍）　四十六人の捕虜についてお話していただけますか？

柯景星（以下、柯）　杉田鶴雄隊長が私に人を殺すよう命令しました。彼の軍刀は天皇の菊紋を戴いていました。命令に背いたら、われわれが殺されます。

龍　捕虜を殺したとき、捕虜はどこに立っていましたか？　柯さんと隊長はそれぞれどこに立っていたのでしょう？

柯　四、五十人の捕虜をわれわれは取り囲みました。杉田隊長が「弾込め」と叫びました。そして全員銃刀で刺し殺しました。われわれは銃刀の使い方を教えられていました。教官は天皇の前で試技をして一等になった人でした。

龍　捕虜を囲んだ者のうち、台湾人監視員は何人いましたか？

柯　十何人です。

龍　捕虜を殺したとき、銃で撃ったのではなく、銃刀で刺したとおっしゃった？

柯　発砲は危険です。味方を撃ってしまうかもしれませんから。みな銃刀で刺しました。一人ひとり刺し殺しました。私は少し離れた端に立っていましたら、インド兵が一人足を引きずりながら私の足もとまで逃げてきました。私は彼に向かって「これは天がお前を殺すんだ。私が殺すんじゃない」と言って突き刺しました。もう一人、助けてくれと叫んでいる者がいました。イギリス兵です。清水という兵が私にそいつを殺せと言ったので、私は言い返しました。「おまえのほうが背が高いくせになぜ殺さない。背が高いから刺しやすいだろう」。イギリス兵は水溝の中に隠れて「助けて」と叫んでいました。叫ばなければ気づかれなかったのに。私は清水に言いました。「背が高いんだからおまえがやれ」。

龍　全員を殺したあと、その四、五十体の死体はどう処理したのでしょう？

柯　大きな穴を掘って、全部放り込みました。

龍　そのあと、どうやって人殺しの証拠を隠滅したんですか？

柯　人の頭蓋骨がどんな脆いか、どれくらいの大きさか、あなたは知らない。

龍　捕虜を殺してから、どこへ行きました？

柯　誰かが水を汲んできて、みんなで飲み干しました。そのあとそのままそこにとどまりました。

龍　捕虜収容所はもう空っぽで、連合国軍がじきにやってくるというのに、どうしてまだとどまっていたんですか？

柯　われわれも出発しました。クーチンに戻ろうと。でもたどり着きませんでした。あのとき……昔すぎて、忘れました。

龍　裁判がどう進められたか教えてください。

柯　みんな椅子に座りました。みな台湾人兵です。そばには傍聴席がありました。ビンタひとつで五年です。

龍　オーストラリア兵捕虜が出廷して、あなたにビンタされたことを証言した？

柯　ビンタは嘉義の白河訓練所で習いました。

龍　法廷で死刑宣告されたとき、どういう気持ちでしたか？

柯　気持ちは……本当に死ぬのか？　死んだって泣いてくれる人はいないな、と思いました。翌日判決が十年に変わった。嬉しかった。

龍　禁錮十年と言い渡され、結局七年半監獄にいらしたわけですが、この判決は公平だと思われましたか？

柯　人を一人殺したのだから……。私は「天がお前を殺すんだ。私が殺すんじゃない」と言ったんだ。

龍　じゃあ七年半という刑期は当然だとお考えですか？　それとも？

柯　七年半になったのは、イギリス女王即位で特赦になったからです。

龍　知ってます。柯さん、自分の判決を濡れ衣だと思いましたか？　それとも当然だと思われましたか？

柯　そのときは何も考えなかった。でも、人を殺して監獄へ行くのは当たり前だ。

龍　家の方は柯さんの境遇を知っていましたか？

柯　何も知りません。手紙は出せませんでした。もし父が亡くなっていたのを知っていたら、台湾には帰ってきませんでした。日本で婿の口でも探してた。

龍　釈放されてようやく台湾に帰って、基隆港を目にしたとき、どう思いましたか？　涙は出ましたか？

柯　出ませんでした。

龍　基隆から一人で汽車に乗り故郷の彰化へ帰ってきて、誰か駅に迎えに来ましたか？

柯　いや、誰も。彰化駅から歩きました。ずっとずっと歩いて、実家に帰ってきました。

龍　家には誰がいましたか？

柯　母が一人でいました。

龍　十年ぶりに帰ってきた息子を見て、お母さまは何かおっしゃいました？

柯　とくに何も。ただ「離れに住め。離れはそっちだ」と言いました。

61　日々是好日——馬場中将がくれた言葉、今村大将の笑い声

二〇〇九年二月二十六日
台湾南投県魚池郷　蔡新宗自宅
蔡新宗　八十六歳

彰化から魚池郷まで、山並みはうっそうとして続く。早春の二月、道沿いにところどころ桜がピンクの花を咲かせている。遠くから見るとまるで淡い雲のようだ。延々曲がって続く山道のカーブをまた一つ折れると、突然風景が開けた。「晋の太元中《たいげんちゅう》武陵《ぶりょう》の人」（陶潜《とうせん》「桃花源《とうかげん》の記」）が桃源郷を見つけた故事を髣髴させるような、どこまでもゆったりとした湖がそこにあった。

蔡新宗は日月譚の湖畔に育った子供であったのだ。

小道に入ると、その両わきは水田である。水田の間に一株一株、等間隔で植えられたビンランが、まるで配置についた警備兵のように家や畑を守っている。蔡さんの家は坂の上にあった。三合院の前には菜園があり、食用花や大根、トマト、エンドウ豆などが青々と茂る。それに誘われてか、一群のシロチョウが通過していく。桂花が何本か植わっていて、遠くなのに香りが伝わってきた。車のエンジンを切って、ドアを開け、花の香りに導かれて歩いていく。

蔡新宗も柯景星と同じ、田んぼのそばの三合院で育った少年であったのだ。

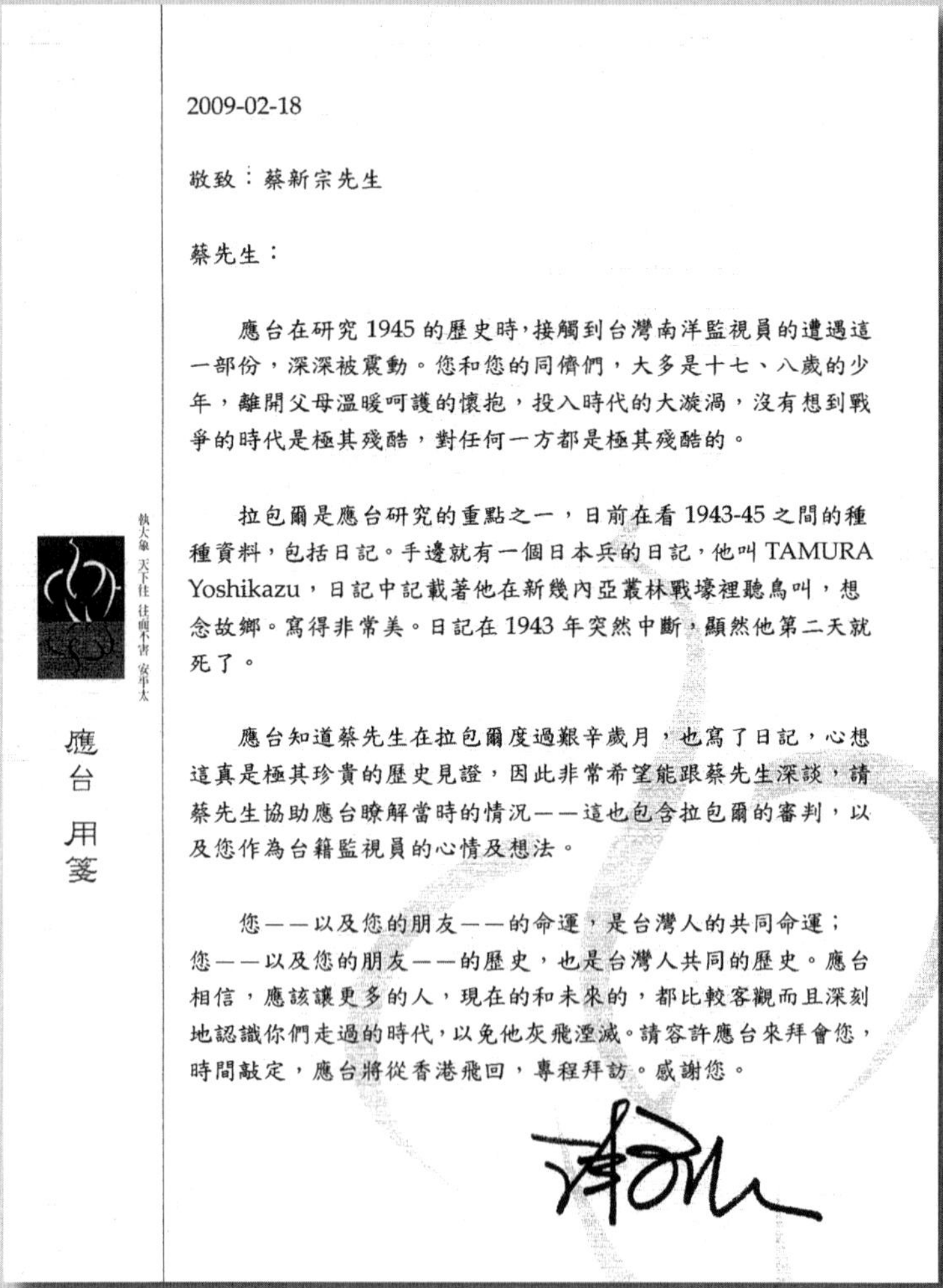

執大象　天下往　往而不害　安平太

應台用箋

2009-02-18

敬致：蔡新宗先生

蔡先生：

應台在研究 1945 的歷史時，接觸到台灣南洋監視員的遭遇這一部份，深深被震動。您和您的同儕們，大多是十七、八歲的少年，離開父母溫暖呵護的懷抱，投入時代的大漩渦，沒有想到戰爭的時代是極其殘酷，對任何一方都是極其殘酷的。

拉包爾是應台研究的重點之一，日前在看 1943-45 之間的種種資料，包括日記。手邊就有一個日本兵的日記，他叫 TAMURA Yoshikazu，日記中記載著他在新幾內亞叢林戰壕裡聽鳥叫，想念故鄉。寫得非常美。日記在 1943 年突然中斷，顯然他第二天就死了。

應台知道蔡先生在拉包爾度過艱辛歲月，也寫了日記，心想這真是極其珍貴的歷史見證，因此非常希望能跟蔡先生深談，請蔡先生協助應台瞭解當時的情況——這也包含拉包爾的審判，以及您作為台籍監視員的心情及想法。

您——以及您的朋友——的命運，是台灣人的共同命運；您——以及您的朋友——的歷史，也是台灣人共同的歷史。應台相信，應該讓更多的人，現在的和未來的，都比較客觀而且深刻地認識你們走過的時代，以免他灰飛湮滅。請容許應台來拜會您，時間敲定，應台將從香港飛回，專程拜訪。感謝您。

著者から蔡新宗宛ての手紙

手紙（右ページ）の訳文

2009年2月18日

蔡様

1945年の歴史を調べていて、私、龍應台は南方に送られた台湾人監視員の境遇に強いショックを受けました。蔡さんや蔡さんの戦友の多くは17、8歳の少年で、両親の温かい庇護を離れて、時代の大きな渦に跳び込んでいきました。戦争という時代は想像を越えて残酷であり、しかもそれは、敵味方どちらにも分け隔てなかった。

ラバウルは私の調査のポイントのひとつで、これまでも1943年から1945年にかけての日記を含む各種資料を調査しました。手元に、ある日本兵の日記があります。彼の名前はTAMURA Yoshikazuといい、日記には彼がニューギニアのジャングルで聞いた鳥の鳴き声や故郷への思いが綴られていました。とても美しかった。日記は1943年に突然中断しています。おそらくその翌日亡くなったのでしょう。

蔡さんがラバウルで大変苦労され、また日記をお書きになっていたと知り、これはまさに貴重な歴史の目撃証言だと考えました。ですので、ぜひ蔡さんとお目にかかりじっくりお話を伺い、当時の状況を教えていただきたいのです。ラバウルの軍事裁判のことや、当時台湾人監視員として任務についていたときの気持ちや考え方についても教えていただけたら幸いです。

蔡さん（と蔡さんの戦友）がたどった運命は、台湾人共通の運命です。蔡さん（と蔡さんの戦友）が経験した歴史もまた、台湾人共通の歴史です。より多くの人が、つまり今の人々、そしてこれからを生きる人々が、みなさんが歩いて来られた時代を深く客観的に理解しなければならないと、私は信じてやみません。その時代と経験が、跡形もなくこの世から消えてしまうことはあってはなりません。ぜひお目にかかることをお許しいただき、時間を決めていただければ香港より馳せ参じ、ご訪問させていただきます。どうぞよろしくお願いいたします。

私たちは花の香りが広がる籾干し場で話をした。村民が通り過ぎて、遠く私たちを眺める。きっと「軒を開きて場圃《じょうほ》に面し　酒を把《と》りて桑麻《そうま》を語る（畑を望みながら酒を交わし農作業を語る）」（孟浩然《もうこうねん》「過故人荘（故人の荘に過《よぎ》る）」）の文句さながら、お隣さん同士の四方山話に見えたことだろう。しゃべっているうちに、空が暗くなってきた。ビンランの細い影が紺色の空を切り取る。暗くなった途端、蚊がどんどん襲ってきた。プーンと羽音を鳴らして、まるで遠くからこっそり飛来する爆撃機群みたいに。

龍應台（以下、龍）　家を出たのはいつですか？

蔡新宗（以下、蔡）　一九四二年八月三日、高雄港を出発しました。九月八日、ボルネオのクーチンに到着しました。「サラバケ川」をずっとさかのぼりました。

龍　「サラワク川」ですね。川に動物はいましたか？

蔡　いました。ワニがいましたよ。這い上がって息をしながら、涼んでいました。それまでに見たことがないものばかりでした。

龍　クーチンの捕虜収容所はどういう状況でしたか？

蔡　イギリス兵が多かった。オランダの、当時インドネシアはオランダが統治していましたから、インドネシアの兵隊もいました。インド兵もいました。イギリスの植民地です。みなシンガポールで捕まったものです。

龍　中国人はいましたか？

蔡　卓領事夫妻がいました。彼らの子供もいました。卓領事にはひどく同情しました。

龍　どこの領事だったんでしょう？　フルネームはわかりますか？

蔡　知りません。下の名前も覚えていません。あるとき直属の部隊長と幹部たちが丸くなって話していました。「あの卓領事はなかなかしぶとい」と。つまり彼らはこの中国人を取り込もうと働きかけていたわけですが、卓領事はこう答えたそうです。「私は中華民国に忠誠を誓っている。あなたがた日本側につくわけにはいかない」。日本人の誘い文句はこうです。こちらにつけばすぐ外に出られるんだ。中国に返してやる。汪兆銘のところで働かせてやる。でも彼は受けなかった。

われわれは子供でしたがその話を聞いて、この中国人、中国領事は忠誠心があるなあ、と思いました。そんな役人めったにいません。日本人も褒めてましたよ。

龍　蔡さん、日本が負けたあと、その人がどこに行ったかわかりますか？

蔡　わかりません。聞いた話では、何かの謀略で、別の場所に連行されてしまったとか。

龍　クーチンの捕虜の待遇はどうでしたか？

蔡　私は直接かかわっていません。捕虜がやらされる作業はさほどしんどいものじゃありませんでした。ただ食事が足りない。栄養失調や病人が増える一方でした。そのとき思ったのは、人間は体を動かさないとどんどんだめになる、ということです。もし畑で何か植えれば自給自足できます。彼らに日当をあげられますよ。お金があればもっと栄養のあるものや自分の欲しいものが食べられます。当時の日本軍が残忍であったかどうか……、公平に見れば、クーチンはそうじゃありませんでした。補給が届き、交通状況もまだよかったですから。第一分所とは違う。

龍　第一分所とはサンダカンですか？　サンダカンの「死の行進」のことは当時ご存じでしたか？

蔡　あそこは必ず病気になります。死んだ者と逃げた者しかいない。そう戦後になって聞きました。当時は知りませんでした。私らと直接関係ありませんでしたから。日本は一九四五年八月十五日に降伏しました。オーストラリア軍は九月十二日にクーチンを接収して、すぐこう訊いてきました。

「サンダカンは何人残ってる?」。調べます、と言ってサンダカンの捕虜名簿を見たらおかしい。七月、八月の報告がいっさい入ってないんです。数字が全部ない。六月の時点では何人か残ってました。私は言いました。この数字は最新ではありません、と。すると彼はこう言いました――「人っ子一人いなかったよ!」

龍 私はびっくりしました。彼は「本当だ」と言います。たぶん逃げたんでしょう。最後に聞いた話では一人残っていましたから。

蔡 ひどいですね。サンダカンにいた千人以上の英豪軍捕虜のうち、最後まで生き残ったのはたった六人でした。クーチン捕虜収容所の所長は日本人だった?

龍 アメリカ留学経験のある日本人でした。だから教養もあったし、真面目でした。最後は自殺しました。かわいそうでした。

蔡 どういう状況で自殺したんですか?

龍 敗戦後行った調査で、たくさんの捕虜が死んでいることがわかりました。所長が直接殺したわけではないのですが、でも所内でそれだけ死んだということは所長の責任になります。所長はまた「日本精神」旺盛な人でした。「日本がどうなったとしても、捕虜収容所の飯は食わない。私は捕虜にはならない!」そう常々言っておられました。

私たちが事務所にいたときです。所長が一人で入ってきました。帽子をかぶった姿でこう言いました。「みんな聞いてくれ。私はいまから行く。君たちは軽率な行動はとるな。気持ちを強く持て。所長である私は行く。みんな体を大事に」

蔡 資料によると、日本が敗戦したとき、捕虜は全部処刑しろと密命があったそうです。クーチンはどうでしたか?

蔡　全員殺せという命令はありませんでした。

龍　クーチンで殺人を見たことがありますか？

蔡　ありません。クーチンではありません。サンダカンやミリではたしかに殺人がありました。本人たちがそう話していました。

龍　ミリにいた柯景星さんもそうおっしゃってました。

蔡　あそこは本当に殺人がありました。聞いた話では、彼らの隊長は一方の手に軍刀、もう一方に銃を持ち、こう言ったそうです。「命令を聞かない者はこの刀で切る。刀が届かなくてもこの銃で撃つ。だからおまえたちは捕虜を殺さなきゃならない」。行軍させられたサンダカンの捕虜たちは山の奥へ入っていきました。途中道端で倒れた捕虜がいて、死ねずにとても苦しんでいました。日本人の考え方では倒れたまま苦しむくらいなら、いっそ殺して楽にしてやろう——これが日本精神のいう武士道でした。難しいところです。

龍　裁判はいつ始まったんですか？

蔡　一九四六年一月二十三日から始まりました。

龍　海辺で開廷された？

蔡　海辺にテントを設営して、われわれ四十五人の台湾兵が同時に裁かれました。

龍　どうやって進められたのですか？

蔡　私の場合、まず入廷します。自分が誰か名乗ります。そしていまから申し述べることは全部事実ですと宣誓します。だいたいそういう意味のことを言います。そして裁判官が尋ねます。お前は人を殴ったかどうか。「殴ってません。私は直接監督していませんでした」そう答えます。「でもわれわれはみな同じ境遇でした。栄養失調で、自由はありませんでした。心のつらさというのは、私にも理解できます」。私はそれだけしゃべると、彼は筆記しました。

裁判が始まって八日で四十五人全員に判決が下されました。たしか三人が無罪、四十二人が有罪で、禁錮一年が一人か二人だったか……、合計すれば、終身刑が一人、二十年が二人、十五年が何人か。

蔡龍 判決は十年。納得できましたか？

蔡龍 不満でした。もし人道に則って、平和のためにこの罪を判ずるというなら私も承服しますが、自分が「勝った」からって思うままに判決を下すんですから。戦敗した側には戦犯がいて、戦勝した側にはいないんでしょうか？　これが私の考えです。私は国連でだって同じことが言えますよ。

一つこういう例があります。みなさん見落としていますが、私はよくわかっています。私たちは「こっち来い」と手招きするでしょう？　手のひらを下にして。でもこの仕草は、オーストラリア人やイギリス人から見たら「向こう行け」という意味です。だから捕虜はみんな遠ざかります。命令した人からすれば、こちらに来いと言っているのに来ない。命令を聞かない。じゃあこちらから出向いて、ビンタだ、となる。根本が誤解なのです。彼らは気分次第で判決を下しているだけです。どうもこうもない、濡れ衣です。

蔡龍 禁錮十年の判決を受けたとき、どう感じましたか？

蔡龍 そうですね——、戦争に負けたんだな、とそれだけ思いました。負けた自分たちを恨むだけです。死刑判決を受けた何人もの日本人が、笑顔を見せながら「やれやれ、おれは行くよ。祖国の復興は君たちに任せた」そう言っているのを見ました。これは見習わないといけないところです。いつも言っているのですが、日本人のいいところは見習わなければいけません。

彼ら日本の軍隊自体が、何かといえばビンタするところでした。階級が自分より高ければ、それだけ偉そうにする。だから捕虜を監視していて、何か不愉快なことがあればすぐ「バカヤロー」とビンタします。そういうことはありました。だからってそれで何十年くらったり、死刑になることはないでしょう。そんなことしなくていいでしょう。

龍 判決が下されて、すぐにラバウルに送られて服役した？

蔡 そうです。あのころラバウルは、十万人の日本軍兵がいて、復員を待っていました。

龍 蔡さんが戦犯になってラバウルの収容所に送られたとき、ラバウルには千人近い国民党軍兵士の中国人捕虜がいましたが、ご存じでしたか？　ちょうど解放されたばかりで、同じラバウルで帰る船を待っていた。

蔡 知りませんでした。そういう人達がいると誰かに聞いたことはあります。そこで労働をしている中国人がいると。その人達がその後どこに送られたのか、私は知りません。

龍 一九四九年はどこにいらっしゃった？

蔡 まだラバウルです。

龍 ラバウルにいらっしゃったころ、日本陸軍第八方面軍司令、今村均大将も収容されていたんですか？

蔡 将軍たちは外で肉体労働しなくてもいいんです。菜園で何か植えるだけでいい。自然なことですが、今村大将はわれわれわれの大親分みたいな存在でした。ときどき話をすることがありました。われわれの面倒をよく見てくれる方でした。台湾人と日本人を分け隔てすることはしませんでした。

龍 太平洋方面軍全体の最高指揮官だった今村は禁錮十年でした。蔡さんのような台湾から来た末端の文書係でも十年だったのに。

蔡 私も冗談で今村さんにこう言いました。「あなたがひとたび命令すれば、数百万の兵隊が動いた。でも〝論功行賞〟のとき、あなたも私も同じ十年」。すると、ハハハと大笑いされました。

龍 蔡さんと同時期にラバウルで服役していた捕虜のなかに、ボルネオの司令官、馬場正郎中将がいたと聞きましたが？　死ぬ前に蔡さんに贈り物をしたと？

蔡 馬場さんは絞首刑の判決を受けていて、その時期を悟っていたのか、私を呼びました。「来たまえ。書いたものがあるから君にあげよう」そう言ってこの額をくれました。この字は馬場さん自身が書かれて、自身で彫られたものです。「日々是好日《にちにちこれこうじつ》」とあります。

当時、日本名「藤村」を名乗っていた蔡さんに贈られた額

こう説明してくれました。「君は若いから、ときには衝動的になることもあるだろう。でも収容所ではなるべく真面目に勉強して、勉強しながら修練するんだ。いいかい。君はいずれ帰れるから。体に気をつけて。『日々是好日』を心がけるんだ。腹が立ったときもこの馬場が言った言葉――『日々是好日』を思い出すんだよ」

龍 自分はもうすぐ処刑されるというのに、そうやって慰めてくれたんですね……。

蔡 そうです。馬場さんがそう教えてくれました。だから私のモットーは「日々是好日」です。毎日がいい日であるように。それだけです。

第7章

田村という日本兵——ニューギニアに残された日記、生き残った国民党軍兵士

62　底辺の竹きれ――末端兵に罪はあるのか

私は最近、「罪と罰」の問題について考え続けている。

一九八九年晩秋、フランクフルトの病院で、産んだばかりの息子にお乳をあげながら見ていたテレビに、信じられない光景が映し出された。百万人を超える東ドイツ人がベルリンの大通りをデモ行進し、そしてあの恐ろしいベルリンの壁を越えたのだ。人びとが壁のてっぺんによじ登り、歓喜の声を上げる。たくさんの人が抱き合い、声が出なくなるまで泣いている。そんな状況で息子のフィリップは、私の腕の中ですやすや眠っていた。長いまつげ、とろけるような寝息。生まれたばかりの赤ん坊のにおいと、あの歓喜と涙の群衆が重なって、本当に特別な経験だった。

夜が更け、静けさが戻ったころ、ジジッと蛍光灯の鳴る音が聞こえた。

その後人びとは少しずつ「罪と罰」の問題について追究を始めた。かつて壁を守る東ドイツ兵は脱走する人民に向かって発砲し、結果百人以上の人が壁際に命を落とした。そう、私も問いたい。この兵士たち自身に罪はあるのか？　あらゆる罪はなべてそれを策定した上層部が負うべきなのか？　あるいは誰もが自分の個別の行動に責任を持つべきなのか？

東ドイツ共産党の政策決定者たちはかねてこう主張している。われわれは壁を守る兵士に対して、人民が国境を越えることを防げと命じたが、「逃亡者を殺せ」という命令を下達したことは一度もない、と。結果、多くの法廷の判決が個々の兵士を有罪にしている。

でも知ってるだろうか？　二〇〇七年になってようやく、軍内部の書類が当時壁を守っていた国境警備兵の書類入れから見つかった。書類にはこう書いてあった。「逃亡者を発見した際は、たとえそれが女性や子供であっても武器の使用を躊躇してはならない。裏切り者は得てして女性や子供を利用する。」[117]その書類が発見されたころ、私の可愛い乳飲み子は十八歳になっていた。そして多くの兵士がすでに有罪判決を受けたあとだった。

柯景星という台湾人監視員のことはすでに触れた。禁錮十年の判決を受けた彼とその他十数名の台湾人兵の罪状は、日本の戦敗が予見されていた何ヵ月かのあいだに、四十六人の英豪捕虜を虐殺したことだ。日本人隊長は法廷で自らが命令を下したことを認め、罪を一身に負った。にもかかわらず、命令されて自ら手を汚した台湾人たちも、やはり重い刑を受けた。

日本軍にしても、どうやら東ドイツ共産党と同じことを言っている。われわれは「捕虜を殺せ」という命令を発令したことはない、と。

私はオーストラリアのキャンベラ戦争記念館の収蔵物からこの書類を発見した。日本語からの翻訳があるから読んでみてほしい。

わかるだろうか？　日本の降伏は八月十一日の時点で全世界に伝わっていた。この書類は八月一日に発令されたもので、各捕虜収容所の幹部に対し「非常手段」を下達している。翻訳によれば、本指令の内容はこうだ。現情勢下において敵軍の爆撃、火災に遭った際、状況切迫なれば必ず直ちに付近の学校、倉庫などの建築物に避難すること。捕虜は現状の場所に集約したうえ監禁すること。ならびに最高警戒下にある場合は最終処断をとる準備をすること。

処断ノ時機方法左ノ如シ
一、時機
上司ノ命令ニ依リ実施スルヲ本旨トスルモ左ノ場合ニアリテハ独断処置ス
イ、多数暴動シ兵器ヲ使用スルニ非ザレバ鎮圧シ能ハザル場合
ロ、所内ヲ脱逸シ敵戦力トナル場合
二、方法
イ、各個撃破式ニヨルカ集団式ニヨルカ何レカニセヨ大兵、爆破、毒煙、毒物、溺殺、斬首等、当時ノ状況ニ依リ処断ス
ロ、何レノ場合ニアリテモ一兵モ脱逸セシメズ殲滅シ痕跡ヲ留メザルヲ本旨トス

（次頁の写真より）

「非常手段」「最終処断」「一兵も脱逸せしめず殲滅」……この文書を読むと心底震え上がる。殺人とその湮滅じゃないか！　柯景星が受けた命令もこれではなかったか？　直接下命した杉田鶴雄は自殺した。命令を忠実に実行した柯景星は禁錮十年に処された。しかし、当時の政策決定者たちの罪と責任はどんな〝按分〟で計ればいいのだろう？

「助けて」と叫んだことがあだとなり、台湾人兵に刺し殺されたあのイギリスの男の子のことが頭から離れない。彼はビルと同じように十八歳と偽って入隊した、実は十五歳の少年だったのではないか？あるいはフィリップと同じ十九歳？

彼を殺した責任は、誰が負うべきものなのか？

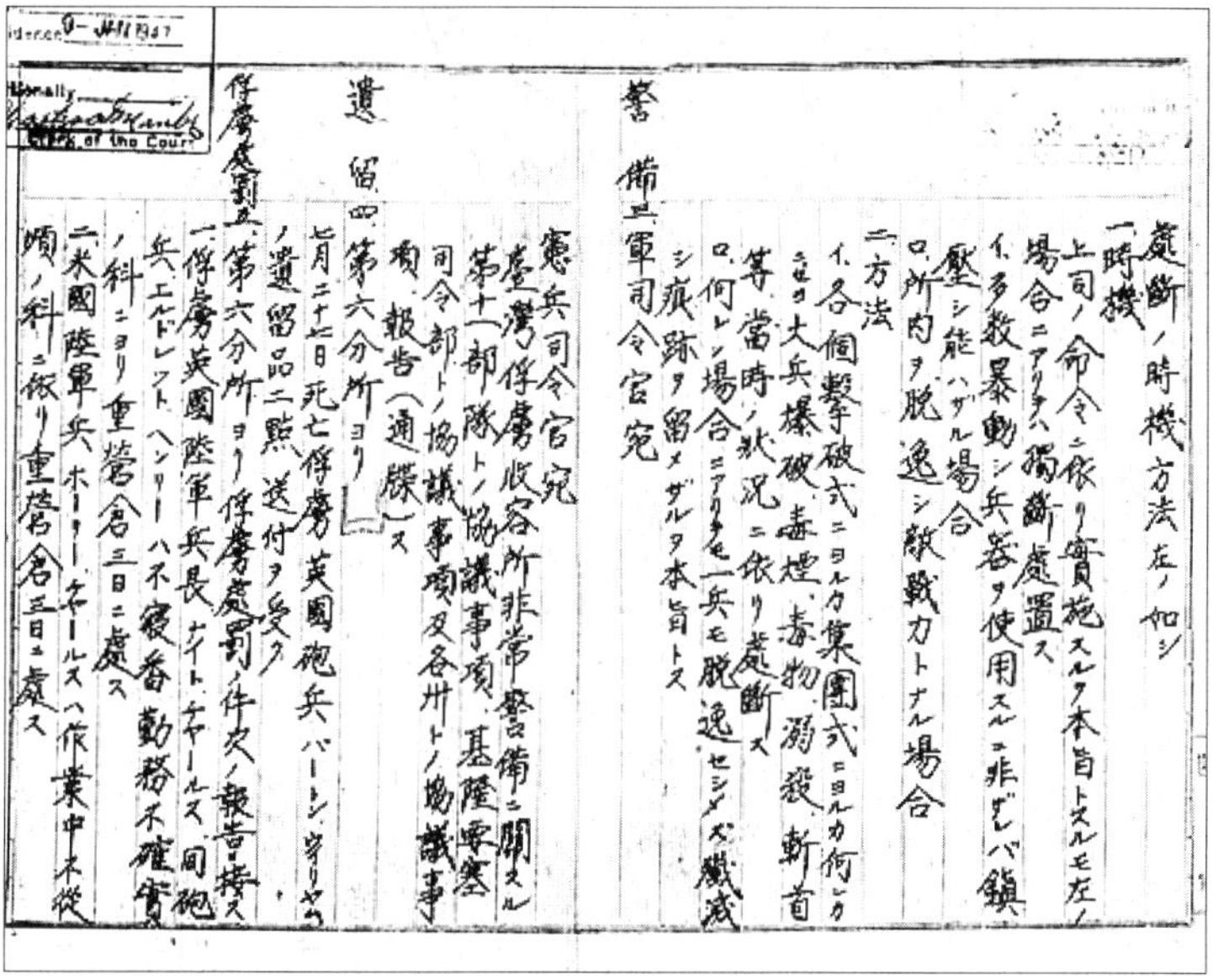

（オーストラリア戦争記念館提供）

オーストラリア兵のビルを見つけ出したことはすでに触れた。一九四五年、捕虜収容所から故郷に帰ったあと、彼は大工になった。お客さんのために家具を設計してドアや窓を作る。収容所にいるとき少しずつ描き残したスケッチを、彼はのちに描き直していた。私が本に載せたいと言うと、すごく喜んでくれた。

私はこう訊いた。「サンダカンの捕虜収容所で虐待にさいなまれていたとき、日本軍の軍服を着た監視員の多くが実は、日本の植民下にあった台湾人兵だったことを知っていましたか？」

彼の答え。「知っていました。なぜなら彼らは、よく日本人の上官に殴られたり、ビンタされていましたから。正直言って、彼らフォルモサの監視員への日本人の態度は、監視員のわれわれに対する態度と同じくらい悪劣でした」

「じゃあ」と私は続けた。「もしも彼らフ

ォルモサの監視員たちが、ある意味においても『被害者』である――つまり植民地という制度と価値観のなかで洗脳され、ねじ曲げられてしまった存在だと言ったら、あなたは反対しますか？」

彼はすぐメールを返してくれる。「もちろん反対しませんよ、龍教授。彼らも私と同じように、自らそれを望んだわけではないのですから」

彼らフォルモサの監視員についていちばん印象に残っていることはなんでしょう？

彼はこう答えた。「イギリス人捕虜と二人で、収容所から逃亡したことがありました。捕まって連れ戻されたんですが、こりゃ終わったな、と思いました。捕虜が殴り殺されるのをいやというほど見てきましたからね。仮にその場で死ななくても、傷口は化膿し、薬は与えられず、そのまま腐り続けて何日かあとに必ず死ぬ。でも、われわれのことを『かわいがってやれ』と命令されたフォルモサ兵たちは、若くて体も小さく、あの太い鞭をしっかりと握れず、打ち方も甘かった。われわれの運はまんざら悪くもなかった」。

「もしかして」と私は続ける。「わざとあなた方に手心を加えたとは考えられませんか？」

「どうだろうね」と彼。「洗脳される、これはつまり、一本の枝が固く縛られ、特定の方向や位置、あるいはなんらかの形状に押しつけられた状態が続くことだ。けれど、人の性根というのは東洋の竹のように、反発力がある。縛りがゆるめば必ず跳ね返る。とは言うものの、もしたまたまいちばん底辺に押さえつけられていたとしたら、いくらもがいたって、もうピクリとも動かないでしょう」

サンダカンで見張り番をしていた柯景星と蔡新宗は六十年たったいま、一人の比類なき中国人捕虜のことを覚えている。彼がそこに送られてきた経緯などは知らない。知っていたのは「卓領事」と呼ばれる彼が、日本軍によって収容所に収監され、イギリスの将官たちと強制労働をさせられていたということだけだった。彼の若い妻、四歳の娘、そして生後四カ月の男の子は、父親と離れて収容されていた。柯景星は九十歳になり、昔の記憶もあらかたぼやけてしまっているが、その若い領事夫人の姿はまだくっきりと彼の心の中に映る。

「捕虜収容所に女性が一人いました。領事夫人です。ある日、彼女は私にこう言いました――この子がちゃんと育たなかったら、私はどうしたらいいのかしら？ それから私は煙草を買いに行きました。買ってきた煙草を隣の商店で卵に換えて、三、四十個あったそれを全部その女性にあげました。彼女はその場で土下座して、礼を言います。私は、土下座したら卵はやらないぞ、と言いました。子供はかわいかった。赤ん坊はこんな小さかった。私は言いました。私はまだ結婚してない。あんたの子供はこんな小っこい。もし土下座するならあげないよ」

蔡新宗は、卓領事のしぶとさと、日本人同士で漏らしていた彼への敬意を覚えている。監視員からすれば何者か知れぬ「卓領事」だが、汪兆銘政府に手を貸すと応じるだけで、彼はすぐ南京に帰って役人になれるのである。そうすれば彼の妻も苦しむことはなく、幼い子供たちが栄養失調で死ぬ恐れもなくなり、彼自身も殺されずにすむ。しかし、台湾人監視員が見る限り、この領事は、日本軍の脅迫と甘言に毫ほども惑わされていなかった。

いったいこの人はどこの領事だったのだろう？ 彼はその後どんな運命をたどったのだろう？

自身の運命すらままならない監視員であった柯景星と蔡新宗は、「さぁ」と首を振る。この二人は何も知らない。

二人が知らなかった卓領事のフルネームは、卓還来《たくかんらい》と言う。彼は燕京《えんきょう》大学を卒業してヨーロッパに留学し、パリ大学で政治学博士号を取得した。抗日戦争が勃発すると、彼はほかの数多くの留学生と同じように熱い思いを胸にたぎらせて帰国し、国家を翻弄する運命の激流に自ら身を投じた。太平洋戦争が始まったとき、彼は中華民国外務省駐英領ボルネオ・サンダカン総領事であった。日本軍は一九四二年二月、ボルネオに上陸した。そのとき卓還来はまだ領事館にあって、機密が敵の手に落ちないよう書類の破棄を部下に指示していた。砲火が轟くなか撤退はかなわず、家族とともに銃剣に追い立てられ、捕虜収容所に送られた。

卓夫人が台湾人監視員に赤ん坊の粉ミルクと鶏卵を融通してくれるよう頼み、そして彼の好意に感謝して土下座したのと同じころ、卓還来本人は苦力《クーリー》をしていた。サンダカンにいた華僑たちは、夜こっそり卓領事に食物を届けた。昼はいつも遠くから、監視員に指図され労役する領事を見守った。華僑団体の尊敬を一心に集めた領事であった。

卓領事とその他七、八人いた白人たちに課せられた作業は、給油用ガソリンの輸送であった。四四ガロン入りドラム缶を一人一つ転がし、建設局から一・五マイル先にある埠頭のタンカー上まで運ぶ。半袖半ズボンの卓領事は全身汗びっしょりとなり、滝のような汗が背中を流れた。これは日本軍が恥ずかしめを与える目的で彼に強いた労役であった。▼118

三年半の収容所生活というもの、卓還来は毎日眠りにつく前、来るべきそのときを待ち構えた。一九四五年七月六日深夜三時、ついにそのときがやってきた。どんな国でもこの手のことは真夜中に訪れる。それをもたらす軍靴の音もいつもコツッコツッと響きわたり、まるで防音室で拡大再生する心音のようだ。卓還来とその他四名の英米文官は守衛に呼び起こされ、言葉もなく、ジャングルの奥地へ移送された。

数か月後日本が降伏し、収容所は解放された。そのとき捕虜名簿が精査されて初めて、卓還来が行方不明であることがわかった。ジャングルの中で埋葬場所の捜索が始まった。二カ月後、ひっそりとしたジャングルの奥地で、打ち捨てられたままアリの群がる土饅頭が五つ見つかった。しかし、どの遺骨にも頭がなかった。どうやって卓還来を特定すればいいのか。

土饅頭の一つから、腐敗せず残る布きれが出てきた。それが現地の華僑がこっそり卓領事に渡した衣服であると確認されたため、その墓が彼のものだと特定された。布きれ以外に残っていたのは乾いた髪が一束、門歯三本と、膝の皿、指の骨、肋骨がそれぞれ一つずつ。白骨は散乱しており、明らかに野犬に食べられたあとであった。

揺るぎないその政治信念に、収容所の日本軍人すら敬意を示した「卓領事」は、すでに犠牲になっていたのだ。柯景星、蔡新宗はいまもこのことを知らない。そして、もう戦後である一九四七年七月七日、彼の遺骨は国民党政府の専用機で迎えられ、恭しく南京菊花台の「九烈士墓」に葬られた。柯景星、蔡新宗はそれを知らない。

「卓領事」の遺骨が、追弔の白い旗がたなびく南京で、顕彰と哀惜をもって迎えられていたころ、柯景星、蔡新宗はすでに戦犯に身をやつし、ニューギニアのラバウル捕虜収容所に収監されていた。だから二人は、卓還来を殺害した日本軍警備隊の阿部中佐と芥川中尉が絞首刑に処されていたことを知らない。

人生はときにどこかで誰かの人生と交差する。しかし偶然の一点で交ったあと、それぞれの方向へと遠ざかり、すべてはぼんやりとした全体に含まれて、消える。

64　抗日の英雄たちのその後——南京老虎橋収容所であったこと

南京でタクシーをつかまえ、「菊花台の九烈士墓まで」と行き先を告げれば、大方の運転手はきょとんとする。「雨花台」は知っていても「菊花台」の名は聞いたことがないのだ。

卓還来が埋葬されてまもなく、南京総統府正門に五星紅旗《ごせいこうき》が上がった。それ以降、卓還来の名前は集団の記憶、集団の歴史から抹消された。それから数十年の長きにわたって、子供たちは中華民国のために犠牲となった父の名を口に出すこともままならず、残された妻は墓参りに行くこともはばかった。英雄と見るか裏切り者と見るか、栄誉と見なすか恥辱と見なすか、それは往々にしてその都市にいちばん高い建物に掲げられた旗の色で決まるのだ。[▼119]

こう言ってもいいだろう。何を忘れ、何を覚えているかを人びとは選択しているのだ。

卓還来と同じ時代の「八百壮士（八百人の英雄たち）」のことを、人びとは今も覚えている。一九三七年、第二次上海事変で命がけの作戦を遂行した「八百壮士」がどれほど勇敢であったかを、しかも彼らがみな凛々しい若者であったことを、誰もが知っている。蔣介石は開催を間近に控えた九カ国条約ブリュッセル会議で抗日戦争への決意を国際社会に顕示するため、主力軍の撤退と同時に、蘇州河北岸へ

「一個連隊を派遣駐留させ、死守を命じた」。つまりこの連隊は決死部隊だったのだ。一九三七年十月二十七日、第八八師団第五二四連隊副連隊長、謝晋元《しゃしんげん》は閘北四行倉庫《こうほくしこうそうこ》の守備を拝命。孤軍が繰り広げる悲壮な抵抗戦の伝説はここに始まった。

早朝の風を受けて四行倉庫の屋上にたなびく国旗を、人びとは覚えている。一人の少女が敵弾を潜り抜けて手渡したその国旗を蘇州河対岸に見て、老人たちが流した熱い涙を、人びとは覚えている。中華民国元駐南アフリカ大使、陸以正《りくいせい》は当時十三歳の中学生だった。二〇〇九年、台北のおしゃれなイタリアンレストランで彼にお目にかかった。いつのまにか何もかも波に洗い流されて消えてしまう、そんな世の無常を見飽きるほど見てきた彼だが、幼い魂にざっくり刻み込まれた「八百壮士」の悲壮はいまだに覚えているという。

今でも、ぼんやりだがこんな歌を覚えている人がいる。

中国は亡びない　中国は亡びない
見よ　我ら民族の英雄、謝隊長
中国は亡びない　中国は亡びない
見よ　我ら八百壮士の孤軍奮闘を（略）

一九七六年、映画『八百壮士』[*1]が台湾で製作された。そのラストシーンはこうだ――日本軍の猛攻を四日間耐え切った三百五十八名の英雄が、天地をひっくりかえすような砲火をかいくぐり、四行倉庫から勇敢に脱出してくる。雄雄しい歌声、大きくはためく国旗。国民党軍の英雄たちは不屈の決意で前方を見つめ、足並みそろえて歩んでいく――「完」。

前方はただ曖昧模糊として――彼らが不屈の決意で見つめていた「前方」には何が待っていたのか？集団の記憶に抹消されてしまったのは、三百五十八名のその後であった。彼らは足並みそろえてイギリス租界まで行進し、そこでイギリス軍により武装解除され、収容所に収監された。それより彼らは自由を失い、本当の孤軍となった。中国の国土にいながらにしてイギリス軍に監禁され、さらにその外を日本軍に包囲されていたのだ。孤軍の英雄たちは収容所で国旗を揚げようと試み、そのたびに侮蔑と殴打を招いた。監禁が四年に及んだころ、真珠湾が攻撃された。一九四一年十二月十八日、日本軍は租界に侵攻し、孤軍はその瞬間戦争捕虜となり変わった。彼らは分断のうえ各地の捕虜収容所へ送られ、日本の侵略戦争のため、労役や後方支援に従事させられた。

「八百壮士」のうち百人あまりが南京に移送され、老虎橋収容所に収容された。

老虎橋収容所はどこにあるのか？

私は南京に行き、老虎橋監獄の旧所在地を見つけ出した。しかしもはや痕跡すらなかった。にぎやかなホテルと商業ビルに囲まれた中ほどに兵営があり、歩哨が立っていた。

カメラを取り出すと歩哨が猛進して来た。大声でまくし立てる。「何を撮ってるんだ⁉　軍事拠点だぞ！　何を撮ってる！」

何を撮ってる？　言ったってわかりゃしないわよ！　まったく構ってられない。

通りの向かいへ横断して振り向きざま、歩哨のほうに向かってカシャッと一枚。面倒なので一緒に写してしまった。

日本軍は千人近い国民党軍兵捕虜を老虎橋監獄に閉じ込めた。だいたい百人ごと大部屋に押し込め、地面にわらを敷いてそこで寝かせた。監視員が毎日彼らを作業現場へ連行し、労役につかせる。飛行場建設、防空壕掘り、トーチカの構築――そう、やらされていたことは、ボルネオやラバウルの英豪捕虜となんら変わらない。

そして老虎橋の監視員の多くは、フォルモサの島――台湾から来ていたのである。食糧は足りず、医薬品が欠如するなか、大部屋に詰め込まれた国民党兵捕虜は飢えか病気で死ぬほかなかった。毎日朝ともなれば、まずたくさんの死体を運び出すのが日課であった。一人の捕虜が深夜逃亡して捕まり、看守はその国民党兵士を柱から吊り下げた。拷問である。身の毛もよだつようなうめき声が収容所中に広がった。

アメリカ軍第一四航空隊に所属していたパイロット、陳炳靖《ちんへいせい》はベトナムハイフォンを爆撃した際に撃墜され、拿捕された。たらい回しの末、最後は南京の収容所に送られた。そこで彼が目撃した国民党軍兵捕虜の状態はこうであった。

> 四十名あまりの国民党軍兵士が収監されていくのを見たことがある。軍服の胸の両脇に刀で刺された穴があり、血痕が残っていた。いろいろ探りを入れて、ようやくそのわけがわかった。戦場で捕虜となった数百人の国民党軍兵士は、日本軍に命令されて地面にうつぶせになった。日本軍兵士は彼らの胴体めがけて銃剣を振り下ろし、国民党軍兵士はみな二カ所ずつ刺された。収監された兵士はその生き残りであった▼120。

南京収容所の「看守」には、十五名の台湾人日本兵がいた。陳炳靖が言うには、うち国民党軍兵士にひどく残虐にあたる者が二人いた。しかも彼がのちに聞いた話では、この二名のフォルモサ兵は戦後、台湾南部で殺されたという。――つまり、当時虐待を受けた国民党軍兵士たちがしらみつぶしに捜し回り、ついには彼らを見つけ出したのだ。

陳炳靖自身もこれまで長いあいだ、一人の台湾人日本兵を探し続けている。しかし理由はまったく逆だ。一九四四年のある日、陳は高熱を出し、一日中寝込んでいた。彼はもう観念していた。日々行われる虐待はすでに耐えうる限界を超えており、病気になっても薬は与えられず、もはや潔く死を迎えることだけを考えていた。

救いがないほど惨めな深夜、ひとつの黒い影がすっと彼の枕元に現れた。その影は医療班に属する国民党軍兵捕虜で、彼に注射を打とうとしている。全身高熱で意識が朦朧としていた陳炳靖はそれでも信じがたく、「薬をどこから手に入れた?」と訊いた。

黒い影はこう言った。十五人の台湾人監視員に医薬系の学生が一人いて、陳炳靖の病状を知り、日本軍から薬を盗んできて彼に渡したというのだ。これで陳炳靖を助けるよう頼むと同時に、このことは絶対誰にも言ってはいけないと釘を刺した。もしこのことが外に漏れたら自分は銃殺されてしまう。

彼は生涯、この台湾人を探し続けている。

南京老虎橋収容所に閉じ込められた「八百壮士」は百人以上いた。そして一九四五年の日本敗戦で収容所の扉が開かれたとき、残っていたのはたった三十人あまりであった。

子供のころ、第二次世界大戦の映画を観たことがあるはずだ。『戦場にかける橋』や『ナバロンの要塞』やなんか。どれもアメリカ映画で、ヒーローはもちろんアメリカ人。もしヨーロッパが戦場なら、出てくるドイツ兵はみな一発で倒されちゃう間抜けで、もし太平洋の戦場なら、日本兵はひたすら醜く、しかも残忍だった。

一九四二年六月、激戦であったミッドウェー海戦が終結したあと、連合国軍は爆撃機による攻撃に傾注した。軍国主義国家日本の軍備計画は急速に拡大へと転じ、みるみる大量の苦力と兵力を吸い込んでいった。太平洋の戦場であったニューギニアは、その渦の中心のひとつであった。台湾と朝鮮といった植民地の軍夫と軍属、そして武力で獲得した国民党軍各方面軍の捕虜、または中国、香港、インドなどで徴用され、あるいは騙されてやってきた民間労働者たち——彼らは一隻また一隻と、ニューギニアのラバウル埠頭へ送られていった。

さまざまな場所のさまざまな人びとが、ほぼ同じころ船に乗り、赤道の南をめざした。

一九四二年十二月末、南京老虎橋収容所の国民党軍兵捕虜たちは、銃剣に囲まれるなか上海埠頭へと送られ、船に乗った。

こうした「国民党軍」と総称される捕虜にしても、その内訳は複雑であった。それぞれ異なる戦場で日本軍に捕らわれた国民党正規軍部隊——たとえば衢州《くしゅう》会戦（作戦）で大量に捕虜となった第八六軍など。あるいは敵の後方にあった各種抗日勢力——共産党新四軍や各方面突撃隊、または国民党情報機関の戴笠《たいりゅう》が創設した遊撃隊——たとえば忠義救国軍であり、さらに地方の各種各形態の自警団や縦隊と地下活動をしていた抗日志士や学校の先生、学生、記者もそこに含まれていた。

五十七名の「八百壮士」もまた船倉に押し込められ、その他千五百名の国民党軍兵捕虜とともに日本軍が編成した「中国軍人勤労団」として、ラバウルへ向かった。

　このころ蔡新宗と柯景星はボルネオに着いてまだ数カ月。まだしげしげと新しい環境を見回しているさなかであった。そのころ台湾南投では、蔡新宗のすぐ近所に住んでいた辜文品《こぶんひん》が第三回「特設勤労団」に選抜され、埔里のその他三十九名の若者とともに故郷を出る準備をしていた。田舎で大きくなった二十歳前の少年たちは、この世界のことなど何一つわかっていない。ただ母がふいに見せた、憂いある静けさに少しだけ不安を感じただけだ。彼らはわざわざ連れだって神社に参拝した。通りでは大勢の人びとに尊敬を持って迎えられた。人びとが振っていたのは日本の国旗であった。人混みのなかには無言で立っている父と母がいて、思いを告げられぬままの女の子がいた。埔里の人たちは、こうして幾度となく自分たちの若者を見送った。そこにはいつも未練にこぼれた涙があり、また悲壮感に満ちた、あるいは覚悟を決めた眼差しが若者たちに注がれた。

　高雄港にはたくさんの艦船が停泊していた。彼らを乗せる輸送船の目的地は、ラバウルである。

　辜文品も年をとった。六十年がたち、ラバウルで過ごした自らの少年時代を埔里で思い出す。穴掘り、埋葬、農作業、トーチカの緊急構築など、なんでもやった。そして忘れられないのは、やはりあの数え切れないほどの亡骸――爆破されたもの、病死したもの、餓死したもの、どれも彼の手で荼毘に付されるのを待っていた。経験が高じて、彼はその道の専門家になっていた。まだ若かった彼だが、「におい」を嗅げばいま、体のどの部分が焼けているのかがわかるようになっていた。心臓は、と彼は言う。いちばん焼けにくい。だからいつもガソリンを追加してかけてやる。そうしないと生焼けのままだ。[▼121]

66 墓標なき死者たち――ラバウル国民党軍兵捕虜の生き残りを捜して

日本敗戦後、ラバウル捕虜収容所から生還した国民党軍将兵の名簿を、一人ずつ見ていた。中国からこの太平洋の島に送られた千五百名あまりの将兵は、収容所に押し込まれ、奴隷のように働かされた。一九四五年、上陸したオーストラリア軍によって収容所が解放されたとき、生きていた国民党軍将兵はたった七百名あまり。南京老虎橋収容所から移送された千人のうち、一九四五年まで生き延びたのはたった四百人であった[122]。

生存者たちは喜びに打ち震えながら、毎日埠頭から海を見ていた。彼らをわが家まで送還するために祖国からやってくるであろう船を待っていたのである。彼らは知らなかった。遠い祖国ではすでに内戦が始まり、戦火が各地へ広がっていたことを。満身創痍で疲弊しきった政府に向かって、さあ数千キロ離れたジャングルの島へ自国兵士たちを迎えに行けと望むことなど、どだい無理な話であった。そもそも、そんな船がどこにあるんだ?

彼らは収容所で待ち続けた。戦後初めての十月十日、双十国慶節がやってきた。彼らは収容所の境界線にずらり国旗を立て、スローガンを張り出した。いつもの手順で国旗掲揚と国歌斉唱を行い、国父孫文の遺影に向かって三礼し、中華民国の国慶を祝った。

そしてそのまま、二年の月日が流れた。

一九四五年九月の生存者名簿を一人ひとり見ていたそんなとき、台北『聯合報』にある新発見の記事が載った。ラバウルのその大半が火山灰に埋まったジャングルで、国民党軍兵士の墓が三基見つかった

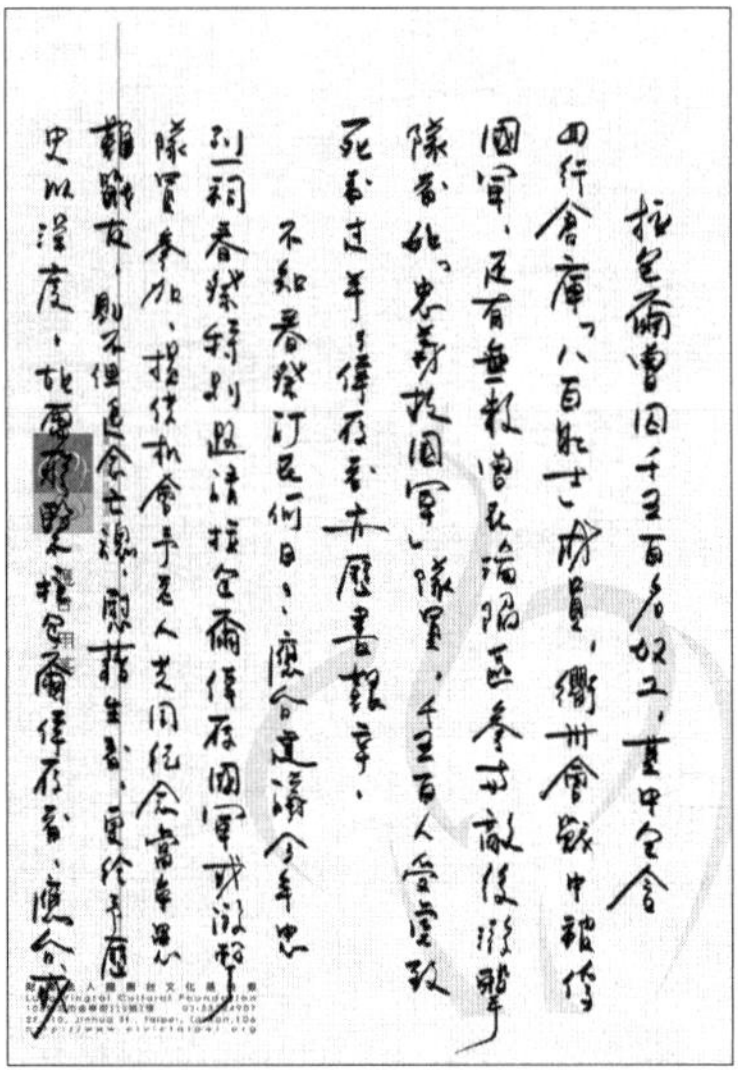
拉包爾曾囚千五百名奴工，其中包含四行倉庫之八百壯士成員，衢州會戰中被俘國軍，及有無數曾在淪陷區參加敵後游擊隊者如忠義救國軍之隊員，千五百人受虐致死者達半，倖存者亦屢書艱辛。

不知春祭訂在何日，應台建議今年忠烈祠春祭特別邀請拉包爾倖存國軍或游擊隊隊員參加，提供機會予老人共同紀念當年患難戰友，則不但追念亡魂，慰藉生者，更給予歷史以深度，故盼邀請拉包爾倖存者。應台敬

著者が国防大臣に出した手紙

（訳文）

ラバウルにはかつて一五〇〇名の国民党軍兵が収容され、奴隷となっていました。そこには四行倉庫の「八百壮士」たち、衢州会戦で捕虜となった国民党軍兵士、その他「陥落区」の敵中遊撃隊に参加したもの、たとえば「忠義救国軍」の隊員たちなどがいました。この一五〇〇人は虐待されて半分が死に至り、また生き残りの方もたくさんの苦労をされました。

日程は存じませんが、今年忠烈祠で執り行われる春の慰霊祭に、ラバウルの生存者である国民党軍兵士と遊撃隊隊員を招待し、年老いた彼らのために、当時苦しみをともにした戦友たちと昔を懐かしむ機会を設けることを私、龍應台は提案いたします。そうすれば亡くなった戦友たちの魂を追悼し、生き残ったものを慰撫することができるのみならず、さらには歴史の深さを知る絶好の機会になりましょう。そのためにもラバウルの生存者たちを招くことを提案いたします。

應台敬具

というのだ。

三基だけではないだろう。思うに、火山灰の下には八百体の骸があってしかるべきなのだ。ラバウルというのはきっと、どこか適当に掘るだけで人の骨が出てくる、そんな場所なのだ。

どうしても頭から振り払えない考えがひとつある。一九四三年、南京老虎橋収容所からこの、ワニがうようよいるようなジャングルの島に送られた千人を超える国民党軍はみな、林精武、張拓蕪、柯景星、蔡新宗と同じ年頃だったのではないだろうか？　異郷で死に、名前もなくみんな一緒くたに野辺に葬られたとしても、またその集団墓地がすでに火山の噴火で覆い隠されてしまったとしても、故郷を失った亡霊たちには父や母がいたはずだ。もし当時、彼らに川を越え海を渡ってこの未開のジャングルに行かせ、傷だらけでなお助けもなく息絶えさせたのが国家であったなら、その後火山灰に覆いつくされてしまった彼らのために、六十年後国家は、もう一度川を越え海を渡り、彼らの魂を故郷まで引き戻すことができるはずだ。

私は生き残りを捜し始めた。

67　地獄船に乗って――自分だけ生きながらえて

二〇〇九年二月二十一日
台湾高雄市岡山空軍士官学校　ガジュマルの下
李維恂《りいじゅん》　八十九歳

ラバウルに送られた五十七人の「八百壮士」のうち二十一人が死亡し、生き残ったのは三十六人であった。それ以外にも、第八六軍や新四軍、非正規遊撃隊など、一人ひとりの名前がいまここにある。その生き残りたちは一九四八年になってようやく祖国の土を踏んだが、祖国は苛烈な内戦の真っただ中で、難民が溢れかえっていた。そしてそのあとに始まった大分裂と大脱出……。私は思うのだ。三十六人のなかには、最後台湾にたどり着いた人が絶対にいるはずだし、しかもまだ生きている方がいらっしゃるかもしれない。ただ、この茫茫たる人海のなか、どうやってその人を捜せばいいのか？

このあまねく空の下へ「人捜し令」を発して二日後、一本の電話がかかってきた。「李維恂《りいじゅん》さんを見つけました。本当に台湾におられました」。

香港大学の執筆室で、私は思わず叫び声を上げた。

なんという時空の巡り合わせだろう。二〇〇九年の香港にいる私は、山を越え海を渡り、雲を抜け道を駆け、本当に、一九四二年冬、南京老虎橋収容所からラバウルに送られ、日本軍による強制労働をさせられていた遊撃隊隊長を見つけ出したのだ。

「意識ははっきりしてらっしゃるのかしら？　お話はできる？」焦って訊く私。

「はっきりしてます。しかも」と台北から届く声はハキハキ答える。「どうして捜しているのか説明差し上げた途端、李さんはこんなことをおっしゃったんです」。

「なんておっしゃったの？」

「戦友はみなラバウルで死んだのに、どうして自分だけが今日この日までおめおめと生きながらえてきたのか、その理由がわかりました。この電話を待つためだったのです」

「あぁ……」私は言葉を失くした。

From: **lung yingtai**
Date: 2009/2/17
Subject: **急急尋找李維恂（是否在台灣？是否還在世？如果在世，是否意識清醒？）**
To: lee,vivi
應平，急急尋找拉包爾國軍戰俘倖存者李維恂。手上資料顯示，他在一九四五年二十五歲，現在如果在世，應該已經八十九歲。國防部、退輔會、榮民之家、黨史館、軍史館、國史館、文獻會。。。上天下海，請全力追蹤。應台感謝。請參考此連結為搜尋線索：
http://lov.vac.gov.tw/OverSeas/Content.aspx?Para=155&Control=1

李維恂を探すメール

（メールの内容）

用件：【急ぎ】李維恂を探しています（台湾にいらっしゃるか？　まだご存命なのか？　もし存命ならば意識ははっきりしてらっしゃるのか？）

應平（秘書）、ラバウルの国民党軍兵捕虜の生存者に含まれている李維恂さんを急いで探してください。手元の資料によると彼は1945年のとき25歳、もしご健在なら89歳になります。国防省、退役軍人支援委員会、退役軍人の家、国民党党史館、軍歴史文物館、国史館、文献センターなど可能性があるところはすべてあたり、全力で探してください。よろしく頼みます。このサイトにあるリンクを参考にしてください。

龍應台（以下、龍） どうしてラバウルの捕虜収容所に送られることになったのでしょう？

李維恂（以下、李） 一九三七年、第二次上海事変のとき、私は十七歳でした。学校は授業がなくなり、私は戴笠《たいりゅう》＊2が創設した忠義救国軍に参加しました。あのころは国民党と共産党で江南地区の知識階級の若者を奪い合っていました。

龍 李さんは混成隊に編入されたとのことですが、どんな訓練を受けましたか？

李 爆破、諜報、放火、暗殺。

龍 一九四二年、民国三十一年四月二十日、李さんは上海で日本軍相手に爆破攻撃を行い、逮捕された？

李 われわれが持っていたのは歩兵銃ではありません。短銃だけです。長距離攻撃をかけることはできません。手榴弾を投げるくらいが関の山です。そのときは大きな倉庫をだいたい四つか五つ破壊しました。翌朝、われわれは報復攻撃を受けました。それから私は上海に潜伏していたのですが、その夜、日本の憲兵がやってきました。

龍 南京の収容所の様子を聞かせてください。

李 南京の収容所は老虎橋にありました。第一監獄は戦後、汪兆銘の夫人である陳璧君《ちんへきくん》や周仏海《しゅうふっかい》が収監された場所です。老虎橋第一監獄には常に千五百人から二千人が収容されていました。日本軍は毎日捕虜を三つの現場に連行し、それぞれ労役をさせました。炭鉱掘り、飛行場建設などです。非常に苦しいものでした。収容所の中は捕虜による自治が行われていました。私が行ったときは「八百壮士」の上官志標《じょうかんしひょう》（「上官」は姓）さんが総隊長をしていました。

龍　上官さんは、台湾に来てから台南で兵役課長をされていましたね。それで？

李　私と同じ日に収容された者がだいたい四百人以上いました。その場で十六個の隊に編成しました。われわれは南京収容所の苦力になりました。基本、畜生と同じです。二百人の苦力は二百頭の馬、二百頭の牛でした。

龍　どうやってラバウルに行かれたか教えてください。

李　一九四二年十二月二十五日に出発し、翌年一月二十四日に到着しました。乗船するとき、行き先はまったく知らされていませんでした。畜生ですから。どこに送ろうが、畜生にわざわざ告げる必要はないわけです。

収容所を出て、窓のない貨物車に全員押し込められ外から鍵をかけられました。翌日朝、上海呉《ご》淞《しょうこう》口の港に着きました。列車を降り、船に乗りました。船に乗る前の数週間はまだマシでした。船の底にあったあの船倉の中はなんとも……。考えてみてください、われわれはみんな何カ月も収容所に閉じ込められ、人によっては一年や二年入っていた者もいます。そうしたらどれだけタバコが恋しいか。それにビスケットや飴なんかも食べたかった。日本人はあのころ物資がいちばん豊富で、しかもいちばん高慢ちきだったころですから、余った飴やタバコを船倉のわれわれに向かって放るんです。その後船倉で繰り広げられた奪い合い……、龍さんも想像できるでしょう？

龍　千人以上が船倉に？

李　いや、百人あまりです。何隻かに分乗しましたから。

いずれにせよあの船の底には百人以上がいました。下りていくと、タバコや飴の奪い合いが始まっていました。みっともない。誰が分隊長で誰が小隊長かもわからなかったですが、私は腹を立てていましたので、「盗《と》るな！」と一喝しました。あのころは民族意識が非常に高かったので、しかればすぐ収まります。一度全部集めてから小隊長から分け合うようにと指示しました。それから私は日本人とかけあうために上って行きました。言葉は通じませんから筆談です。私が言ったのは、飴やタバコを下さる好意にはいたく感謝する。しかし、こうやって投げるやり方は非常に侮辱的です。もしいただけるなら、われわれが上がってきますので、そこで渡してください、ということです。するとその日本人はわかってくれたらしく、『ハオ、ハオ、ハオ（よし）』と言って、その後はなくなりました。

龍　その船でそのままラバウルまで行かれた？

李　『地獄船』という本がありますでしょう？　読んだことがありますか？　私はとても読む気になれない。

ラバウルにつくひとつ手前の港で、われわれ百人あまりは船を換えました。最後に一週間乗った船です。同じくいちばん下の船倉に入ったのですが、そこにはすでに三百人が詰め込まれていました。考えてみてください。もともと百人しか収容できない船倉に、四百人以上が押し込められている。いったいどういう状況なのか？

龍　空気は足りましたか？

李　風が通らない船倉は熱かった。空気も足りない。最後まで息苦しいままでした。ここだけの話ですが、その四百人は一人として服を着ていないのです。下着もない。頭から体中全部シラミだらけです。

龍　排泄はどうなさった？

李　便所はどこにあるのか？　船倉の両側に一つずつはしごがあってそこから上がらないと便所はない。しかしどちらにも銃剣を構えた見張りが四人いて、一度に五人までしか上がらせない。先に上がった五人が全員下りてきてやっと、次の五人が上に上がる。はしごの下には、たくさんの兵士が立って「すいませーん。大便させてください！」「すいませーん、小便させてください！」と大声を上げる。それでも見張りは相手にしない。我慢できず小便が漏れてくる。すぐ後ろに立っているやつや、足元に横たわっているやつらが怒鳴る。さらに限界に達すれば、大便も漏れる。

龍　ご自身は、たとえば大きいほうであれば、どう処理されたんですか？

李　私はシーツを破って使った。

龍　食べるものはありましたか？

李　ありました。しかし水がありませんでした。水は与えられなかった。自分の尿を飲む者もいましたが、水がないのですから尿も出ません。あのときは自殺したくても難しかった。なにしろ銃剣持った見張りがそこにいましたから、はしごを上ることもできない。そうやって一週間がたちました。想像してみてください。四百人以上の国民党軍兵士が、真っ裸で大便小便を垂れ流して、頭にはシラミだらけ。これこそ地獄船でしょうよ。

龍　ラバウルに到着して、上陸する際、たくさんの人が担がれて下りてきたんですよね？

李　他人を担ぐ体力のあるやつなんかいませんよ。みんな自分で歩いて下りました。

龍　ほかの船では体が衰弱しすぎて、埠頭に下りた途端日本兵に銃殺された人がいると聞きましたが、李さんはご存じありませんか？

李　それは聞いたことがありません。少なくともわれわれの船ではありませんでした。

赤チンすらなく

龍　そんな地獄の航海で、誰も亡くならなかった？

李　みな疲弊していましたが、誰も死にませんでした。本当です。死人が出始めたのは、いいですか？　上陸して十日たって労役が始まりました。死人が出始めたのはそこからです。

龍　どういうことでしょう？

李　われわれはいくつかの大隊に編成されました。「支那特別労務隊」です。それぞれ割り当てられて労役に出ました。ある大隊は五百人あまりのうち三分の二が死に、最後まで生き残ったのは百人あまりでした。彼らの隊の仕事はわれわれの隊よりずっときつかった。米軍が爆撃をかけていた時期、彼らは昼夜なく空港を補修していました。昼爆破されて、夜修理するわけです。空港駐屯の飛行隊が撤退したら、空襲もなくなった。すると彼らはさっそく道路建設作業に行きました。あるときはジャングルの中で、三日も太陽を拝めなかったそうです。われわれの隊は埠頭で荷物の積み降ろしをしました。

龍　では、ラバウルにおられたあいだに、台湾人日本兵はご覧になりましたか？

李　おりました。台湾人軍夫です。何人かとは馬が合いました。

龍　李さんたちの中国人捕虜は、この台湾人兵の監視についてどう感じてらっしゃいましたか？　それはどういう関係だったのでしょう？

李　お互いに何か話すことがあったとでも？　彼らに向かって民族意識を持てと諭す？　できません。それにお互い何も言わずともわかってましたよ。

初めての労役が終わった夜、若いのが一人帰ってきて、私に言いました。「大隊長、今日台湾の若いヤツらとたくさん会いました。労役してました」。われわれはすぐ気づきました。ラバウルには台湾から来た何千人もの若者が働いており、ほかにも広東、香港から来た人夫もいました。

龍　戦後、中華民国駐豪大使館が本国に提出した書類によると、六千九百人以上の「台湾人人夫」がラバウルにいて、台湾への引き揚げを待っていたそうです。老人、子供、女性を含めれば、八千人以上いたのではないでしょうか。

李　いいですか、われわれの大使館は最低でした。戦後台湾人は大使館を経由して帰ってきたのではありません。連合国軍艦船が、日本兵と一緒に彼らを故郷へ送り返してくれたんです。

龍　李さん、ラバウル収容所であなたがたが日本兵から受けた虐待はひどかったですか？　さきほど死人が出たのはラバウルに到着してからだとおっしゃった。

李　この話をすれば龍さんにもわかっていただけるでしょう。上陸して十日たち、労役が始まりました。あのころはみな弱っていたし、お互いにまだ気心も知れてなくて、協力体制がとれていなかった。たとえば箱を運ぶにも、一人で力が足りなければ二人必要になる。二人で持ち上げればどうってことない。でも下ろすときにもし〝いっせいのせ〟でやらなければ、たぶん足に当たるか手を傷つける。あるいは釘がひっかかってしまう。もし今日の午後、労役中に血が出たら、五日後には間違いなく死んでいる。

龍　医薬品がなかったからですか？

李　彼らは医薬品を持っています。われわれの隣には衛生材料部があって、中には何もかもそろっている。でもくれない。

龍　赤チンももらえないのですか？　だからあなたがたは小さい傷ひとつで命取りになる？

李　赤チンもくれない。恐ろしいことです。たとえば、今日午後どこか引っかいて小さな傷ができたとします。その場ではどうってことない。ところが翌朝には傷は硬くなっている。それでもみんな労働に出る。その日はまだいつもどおり作業ができる。三日目の朝、起きると傷があったところはもう腐っている。そして四日目にはウジがわく。

龍　ウジがわいてもほったらかしですか？

李　いや日本人に連れて行かれます。収容所のいちばん上のほうに「医病連」というものが設置されていました。病人はそこで横にさせられます。そこは「病人牢」とでもいう場所でした。ある日、日本兵がわれわれを連行し、大きな穴を掘らせました。翌日午後、その日本兵は「病人牢」へ行き、そいつがもうすぐ死ぬと判断した二十九人を運び出しました。彼らを穴の中に寝かせ、何発か見舞って埋めました。

龍　それじゃ——生き埋めじゃないですか？

李　それに等しい。一回目はそうやって二十九人が生き埋めになった。

龍　それは上陸されて何日くらいたったころですか？

李　だいたい十五日後です。それから五日たってまた二十人埋めた。三回目はだいたい十何人。知っている限りで、合計六十人以上がそうやって殺された……。

そのころ頭の中にあったのは、われわれは八十日間しか生きられない、ということでした。だって四百人の部下がいて、毎日そうやって死んでいく。つまり一日五人として八十日で自分の番がくる。

龍　日本軍はオーストラリア人兵士を使って人体実験をしたといいます。そういうことは中国人捕虜でも発生しましたか？

李　私が目撃したのは一度だけです。日本兵が、われわれのなかから体力がありそうなのを二十人選んで連れて行きました。一日に一斤（六百グラム）の野菜と二斤（千二百グラム）のさつまいも類だけを与え、そんな飢餓状態で何日生きられるかを実験した。
たしか「八百壮士」にいた徐有貴《じょゆうき》というのがその実験台にさせられた。彼はあまりの空腹に耐えかねて逃げてきました。炊事係をつかまえて、食べるものをせびっていました。

68 田村という若き日本兵——ニューギニア戦線で書かれた日記と手紙

メルボルンに住んでいたアラン・コネルは二〇〇〇年に亡くなった。父の遺品を整理していた息子のジェフ・コネルは一冊の黄ばんだノートを見つけた。そこに万年筆で書かれていたのは日本語であった。だいたい一六〇頁ほどあり、明らかに日記である。なぜなら日付がある。一九四三年の四月から十二月まで書かれたものだ。

なぜそこにそんなものがあるのか、息子には察しがついた。彼の父は太平洋戦争が勃発したその年、兵隊をしていたのである。一九四一年、わずか十九歳であった。

一九四三年の冬、アラン・コネルはニューギニアのオーストラリア軍情報部門にいて、もっぱら日本軍の情報を収集していた。だからその日記はニューギニアの戦場からもたらされたものとみて間違いない。ジェフ・コネルはノートの一部をコピーして、オーストラリアの戦争記念館に鑑定を依頼した。記念館はすぐにこれが、当時の日本兵がジャングルの中で記した日記であると突き止めた。

日記の持ち主は身長一メートル五十八センチ、体重五十七キロ、胸囲八十四センチ、誕生日は四月二十七日で、二十三歳であったものと思われる。彼の故郷は、東京の北の方角にある宇都宮市であろう。

なぜなら家族への手紙が未投函のまま日記に挟まれていたからだ。ただ彼の名前は、英語表記で書かれているため、百パーセント確定できない。おそらく、田村義一という名前だろう。[*3]

田村が所属する部隊はニューギニアに派遣された第四一師団歩兵第二三九連隊であった。第四一師団の二万人は数十隻の軍艦に分乗して日本を出発した。青島に何日か停泊したあと、太平洋の剣呑な黒い波を切り、赤道以南のニューギニアへ直行した。田村を乗せた艦船は、李維恂を乗せた捕虜輸送船と肩を並べて、ブルネイ沖を航行していたのかもしれない。

二十二歳の田村、南京で捕虜となった二十三歳の李維恂、そして南投埔里の四十人の若者は同じ時期に、つまり一九四三年の早春、ニューギニアへ到達した。

田村の日記の一ページ目は、おそらく一九四三年三月に書かれたものだ。

極楽鳥の鳴き聲をきけば
内地のカッコウ鳥を思い出す
南洋の椰子の林の中に
ケオコウ　キョウ　ケオコウ　ケヨウヨ
何と言うのか分からねども（略）
（昨日今日戦友に内地から便りが来て）一月末の新聞を見る（略）
南方ニューギニア戦線のニュースも
出ていたけど我が現住の地と
誰が知るだろう
内地のお盆の頃位の暑さなれども

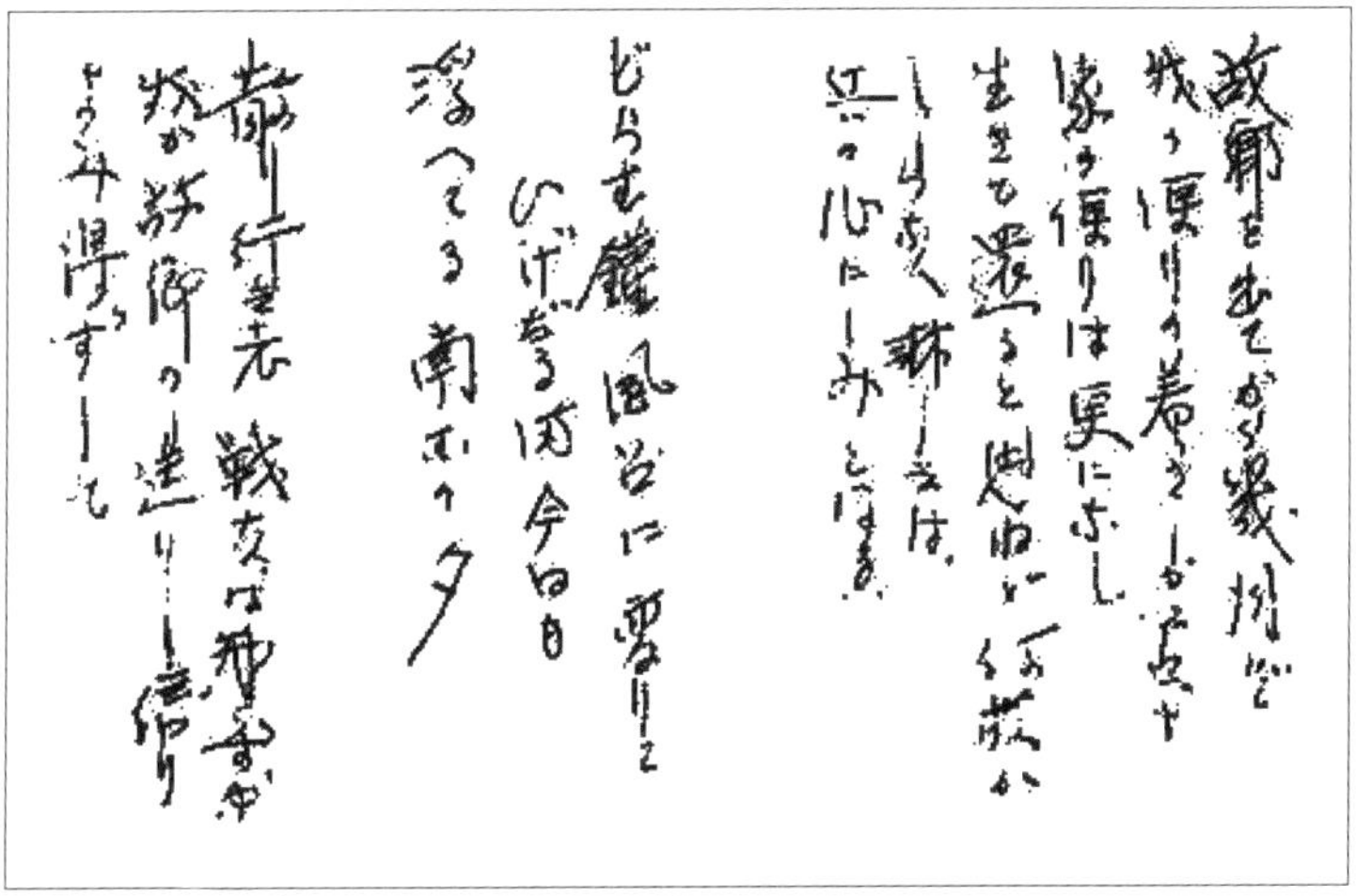

田村日記、43頁（オーストラリア戦争記念館提供）

害虫多く中にも蚊だけは
全く閉口している
病の為かこの頃元気なく
兵隊の士気低き感あり▼[123]

（「豪日研究プロジェクト」ホームページ、「田村義一の日記」二一頁）

四月、ジャングルに雨季がやってきた。兵士たちは雨に降り込められ、湿ったテントの中に座っているしかない。一日中、一晩中、じっとりとした雨がテントを打つ。

毎日定まった様に夜になると
しだしだと女のすすりなく様に
小雨が降る（略）
陰の下も一米五〇もあると火を炊かないと
じめじめして気持悪るし

（同前、五十二頁）

「八百壮士」の中国兵捕虜たちがまるでローマ帝国

の奴隷のように、ラバウルで飛行場を急造していたころ、田村の戦友たち二万人もまったく同じ作業をしていた。日本陸軍第四一師団はニューギニア本島にウェワク飛行場の建造を急いでいたのである。ラバウルから狭いダンピール海峡を隔ててすぐの場所だ。田村は文学青年だったようで、夜、疲れきった体でテントに倒れ込むと、詩歌を書き綴り、自分が過ごす日々を記録した。

炎天に汗だくだくの兵《つわもの》は唯黙々と飛行場を作りぬ
日々《にちにち》に進み行く工事場へ副官今日も巡視来《きた》りぬ
波際に汗をぬぐいて腰下ろし便り来ぬかと沖をながめる（略）
蟬なけど木の葉散り行き秋らしく若芽を見れば春を想わん

（同前、四十五頁）

決死隊の気迫と速度で、飛行場は工事を終えた。さっそく日本陸軍第六飛行師団擁する戦闘機および爆撃機三百二十四機が着陸し、駐機場で出撃を待った。兵隊十万、戦闘機百機の偉容である。一方ニューギニアの土着民はゴーゴーと耳をつんざく戦争の音の中で毎日、土を耕し作物を植える。はだしの子供たちはみな猿のようにするするとヤシの木のてっぺんまで登り、遠くからこの巨大な機械群を眺めていた。ぼんやりとだが神秘的な力を感じ、子供たちは心を震わせた。

何日もたたないうちに、連合国軍諜報機関はこの飛行場の存在を察知し、じゅうたん爆撃を開始した。逃げ遅れた飛行機およそ百機以上が爆弾でバラバラとなり、爆発した機体は鉄片を散らした。めらめらと炎を上げながら続く爆撃はラバウルからも見えたという。黒煙がもうもうと天を衝き、空をすべて闇にした。

海岸にいた二三九連隊の戦友に飛行機の破片が直撃し、彼は即死した。田村はペンを取り、心の痛みを綴った。

二、三日前戦友の敵弾に虚しく散りしこの内海は
何時もと変りなく白い小波が漂っていた
船をはなれたドラム罐が二つ三つ浮いて居る
岬の緑も変らず波止場の小船も変りなし
されど何と悲しき事ぞ

（同前、八十九頁）

もっとも、爆撃があると工事はできないため、田村にとっては貴重な休息の時間になった。彼は背の低いテントの中、膝を曲げて柱に寄りかかり、弱々しい光の中、一人の女性に向けて手紙を書いた。

はるか南海の果でこんな思慕を寄せたとて誰が本当にするだろう
知り合ってから一ヶ年何の事もなく
友の妹として君を知っただけなのに
何故かしら忘られぬ君の面影だ
便りする機会もなく余りに厚かましい心と思えば
遂一度の信もせざるなり
唯獨り胸を痛めて故郷を偲ぶ

求むる事の無理と知りつつ
何故あきらめられぬ想いあり
元気で今頃人妻として嫁としているだろう
思えば羨ましい君の夫だ
唯君の幸福を祈る男の意を天は知らず
陣中倶楽部より

（同前、二十六頁）

日記の最後は一九四三年十二月八日に書かれたものだ。筆跡は乱れ、字の判別もつかない。十二月八日以降は空白で、思い人への手紙は出されないままそこにあった。

二三九連隊はその年の十月より、ニューギニアの東海岸で厳しい運搬と守備の任務についた。食料は尽き、ジャングルの熱病が瞬く間に広がった。行く手を遮るジャングルで、兵士たちは一人また一人と倒れていった。倒れても、かたわらの戦友たちには肩を貸してやる力も残っていなかった。田村が倒れた場所は、おそらくニューギニア東岸の「マダン」という県ではなかったか。

出されなかった手紙は六十年後、彼の日記とともに、オーストラリア戦争記念館より日本の家族に手渡された。

69 ニューギニアで食うこと、死ぬこと——帰ってきた高砂義勇軍、中村輝夫

一九四四年に入り、太平洋全域が連合国軍の爆撃圏内となり、ニューギニアへの補給は完全に絶たれた。二年あまり前にニューギニアに上陸した日本軍は合わせて二十万人。うち一九四五年に敗戦を迎えたとき、生きて家に帰れたのはたった一万人であった。

この一万人に、田村とともにジャングルで合同作戦を戦った高砂義勇軍の台湾先住民は含まれていたのだろうか？

一九四二年から一九四四年のあいだ、日本軍はこのジャングル作戦のため、台湾で数千人の高砂義勇軍を召集し、フィリピン、ニューギニア、インドネシアなどの熱帯雨林に送った。前線の日本軍に補給・担送を行うためである。ジャングルで死んだ文学青年、田村義一は、二三九連隊壊滅の経緯を日記に残すことはかなわなかったが、幸いにして高砂義勇軍の口述記録により、田村が経験したことは如実に知ることができる。

アメリカ軍の爆撃を避けるため、日本軍は夜間行軍した。アメリカ・オーストラリア連合軍はすでに上陸を果たし、遭遇すれば激しい白兵戦となった。日本軍はマダンから山間部への退避を余儀なくされたが、行く先はいずれも危険な流砂と沼地であった。多くの兵士がルートを探しているうちに流砂にのみ込まれ、またジャングルを抜けるさなか毒蛇に咬まれて死んだ。さらに多くの兵士が沼を抜けようと水草の茂みに潜伏しているところをワニに食べられた。しかも彼らの背中にぴたりと照準を合わせ、米豪連合軍の機銃掃射と低空じゅうたん爆撃が追い立てる。

島は孤立し、補給ラインは断たれた。本来、山間部での担送が任務であった高砂義勇軍は運ぶ物資がなくなり、「猛虎挺身隊」や「佐藤工作隊」などに再編され、地獄のような戦場で引き続き軍事作戦に従事した。補給が途絶えたことによる最大の打撃は、もちろん食料の欠乏である。当初ニューギニアの日本軍はバナナを食べ、パパイヤを採り、サツマイモを掘ったが、それも食べ尽くしてしまい、その後は柔らかい雑草、樹の皮や根を食べた。台湾先住民はジャングルの〝暗号〟を知っていて、日本人兵士に食べさせるため、罠を仕掛けてイノシシやオオトカゲ、ニシキヘビを捕まえた。自分たちも飢えていたにもかかわらず、なお職務に忠実であった。敵機による爆撃があったあとなどは海に飛び込み、爆死して浮かんできた魚を捕まえた。

彼らは植物の〝秘密〟も熟知していた。塩が足りなければヌルデ（塩膚木）を探した。若い葉は食べることができるし、実の外皮に薄く付いた塩を舐めれば命が助かる。彼らはまた「水流苔」と呼ばれる植物をすくって、汁にした。無毒の菌糸類を見分け、食べられる蔓《つる》の芯をしゃぶった。彼らはどの樹が食用の肉桂《にっけい》で、どの根にでんぷんが含まれているのかを知っていた。軍での等級がいちばん低かった台湾先住民はこのとき、日本兵を救うジャングルのライフセーバーであった。もっとも映画の『ターザン』のように無敵とはいかず、飢餓、マラリア、チフス、コレラ、あるいは単純な破傷風が彼らの命取りとなった。精いっぱいみんなの世話をするライフセーバーだが、そのライフセーバーを世話するものなど一人としてなかった。

高砂義勇軍兵士の三分の二が未開の戦場で死に果てた。

そのころ、ラバウルの中国人兵捕虜収容所では、過度の労働と栄養失調で多くの死者が出始めていた。同じころ、台湾南投からやってきた軍属たちも墓を掘るペースを速めた。穴はみるみる大きくなり、死体はますます増えていった。燃料が足りないため、焼くことができたのは切り落とした手だけで、それものちには小指だけになった。また同じころ、ニューギニアにほど近いチモール島にいた台湾特別志願兵の陳千武《ちんせんぶ》は、[*4] 自分がいる野戦病院で一日平均六人の餓死者が出ていることに気づいていた。台中一中を卒業した陳千武は、田村と同じように、殺気に満ちた夜の闇に目をぎらりと光らせて思索にふけり、顔をうずめて黙々と詩を書いた。

台中一中を卒業した陳千武（本人提供）

野鹿の肩には摩滅できない小さな痣がある
他の数多くの肩と同じく
眼の前の相思樹（タイワンアカシア）の蕾はいちめん黄色くて
黄色い黄昏がしだいに近づいている（略）
これはすでに暫時の横臥ではない
か弱い野鹿は頭をもたげて玉山を仰ぎ
肩の小さい痣を見る
小さな痣の傷口に一輪の鮮かな赤い牡丹が花咲いた
血が噴き出る[▼124]

（「野鹿」『陳千武詩集』秋吉久紀夫訳、土曜美術社出版販売）

陳千武が何よりはっきり覚えているのは、新兵として乗船する前のことだ。全員が「手足の爪を切り、指定された紙袋に入れ、しっかりと部隊の番号や階級や氏名を書き入れて、人事官に渡すのであった。爪は万が一亡くなって遺灰が取れなかった場合に、遺灰のかわりとして遺族に渡したり、あるいは東京九段下の靖国神社に祀る」のだ。[125]（『台湾人元日本兵の手記　小説集「生きて帰る」』丸山哲史訳、明石書店）

もし二三九連隊の田村が、日記が終わったあの日に死んでいず、一九四四年、秋から冬に移る時間を部隊とともに過ごしたならば、きっと人の世に現れた地獄を日記に書き記しただろう。連合国軍各国の捕虜は収容所に閉じ込められていたわけだが、日本兵が駐屯する島自体、どこも天然の〝捕虜収容島〟になっていた。補給は途絶え、病気になった李維恂の戦友が大穴に生き埋めにされ、「八百壮士」の国民党軍兵が連行されて人体実験させられていたころ、日本軍自体、人食いを始めていた。

第五回高砂義勇軍に参加したロジングは静かに昔を語る。

桃園霞雲《かうん》のタイヤル族出身の友達が戦死した。とてもつらかった。私は彼を土に埋めた。一日出かけて帰ってきたら、友達は日本人の手で掘り返され、腕と太ももの肉を削がれていた。みんながりがりだったから、肉はそこしかついてなかった。当時命令があって、アメリカ兵の肉は食っていいが、自分たち日本兵の肉は絶対に食うな、と言われていた。しかし効果はなかった。食べるものがなかったから、同胞の日本人の肉も食べた。[126]

アメリカ人の肉は食べてもいい？

そう、一九四四年九月二日、アメリカ軍の飛行機が一機、父島で日本軍に撃墜された。海に墜落したあと、搭乗していた九名の乗組員のうち八名が捕虜となった。

捕虜のうちまず四名が斬首され、それ以外四名の乗組員は日本軍将官に殺され、煮て食われた。

九人で唯一生き残ったのは、マサチューセッツ州出身で二十歳になったばかりの若者だった。海を漂流していた彼は、アメリカ軍の潜水艇に救助された。

この九死に一生を得た若者は、六十五歳のとき第四十一代アメリカ大統領となった。彼の名はジョージ・H・W・ブッシュという。▼127

二十四歳だったスニヨンとそれより少し若かったジョージ・ブッシュは、同じころ太平洋の飢餓に苦しむ戦場にいたが、その後たどった運命はまったく異なるものであった。スニヨンは台東の東河郷で育ったアミ族である。一九四三年、インドネシアのモロタイ島に派遣され「高砂義勇軍」の一員となったとき、生まれて一カ月の息子がいた。ブッシュが救助されて十三日目、連合国軍はモロタイ島に上陸し、日本軍と白兵戦を繰り広げた。日本軍はずるずる敗退していき、スニヨンはその混乱の中、道に迷っていった。自分の部隊を見つけることができず、また敵軍に見つけられるのを恐れ、ジャングルをどんどんどん奥に入っていく。

一九七四年のある日、モロタイ島の住民が警察に通報した。ジャングルにほとんど真っ裸の野蛮人がいて、女や子供が怖がるというのだ。インドネシア警察は捜索隊を出した。三十時間後、居場所が見つけられたとき、その野蛮人は薪を割っていた。

発見された当時、スニヨンは三八式歩兵銃二挺と弾を十八発、軍刀一振り、ヘルメット、アルミ鍋ひとつを保持していた。彼は細くて真っ黒の両手をおどおど挙げて、投降の意を表した――彼は思った。とうとう米軍に見つかった。

スニヨンとはアミ族の名前で、従軍のときは「中村輝夫」と名乗っていた。一九七五年、台湾の故郷に帰ってからは「李光輝《りこうき》」という中国語名をつけた。飛行場へ彼を出迎えたのは立派な大人になってい

「歩 239」の認識票（蔡政良提供）

た息子であった。彼の妻は、三十年前に死亡通知を受け取っていたため、とうに再婚していた。

　ジャングルから故郷へ帰った五十六歳の李光輝は、どうやって食っていったのか。花蓮のアミ族「文化村」に行けば誰でも彼に会うことができた。彼はジャングルの腰巻をつけて「野蛮人」のポーズをとり、日本人観光客に写真を撮らせた。

　観光客が尋ねる。三十一年間のジャングル生活の、支えはなんだったんですか？ 彼はしどろもどろで答える。「えー……いつかきっと……故郷に帰りたかったから」

　スニヨン、李維恂、「八百壮士」、陳千武、柯景星、蔡新宗、ジョージ・ブッシュ、そして宇都宮市の田村義一——。同じ時代にちょうど二十歳前後の若者だった彼らは、まさに同じとき、自分では抗うことのできない力によって、同じ戦場に送られていたのだ。

　二〇〇九年五月、台湾の映像作家、蔡政良《さいせいりょう》はニューギニアに行った。蔡の祖父はスニヨンと同じ台東東河出身で、スニヨンと同じ部隊、同じ階級で南方へ送られた。蔡政良は祖父の足跡をたどり、記録映画にしたいとずっと考えていたのだ。ニューギニアで彼が目にしたもの、それはあちこちに残る武器の残骸であり、泥を被って錆びたプロペラであり、また無邪気に不発弾を抱え、観光客に写真を撮らせる裸の子供たちであった。

地元の人が彼に袋を手渡す。開けてみると中に入っていたのは頭蓋骨であった。別の人が数枚の金属片を持ってきた。広げてみると日本軍兵士の認識票であった。部隊番号が記してある。彼はそれを写真に撮り、ネット上に公開した。あるいはあの世の魂の導きにより、遺族の方が見つけてくれるかもしれない。

何に導かれてか、私はその認識票を見た。

認識票にはっきり刻まれていた文字は「歩２３９」。

二三九？　戦場詩人、田村義一も歩兵二三九連隊所属じゃなかった？　蔡政良が認識票と頭蓋骨を手にした場所は、田村が最後の日記を書いた駐屯地、マダンだったんじゃないかしら？

70　十九歳の決断——兵役か拒否か

フィリップへ。私は十九歳のあなたに好奇心いっぱいだ。

徴兵命令が下りたのに、兵役に就く気がしないのよね。たった九カ月なんだけど。

「いったいいつの時代だよ」と、あの日の国際電話。雑音があって、波打つ海みたいだった。でも内容はちゃんと聞こえた。「ドイツにはまだ兵役義務があるんだ。なんて遅れてるんだ！」

「ドイツの兵役は、拒否することができるの？」と訊いてみる。

「もちろんさ。メールが届いた。ドイツ基本法第四条を見せてあげるよ」

メールが届いた。ドイツの憲法を読むのは初めてだ。最初から明瞭極まりない。第一条は「基本権利」。そして第四条に規定されるのが、個人の価値観および信念による決断の事項である。

第4条（信仰・良心の自由）

（1）信仰、良心の自由、ならびに宗教および世界観の告白の自由は、不可侵である。

（2）妨げられることなく宗教的活動を行うことが保障される。

（3）何人も、その良心に反して、武器をもってする軍務を強制されてはならない。詳細は、連邦法律で規律する。

（ドイツ連邦共和国基本法『新解説世界憲法集　第2版』三省堂）

なるほど。この条項を援用すれば兵役を拒否できると、そう思ってるのね。でもドイツを含む多くの国家が、市民の「兵役拒否」をとうに法律の規定の中に織り込んでいるのではないかしら？　兵役に就きたくない若者に「代替」として、各種医療、慈善機関での奉仕活動を義務づけるとか。実際たくさんの若いドイツ人が、アフリカや南アジアの開発途上地域で国際ボランティアをして、兵役の代替義務としている。

「そうさ。カンボジアへボランティアに行くほうがましだ」となお。

息子とこんな話題になるのは初めてだ。そのかたくなな態度に、ちょっとびっくりした。お尋ねするけれど、十九歳のあなたは「反戦主義者」になったということなわけ？

「違うよ。ぼくは『反戦主義者』じゃない。『主義』というのは、それを原則とか信条にしているものだけど、ぼくのはもっと単純な『反戦』だよ。ロジックも別にない」

「どういうこと？」

「自分の国家が侵略されたとき、戦争に行かないという選択は許されるのかな?」とさらなる疑問で返された。

あらあら。この世代にもまだ「国家」という観念があったのね? 実は私、この問題についてそんな明確に考えたことがない。ややこしすぎて、大きすぎる。でも、覚えてることがひとつある。

一九九〇年八月、イラクがクウェートに侵攻した。十二月、国連はサダム・フセインに最後通告を突きつけた。一月十五日までにクウェートより撤退すること。さもなければ国連は武力行使を支持する、と。二十八ヵ国の多国籍軍はすでに七十二万五千の兵力を結集させていた。情勢は緊迫し、開戦は時間の問題であった。

私たちの家はフランクフルトのアメリカ空軍基地のそばにあった。一月十五日の最後通告期限が過ぎたあの夜を、私ははっきり覚えている。みんなの頭の中にぐるぐると回り続けるのは、ひとつの疑問――「本当に戦争が起きるのだろうか?」そして、熟睡していた私は、それまで聞いたことのない音にびっくりして飛び起きた――ゴーゴーと巨大機械が低空を飛行していく音に家全体が震え、天井や床は地震のようにのたうち、ベッドや書斎の机はガタガタ音を出す。私たちが眠る真っ暗な村と氷雪に閉ざされた田畑のすぐ上を、爆撃機が一群一群、続けざまに飛んでいく。

暗闇の中、窓を見た。外は黒くなかった。雪が反射しているのだ。振動で雪の塊がバサッと松の枝から落ちるのが見えた。

あとで知ったのだが、あの夜の天地を揺るがすような音はつまり、多国籍軍がのべ十万機の爆撃機を飛ばし、一ヵ月半にわたってイラクとクウェートに九万トンの爆弾を落とした攻撃の第一波であった。

次に私を驚かせた光景は、ドイツ参戦に反対するためその翌日、ドイツの職業軍人が基地を離れたことだ。彼らは宿舎を出たところで、銃を地面に置いた。そしてヘルメットをはずして銃の上に重ね、身をひるがえしてその場を去った。軍人が銃を手放すというは、非常に大きな示威行為である。

私はドイツ文化のいろいろな部分に偏見を持っている。たとえばドイツ人の形式ばったところとか、教えたがりのところとか、子供に愛想がないところとか……。

でも毅然と基地を出て行くあの若者を見て、この文化に含まれる自省の力を強く感じた。上の世代がこの世界に大きな災難を引き起こしたのだから、下の世代の彼らは戦争に対してとりわけためらいと恐れを持つのだ。

基地を出て行くべきかどうか、あるいは主戦論と反戦論のどちらが正しくて、どちらが間違っているとか、そんなことを言っているのではない。ただ考える。価値観が揺れ動き、情勢が激変する、でも一方で未来を決めることになろうこの大事な転換期に、もし十九歳の人たちがみなそれぞれ自分で考え、自分の場所を見据え、何が本当の価値なのか見極められるなら、この世界も少しは変わっていくだろうか。

フィリップ、もしもあなたが本当に考え抜いた結果なら、兵隊になるのもよし、拒否してカンボジアでボランティアをするのもよし。愛する息子だもの、私はどちらも支持する。

一人ひとりの決定は、実はその同世代人に影響を与える。その世代の決定は、その次の世代にまた影響を与える。愛情はいまだかつて、責任から逃れたことはない。

第8章

じくじくと痛む傷——一九四九年の後遺症

71　二十カイリに四十年——目の前に見える故郷に帰るまで

物語は尽きることがない。〝私たち〟がどんな人でできあがっているのかを、私はまだちゃんと伝えられないでいる。

これもまだ話してない話だ。一九四九年に中華人民共和国が成立して以降、それはたくさんのマレーシアの若者が祖国への愛と理想を胸に抱き、「故郷を離れて」中国に身を寄せた。十七、八歳の高校生たちは、あのころまだマラヤ連邦*1と呼ばれていた植民地にとどまり、イギリス人のために兵役に就くことを潔しとしなかったのだ。

六十年がたったいま、私はクアラルンプールで彼らの先生たちに会った。当時の学生たちの話になると、白髪頭の先生たちの心痛は尽きない。一九四九年以降、何十年と吹き荒れた政治の嵐のなか、この大きな子供たちは「華僑」というレッテルを貼られ、あるものは死に、あるものは監獄に送られ、あらゆる辛酸をなめ尽くした。どうにか逃げ延びた者は多くの困難と変転の末、香港へやってきた。マラヤ連邦は一九五七年に独立国家となった。独立するより前、もうひとつの「国」を愛するがゆえに故郷を離れた彼らは、市民としての身分を失い、それきり家に帰ることができなくなった。

繁栄した香港の街でいま、当時マレーシアを捨てた学生たちを目にすることがある。ほら、生活保護を受けるため役所で順番待ちをしている老人。病院で薬をもらう列にいるそこの老人。ここにも一人、

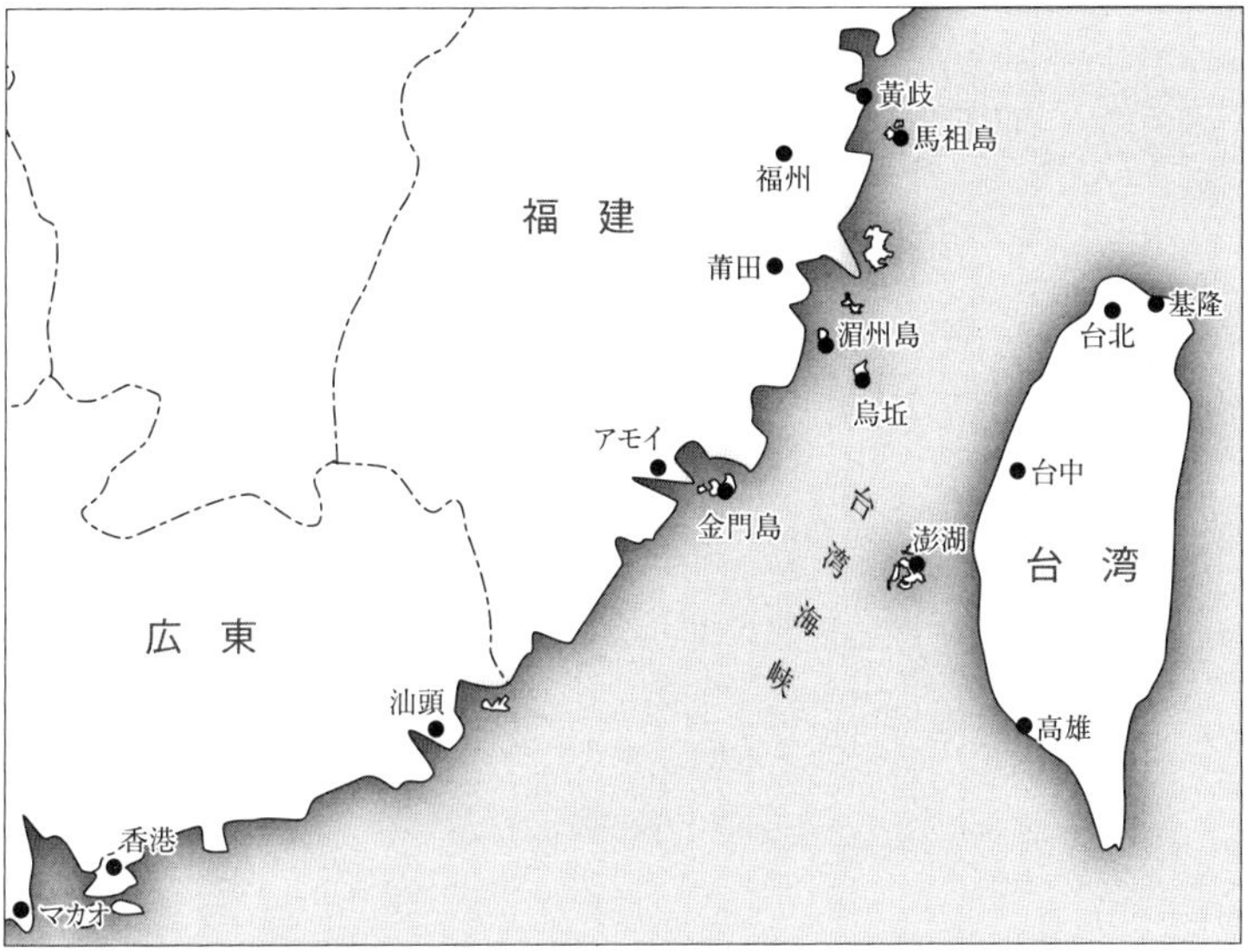

ビクトリア公園で取り残されたように歩いている老人がベンチを見つけ、ゆっくり腰を下ろす。
　押し黙ったまま人込みに紛れるその控えめな姿。彼らが十八歳のころどんな決断をし、結果、運命が彼にどんな仕打ちをしたかなど、いまの姿からは絶対に想像できないだろう。

　言い残したことはまだある。一九四九年に台湾海峡の両岸が分け隔てられてから、台湾人の物語は、馬祖《ばそ》島、金門島、烏坵《うきょう》島の最前線を越えてなお続いていた。この島々は中華民国の領土である。念のため。
　馬祖、金門、烏坵はどれも中国福建省の海岸線にぴったり寄り添うように浮かぶ島だ。言ってしまえば、この三つの島は台湾の島でありながら、台湾島より中国大陸に近い。位置がまだピンとこない方には、こう説明しようか。馬祖島は福州の、金門島はアモイのそれぞれ目の前にあり、烏坵島にいたっては、力いっぱいジャンプすれば海運の神である媽祖《まそ》の故郷、湄州《びしゅう》島に届くような距離だ。金・馬・島の人びとと向こう岸の中国の人びとの関係は、香港島と九龍半島のような、あるいは台北市郊外にある淡水と、淡水河を挟んで向かい側にある八里の関係と同じだ。つまりは同一生活圏にいる地元民たちであり、あいだにある海は彼らが行き来するための大通りにすぎない。

昔こんな話を聞いたことがある。ある人が母親にお使いを頼まれて金門島（あるいは馬祖島だったかもしれない）から渡し舟に乗った。向かう岸まで醤油を一ダース買いに行くのである。すると午前に海を渡ったが最後、午後にはもう島へ帰ることができなくなっていた。海上封鎖されたのだ。その人は五十年たって初めて家に帰り、母の墓に線香を手向けた。

ずっと眉唾だと思っていた。そう、呂愛治《ろあいち》に会うまでは。

金門島から船に乗り、一時間でアモイに着いた。市内の老人ホームを訪ねる。呂愛治はベッドに腰かけて、私としゃべっているあいだずっと大きな口を開いて、無邪気な笑顔を見せてくれた。一九四九年当時、彼女には夫と、成人した二人の息子がいた。三人の男たちは船で漁に出る。採れたコンブと小魚は愛治が天秤棒に担いで、毎日対岸のアモイまで売りに行く。そしてある日――何日だったか彼女は覚えていない――本当に、午前中に出かけて、午後にはもう家に戻れなくなっていた。

「そのとき何歳でしたか？」と彼女に訊ねる。

指を折って数えるが、彼女にはわからない。そばにいた介護員が代わって答えてくれる。「一九〇三年生まれです」。ということは一九四九年当時、呂さんは四十六歳であった。今年、彼女は百六歳になる。

「愛治さん、金門に帰ったことはありますか？」

九十六歳のとき、彼女は金門島へ帰った。しかし二人の息子は行方知れず、夫はとうに亡くなっていた。昔暮らした家は瓦礫の山に姿を変えて、同じ場所にあった。面影を残していたのは玄関だった場所に置かれた一対の大きな石だけだった。

カラカラと笑って、とてもうれしそうに彼女はこう言った。「石だけは誰も盗んで行かなかったねぇ」

呂愛治の部屋を出て、老人ホームの長い廊下を歩く。そこで暮らす老人たちの紹介が壁に貼られている。いちばん真ん中に呂愛治の名前があったので、じっくり読んでみて驚いた。彼女がこの老人ホームに収容されたのは一九五四年。つまり彼女は五十五年もの長い歳月をこの老人ホームで、身寄りもないまま過ごしているのだ。

そうだ、許さんの物語もまだ話してなかった。馬祖島から対岸の福州市黄岐《おうぎ》まで、船でたった三十分。古い通りを歩いてみれば、時空が錯綜しているような感覚を覚える。台湾人の脳裏に恐怖のイメージで刷り込まれているこの「匪区（中共支配地区）」だが、実際来てみれば、子供のころに見慣れた台湾の漁村と瓜二つじゃないかしら？

そんな古い通りで、許さんにお目にかかった。生い立ちの説明を聞く。彼女は「基隆の娘さん」で、一九四八年、台湾に住む福州出身の男性に嫁いだ。舅姑に挨拶するため黄岐にやってきた新婚の二人はそれきり、家に帰れなくなった。六十年たったが、彼女は一度も台湾に帰ったことがない。

許さんは福州方言をしゃべる。閩南《みんなん》方言はうまくしゃべれなくなっているのだ。私は訊ねた。「台湾の歌はまだ歌えますか？」

基隆の娘さんは頷いた。

そして恥ずかしそうに歌い始める。

呂愛治

私は耳をそばだてて聴く——え？　彼女が歌っているのは、日本語だ。なんの歌か訊くと、彼女は「台湾の歌ですよ」と答える。学校で教えられた国歌だと言う。わかった。その歌は、蔡新宗や柯景星の世代の子供たちが毎朝歌っていた日本の国歌——「君が代」だ。でも彼女からしてみれば、それは紛れもなく「台湾の歌」なのだ。

そうだ、烏坵島の林文彩《りんぶんさい》のことも、よく知っておいてほしい。

林文彩は福建省莆田《ほでん》の漁師の家に生まれた。一族の多くは湄州島で暮らしていた。一九五一年、十三歳だった林文彩は家族とともに五艘の船に乗り込んだ。ニンニクをアモイへ運ぶのだ。ところがその途中、台湾の「反共救国軍」の機帆船に包囲され、船も荷物も人も、一緒くたにさらわれた。

あれ？　そうか「反共救国軍」の説明が必要なわけね。一九四九年、内戦の混乱のなか、国民党軍と共産党軍の戦闘は福建・浙江の沿岸まで押し寄せ、挙げ句の果て、英雄と盗賊はその区別をなくしていた。気骨あるゲリラ部隊、ちりぢりになった正規軍、負けを認めない情報員、行く当てのないチンピラ、いちかばちかに賭ける海賊……。そんな連中が反共の旗印のもとに集った。そして沿岸地域の島を根拠地としてゲリラ部隊を組織し、対岸の陸地を襲った。

「反共救国軍」が正規軍に組み込まれるまで、彼らに給料は支払われなかった。補給は自ら陸を襲撃するか、海で強奪するかしかなかった。「なんでも盗った。外国船でも構わずにね」と林さんは言う。

イギリスの貨物船が台湾海峡を通過したときも、ゲリラ部隊はこれを襲った。映画の襲撃シーンのように海賊船がひそかに近づいていく。屈強な隊員たちが甲板によじ登り、船長室へと忍び込む。船長のこめかみに短銃を突きつければ、もうこっちのものだ。貨物船は馬祖島まで連行され、荷物を空っぽにされてやっと解放された。

「食いもんがたくさんあった。ほかにもフィリップス製の自転車が何台も」林さんが照れくさそうに言う。イギリス船の荷を強奪したあと、金門島の国民党軍部隊にはもれなくピカピカの自転車が支給されたという。

五艘の船に乗っていた林さん一族だが、年齢によって対応は分かれた。年寄りは船一艘をあてがわれて送り返された。若くて元気な者は金門島に送られてそのまま兵隊になった。そして林文彩のように年齢が小さすぎたものは、烏坵島に残されゲリラ隊員となった。

ゲリラ部隊は兵士より士官のほうが多かった。大隊長、中隊長、小隊長、どれになろうと自分のお好み次第だ。要は、陸で捕まえてきた「兵士」の数が多ければ、階級はその分上になる。

「十三歳で捕まったんですね?」

「そうだよ」と林さん。「連れて行かれた烏坵島は、雨風をしのぐ場所もない。食い物もない。毎日腹が減って腹が減って。それに家が恋しくって。毎日ビービー泣いてた」。

「そのあと」と私は訊ねる。「つまり……涙が涸れたらすぐ回れ右して、対岸までほかの子供を捕まえに行ったんですね?」

「そりゃあもちろん」と林さん。

「でも」と当時の状況を想像しながら訊く。「陸にいるのは林さんの家族や親戚でしょう? つまり郷へ帰って、親戚や近所の子供を捕まえていたってこと?」

「そうだよ」と七十三歳の林文彩は、まっすぐ私を見つめながら続ける。「食わしてくれるやつが親分だからさ。そいつの兵隊になるしかないでしょう? 十三歳だよ? 十三歳に何ができるのさ?」

ゲリラ部隊は急襲を常とした。あるとき医者が必要となり、対岸のある村から診療所ごとかっさらってきた。薬と器具だけでなく、医者も看護婦も一緒に連れてきたのだ。

林文彩たちのゲリラ部隊が対岸を襲っていたのと同じころ、何千人もの若者が香港からサイパンへ送られ、落下傘降下訓練に参加していた。アメリカCIAが馬祖島に拠点を設置したあと、ゲリラ部隊は反共救国軍という名の正式な組織となり、アメリカの支援を受けた。一九五五年、文彩たちの部隊がまともな編成を持ち、給料も支給されるようになると、海賊のような略奪行為はなくなった。

千回を超える急襲攻撃で犠牲になった隊員は数え切れない。「反共救国軍はよそのどの部隊より勇敢だった。あるときは、百五人出撃して」と林文彩は思い返す。「百五人が死んだ」。

当時は短パンの腰に刀を差して泳ぎ、死も厭わず勇敢に任務を遂行した反共救国軍にも時は流れた。多くは鬼籍に入り、存命でも足取りはよたよた危なっかしい。十数年来、老人たちは陳情と上訴を続けている。彼らはこう訴える。あんなに多くの人が犠牲になったのは、もうしょうがない。ただわれわれは、一九四九年から一九五五年までに支払われなかった給料を規定通りに補償してほしいだけだ。

これは〝一九四九〟の負債である。しかし誰も相手にしない。多くの人が彼らの歴史を知らないからだ。知らないことはなべてなおざりにされる。

十三歳の年にさらわれて、烏坵のゲリラ部隊に入隊させられた林文彩が初めて家に帰ったのは一九八九年のことであった。父は村内の闘争で死にいたり、兄弟もすでに亡く、ただ一人生きていた老母は息子を見た途端、地面に泣き崩れた。

烏坵島から二十カイリ先にある湄州島は、天気がよければ肉眼でも見える。しかし、一九八九年に林文彩が烏坵から湄州へ帰った道筋は簡単なものではなかった。

まず船に乗って高雄へ行く。一ヵ月に一回しか船はなかった。

高雄から鉄道で桃園国際空港へ。だいたい四時間かかった。

桃園空港から飛行機で香港へ。

香港空港で飛行機を乗り換えて、福州へ。

福州について車をチャーターする。二時間かかって莆田に着く。莆田から湄州島まで、陸路と海路でさらに二時間は必要だ。

乗り換え場所での待ち時間をそれぞれ加味すれば、烏坵から湄州までだいたい二十四時間かかった計算になる。烏坵から直に船を出してポンポンポンと湄州まで渡れば、たった三十分の道のりである。が、仮に林さんがそうしていたら、国家安全保障法に抵触する。しかも、もし運悪く烏坵発・高雄行きの船に乗り遅れたら、二十四時間とさらに一カ月が加算されたわけである。

いやその計算も間違っている。事実、林さんが家に帰り着くまで、この二十カイリの道のりには、丸々四十年の時間が費やされたのだから。


烏坵島は、二〇〇九年の今日もいまだに台湾の「前線」である。船は十日に一便しかない。台湾海峡の荒れ狂う大波を渡り、私は烏坵の岩の上に立った。島中が掘り尽くされ、地下部分はすべて塹壕になっている。地上で目に付くのはトーチカばかり。空挺部隊降下を防ぐ装置が山一面に設置され、あろうことか観音廟と媽祖廟まで、陸戦隊と同じ迷彩塗装され、鉄条網が幾重にも張り巡らされていた。

黄金に輝きピンクと紫を差し色にした夕陽が大陸に沈んでいく。向こう岸には点々と漁船が浮かぶ。黄昏時の海面ははかない絵画のようだ。でもその美しさに騙されてはいけない。こちらにあるすべての砲門はあの漁船の方角に照準を向け、向こうの海岸線からは千発を超すミサイルがこちらをねらっているのだ。

戦地であるため、烏坵島には明かりがない。夜になると満天の星に酔ってしまうほどだ。完全な暗闇の荒野を歩く。私たちの目はかえって透き通る。山は輪郭をなくし、海は鏡のように輝く。

残念なことに、少し歩いただけで私を呼び戻す声がした。案内役の兵士が心配してくれたのだ。なにしろ闇夜で警備兵と出くわして、〝合い言葉〟が言えなかったとき、その代償は大きい。

72 モクマオウの木の下で——デラシネの子供たち

父、槐生《かいせい》は台湾に渡ったあと憲兵隊を離れ、港湾警察の警察官となった。だから私の家は高雄港の埠頭にあったのだ。埠頭のそばに世界でいちばん大きい倉庫があった。のぞき込むと腑に落ちないことばかりだった。どうしてこの人たちは救いようのない不安の中にいるのか。大扉のそばで死んだ魚のような目で座り込んでいる老婆は、どうしてこんな孤独で哀しげに見えるのか。

自分のこともわからなかった。

毎日埠頭から七賢三路を歩いて塩埕小学校まで通学し、午後また埠頭に帰ってくる。一緒に帰ってきた同級生は、いつも埠頭の手前でくるりと引き返してしまう。彼らはここに入ることができないのだ。自分の住む場所が管制区の内側なのだと、私は知っていた。埠頭は管制区だ。しかし管制とはなんなのか、私にはわからなかった。

通学かばんを背負った私はよく埠頭に立って軍艦を見ていた。軍艦は灰色で、船体には大きく番号が描かれていた。海軍服の兵隊が埠頭から一人ひとりらせん階段を上がっていき、甲板はあっという間に海軍将兵でいっぱいになる。船が出航するのだ。汽笛が鳴る。美しく、そして少し哀しげな音色が鳴り響き、まるで空と港で作られたスピーカーのよう。

よく軍艦から下りてきてアイスクリームをくれる兵隊のおじちゃんがいた。その後しばらく顔を見かけなかったので、私たち兄妹がアイスクリームのことを訊くと、父はこう言った——「犠牲になったんだ」。

「犠牲」とはなんのことなのか、私にはわからなかった。

ただ自分が、ほかの人と少し違うことは知っていた。同級生六十人のうち、私は唯一の「よそ者っ子——外省人」だった。ほかの五十九人は「台湾人」で、その区別は簡単。台湾人は自分の家があるのだ。大通りの仏具屋にせよ雑貨屋にせよ、あるいは田舎の、農道と竹林に囲まれた農家であろうと、その家は彼ら自身のものだった。ほら、部屋の壁に老人の肖像画が何枚も張ってある。おじいさんとおばあさん、あるいはおじいさんのお父さんとおじいさんのおじいさん。庭にはモクレンかオガタマが植わっていて、クリーム色の花びらが開くと、香りがこぼれた。

彼らは引っ越しなどしない。

私は知らなかった。彼らの家にある何もかもが、母の育った淳安の家にもあったなんて。私が知っていたのは、みんな私が住むような「公務員官舎」には住んでいないということだけだった。公務員官舎は人の家だ。誰かが出て行って、次の人が入る。どうせすぐここから引っ越すことは入居したハナからわかっている。前任者は夫婦者だったかもしれないけれど、今回は何人か子供がいる。もともと寝室は一つしかないのだから、あとは工夫しろ、ということだ。万事やりくりが必要な生活に鍛えられていた美君《びくん》は、すぐ間に合わせで一部屋都合すると、さらに二段ベッドを廊下に置いて、全員が眠れるようにした。

台湾人とはつまり、四月の清明節にお参りする墓を持つ者のことだ。透き通るような水田のそばにある墓地。大人を手伝う子供たちが紙銭を抱えて、供え物の籠を下げ、息を切らして畦道を駆け回る。田畑と野原に忙しい人影がうごめく。草を抜き、墓を洗い、線香を上げ、ひざまずき、紙銭を燃やし……。このとき仙女がまとう羽衣のように、幾千の青い煙が空に向かってふわふわたなびいていく。そして水の青と空の青のあいだに、消える。

墓地の外にはモクマオウの樹が並んでいた。十歳の少女は幹にもたれて、遠く線香の煙にぼやけた人たちを見ていた。もっと先にある青い線は、海だ。


私は永遠の転校生であった。家族全員が父の転勤とともに連れ回された。新しい場所、新しい宿舎。先生に連れられ、またもや五十九人の生徒の前で「新しい友達だよ」と紹介される。ようやく〝新しい〟友達ではなくなり、遊び相手と馴染んできたころには、もう次の場所へ行かなければならない。

美術の先生が授業で「なんでもいいから好きなものを描こう」と言うと、同級生たちは好んで自分の家を描いた。「コ」の字に平屋が並ぶ、閩南式家屋である。背の低い赤レンガの壁が囲み、屋根の裾が少し跳ね上がる古い家屋。後ろは竹林、前には池。田んぼをつつく足長のシラサギはちょっと太りすぎで、ハクチョウみたいだ。

私が描いたのは、だいたい船だった。埠頭の前をいままさに航行している船。下手だったので、海の色はまだらだったし、埠頭はぷかぷか水に浮いてるみたいで、船も出港なのか帰港なのか見分けがつかなかった。

ほかの人と違うということの孤独感がなんなのか、ずいぶんたってからわかった。それは漂泊のせいだった。もしも〝一九四九〟がなく、私が湖南省衡山にある父の家の中庭を転げ回って、あるいは淳安新安江の古い屋敷で成長していたなら、きっと私がうらやんだ台湾の子供たちと同じように、美術の時間は無邪気に池とハクチョウを描いただろう。大きな海に浮かんだまま、帰り着く埠頭を探している小さな船を描くことなどきっとなく。

73　二人の男の子――白色テロと南方戦線で父を亡くしたあと

王暁波《おうぎょうは》や鄭宏銘《ていこうめい》と知り合って、埠頭を探していたのはたぶん、十歳の私だけではなかったのだということに気づいた。そんな単純な話ではないのだ。

王暁波は十歳のころから、自分がほかの人と違うことに気づいていた。

彼は一九四三年に生まれた。一九四九年、憲兵隊大隊長であった父について家族は江西省から台中へ移った。ある日、父が帰宅せず、翌朝起きると母も家から姿を消していた。家中が恐怖でパニックになった。祖母が泣きながら暁波に説明した。深夜、憲兵の手入れが入り、母が連行されたというのだ。ちょうど赤ん坊に乳をやっていた母は、わが子を抱いたまま牢屋に入れられた。

台中から台北へ移送される際、母が祖母に告げた別れの言葉を、暁波はいまでも覚えている――「私のことは事故で死んだと思ってください。四人の幼い子供のことをよろしくお願いします」母は泣きながらそう言った。

一九五三年八月十八日、この二十九歳の若い女性に対する銃殺刑が執行された。暁波が次に見た母は、骨壺の中であった。大隊長であった父親は「スパイ隠匿」の罪で懲役七年に処された。

十歳の少年だった暁波は突如みなしごとなり、〝一九四九〟以後の台湾社会に放り出された。彼は弟や妹を連れて毎日青物市場に通った。人が捨てた葉っぱの切れ端を拾い集めて、家で食べた。あるときなど、人の畑で残ったサツマイモを探していた祖母が人に見つかり、蹴られて、地べたに転げ回る姿を目にした。

学校に通うあいだずっと、この男の子は空腹を耐える以外になお、「スパイ」家庭の出であることを同級生に気取られないよう注意しなければならなかった。でも先生はみな知っていた。何か失敗すると、先生はすぐ彼をぶち、軽々しくこう怒鳴った。「王暁波、立て！　スパイの子！」

大人になり、台湾大学哲学部で教鞭を執っていた王暁波は当局のパージの対象となった。警備総司令部（治安警察）に呼び出されたとき、捜査官はずけずけと彼に言った。「お母さんと同じになるな。胸を銃弾に撃ち抜かれるってのはいやぁなもんだ▼128」

そんな昔話を語る彼は、さわやかな笑顔だった。どんな孤独も、どんな傷も、彼にかかっては底辺の「人びと」とともにあるのだという「帰属感」に転化されるのであろう。彼はさも自慢げにこう言う。「子供のころから貧乏だったわけだから、また同じ貧乏に戻っただけのことさ」。「偏屈左翼ね」とからかいながら、ふと私は考える。十歳の彼もきっと、モクマオウの木の下に立っていただろうって。

ハーバード大学医学部教授の鄭宏銘と約束して、私は新竹県北埔《ほくほ》の済化宮《さいかぐう》へ行くことにした。山中にあるその廟所には、三万三百四体の位牌が祀られているのだという。ある人が日本の靖国神社で、戦死した台湾人日本兵の名前を一人ひとり写して持ち帰り、一つひとつ位牌に書き入れ、線香を手向けている。

　自分の足でこの山中を訪ね、戦死した若者たちの名前が見たかった。陳千武、蔡新宗、柯景星、彭明敏、李登輝と同世代の少年たちである。ただし、この三万人あまりの若者は老いる機会を失ったままだ。

　王暁波と同じ一九四三年に、淡水で生まれた鄭宏銘。彼が一歳のとき、開業医であった父は徴用され、南方へ向かう神靖丸に搭乗した。戦争末期であり、太平洋を航行する日本艦船は軒並み撃沈される恐れがあった。果たせるかな、高雄港を出航した神靖丸は一九四五年一月二十日、米軍によって撃沈された。

7歳の王暁波（右端）と母（後列左から2人目）
（王暁波提供）

　早晩負けるとわかっていたとしても、いったん動き出した戦争という機械は止めることが難しい。こうして日本は、台湾のエリートたちをなお南方へ送り続けた。

　静かな本堂の中には、三万体以上の位牌が肩を寄せ合うように並んでいた。棚と棚のあいだは狭く、人一人がやっと歩けるくらいの幅しかない。図書館の書庫のようだ。人影があった。棚と棚のあいだにひざまずき、先住民の言葉でお祈りをしている。鄭宏銘は息を潜め、一列一列ゆっくりと歩いていく。足音すら聞こえないほど。

　彼は、父、鄭子昌の位牌を探しているのだ。

　宏銘は小さいころから、自分がほかの人と違うことに気づいていた。ある日、村役場から通知が届いた。父親の遺骨を受け取り

鄭宏銘（本人提供）

に来いと言うのだ。受け取った骨箱を開くと、中に骨はなく、紙切れが一枚入っているだけだった。

理由はわからないにしても、感じてはいた。親戚たちも彼にはとびきり優しく、よくしてくれた。母にくっついて親戚の家を訪ねると、鶏モモが一本、必ず彼のためにとってあった。そんな特別な優しさは、父を亡くしたことへの埋め合わせであった。

父がいないため、母は外で働かなければならなかった。だから宏銘も永遠の転校生であった。母の仕事に伴い、次から次へと学校を移った。父がいないため、運動靴のひもやネクタイの結び方、ひげの剃り方といった父が息子に教えるべき生活に必要な技能は、孤独のなか自分で身につけた。人には訊けなかった。訊けば、自分の「生い立ち」を知られてしまうからだ。一九四五年、支配者がふたたび変わったあと、日本のために戦死したことはけっして名誉あることではなく、ずっと口に出せない心の傷であった。

鄭宏銘の母は長年父の遺骨を探していた。八〇年代になってようやく、神靖丸とともに海底に沈んだ遺骨が靖国神社に安置されているという情報を聞き、彼女は日本へ急いだ。

彼らが置かれていた環境からすれば、「靖国神社」という名前はいつ爆発するかわからない歴史のブラックボックスであった。しかし彼ら母子にとっては、「父さん、いまどこにいるんですか?」という切実な願いがもたらしたプロセスにすぎない。靖国神社に神靖丸遭難者の遺骨はなかった。しかし宏銘は本気になった。母の宿願を、自分が代わりに成し遂げるのだ、と。

鄭宏銘とともに、三万体もの位牌のなかを歩く。ここ——三万人あまりの若者が最後に行き着いた場所は、あり得ないほど静かである。ごく少数の遺族以外に、ここを訪れる者はない。負けた側の歴史に身を置いてしまったものが耐えなければならない寂しさである。

廟所の外で、お供えに燃やす紙銭や炭酸飲料を売っている女性がこう言う。「風が強いときや、暗くなったときは、中から泣き声が聞こえてくるんだよ……」。すると、柱にもたれてうたた寝をしていた男性が突然目を覚まし、日除けにしていた編み笠からぬっと顔を出してこう言う。「何百万もの軍馬が駆けていく音を聞いた人もいる……」

新竹に行ったこの日、鄭宏銘は父の位牌を見つけ出すことはできなかった。廟所を出たとき、彼は本当に寂しそうだった。

彼は今日まで答えが出ないままだ。父はどこで間違ったのか？　医学校を出た父は診療所を捨て、若い妻とよく泣き、よく笑う一歳の子供を家に残してまでして、本当に戦場で死にたかったのか？　日本の国民として生まれて、彼は本当にそれを選んだのか？

王暁波と鄭宏銘は赤の他人である。彼らは同じ島で成長し、同じ年に同じ台湾大学に入学した。どちらも台湾人だ。しかし心にじくじくと痛む傷は、まったく別の場所でうずくのである。

エピローグ

尋ね人——六十年前に生き別れた家族を捜して

内戦が終わって六十年たったいまでも、台湾海峡の向かう岸から届く、尋ね人の広告は途切れることがない。

二〇〇九年五月六日

兄、劉長龍を捜しています。

兄を捜しています。陝西省安康市吉河鎮《きっか》単嘉場《たんかじょう》出身。一九四八年、国民党に捕まり人夫になりました。現在おそらく八十歳。それ以前は鼓楼で鍛冶の修行をしていました。手紙が一度だけ届いたことがあります。雲南省で戦争していると書いてありました。私は劉長記。もしどなたか兄を捜し出していただけたら、深く感謝申し上げます。

二〇〇九年五月三十一日

単徳明、単徳義を捜しています。

この兄弟は、一九四八年に台湾へ連れて行かれました。故郷は河南省開封です。徳明はさらわれたとき、すでに譚女史と結婚していました。(当時、夫人は妊娠しており、六カ月後娘を産みました。その子は単秀英と名づけられ、現在六十歳になります。)

二〇〇五年三月三十一日
夫、趙宗楠を捜しています。
重慶市に住む陳樹芳です。台湾にいる夫、趙宗楠を探しています。今年七十八歳になります。故郷は重慶市永川です。夫は民国三〇年（一九四一年）に国民党軍中央士官学校に合格し、同三三年（一九四四年）国民党軍第八三師団の中隊長を任じられました。一九四九年、重慶から台湾へ行きました。どうか夫を捜してください。

尋ね人の広告には字数制限がある。では、その一文字あたりにどれほどの思いが詰まっているのだろうか？　あるいは人生六十年とすれば、人はそのあいだに何度すれ違いを繰り返せば、会いたいその人に会えるのか？

おぼろな時間のトンネルの中でずっと、妻は夫を探し、娘は父を探し、兄は弟を、弟は兄を探している。居所のわからぬその人は、いまいったいどこにいるのか。無惨に積み重なった遺骨の中？　あるいは人海のなかにやせ細った体でたたずむ、記憶をなくした老人の一人？

もし鄭宏銘の母が広告を出すなら、太平洋のどこかにあるはずの夫の遺骨を捜すだろうか？

もし王暁波が広告を出すなら、若くて美しいままの母を捜すだろうか？　毎日毎日、当たり前のように母に抱きしめてもらうために……。

もし蔡新宗が広告を出すなら、捕虜収容所に閉じ込められて失った、あの十年を捜すだろうか？

もし管管が広告を出すなら、両親を助けて柴刈りに励んでいたあのころの自分を捜すだろうか？

もし林精武が広告を出すなら、戦死した戦友、黄石の家族を捜すだろうか？

もし河南省のお母さんたちが広告を出すなら、十万大山で行方不明になった子供たちを捜すだろうか？

もし瘂弦が広告を出すなら、故郷を出たあの日の自分を捜すだろうか？　振り返ってもう一度母の姿を目にするために……。

もし呉阿吉と陳清山が広告を出すなら、高雄港で軍艦に乗り込む前の自分を捜すだろうか？　埠頭を抜け出し、故郷卑南へ帰るために……。

もし美君が広告を出すなら、水底深く沈んだ故郷の上直街九六号を捜すだろうか？

もし槐生が広告を出すなら、あの雪の日の自分を捜すだろうか？　一度だけでいいから母に会い、あの悲しい誤解を解くために……。


つけは多すぎて払いきれず、恩は多すぎて返しようもなく、傷は多すぎて塞がることはなく、失ったものは多すぎてどう埋め合わせても追いつかない……。

理不尽な仕打ちはただただ多すぎて、それでも六十年間、一言の謝罪も聞こえない。


どの戦場にいようが、どの国家に属そうが、誰に尽くそうが誰を裏切ろうが、ましてや勝者だろうが敗者だろうが、正義と不正義をどう線引きしようが、どれもこれも私には関係ない。すべての、時代に踏みにじられ、汚され、傷つけられた人たちを、私の兄弟、姉妹と呼ぶことは、何一つ間違ってないんじゃないかしら？

あとがき

私の洞窟、私のろうそく——麗しき香港の缶詰生活

仏教には「加持」という言葉がある。サンスクリット語由来で、弱き者に超常たる力を付与することを言い、結果、勇気と意志を得た弱き者は重責に耐え、大きな試練を乗り越えることができる。『台湾海峡一九四九』を書いていた四百日間、私に与えられた「加持」はどれも神がかり的であった。落ち着いた執筆環境と最大限自由な時間を提供するため、孔梁巧玲《こうりょうこうれい》女史のこころよい協賛により、香港大学は「優秀人文学者」というかつて聞いたこともない肩書きをつくり出し、私に一年間という集中して執筆する時間を与えてくれた。

香港大学「龍應台執筆室」は、ロバート・ブラック・カレッジにある。ドアを開ければ山が迫り、窓の外には海が広がる。山頂を望めばホトトギスが鳴き、雨粒がシュロを打つ。海へと目をやればトンビが旋回し、リスが走り回る。ここはまさに昔、朱光潜《しゅこうせん》*1が散歩し、張愛玲が雨の音を聞き、胡適《こてき》*2が香港のめくるめく夜景の素晴らしさを発見した場所である。

早朝、山を登って執筆室に出勤する。執筆室は壁一面に地図が貼ってあり、机の上は本がうずたかく積まれ、床にはさまざまな手記・ノート、古写真、古新聞、古雑誌が広がる。こんな膨大な史料を目の前に、「木々深くして、処を知らず」さながら、私は歴史を学ぶ小学生であった。それでも大興安嶺《だいこうあんれい》の山の中へ花摘みに出かけた赤頭巾ちゃんのように、深い小径に差しかかるたびに思わずその奥をのぞき込んでしまう。分かれ道に差しかかれば思いあぐねてしまう。どちらの道も私は歩きたい。どちらの道

も私は知りたい。その道に終点はあるのか？　行き着く先があるならそこはどんな風景なのか？

とにかく時間が足りない、そう感じていた。秒刻みで動いても、まだ足りない。

「執筆に必要なものは何か？」と訊ねられたカフカは「洞窟とろうそくがあればいい」と答えた。ロバート・ブラック・カレッジは二〇〇九年にあって、私の洞窟であり、私のろうそくであった。夕暮れどきとなれば人の声はいっさい聞こえなくなる。山は顔色を曇らせ、ビクトリア・ハーバーの上空は少しずつ暗闇に覆われていく。このとき、はかなさと寂しさが霧のようにじっとりこの部屋を囲み、忍び込んでくる。

ずいぶん長い間「不義理」をしてきた。友人のランチのお誘いにも、答えは判を押したように同じ――「缶詰中。お許しをば。来年脱稿後に会いましょう」。

でも、ちょうど執筆室にはかなさと寂しさが霧のように忍び込むそんなころ、友人から熱々の食事が届けられることもあった。ときにはメモ一枚なく、ぶっきらぼうに。

時計の針がてっぺんを過ぎても、明かりを点けたまま資料にあたっている。そんなとき、突然携帯が「ディン」と鳴る。情味溢れる友人のメールにはこんな一言が――「もう寝なさい」。

一日中机にかじりついて十八時間、外出もせず、ご飯も食べず、同じ姿勢で固まっていたことがあった。すると肩はガチガチになり、腰と背中はじんじん痛む。座っていればふくらはぎがむくみ、立ち上がればくらくらめまいがした。たしかその翌日、台湾から宅配便が届いた。中身は各種ビタミンとマッサージオイル、美容パックなどなど。そして流麗なる筆跡でこんなメッセージが――「どんな偉業のためだって、女の〝美貌〟は犠牲にしちゃいけないよ！」

朝から晩まであちこち飛び回って取材していたころ、私の後ろにはロケ撮影を担当するドキュメンタリー班がいた。鉄道、自動車、バス、ジープ、フェリー、ボート、ヘリコプターなど、考えうる交通手段はすべて使った。山を越え海を渡るようないちばんきつくてめげそうなときも、撮影スタッフのひたむきな姿がそばにあった。そして彼らは力強く信頼に満ちた声で励ましてくれた——「絶対いいものができますから」。

最後の二カ月、すべての資料を台北へ移し、文章の精度を上げるべく最終の推敲作業に入った。私が毎日オフィスのソファーで寝ていることを聞きつけた友人たちは、いつのまにか「補給大隊」を結成していた。ノートブックパソコンでの執筆がつらいとなれば、翌日にはデスクトップパソコンがセッティングされた。気持ちが張り詰めたままだと聞けば、最新のオーディオが運び込まれる。台風や洪水のニュースがあれば、「うちのホテルを使いなさいよ」と連絡が入り、冷蔵庫が空っぽと知れば、さっそく牛乳や果物、ミネラルウォーターが届いた。

定期的に行っていた母の見舞いすら、執筆のためしばらく「ペンディング」になっていた。でも原稿を書き進めている夜中、ふと嫌な予感に襲われることがあった。「脱稿」したそのとき、もし母がすでに空しくなっていたら？ ——そんなんじゃ、これまでなんのために必死で頑張ってきたのかわからない！ 次の日、気が気でなく、屏東県の兄や弟に電話をかける。するとこう言ってくれる。「母さんはおれたちが面倒みてるから心配するな。おまえは原稿に集中すればいい」。

万物がしんと黙り込む時刻、一人でこの「洞窟」にいると、「ろうそく」はひどく小さく見える。つい焦りと恐れで自信が揺らぎ、自分ははたしてこの底の見えない森に入り込むべきだったのか？ と疑念が浮かぶ。電話が鳴る。受話器の向こうから伝わる声は慈しみと温かさに溢れて、こんなことを訊いてくる。「晩ご飯、ちゃんと食べた？」

初稿が完成したあと、日々煩雑な仕事に追われている友人が、自分の会社そっちのけで、奥さんと一緒に校正をしてくれた。十五万字である。一字一字のチェックを朝から晩まで十二時間、尋常ならない集中は途切れることなく、校正を終えて、その眼は真っ赤に血走っていた。

そばにいるアシスタントは少し若い世代なので、この〝一九四九〟には私よりずっと距離感があるはずなのだが、それでも彼らは大きな情熱を持ってこの仕事に取り組んでくれた。実はみな自分の仕事を持っているのだが、この四百日のあいだ、理想の実現や社会への貢献のため、つまりほとんど「ボランティア」の精神でこの仕事に熱中してくれた。

各種の団体が——香港大学、フーヴァー研究所、総統府、国防省、空軍・海軍司令部、それから県庁や地方の文献史料センターが全力で私を支えてくれた。

さまざまな人が——身近な友人、台湾中・南部の田舎で暮らす台湾籍元国民党軍兵士と台湾籍元日本軍兵士の方々、総統、副総統、国防大臣、そして退役軍人支援センターの職員の方々、さらに香港調景嶺出身の古老たち、徐蚌の凄惨な戦いをくぐり抜けた老兵、東北地方長春包囲戦の生き残り、そしてオーストラリア、イギリス、アメリカの捕虜経験者たち——みな私に差し向かい、胸襟を開いて語ってくれた。そして生涯大切に保管してきた資料や写真を快く提供してくれた。そんな私心のない、思いもかけぬ信頼に、私は感動した。

たくさんの人が私の口述記録に協力してくれた。毎回数時間にわたった口述記録も、本になればその半分も載らない。百五十万字あればきっと「比較的」完全にあの時代を再現できただろうが、いまの私には十五万字が精いっぱいであった。彼らが話してくれた言葉の一字一句が、記憶を再現する動作と視線のすべてが、たとえ原稿に直接書き込まれていずとも、本書のもっとも肝要な栄養分として行き渡り、また私の心の中で欠くことのできぬ座標軸となった。
私は気づいた。執筆期間、私と話をしてくれた人はみな、私を導く師だったのだと。

執筆最後の一週間、ぎりぎりまで体力を使い切り、めまいに何度も襲われ、弟が病院まで私を〝担送〟したこともあった。そしてある夜、二十時間連続で仕事をしたあと、階段を下りようとして踏みはずし、転んで足首を捻挫した。

香港から友人が見舞いに来てくれた。わざわざ私のために飛行機で飛んできてくれた情に厚い親友の顔を見た途端、私は大声で泣き崩れてしまった。四百日分の涙が、その三分間ですべて堰を切ったように流れた。

たまっていたのは長期間にわたる体の疲れだけではない。言葉にできないような精神の孤独もそこにあり、そしてまた四百日間絶えず入り込んでいた歴史の大河から浴びた悲しみ、痛み、寂しさも一緒にあった。あれほど悲痛な別れ、あれほどの理不尽と不正義、あれほど深い傷、あれほど長い忘却、そしてあれほど静かな苦しみ……。でもそんな感情のなかにどっぷり入り込んでさえいれば、その感情を余すところなく文章に昇華できるから……。

だから私は、自分の感情を押し殺し、情緒を消し去り、心に〝空間〟を作った。そこに文章を落とし込み、文章自身が持つ圧を高めていく。私が覚めていなければ、文章は熱くならない。

三分間の涙が私の鬱積を洗い流してくれた。同時にこの『台湾海峡一九四九』の調査と執筆に、どれだけ多くの人の無償の手助けがあったのか、知った。彼らの愛情に見合うだけの価値が自分にあるなどとはもちろん思っていない。彼らは「弱き者」に惜しまぬ「加持」を与えているのだ。なぜなら彼らはこの「弱き者」が自分の能力を超えた課題に取り組んでいるのを知ったから。そしてこの課題が担う歴史の重みは、彼らの心のもっとも柔らかく、もろい点に寄りかかり、けっして忘れずいつも心に留めている場所に突き刺さっているから。

幸いに同世代人たちの手助けといたわりを得たおかげで、ひとつ上の世代の人びとのために——一人また一人と彼らが黙ってこの世を去ってしまう前に——『台湾海峡一九四九』を完成させ、手向けることができた。私の洞窟は暗闇ではなかった。私のろうそくは弱々しくなんかなかった。私はいま、わき上がる感謝と尽きることのない畏敬の念をただただ感じている。

龍應台

二〇〇九年八月十七日　台北金華街にて

民国百年増訂版　序

わき出ずるもの――刊行後いただいたたくさんの手紙

刊行から一年半、たくさんの読者の方から手紙をいただいた。

異なる年齢の、異なる経験をしたそれぞれの世代から、そして世界のいろいろな場所から、それは届いた。

本書『台湾海峡一九四九』は、真っ暗な深海からクジラが発するマイクロ波と同じような、何かの暗号だったのかもしれない。それに呼応するようにして起こったこと――。

半世紀以上離れ離れだった家族が見つかったり、
ずっと秘し隠されていた歴史が陽の目を見たり、
返せないままだった借りや伝えられなかった感謝の、届け先が見つかったり、
生涯背負ってきた重荷をついに下ろすことができたり……。

みんなそうやって、民国百年[*1]（二〇一一年）まで歩んできたのだ。

届いた手紙を一通一通広げてみる。
そのどれからも、大地を貫く大河のような、血管を伝う血液のような熱いたぎりを感じる。

民国百年が育んできた土壌はもちろんアルカリ性だ。
そこにはどれだけ多くの人の涙と汗が染み込んでいるのか……。

出版当時、本書に「あとがき」はあったが「序」はなかった。
出版から一年半が過ぎて、ちりぢりに散佚していた「民国三十八年（一九四九年）」も、その存在を少しずつ知られるようになった。
一方で、本書に登場していただいた、大陸をさまよい大海を越えてこの島へやってきた人びとも人生の旅を終え、
かつて自分たちが涙と汗で濡らした土へ還った。

一つひとつお礼は書けないけれど、みなさんの手紙を胸に抱えて、私はこの序を書こうと思う。
これをもって読者のみなさんへの「進捗報告」としよう。及第点には届かないかもしれないけれど。

一

台湾で本書が刊行されたのは二〇〇九年秋であった。それをきっかけに、六十年分の重い、暗い記憶が溢れ出した。まるで鍵をかけられ、錆びついていた水門が突然開け放たれたように、それまで重々しい水門に止められていた水は生き返り、「ゴーッ」と音をたてて流れ出た。

電話はみな興奮した声で話す。きっとご自身の耳が遠いのだろう、南北各地の訛りを帯びた声はひた

すら大きい。物語の筋はちぐはぐで、語り口は切羽詰まっている。そりゃ慌てるだろう。電話一本で自分の人生を語り尽くそうというのだから。

八十八歳のおじいさんはこうおっしゃった。何がなんでもいますぐ自伝を手渡ししたい。なぜなら「もうすぐ老人ホームに入れられてしまう。入れられてしまえば、たぶん誰とも連絡をとれなくなってしまう……」

誰に入れられてしまうのか、私にはわからなかった。そして訊ねることもはばかられた。ただただ人生の不条理を思うしかない。おそらく十八歳のとき船に乗せられ、それから一人転々とよすがもない人生を送り、八十八歳のいまもなお、行き先のわからぬ車に乗せられようとしている。

数え切れないほどの自伝が私の手元に届いた。多くは手書きであった。あるものは稚拙な字が枡から大きくはみ出し、しばしば書き間違いがあり、素朴なかわいさがあった。あるものは力の入った楷書で、上品な奥ゆかしさがあった。字の大きさや筆跡の濃淡がまちまちの原稿はきっとみな、長い時間をかけ、夜を日に継ぎ、推敲を重ねた渾身の作品なのであろう。大きさ、厚さがそれぞれ違う手書き原稿を床に並べてみた。夕陽が気怠く照らしてきて、光の帯におびただしいほこりの粒が舞い上がる。民国百年史は、誰にも読まれたことのなかったこれらの自伝を含んでいるのだろうか?

私と同年代の中年の子供たちから、さらにたくさんの手紙が届いた。

父の遺物の中に腕章がありました。そこに書かれた「〇〇聯中（連合高校）」という文言の意味を、私はずっと知りませんでした。また気にしたこともありませんでした。面倒で調べたこともありませんでした。『台湾海峡一九四九』を拝読し、初めて自分の父があの八千人の子供のなかの一人だったことを知りました。父が歩んできた人生がどういうものだったかを初めて知りました。そして以前、父が昔話をしようとするたびに、うんざりして逃げ出していた自分を思い出しました。

（略）

中国本土訪問が解禁されてから、父は足もともおぼつかない身体で帰郷しました。でも何ができたでしょう？ できたのは、お墓の前に突っ伏し、失神せんばかりに泣くことだけでした。遅すぎた、遅すぎたんです。（略）

本書を拝読して、初めて父のことを知りました。でも、遅すぎた。

戦後の平和な日々に生まれ落ちたこの世代もみな六十歳になる。世界がただむなしいほど果てしなく広いことも、もう知っている。親の世代の背中が少しずつ細り、輪郭を失っていくのを見つめれば、心には感謝があり、さらに言葉にならない慈しみがある。汽車は間に合わなくても、あるいは次のに乗れるかもしれない。でも〝時〟に間に合わなかったならば、まるで大事な指輪を深い海に落としてしまったように、どれほど心残りでも、どんなに嘆いても、それを取り戻すことはできない。

遅まきながら、たくさんの若者が実際に録音機材を担いで祖父母のもとへ行き、彼らの「物語」を聞いた。香港珠海大学の学生は人生の先輩たちを主役にして記録映画を撮った。帰宅した小学生がおじいちゃん、おばあちゃんに訊ねる――「昔、香港に来るまで、どこで何をしていたの？」するとそこで語られたのは、両親も知らなかった驚愕のエピソードであった。宜蘭県の羅東高校の学生は近所の軍人村に暮らす老人たちを訊ねて回った。そして一人ひとり、オーラルヒストリーを作成した。しかししまい込まれた記憶は流浪した難民だけが隠し持つのではない。自分の土地にずっと居続けた者であっても、記憶は「散逸」してしまうかもしれないのだ――

母方の祖父は外省人をひどく憎んでいました。そして母が外省人に嫁いだことをずっと快く思っていませんでした。私と母が訪ねたとき、祖父は日本兵をしていた自分の写真を見せてくれたことがありました。そして得意げにこう言いました。「どうだ？　日本兵の軍服は気骨があるだろう？中国兵のあんななりとは違う」。私は大きな反感を覚えました。でも、いまは少しわかります。彼は南太平洋へ戦争に行き、そこでたくさんの幼なじみを亡くしました。酔うと祖父はそのころの歌を歌いました。きっと昔を懐かしんでいたのだと思います。外省人である父方の祖父が一日中、自分の故郷の山東のことを言っていたのと同じように。

二

中国では、『台湾海峡一九四九』はいまだに刊行されていない。しかし思想を封じ込める社会で「刊行できない」ということは、もはやひとつの文学賞だと言っていい。かの地の人びとはたいへんな時間を費やし、あらゆる手を使い、なお本書を求めた。内戦の「勝利者」たちはこの六十年間、「敵か味方」という凝り固まった固定観念の殻にずっと「敗北者」を閉じ込めてきた。本書を開くことは、その殻を開くことでもあった。すると殻の中から顔をのぞかせたのはどれも、全身傷だらけの庶民であった。敵だと思っていたのは、あの当時隣村にいた少年だったのだ。敵だった人の歴史を読む。まるで酒で自分を慰めるように。「勝利者」の心の奥に長い間隠されていた傷が、じくじくと痛み始める。

『台湾海峡一九四九』を読ませていただきました。ゆっくりゆっくり読みました。読みながら涙が止まらず、ときには一度本を閉じ、気持ちを落ち着かせなければ続きが読めないこともありました。あるときは心を落ち着かせて本に戻るまで何日もかかることがありました。

抗日戦争勝利の一九四五年、私は小学校四年生の少年でした。いまは老い先短い老人です。私の故郷は東北地方吉林省にある小さな山の町で……。（略）

声も出さず耐えているそれは、底が見えぬほどに深い傷口であった。北京のジャーナリストで週刊『氷点』副編集長だった盧躍剛《ろやくこう》*2から長い手紙をもらった。そこに語られているのは「敗北者」よりなおも痛む「勝利者」の傷だ。

「転進」して台湾に去った敗北者は逆境に耐え、ひたすら傷を癒した。一方、勝利者のその後の行いはなんとも醜悪であった。過去の歴史において、勝利者たちはみな天下を取ったあと、例外なくまず庶民の負担を減らし、産業を振興させ、国力回復に努めたものだが、こたびの勝利者はなおも闘争を続けた。革命の「血統論」に則って、人びとをそれぞれの階級へ厳格に分類したのだ。まずその矛先を向けられたのは農民であった。（略）天下取りの最大の支援者であった自作農たちを農奴に変え、次は知識人に牙をむいた。そして民主党派、経済界……と、かつての協力者たちを次々敵と見なしてつぶしていった。（略）

国共内戦で数百万人が死んだことはひとまず置いておこう。戦争はそもそも血なまぐさいものだ。われわれが問いたいのは、中国共産党が政権を握ってから、その平和な時代にどれだけ多くの罪のない人が命を落としたのか？

「敗北者」が激動の社会で不安に駆られながらもどうにか命をつないでいたころ、「勝利者」はなお、「白骨は野ざらしとなり　千里に鶏の鳴き声なし」（曹操『蒿里行《こうりこう》』）を髣髴させる不毛の時代に突入していた。学者たちの最新の研究結果によれば、大躍進期に飢餓で死亡した人の数は四千五百万人といわれ、その大多数が最下層の農民であった。

三

『台湾海峡一九四九』が刊行されて以来、完璧を求める意見が数多く寄せられた。中国の読者からいただいた意見は——どうして中国の記述が少ないのか？　どうして当時解放軍にいた「人」の物語が書かれていないのか？　どうしてそののちに朝鮮戦争の雪のなかで死んだ「志願兵」が語られないのか？　どうして中国の〝一九四九〟が書いてないのか？　などであった。そして台湾の読者からいただいた意見は——どうしてあのつらく苦しかった雲南反共救国軍*3の孤独な戦いについて書かれていないのか？　どうして屈辱的な思いをした馬祖東海部隊*4のことが語られないのか？　どうして敵地に潜伏して捕虜となり責め苦を負った情報員が出てこないのか？　そして二・二八事件の記述が少ないのはどうしてか？　などであった。

本書は、兵役によりまもなく入営しなければならない十九歳の息子に向かって、母が歴史を語る物語だ。その母親はこう言っている。

どんな物事であろうと、その全貌を伝えることなど私にはできない。フィリップ、わかってくれるだろうか？　誰も全貌など知ることはできない。ましてや、あれほど大きな国土とあれほど入り組んだ歴史を持ち、好き勝手な解釈と錯綜した真相が溢れ、そしてあまりのスピードに再現もおぼつかない記憶に頼って、何をして「全貌」と言えるのか、私にはひどく疑わしい。（略）だから私が伝えられるのは、「ある主観でざっくり摑んだ」歴史の印象だけだ。私の知っている、覚えている、気づいた、感じたこと、これらはどれもひどく個人的な受容でしかなく、また断固として個人的な発信だ。（本書一六一ページ）

そんな数多くの「痛みと矛盾があり、痛みと痛みはもつれ合い、矛盾と矛盾はぶつかり合う」状況を目の前にして、この母親は気弱にこんなことを漏らす。

だから私には、歴史を語る能力なんか、ない。だけど息子への「愛の責任」があるから、一夜漬けで調べながら「レポート」を書き続ける。（本書一八ページ）

巨大な歴史に向かい合い、その母親、つまり私はまるで小学生であった。『台湾海峡一九四九』の十六万字（日本語で七百二十枚）は巨大な歴史のたかだか序文、ひいてはその導入部分のようなものであり、また同時に、誰にも封を切る資格がある招待状でもあった。果たせるかな、この授業を受けているのは私一人ではなかった。本書が出版された途端、世界中の人びとが参加しての「訂正・校正大作戦」が繰り広げられたのだ。

〇〇ページで書かれていた「ララン川」は「サラワク川」だと思います。クーチンには川が一本しか流れていませんので「サラワク川」で間違いありません。（マレーシア）

「第四一師団一三九連隊」は「連隊」でなく「聯隊」が正しいと思います。日本軍の部隊編成は通常「聯隊」と称しています。どうかご確認ください。（北京）

〇〇ページの「棲風渡」は私の故郷の北にある、京広線の小さな駅です。ただ表記は「棲鳳渡」が正しいはずです。張玉法理事に再度確認ください（略）（湖南）

「馬英九の母親が香港でもらっていた月給は三十ドル」とありますが、あるいは間違いかもしれません。一九五〇年代、私の父は茶館でマネージャーをしていましたが、月給はだいたい二百ドルでした。家のお手伝いさんは三十ドルでした。しかもそれで賄い付き住み込みでした。ですので彼女の月給はたぶん三百ドルではないかと思います。（香港）

〇〇ページの三行目に「艦上には威圧するようにハープーン対艦ミサイルが十六基鈍く光る」と書かれていますが、あり得ないと思います。当時、ハープーン対艦ミサイルはまだ存在していません。第二次世界大戦期間の軍艦武器一覧を添付いたしますので参考にしてください。（台北）

青島からの大撤退は完璧な秩序で行われたとどこでもいわれています。しかし私は腑に落ちません。当時実際に青島を撤退してきた人から聞いた話では、混乱のなか多くの人が船から海に落ち、また圧死した人もいました。（ニューヨーク）

世界中から次々と舞い込む便りが誤字を訂正し、史実を突き合わせ、記憶を裏づけてくれる。編集者の手助けもあり、本文は絶えずチェックされ、改訂が加えられ、新版が出るごとに改めて考証と校正が行われた。つまりいまにいたるまで、同じ版は二つとなかったのだ。読者のみなさんは遠く離れた場所から、そして遠い昔の記憶から、史実考証結果を惜しげもなく提供してくれた。そしてこの「ある主観でざっくり摑んだ」「レポート」は、諸先輩方が切り開いてきた道があったからこそ存在した――たとえば張正隆《ちょうせいりゅう》の『雪白血紅』がなければ、長春包囲戦の章が書かれることはなかった。さらに、全世界の、多くの専門家を含む読者のみなさんのおかげで、文字校正と史実考証を終えた。本書を貫く激流は、絶えずわき、絶えず寄せる大きな歴史の波の中に存在していたのだ。

四

波は次々に押し寄せる。潮が満ち、潮が引く。

戦犯として死刑判決を受け、最終的に七年服役した台湾人日本兵、柯景星。第二次世界大戦中、捕虜収容所で監視員をしていた彼はわが身の危険も顧みず、捕虜であった中華民国領事卓還来の夫人に鶏卵を与えた。夫人がいつも胸に抱いていた赤ん坊に栄養を与えようと考えたのである。二〇〇九年、卓還来の遺族はわざわざアメリカから台湾にやってきて、柯景星に感謝を伝えた。柯景星はそれからしばらくして亡くなった。

ニューギニアの捕虜収容所に送られた遊撃隊隊長、李維恂。私たちが彼を見つけ出したとき、彼がひと言目に言った言葉はこれだ。

戦友はみなラバウルで死んだのに、どうして自分だけが今日この日までおめおめと生きながらえてきたのか、その理由がわかりました。この電話を待つためだったのです。

国防省によって、ラバウルで眠っていた国民党軍抗日戦士の英霊が帰還してのち、李維恂は招待され、台北忠烈祠で行われた中華民国軍春季慰霊祭に参加した。杖で体を支える白髪頭の彼が、ラバウルで犠牲となった将兵の位牌の前に立ちつくす。無言のまま長い時間が流れてのち、彼は深々と頭を垂れた。

李維恂は二カ月前にこの世を去った。民国百年の最初の朝日は、太平洋に浮かぶ蘭嶼《らんしょ》をほのかに照らした。

龍應台

二〇一一年一月二十五日

［原注］

▼1 簡歩城は連勤総部決策顧問。この回想は「時代話題編輯委員会」編集の『離開大陸的那一天』に所収。一五〇頁。

▼2 童禅福『国家特別行動――新安江大移民（遅到五十年的報告）』北京人民文学出版社、二〇〇九年、九〇－九一頁

▼3 「蔣介石日記手稿」一九四九年五月一八日。原本はスタンフォード大学フーヴァー研究所所蔵。

▼4 本節の衡山に関する資料は「湖南省衡山県志編纂委員会」編集の『衡山県志』長沙岳麓書社、一九九四年。

▼5 沈従文『沈従文自伝』台北聯合文学雑誌社、一九八七年、二三頁。邦訳は『現代中国文学全集8沈従文篇』松枝茂夫ほか訳、河出書房、一九五四年。

▼6 同、二四－二五頁。

▼7 同、五五頁。

▼8 蕭瑜『我和毛澤東行乞記』香港明窗出版社、一九八八年、二四一頁。邦訳は『毛沢東の青春――その秘められた日々』高橋正訳、サイマル出版会、一九七六年。

▼9 同、二四七頁。

▼10 毛沢東『湖南農民運動視察報告』香港求是出版社、一九四七年、八頁。

▼11 王鼎鈞『関山奪路――王鼎鈞回憶録四部曲』台湾爾雅出版社、二〇〇五年、二〇頁。

▼12 中国第二歴史檔案館編『抗日戦争正面戦場』南京江蘇古籍出版社、一九八七年、三五六頁。

▼13 雋義「南京保衛戰――憲兵代司令蕭山令喋血南京城」、中国黄埔軍校ホームページ所載。http://www.hoplite.cn/Templates/hpjhkz0068.html

▼14 国軍歴史文物館ホームページ所載。http://museumold.mnd.gov.tw/specific_95_1_1.htm

▼15 Foreign Office Files for China, 1949-1976（Public Record Office Classes FO371 and FCO21）

▼16 張曾沢「我参與青島大撤退」『世界日報』二〇〇九年四月二一日。

▼17 著者による張玉法インタビュー（二〇〇九年五月七日、台北）。

▼18 『豫衡通訊第三集』豫衡聯中在台校友会、二〇〇八年十一月四日、一一八頁。
▼19 著者による楊蓁（旅越国軍）インタビュー（二〇〇八年十一月二九日、台北）。
▼20 黄杰『海外羈情　留越国軍紀実』台北伝記文学出版社、一九八四年、四〇頁。
▼21 『豫衡通訊第三集』三五頁
▼22 梁華山「香港人口與人力資源分析」『自然資源』一九九七年第二期、一〇頁。
▼23 胡春惠『香港調景嶺営的誕生與消失 張寒松等先生訪談録』台北国史館、一九九七年、一三頁。
▼24 同一五二頁。
▼25 著者による白先勇インタビュー（二〇〇九年一月二一日、台北）。
▼26 「余英時先生與中国部分流亡知識分子座談録　中国当代社会諸問題」新世紀ホームページ所載。http://www.ncn.org/view.php?id=71560（二〇〇七年五月七日）
▼27 「台湾省各県市街道名称改正弁法」第三条。
▼28 鄭定邦氏口述、李乾朗教授による。
▼29 李菁「一九四八 瀋陽，那些被改変的命運」『三聯生活週刊』五一四期二〇〇九年二月三日、六〇頁。
▼30 于衡『烽火十五年』台北皇冠出版社、一九八四年、四七頁。
▼31 胡縄編『上海共産党的七十年』北京中共党史出版社、一九九一年、二六〇－一頁。
▼32 杜聿明「戦役前国民党軍進攻東北概況」『遼瀋戦役親歴記――原国民党将領的回憶』北京文史資料研究委員会、一九八五年、五五一頁。
▼33 許雪姫インタビュー『日治時期在「滿州」的台湾人』中央研究院近代史研究所、二〇〇二年、三二五頁。
▼34 龔選舞『国共戦争見聞録』台北時報文化出版、一九九五年、一〇一頁。
▼35 楊正民『大地児女』台北星光出版社、一九九三年、五六頁。
▼36 張正隆『雪白血紅――国共東北大決戦歴史真相』香港天地図書、一九九一年、三三頁。
▼37 同三八頁。
▼38 盧雪芳『烽火重生』台北鳴嵐国際智識、二〇〇八年、八六頁。

▼39 王淼生、楊春杰「不能忘卻的濟南戰役」中国共産党新聞網ホームページ http://cpc.people.com.cn/BIG5/68742/144329/144332/8772025.html（二〇〇九年二月九日）
▼40 桑品載『岸與岸』台北爾雅出版社、二〇〇一年、一二一―一三七頁。
▼41 曲暁範「偽満時期東北城市的規劃與建設」『近代東北都市的歴史変遷』長春東北師範大学出版社、二〇〇一年、二八五―三二三頁。
▼42 許雪姫『日治時期在「満州」的台灣人』五九五頁。
▼43 于衡『烽火十五年』二〇頁。
▼44 李新『流逝的歳月――李新回憶録』太原山西人民出版社、二〇〇八年、二六九頁。
▼45 包囲されていた国民党軍兵の手紙に「八〇万人市民」と記述あり。戚発祥、姜東平編『兵臨城下的家書』吉林人民出版社、二〇〇一年、七一頁。
▼46 張正隆『雪白血紅――国共東北大決戦歴史真相』四四一頁。
▼47 著者による于祺元インタビュー（二〇〇九年五月十三日、長春）。
▼48 張正隆『雪白血紅――国共東北大決戦歴史真相』六四八頁。
▼49 戚発祥、姜東平編『兵臨城下的家書』七一頁。
▼50 『新文化報』は長春の一般的な日刊新聞。一九八八年創刊。
▼51 柏楊口述、周碧瑟記録『柏楊回憶録』台北遠流出版、一九九六年、一七三頁。
▼52 于衡『烽火十五年』一三七頁。
▼53 「蔣介石日記手稿」一九四九年一月二十五日。原本はスタンフォード大学フーヴァー研究所所蔵。
▼54 許雪姫『日治時期在「満州」的台湾人』六〇二頁。
▼55 著者による林精武インタビュー（二〇〇九年六月二六日、台北）。
▼56 林精武『烽火碎片』私家版、台北、六四頁。
▼57 「敦促杜聿明等投降書」は一九四八年一二月一七日に発表され、毛沢東が起草した放送原稿だと広く認められている。ただし、のちに疑問も呈せられている。

▼58 林精武『烽火碎片』七二頁。
▼59 王彬「淮南戦役——六十年前定江山」『新世界周刊』インターネット版、二〇〇八年三十五期。http://xsjz.qikan.com/ArticleView.aspx?titled=xsjz20083540
▼60 周明、王逸失『徐蚌会戦——淮南戦役』台北知兵堂出版社、二〇〇八年、二三五頁。
▼61「淮南戦役解放軍用猪肉粉條勧降国民党士兵」『解放軍報』二〇〇九年二月三日。
▼62 中央電視国際網ホームページ転載の大河網ニュース、二〇〇七年七月一〇日。http://news.cctv.com/20070710/109168.shtml
▼63 60と同じ。
▼64 張鳴「動員結構與運動模式—華北地区土地改革運動的政治運作 1946-1949」(http://www.tech.cn/data/13973.html)および陳永発『中国共産革命七十年』台北聯経出版、一九九八年、四四一頁のどちらにも記載がある。
▼65 王弗林『陸軍六十四軍抗戦戡乱経過紀要目録』私家版、七一頁。王弗林は第六四師団副長。一部の歴史学者はこの回想録に疑問を呈している。
▼66 周明、王逸失『徐蚌会戦——淮南戦役』一八七頁。
▼67 那志良(一九〇八-一九九八)字心如、北京宛平生まれ。台北故宮博物院研究員。この回想は「時代話題編輯委員会」編の『離開大陸的那一天』台北久大文化、一九八七年、一七一頁にある。
▼68 柏楊口述、周碧瑟記録『柏楊回憶録』一八〇頁。
▼69 劉紹唐『紅色中国的叛徒』台北新中国出版社、一九五一年、二六頁。
▼70 陳錦昌『蔣中正遷台記』台北向陽文化、二〇〇五年、八二-八五頁。
▼71 堀田善衞『上海にて』東京筑摩書房、一九六九年、九二-九六頁から中国語に訳している。
▼72「蔣介石日記手稿」一九四五年八月一〇日。原本はスタンフォード大学フーヴァー研究所所蔵。
▼73 一九三二年、朝鮮の地下組織が虹口公園で日本派遣軍司令官白川義則を爆弾で暗殺したとき、重光葵は上海領事として爆発の現場にいた。
▼74 一九三五年五月、梅津は天津の日本租界で発生した親日記者の殺害を理由に、国民党北平軍分会代理委員長何応

欽との間で「梅津―何応欽協定」を締結させた。内容は①河北省内の国民党党部をすべて撤退させる、②国民党が河北省に駐屯させていた東北軍五一軍、国民党中央軍および憲兵三団を撤退させる、③国民党軍分会政治訓練処と藍衣社、励志社を解散させる、④河北省主席于学忠を罷免する、⑤排日団体と排日運動をすべて取り締まる、であった。これにより華北地域の危機は強まった。

▼75 梅津は終身禁錮の判決を受け、一九四九年一月に癌で死去。重光葵は禁固七年の判決を受けたが、服役五年で仮釈放となり、外務大臣（五四－五六年）を務めた。

▼76 『新民晩報』上海、二〇〇五年八月一七日。

▼77 Ralph Shaw, Sin City, London Time Warner Paperbacks, 1992（New edition）より中国語に翻訳した。ラルフ・ショウ（一九一三－九六）はイギリスのジャーナリスト、作家。一九三七－四五年、上海で暮らし、その経験をもとに本書を書いた。

▼78 『中央日報』上海、一九四五年九月二一日。

▼79 この艦船については以下のホームページを参考にした。NavSource Navel History（www.navsource.org/archives/10/16/160847.htm）とGrobbel（http://list847.grobbel.org）。

▼80 池田敏雄「終戦日記」は曾健民『破暁時刻的台灣―八月十五日後激動的一百天』台北聯経出版年、七四頁による。

▼81 呉平城『軍警日記』台北自立晩報文化出版部、一九八九年、一九〇頁。

▼82 許雪姫『日治時期在「満州」的台湾人』一一二頁。

▼83 同、一一六頁。

▼84 「抗日戦争勝利時的寧波」政協寧波市委員会ホームページ http://www.nbzx.gov.cn/article.jsp?aid=330

▼85 「抗戦勝利甲子祭特刊」『寧波日報』二〇〇五年八月三〇日。

▼86 徐永昌『徐永昌日記』台北中央研究院近代史研究所、一九七八年、一六七頁。

▼87 中国人民政治協商会議全国委員会文史資料研究委員会「八一三淞滬抗戦編審組」『八一三淞滬抗戦――原国民党将領抗日戦争親歴記』北京中国文史出版社、一九八七年、九六頁。

▼88 著者による陳履安インタビュー（二〇〇九年三月四日、香港）。

▼89 楊壽「記台灣光復之初」『南方週末』二〇〇〇年四月二十一日。
▼90 同前
▼91 張拓蕪『代馬輸卒手記「代馬五書」精華篇』台北爾雅出版社、一九九九年、二五頁。
▼92 呉濁流『波茨坦科長』台北遠行出版社、一九七七年、五－八頁。邦訳は『呉濁流作品集』河原功編、緑蔭書房、二〇〇七年所収。
▼93 彭明敏『自由的滋味』台北玉山出版社、二〇〇九年、六〇－二頁。邦訳は『自由台湾への道――新時代の旗手・彭明敏自伝』鈴木武生、桃井健司訳、社会思想社、一九九六年。
▼94 楊逸舟『二二八民変――台湾與蔣介石』台北前衛出版社、一九九一年、一七－二〇頁。楊逸舟（一九〇九－一九八七）本名楊杏庭、台中州生まれ。南京の汪兆銘政権で教育省職員を務め、また内政部長の命で来台し、二・二八事件について調査した。東京で病死。
▼95 花蓮にある海星高級中学（高校）。テストは普通科で行われた一般的なテスト（高中歴史上・下）。ホームページ http://mail.lygsh.ilc.edu.tw/~lyt012/doc/china1-2.doc
▼96 劉玉章「戎馬五十年　之六」台北『伝記文学』第三十三巻第六期、一九七八年、一二三－一二六頁。
▼97 林精武『烽火碎片』私家版、台北、九頁。
▼98 著者による林精武インタビュー（二〇〇九年六月二六日、台北）。
▼99 梵竹「一張高爾夫球場会員証的故事―訪何既明先生」、『共産青年李登輝―二進二出共産党第一手証言』苗栗紅岩出版、二〇〇〇年、一六六頁より引用。
▼100 張良沢編『呉新栄日記』台北遠景出版社、一九八一年、七頁。
▼101 呉新栄『呉新栄日記全集　巻八』台南台湾文学館、二〇〇七年、二〇七頁。
▼102 彭明敏『自由的滋味』六四頁。
▼103 同、六四－六五頁。
▼104 同、八〇頁。
▼105 著者による蕭万長インタビュー（二〇〇九年四月三〇日、台北）。

▼106 著者による陳清山、呉阿吉インタビュー（二〇〇九年二月二五日、台東）。

▼107 秦孝儀編『総統蒋公大事長編初稿　巻五下』台北中正文教基金会、一九七八年、九〇八頁。

▼108 張拓蕪『代馬輸卒手記』台北爾雅出版社、一九七六年、一三四頁。

▼109 著者による張拓蕪インタビュー（二〇〇九年四月一九日、台北）。

▼110 原文の中国語への訳は荘永徳訳、荘永明整理。

▼111 周婉窈「従比較的観点看台灣與韓国皇民化運動 1937-45」。張炎憲、李筱峰戴宝村編『台湾史論文精選　下』台北玉山社、一九九六年、一八五－七頁。日中開戦後、日本は一九三七年九月より台湾人を徴用し、正式な軍人の身分を持たない軍属、軍夫として輸送・補給の仕事にあたらせた。最初の台湾人籍軍夫たちは第二次上海事変に参加した。「台湾農業義勇団」は上海郊外で農地を開墾し、日本軍に補給した。戦況が拡大していくにつれ、台湾総督府は農業指導挺身団、台湾特設労務奉工団、台湾特設勤労団、台湾特別建設団など、さまざまな名義で台湾人籍軍夫、軍属を中国戦線に送り、補給などに従事させた。

▼112 「歌声漸稀――台籍日本兵的拉包爾之歌」台湾『光華雑誌』第三巻第八期、二〇〇五年八月、八〇頁。

▼113 Borneo POW ホームページ http://www.borneopow.info/young/draw/youngbill.html#13

▼114 Fepow Community ホームページ http://www.fepow-community.org.uk

▼115 李展平『前進婆羅州 台籍戦俘監視員』南投国史館台湾文献館、二〇〇五年、三七頁。

▼116 同、二三〇―二三三頁。

▼117 イギリスBBC報道、二〇〇八年一二月八日。

▼118 卓以佳、楊新華「卓還来」家族のホームページ。http://www.quzefang.cn/zhuohuanlai.htm

▼119 一九九五年になって初めて南京で関連記念行事が行われた。南京民盟網ホームページ。http://www.njmm.gov.cn/cps/site/njmm/myfc-mb_a2005092045.htm

▼120 陳炳靖「被囚在南京集中営的日子」は十四航空隊中美軍混合団 CACW 網ホームページから転載。http://www.flyingtiger-cacw.com

▼121 「歌声漸稀――台籍日本兵的拉包爾之歌」台湾『光華雑誌』八〇頁。

▼122　謝培屏『戦後遣送旅外華僑回国史料彙編』台北国史館、二〇〇七年、四九頁。

▼123　田村義一関連資料は Australia–Japan Research Project ホームページ http://ajrp.awm.gov.au/AJRP/AJRP2.nsf/Web-Pages/TanyraDiary?OpenDocument（日本語版は http://ajrp.awm.gov.au/AJRP/AJRP2.nsf/pages/NT0000E9E6?openDocument）

▼124　陳千武『活著回來 日治時期台灣特別志願兵的回憶』台北晨星出版社、一九九九年、三七四頁。邦訳は『台湾人元日本兵の手記 小説集「生きて帰る」』丸川哲史訳、明石書店、二〇〇八年。

▼125　同、八〇頁。

▼126　一九四二年から四三年の間、日本軍・政府は台湾先住民族の若者を動員して「高砂義勇隊」を組織し、太平洋戦線へ投入した。前後して八回、計四千名余りが南方戦線に赴き、多くは異国の地で亡くなった。日本のノンフィクション作家、林えいだいがオーラルヒストリーのかたちで『台湾第五回高砂義勇隊――名簿、軍事儲金』『写真記録 台湾植民地統治史――山地原住民と霧社事件・高砂義勇隊』『証言――台湾高砂義勇隊』の労作を著している。papalagi ブログ http://www.wretch.cc/blog/pisuysilan4925852（二〇〇六年六月十八日）より引用。

▼127　James Bradley, *A True Story of Courage*, Warner Books, 2006.

▼128　一九七三年に発生した「台大哲学系事件（台湾大学哲学部事件）」は政治勢力の介入により、哲学部の一部の教員と学生が「敵性宣伝」「反乱」などと見なされ、陳鼓応、王暁波ら教員は教職を追われた。一九九五年、台湾大学校務会議は被害者の名誉回復、復職および金銭補償などを決定した。

※訳者注　原注のホームページのなかには表示されないものもある（二〇一一年五月現在）。

［訳注］

第1章　手を離したきり二度と……

＊1　一九四九年一月二十七日に起きた、上海―基隆の定期フェリー「太平輪（太平号）」の沈没事故。千名近い乗客数のうち、生存者はわずか三十六名であった。中国版タイタニック号事件とも称される。本書第4章36参照。

＊2　安徽省と浙江省を流れる川。杭州湾に注ぐ銭塘江《せんとうこう》の支流の一つ。唐の詩人孟浩然《もうこうねん》が「江は新安の清きに入る」と称えた。

＊3　瓊州《けいしゅう》海峡を挟んで海南島十万の国民党軍と対峙していた解放軍は一九五〇年四月十六日、海を渡り進攻した。二十三日には国民党軍司令部のあった海口を占拠。五月一日、七万人余りの国民党軍兵およびその家族が、海南島南部の楡林《ゆりん》港から台湾へ撤退した。

＊4　国共内戦における三大戦役の一つ。一九四八年十一月六日より一九四九年一月十日にかけて、江蘇省徐州を中心とした広範囲で行われた大規模戦闘。共産党軍約六十万、国民党軍約八十万の兵力が動員され、国民党軍は五十五万人の兵力が失われた。国民党軍側は「徐蚌会戦《じょほうかいせん》」と呼称。本書第4章32、33他参照。

＊5　一九九四年三月三十一日、台湾人観光客二十四名を載せた同湖の遊覧船が失踪し、翌日全員が焼死体で発見された千島湖事件のこと。のちに強盗犯三名による放火殺人事件であると発表されたが、捜査過程で中国政府への不満が高まり、両岸交流にも大きな影響を与えた。

＊6　北宋の都汴京《べんけい》（今の開封）を描いた絵図、あるいはその題材のこと。清明節のころの街のにぎわいを精密に描いている。張択端《ちょうたくたん》による作品（北京故宮博物院所蔵）がもっとも有名で、上海万博中国館でデジタル展示され人気を博した。

＊7　総統は大統領、行政院長は首相にあたる。

＊8　一九一七年、中華民国臨時憲法の復活のため、孫文が広州で組織した護法軍が護法戦争を発動した（護法作戦とも）。一九一八年四月、護法軍は湖南省岳州・長沙で北洋軍閥軍に敗れた。

＊9　沈従文《しんじゅうぶん》（一九〇二－一九八八）小説家。湖南省出身。祖母はミャオ族。十五歳で軍閥の軍隊へ入隊。二七年

『入隊以後』で認められる。胡適、梁実秋が参加した雑誌『新月』で作品を発表。四八年、郭沫若らから批判され、以降文学創作を断った。代表作『辺城』。

＊10 汪兆銘《おうちょうめい》（一八八三－一九四四）政治家。広東省出まれ。法政大学留学時に孫文を会長とする中国同盟会入りし、のちに国民党左派の有力者として蒋介石とは終始対立関係にあった。四〇年に日本の傀儡政府である南京国民政府を設立し、主席。名古屋で病死した。中国語では一般に「汪精衛」と呼ばれる。本書第5章37、第6章61他参照。

＊11 「古文観止」は清の時代（一六九四年）に呉楚村と呉調侯により編纂された東周から明までの古文名篇集。台湾では今でも、古文のテキストとして広く使われている。

＊12 王鼎鈞《おうていきん》（一九二五－）作家。山東省生まれ。学業を捨て抗日戦、国共内戦に参加。一九四九年、台湾へ移り、その後中国時報文芸欄編集長などを務める傍ら、数多くの散文を発表。一九七八年よりアメリカへ移住。『関山奪路』は自伝四部作の三作目。

＊13 みなしごであった自分を養育してくれた、今は病気の祖母を看取るため、任官を暫く辞退することを願って、李密が晋の武帝に上表した文。

＊14 陳誠《ちんせい》（一八九七－一九六五）軍人、政治家。浙江省生まれ。一九二二年、保定軍官学校卒業後、北伐に参加。三六年の西安事変では蒋介石とともに軟禁された。抗日戦、国共内戦で軍の要職にあり、三八年に湖北省主席。四九年より台湾省主席として減租、土地改革など台湾統治の基礎を作った。五〇年行政院長、五四年副総統を歴任。

＊15 周璇《しゅうせん》（一九一八－一九五七）歌手、俳優。江蘇省生まれ。三〇年代から四〇年代の上海で大スターとなる。ヒット曲に「何日君再来」「花様的年華」、主演映画に『馬路天使』がある。

＊16 「四郎探母」は京劇を代表する演目。真相を知った妻は夫のため、皇后である母を欺いて国境を越える手形を手に入れた。再会を果たした四郎も妻のため、母と別れ、約束どおり夜明けまで妻の元へ戻った。前段は「坐宮《ざきゅう》」から、後段は「見娘《けんじょう》」からの引用。

第2章　弟よ、ここで袂を分かとう

＊1 浙江省一江山《いっこうさん》島を共産党軍に攻略された国民党軍は大陳島放棄を決め、一九五五年二月八日から十二日にかけて

全軍撤退した。（「第一次台湾海峡危機」とも呼ばれる。）「大陳義胞」とは、軍とともに台湾へ移った約二万八千人の全島民のこと。その後は台湾各地の「大陳新村」で暮らした。

＊2　張曾沢《ちょうそうたく》（一九三〇－二〇一〇）映画監督。山東省生まれ。軍教育映画、記録映画の監督を経て、一九六〇年代より台湾国聯、香港邵氏などの映画会社で三十本近い劇映画作品を残した。『筧橋英烈伝（筧橋空軍基地の英雄たち）』（一九七七年、台湾中影）抗日戦争での中国空軍の活躍と犠牲を描いた。金馬賞最優秀監督賞、最優秀作品賞など受賞。『路客與刀客（盗賊と用心棒）』（一九六九年、香港国泰）司馬中原原作の武俠アクション映画。金馬賞最優秀監督賞受賞。

＊3　管管《かんかん》（一九二九－）詩人。山東省生まれ。五十年間の詩人生活で編まれた詩集は『荒蕪之臉（荒蕪たる顔）』『管管詩選』『管管・世紀詩選』。ほかに散文集が四冊、合同絵画展六回、映画出演二十本以上。

＊4　一九五八年八月二三日、人民解放軍はアモイ対岸にある金門島に対し二時間で四万発という集中砲撃を行った。その後四十四日間で四十七万発といわれる砲撃を胡璉将軍率いる守備軍は死守した。台湾側は「八二三砲戦」と呼称。「第二次台湾海峡危機」とも呼ばれる。

＊5　孫立人《そんりつじん》（一九〇〇－一九九〇）軍人。安徽省生まれ。一九二七年アメリカ　バージニア士官学校卒業。抗日戦争では中国遠征軍（新三八師団）を率いて連合国軍とともにビルマ戦線に勝利し、常勝将軍と呼ばれた。一九四八年より高雄鳳山で新軍の訓練にあたり、台湾防衛司令を兼務。五五年、元部下のスパイ疑惑との関わりから、総統府参謀長を解職、八八年までの三十三年間台中に軟禁され、のちに名誉回復。

＊6　淮海戦役を脱出した李弥は一九四九年九月、部隊を率い雲南へ入った。十二月雲南省主席盧漢は共産党へ帰順し、李弥を捕えた。しかし国民党軍の包囲を解くため盧漢は李弥らを解放した。その後李弥と第八軍の一部はビルマ（現ミャンマー）へ逃れ、「反共救国軍」として長く雲南へのゲリラ戦を戦った。

＊7　一九四八年九月一七日、共産党軍は済南攻撃を開始。わずか八日間で攻略した。国民党軍は十万人の兵を失い、来る淮海戦役に大きな影響を与えた。本書第3章28参照。

＊8　一九四九年七月、澎湖島にやってきた山東省八校の学生たち八千人のうち、兵隊にならなかったもので「澎湖防

衛司令部子弟学校」を設立。五三年二月、台湾彰化県員林へ移転され、「教育部（省）特設　員林実験中学（高校）」と改称。同年七月の豫衡聯中（連合高校）、五四年二月の大陳島中正中学など台湾へ移ってきた多くの学校が合流した。現在は中高普通科校ではなく、校名は「員林崇実高級工業職業学校」という。

＊9　瘂弦《ヤーシエン》（一九三二－）詩人、編集者。河南省生まれ。四九年に台湾へ移り、五四年、紀弦編集の『現代詩』に処女作を発表。五九年「深淵」よりシュールリアリズムな作風へと転換。『幼獅文化』『聯合報』の編集長などを歴任した。一九九八年バンクーバーへ移る。邦訳書に『深淵　瘂弦詩集』（思潮社）。

＊10　「西南聯合大学」とは北京大学、清華大学、南開大学が日中戦争中の一九三八年から四六年まで、雲南省昆明に疎開して設立した連合大学。散文の名手で知られる朱自清、銭穆などが教鞭を執った。のちに『自由中国』の編集委員を務める殷海光は卒業生。

＊11　白崇禧《はくすうき》（一八九三－一九六六）軍人。広西省出身の回族。辛亥革命に参加。北伐、抗日戦で活躍。一方で李宗仁とともに広西派として反蔣運動に参加した。一九四六年、国防大臣。一九四九年、台湾へ移り、その後は冷遇された。子である小説家、白先勇による伝記『父親與民国』が近く刊行された。

＊12　一九四九年十二月十二日、隘店からベトナムに入境した彼らは北ベトナム・モンズオン炭坑内とカムラン湾駐屯地に収用された。五〇年八月よりカンボジアとの国境に近いフーコック島の収容所に移送。その数は三万三千四百人余り。五三年五月より全員が帰国。高雄澄清湖にこの史実を記念した「富国島」がある。

＊13　王海玲《おうかいれい》（一九五二－）豫劇俳優。台湾高雄生まれ。八歳で中州豫劇団を母体に設立した海兵隊内の「飛馬豫劇団」に入団（現「台湾豫劇団」）。十四歳で舞台「花木蘭」に主演。一九七三年、豫劇映画「秦良玉」に主演。二〇〇〇年には国家文藝賞受賞。「豫劇の女王」と称される。

＊14　王尚義《おうしょうぎ》（一九三六－一九六三）河南省出身。台湾大学医学部卒業直後、肝臓がんで死去。死後友人たちにより遺稿が次々刊行され、当時の若者に大きな影響を与えた。

＊15　席慕蓉《シー・ムーロン》（一九四三－）詩人、画家。四川省重慶生まれ。両親は蒙古族で、名はモンゴル語で「大河」を意味する。台湾師範大学美術学部卒業。一九八一年、処女詩集『七里香』がベストセラーになる。邦訳書に『契丹のバラ』（思潮社）。

＊16　白先勇《はくせんゆう》（一九三七－）　小説家。広西省南寧生れ。軍人、白崇禧の子。桂林で育ち、その後重慶に逃れ、抗日戦勝利後南京、上海、香港などを経て、一九五二年台北へ移る。台湾大学在学中の六〇年、雑誌『現代文学』を創刊し、外省人の過去へのノスタルジーと、台湾にくらす今の帰属感の空白を描いた作品を発表。台湾モダニズム文学の代表的作家となる。六三年、母の死後アメリカへ移る。また崑曲の復興にも尽力している。邦訳書に『台北人』（国書刊行会）など。『孽子《げっし》』『孤恋花』などドラマ化、映画化作品多数。

＊17　一九四四年四月から始まった日本軍の大陸打通作戦で、十一月、国民党軍が湘桂（湖南、広西省）より撤退した。日本軍の大規模な爆撃により一二月二九日夜、桂林は火の海になった。巴金《ばきん》の「桂林的受難」に記述がある。

＊18　広達電脳（QUANTA、クアンタ・コンピュータ。本社台湾）のこと。二〇〇一年にノート型パソコン生産台数世界一となった。林百里は創始者であり、会長。

＊19　銭穆《せんぼく》（一八九五－一九九〇）　歴史学者。江蘇省生まれ。小・中学校教師を長く務めたあと、一九三〇年より燕京大學、北京大学、西南連合大學、四川大学などで教鞭をとる。四九年、香港で新亜書院（現在の香港中文大学）を設立。六七年、台湾へ移る。中央研究院会員。

＊20　新亜書院は一九四九年、銭穆が香港に設立した私学校。六三年、ほかの私学校と合併して香港中文大学となるが、現在も同名のカレッジとして残る。

＊21　余英時《よえいじ》（一九三〇－）　歴史学者。天津生まれ。プリンストン大学名誉教授、関西大学名誉教授、中央研究院会員。専門は中国思想史。邦訳書に『中国近世の宗教倫理と商人精神』（平凡社）がある。

＊22　龔自珍《きょうじちん》（一七九二－一八四一）　清の学者、詩人。現浙江省生まれ。代表作「己亥雑詩《きがいざっし》」。

第3章　私たちはこの縮図の上で大きくなった

＊1　日本統治時代の一九二二年より台北市の住所に「西門町」「永楽町」「明石町」など町制が採用された。三線道路（旧台北城城壁）、勅使街道（現中山路）、五条通（現天津街付近）など通称をもつ通りもあった。

＊2　国共内戦における三大戦役の一つ。一九四八年九月十二日より十一月二日にかけて、東北地方の広大な地域で行われた戦闘。すでに四八年三月までの共産党による三度の攻勢により、長春、瀋陽、錦州に追い込まれていた国民

党軍はその全てを失い、残存部隊は葫蘆島より撤退した。国民党軍は四十七万人の兵力が失われた。
＊3　国民党の中央機関紙。一九二八年、上海で創刊。四八年、台北に移る。二〇〇六年、停刊。インターネット版のみとなる。

第4章　軍服を脱げば善良な国民

＊1　ソルジェニーツィン（一九一八－二〇〇八）作家。南ロシア　キスロヴォツク生まれ。独ソ戦従軍時に思想的理由で逮捕される。六二年、強制収容所経験を描いたデビュー作『イワン・デニソビチの一日』で国際的に注目を浴びるが、その後国内での作品発表ができなくなる。七〇年ノーベル文学賞受賞。七三年国外追放される。八二年、日本、台湾を旅した。九四年にロシア帰国。代表作『収容所群島』『ガン病棟』。
＊2　一九四八年三月、山東省と江蘇省の省境にある台児荘《たいじそう》に攻撃をかけた日本軍を、李宋仁率いる中国軍が撃退し、抗日戦初勝利と大きく報じられた。
＊3　一九四二年、日本軍はビルマ全土を制圧、中国への補給ルート（ビルマ援蒋ルート）遮断に成功した。このとき孫立人率いる中国遠征軍（第三八師団、のちの新一、七軍）はイェナンジャウンで包囲されていた連合国軍の救出に成功。英国王ジョージ六世より勲章を授かった。四三年十月、アメリカ式訓練と装備を整えた中国遠征軍は、スティルウェル率いる英米連合国軍とともに反攻を開始。四五年一月にはビルマルートを確保した。
＊4　柏楊《はくよう》（一九二〇－二〇〇八）　作家、人権運動家。河南省出身。一九四九年に台湾へ移り、夕刊紙『自立晩報』副編集長などを務め、辛辣なコラムで人気となる。一九六八年、翻訳していた『中華日報』掲載の漫画「ポパイ」が蒋親子を揶揄したとして捕われ、九年間入獄。アムネスティ・インターナショナル台湾支部会長。著作に小説、歴史書など多数。邦訳書に『醜い中国人』（光文社）、『異域』（第三書館）がある。
＊5　杜聿明は四五年より東北保安司令官として接収にあたっていたが、四七年、戦況不利のなか病気を理由に上海へ戻る。四八年十月、徐州にあった杜は蒋介石の命により東北に赴き、遼瀋戦役から撤退する軍の輸送にあたった。一方陳誠は参謀総長兼東北行轅（軍事党政）主任であったが四八年二月、病気を理由に南京へ戻り、五月職を辞した。

*6　一九四八年一二月一日、上海外灘《バンド》にあった中国銀行から金塊が持ちだされ、台湾に運ばれた。その報道で不安にかられた市民は紙幣と金の兌換に押し寄せ、十二月二十四日、七名が死亡するなど事故が起こり、政府は兌換停止を発表した。金は蔣介石の指示でその後も半年で計五回、計四百五十万両が台湾へ持ち込まれたという。

*7　故宮博物院は一九二五年、北京紫禁城に設立。三三年より戦火を避けるため収蔵物を上海、南京朝天宮、四川巴県、重慶などに移動・保管させた。四八年一二月より三回に分けて台湾へ二十三万点余りが運ばれ、台中霧峰で保管ののち、六五年台北郊外の現在地に新館が建造され一般公開が始まった。

*8　梁実秋《りょうじっしゅう》（一九〇三－一九八七）　英文学者、翻訳家。北京生まれ。清華大学卒業後、ハーバード大学留学。二六年帰国。徐志摩らと雑誌『新月』を創刊、革命文学を目指す魯迅と論争を戦わせた。四九年、台湾に移ってから台湾師範大学教授、文学部長。『雅舎小品』など散文の名手として知られる。三十八年かけてシェイクスピア作品を中国語に翻訳した。師範大学時代の宿舎が修復され二〇一一年より公開されている。

*9　雷震《らいしん》（一八九七－一九七九）　浙江省生まれ。京都帝国大学卒業。国民政府行政院政務委員などを務め、台湾に移った一九四九年、胡適とともに雑誌『自由中国』を創刊。当初は国民党の支持を得ていた。六〇年、国民党独裁に対抗する政治勢力として中国民主党結党を目指したが、中心的存在だった雷震は九月四日叛徒煽動の罪で逮捕され、懲役十年に処され、十月『自由中国』も停刊した。

*10　『自由中国』は一九四九年、雷震が創刊し、胡適によって命名されたリベラル色の強い雑誌。雷震逮捕で停刊となるまで、台湾の言論に大きな影響力を持った。聶華苓《じょうかれい》は五三年以降文芸欄編集長として〝反共〟以外の文学者に発表の場を与えた。掲載作品に林海音「城南旧事」（邦訳は新潮社）など。聶華苓には邦訳書『三生三世――中国・台湾・アメリカに生きて』（藤原書店）がある。

*11　張愛玲《ちょうあいれい》（一九二一―一九九五）　小説家、脚本家。上海生まれ。一九四〇年代前半の日本占領下の上海で立て続けに小説、エッセイを発表し、瞬く間に人気作家となる。五二年、中国を脱出。香港を経由して、五五年、アメリカへ移住。中国語文学でもっとも重要な作家として台湾で長く読み継がれ、台湾文学への影響も強い。華麗な文体と冷徹な眼差しで旧時代の抑圧下に生きる女性とそのみじめな恋を描いた。李鴻章の曾孫で、胡蘭成は最初の夫。英語名アイリーン・チャン。邦訳書に『傾城の恋』（平凡社）など。映画脚本に『太太万歳』（桑狐監督）など。

『ラスト、コーション』（アン・リー監督）など映画化作品多数。

第5章　われわれは草鞋で行軍した

＊1　一九四三年神奈川県大和村（現在は市）にあった航空機製造工場。志願した八千人余りの台湾人少年工が働いた。四六年一月帰国。記録映画に『緑の海平線』（郭亮吟監督）がある。

＊2　黄春明《こうしゅんめい》（一九三五－）小説家。宜蘭生まれ。五八年屏東師範大学卒業。五六年より『文学季刊』『中国時報』などで小説を発表。庶民の惨めな出来事をユーモアと義憤で描き、六〇年代から七〇年代の都市化する台湾を活写した。郷土文学論争後、その代表的作家とも目される。呉三連文芸賞など受賞。絵本や児童劇団の脚本・演出など幅広く活躍している。邦訳書に『さよなら・再見』（めこん）など。『坊やの人形』（ホウ・シャオシェン監督）、『看海的日子』など映画化作品多数。

＊3　王安石《おうあんせき》（一〇二一－一〇八六）北宋の政治家、文学者。地方官を歴任し、神宗の即位後宰相として「新法（国政改革）」にあたった。文人としても一流で、柳宗元、蘇軾らと並び唐宋八大家のひとりに数えられる。

＊4　一九四七年二月二七日、警官の横暴な闇タバコ取締りをきっかけに民衆と衝突が起こり、民間人が一人死亡。二八日、ストライキ・抗議デモが行われ、鎮圧で数十名が死亡。三月一日、役所・警察などへの打ち壊し、外省人殴打など暴動は全台湾に拡大した。民間代表による「事件処理委員会」の解決策を陳儀は拒否。八日夜、国民政府派遣の第二一師団が基隆、高雄に到着し、全島への武力鎮圧が行われ、また事件と無関係のエリートたちが処刑された。犠牲者は数千人から十数万人ともいわれ、真相は未だにわかっていない。

＊5　呉濁流《ごだくりゅう》（一九〇〇－一九七六）小説家。新竹生まれ。一九二〇年、台北師範学校卒業後、公学校の教員を務め、四一年より南京『大陸新報』『台湾日日新報』で記者。四六年、日本統治時代の矛盾を批判した『アジアの孤児（当初の書名は「胡太明」）』（中国語翻訳版は六三年刊行、日本版は新人物往来社）を皮切りに『ポツダム科長』、二・二八事件を描いた『無花果』（刊行後発禁）、白色テロを題材とした『台湾連翹』（台湾での出版は死後）など日本語で長編小説を書いた。六四年、私費で雑誌『台湾文芸』創刊、後進作家を育成した。

＊6　彭明敏《ほうめいびん》（一九二三－）政治活動家。台中生まれ。東京帝国大学留学中、長崎で空襲に遭い左腕を失う。戦後、

台湾大学に復学し、四八年に卒業。パリ大学で法学博士取得後、五四年より台湾大学政治学部で教鞭を執る。六一年、国連中国代表団顧問。六四年、蔣介石政権を批判する「台湾自救宣言」を作成。発表前に逮捕され禁固八年に処されるが、外圧から特赦され翌年出獄。その後も監視が続き、七〇年に海外亡命。帰国後の九六年、総統選に民進党候補として出馬して落選。

＊7　呉新栄《ごしんえい》（一九〇七－一九六七）詩人。台南生まれ。一九三二年、東京医学専門学校卒業。二九年、四・一六事件（日本共産党員大量検挙事件）で二十九日間拘束される。帰国後医院開設。地元佳里などの文学青年を集め〝塩分地帯派〟を結成。また『台湾新文学』編集として、詩と評論を中心に創作活動を続ける。二・二八事件後何度か逮捕されるが、台南県関連文献の収集整理に携わる。著作に「亡妻記」『震瀛《しんえい》詩集』など。

＊8　陳儀《ちんぎ》（一八八三－一九五〇）軍人、政治家。浙江省生まれ。一〇年、日本陸軍大学卒業。三四年、福建省主席。日本降伏後台湾省行政長官として接収任務にあたるが、腐敗、物価上昇、社会不安などをもたらし、二・二八事件発生の原因ともなった。のちに通謀利敵により逮捕され処刑。

第6章　フォルモサの少年たち

＊1　プユマ（卑南）族は台湾の先住民族のひとつ。台東県などに住み人口は約一万。農耕、狩猟で生活する。男子は十二、三歳になると厳しい戦闘訓練を行う。言語はプユマ語。

＊2　張恵妹《チャンフイメイ》（一九七二－）歌手。九六年デビュー、瞬く間にトップスターとなる。愛称「阿妹（アーメイ）」。代表曲「BAD BOY」「聴海」「記得」など。日本では二〇〇八年「祝祭音楽劇　トゥーランドット」（宮本亜門演出）に出演。中国語だけでなく、閩南語、プユマ語の歌もある。

＊3　戦前台湾でヒットし、現在まで歌い継がれる閩南語の流行歌。作詞家、周添旺が飲み屋で聞いた女性の身の上話を題材にした歌詞を、人気女性歌手純純が歌った。一九四二年、日本語版である「雨の夜の花」（西条八十作詞、渡辺はま子歌）が日本でも発売された。「月夜愁」「望春風」も純純歌、鄧雨賢作曲。

＊4　李永平《りえいへい》（一九四七－）小説家。マレーシア・ボルネオ島生まれ。台湾大学卒業。邦訳書に『吉陵鎮ものがたり』（人文書院）。

第7章　田村という日本兵

＊1　『八百壮士』（一九七七年、台湾中影、監督・丁善璽、主演・柯俊雄、林青霞（ブリジット・リン））　中国軍が立てこもる四行倉庫に国旗がないことに気づいた少女、楊恵敏は、包囲する日本軍の敵弾をくぐり抜け、蘇州河を泳ぎ切り、謝晋元団長に中華民国の国旗（青天白日旗）を手渡した。倉庫の屋上に登った国旗は、民族意識の象徴として軍民の心をひとつにし、八百壮士は日本軍の猛攻を四日間凌いだ。

＊2　戴笠《たいりゅう》（一八九七－一九四六）　軍人。浙江省生まれ。二六年、黄埔士官学校入学。三二年、蔣介石の命に依り特務機関「調査統計局」を創設。また杜月笙と武装組織忠義救国軍を創設し、正規軍を支援した。周仏海ら戦後の漢奸裁判に大きく関与。四六年、青島から重慶へ向かう途中飛行機事故で死亡した。

＊3　原文は「吉勝」とあるが、日本語版ホームページの「田村義一の日記」をふまえ、訂正した。

＊4　陳千武《ちんせんぶ》（一九二二－）　詩人、作家。南投生まれ。四二年特別志願兵として南方戦線に従軍。インドネシア独立戦争参加後、四六年に帰国。三九年より日本語で詩を発表。戦後は五八年より中国語で詩、小説を発表。田村隆一の中国語訳もある。邦訳書に『暗幕の形象―陳千武詩集』（思潮社）、『陳千武詩集』（土曜美術社出版）など。

第8章　じくじくと痛む傷

＊1　マラヤ連邦は一九四八年、イギリス保護領のマレー半島南部と直轄植民地のペナン・マラッカとで結成された連邦自治政府。五七年に独立。六三年、シンガポール（六五年分離独立）、北ボルネオなどと新たにマレーシア連邦となった。

あとがき

＊1　朱光潜《しゅこうせん》（一八九七－一九八六）　美学者。安徽省生まれ。一九二三年、香港大学教育学部卒業。開明書店設立に参加。のちにイギリス、フランスに留学留学し、博士号取得。帰国後、北京大学西洋文学部・哲学部教授などを歴任。『文学雑誌』刊行。新中国以降、文化大革命で批判される。著作に『西洋美学史』『談美』『給青年的十二封』など多数。香港大学名誉博士。

＊2　胡適《こてき》（一八九一―一九六二）　学者。安徽省生まれ。一九一七年アメリカ留学より帰国して、北京大学教授。雑誌『新青年』で白話文（言文一致体）による創作を呼びかけ「文学革命」をもたらした。三八年より中華民国駐米大使。四五年より北京大学学長。四九年、アメリカへ移る。五八年より台湾で中央研究院院長。三五年に香港を訪れて講演を行った。香港大学名誉博士。

民国百年増訂版　序

＊1　中華民国の暦。辛亥革命が成功した翌年一九一二年一月一日、孫文が臨時大総統に就任した日より数える。ちなみに民国元年は大正元年。

＊2　盧躍剛は中国青年報の週刊『氷点』の元副編集長。同誌は二〇〇五年五月二五日に龍應台のコラム「你可能不知道的台灣（あなたが知らないだろう台湾）」を掲載し、その後共産党より批判を受けた。翌年一月『氷点』は停刊を命じられ、二月、李大同編集長と盧が更迭されたうえで復刊した。

＊3　一九五〇年、雲南からビルマ（現ミャンマー）に逃れた第八軍の残存部隊を中心として、李弥は「反共救国軍」を組織し雲南共産党軍とゲリラ戦を戦った。ミャンマー政府の攻撃や国連への抗議などで、五三年から六一年までに大部分は台湾へ撤退した。

＊4　馬祖諸島「西莒」に本部を置いたゲリラ部隊で、国民党軍の支援のもと中国沿岸地域への攻撃を行った。朝鮮戦争ではアメリカ軍が民間企業の名を借りて進駐し、支援した。「東海」とは東シナ海のこと。

謝辞

香港大学
スタンフォード大学フーヴァー研究所
新竹国立清華大学
中華民国総統府
中華民国国防部
中華民国国防部海軍司令部
海軍陸戦隊烏坵守備大隊
国史館
国史館台湾文献館
国民党党史館
国軍歴史文物館
行政院国軍退除役官兵補導委員会
台北市二二八記念館
金門県政府
連江県政府（馬祖）
連江県政府（黄岐）
香港中国文化協会
浙江省文化庁
アモイ金門同郷会
中華救助総会
ランディス台北ホテル
台中文華道会館
天下雑誌
オーストラリア戦争記念館
アメリカ LST－847の退役兵のみなさん

上官百成
于祺元
孔桂儀
孔梁巧玲
心道法師
王冰
王小棣
王木栄
王立禎
王克先
王世全
王建華
王秋桂
王栄文
王暁波
王応文
白先勇
向陽
曲靖和
曲暁範
朱強
朱建華
朱経武
朱学勤
江雨潔
余国
余年春
呉阿吉
呉増棟
呂芳上
宋暁薇
李応平
李文中
李炷烽
李玉玲
李仏生
李克汀
李展平
李能慧
李乾朗
李維恂
李錫奇
李龍鏢
李鏡芬
沈悦
阮大仁
周洛
周国洪
周夢蝶
周肇平
周陽山
周振元
季季
林文彩
林全信
林百里
林於豹
林阿寿
林青霞（ブリジット・リン）
林秦葦
林桶法
林煒舒
林精武

林懐民
林正士
林貴芳
初安民
金淳平
金惟純
封徳平
柯文昌
柯沛如
柯景星
洪小偉
洪敏玲
胡為真
唐飛
徐璐
徐立之
徐宗懋
徐栄璋
徐詠璇
桑品載
殷允芃
秦厚修
馬英九

高希均
高丹華
張生
張世傑
張玉法
張作錦
張拓蕪
張登傑
張貽智
張雲程
張鴻渠
張永霖
莊鎮忠
曹瑞芳
梁安妮
梁振英
許式英
郭岱君
郭玉茹
郭冠麟
郭芳贄
郭冠英
郭庭瑋

陳浩
陳千武
陳文澈
陳君天
陳志剛
陳育虹
陳啓蓓
陳清山
陳雪生
陳道茂
陳肇敏
陳履安
陳履碚
陳靡東
陳婉瑩
陸以正
陶英恵
陶恒生
章文汶
傅建中
傅培琦
彭明敏
游筑鈞

程介明
程幼民
程祖銊
粟明鮮
賀理民
馮瑋華
黄春明
黄黎明
黄月妙
黄紹容
楚崧秋
楊蓁
楊澤
楊天嘯
楊文炳
楊雨亭
楊建新
楊景龍
楊綏生
葉紹麒
董橋
董延齢
董陽孜

廖学輝
管管
蒙民偉
斉湘
斉家貞
劉永寧
劉敏瑛
劉潤南
蔣震
蔣勳
蔡政良
蔡貞停
蔡新宗
鄭宏銘
鄧美宝
盧雪芳
盧瑋
蕭万長
頼其万
銭鋼
駱雅雯
應樹芳
謝英従

鍾肇騰
鍾存柔
鞠靖
韓家寰
簡昭恵
顔崑陽
痖弦
羅恩恵
厳長寿
龍應揚
龍應達
龍仏衛
龍應騰

K・ブース
マイケル・V・グロッベル
ロバート・C・グロッベルのご家族
リチャード・スーザ
ビル・ヤング

訳者あとがき

本書は原題を『大江大海一九四九』といい、二〇〇九年八月、天下雑誌社より刊行された。「大河、大海」を意味する書名は言うまでもなく、蔣介石国民党政府が台湾へ撤退した一九四九年に、中国という広大な大地（とそれにつらなる大海）で荒れ狂った歴史と運命を指し示したものだ。

現在の台湾社会を構築するすべての要素（先住民族、本省人、外省人あるいは先住民族の言語、閩南語、客家語、日本語、中国語）が出揃った一九四九年を中心に、戦争、内戦という苛烈な社会情勢のなか、著者の家族や当時の若者がいかに決断し生き延びてきたかを描き、さらにこの最果てにある島、台湾まで逃げ延びた彼らが六十年間、誰にも言えないまま抱えてきた痛みを語っている。

本書の特異さは外省人である作者が、一九四九年に台湾へ逃れてきた国民党政権（と軍）を、戦後台湾を権力と暴力で支配した強者としてではなく、故郷を失ったひとりひとりの弱者として描いたことにあり、さらに受け入れた側の台湾人の痛みをも描いたことに価値がある。

ひいては太平洋戦争のころ、立場を異にして、しかし同じ南方戦線にいた日本兵、台湾人日本兵、連合国軍捕虜、中国軍捕虜などの当時の若者を、著者は分け隔てなく見つめている。そして物語が語りかける相手は、今は年老いた若者であり、作者を含むその子供たちであり、これからを生きる若者である。

著者は、龍應台《りゅうおうたい》。一九八五年、戒厳令下であった台湾社会を鋭い筆鋒で批判した評論『野火集』でデビュー。結果「野火現象」を巻き起こし、四カ月で十万部を売るベストセラーとなった。その後も話題作を発表し続け、前作『目送（ただ見送るのみ——父の死、母の老い、子の独立）』では自らの家族を描き、その温かみある筆致で全台湾を感動の渦に巻き込んだ。

歴史を題材とした本書も、発売後一年半で四十万部を売り上げ（台湾の人口は日本の六分の一程度である）、これまで台湾で正面から取り上げられることがなかった一九四九年の敗戦を描いたことから大きな反響を呼び、新たに「大江大海現象」を巻き起こした。『中国時報』文芸欄二〇〇九年度年間ベストテン（十大好書）に選出。朗読版、大字版、記録映像DVDなども発売され、発表後の反響や登場人物のその後を記した序を追加収録した民国百年版は、二〇一一年度のベストセラーになお名を連ねた。

中国では禁書となったが、著者によれば海賊版が売れに売れ、また香港空港のトランジットや台湾を訪れた中国人が必ず買う土産の定番になっているという。二〇〇六年の雑誌『氷点』事件の際、著者は「請用文明來説服我——給胡錦濤先生的公開信（文明で私を納得させよ）」を発表して中国政府のメディア政策を批判。一方で二〇一〇年、北京大学で講演を行い、勇気と真摯さをもって台湾の民主と言論の成熟を中国の若者に語った。

創作活動以外にも一九九九～二〇〇三年に台北市文化局局長を務め、二〇一二年には行政院文化建設委員会主任委員（閣僚待遇）に就任し（同年五月に新聞局などと統合、文化省へ昇格し、初代大臣）、台湾文化のさらなる振興と国内の文化格差解消を推し進めている。また二〇〇五年七月、龍應台文化財団を設立し、次世代の若者の育成をめざしている。

著者にとって本書が初邦訳となる（ふるまいよしこ『中国新声代』（集広舎）や『世界』（二〇一〇年五月号、岩波書店）に本書に関する著者インタビューがある）。

本書は歴史ノンフィクションと分類されてはいるが、単純なジャンルには収まりきれない豊かな作ある。文体だけを見てもそれはエッセイであり、小説であり、ルポルタージュであり、対談であり、戯曲であり、評論であり、詩でもある。そして、簡単に言えば、歴史と家族の物語だ。

本書はめっぽう面白い。

初めて読んだとき、まず波乱に満ちた父母や少年たちの物語に引きずり込まれ、その痛みに涙を流した。戦場と生活空間がほぼ重なっていた中国の極限状態に驚愕し、それでもなお生きるため自ら人生を選択する強さに心が震えた（そして苦しみを語るにもユーモアを忘れぬ台湾人の明るさに笑った）。

語り（読み物）であるから、翻訳作業においては、物語を楽しめるよう、とにかく読みやすく、自然な日本語をめざした。まずは語りのリズムを楽しんでほしい。

しかし訳せば訳すほど、著者のセンスに舌を巻いた。直せば直すほどそのテクニックに圧倒された。この巨大な作品に比して、訳者の力不足は自覚しているが、四十年分の日本語の海に潜り込み、ひとつひとつ誰かの言葉をたぐり寄せては、はめ込み、たたき、入れ替え、ならした。テクニックは目立たないほうがいいが、本来重苦しい近代史をこれほど軽やかに再構成してしまえる著者のセンスはぜひ堪能してほしい。

また史実の問題については、もとより訳者の手に負えるものではない。原著に起因するもの、翻訳に起因するもの、いずれにせよ誤りがあればご指摘たまわりたい。

日本では一九四九年までの国共内戦に関わる書物はきわめて少ない。日中戦争は知っていても、文化大革命は知っていても、蔣介石と宋美齢は知っていても、二・二八事件は知っていても、国共内戦のことはあまり知らない（訳者もそうである）。一九四九年ほど一般の日本人にとってなじみがない年はなく、いわば東アジア史の空白とすらいえる。本書がその歴史を知るきっかけになったらうれしいが、本書の主役はあくまでも人（それも一般人）である。歴史はただの舞台装置であり、本書はいつどこでなにが起こったという情報を得るためのものではなく、その舞台でいかに生きるかを再体験するために書かれている。

また本書は歴史を知らない若者向けに書かれ、また母である著者（と著者の母）の女性目線で書かれている。したがって近代史、戦争と聞いても敬遠する必要はとくにない。人名や地名は斜め読みしていただけたらいい。敵も味方もなく、人種も年齢もなく、そこに生きるのは歴史書に載らぬ、普通の人である。

著者は躊躇なく、本書は「文学」だ、と言った。それはきっと、この作品が弱き者の側に立って書かれた物語だからであろう。どんな困難であろうと座して死を待つことはせず、どんな限られた選択肢であろうと自らで決断を下し、どんな不格好でも生き続け、逃げ続ける。そんな弱者のガッツを感じてほしい。

いや、本書は日本人に対してひとつの疑問を突きつける――「お前は、なぜ逃げないのか？」。技術と情報の精度を追求した結果、また消費者としてのみ培養されて今、生きるスキルを失いつつあるわれわれは、ここからなにか学ぶことがあるのではないか？ とは無論、単なる読者としての感想である。読者のみなさんには、いろんな〝一九四九〟を読み取っていただけたらと思う。

本書は、十九歳の息子に家族の歴史を語りかけるという形式が採用されているが、日本語の読書習慣を踏まえて一部調整を行った。また日本人になじみのない歴史記述などについては、一部は補い、あるいは省き、さらに軍・戦争にかかる用語などについてもかなり便宜的な訳出を行っている。

日本読者向けの「調整」を快諾し、また初稿訳了後、台北の執筆室で本書の疑問点について一日半「講義」してくださった著者に感謝を申し上げる。

著者と初めてお会いしたとき、その作品からイメージしていた厳しさはなく、子供のように可愛らしい笑顔で迎えてくれた。またパワフルな口調でわれわれを圧倒するように日本語版への期待を語り、訳者には大きく、かつ心地よいプレッシャーを与えてくれた。握手した手がとても小さく、柔らかかったことを覚えている。

白水社の阿部さんとは、初めての打ち合わせから本作品について共通の理解があり、また早い段階で訳文の問題点を指摘していただき、大きな迷いなく作業を終えることができた。ありがとうございました。また出版経験のない私に翻訳のチャンスを与えてくださった白水社の芝山さんには感謝以外に感謝しかない。

龍應台財団の李應平さんとスタッフのみなさんには資料提供などで協力していただいた。ありがとうございました。

中国語の疑問については多くを、仕事の相棒である黄碧君の手を煩わせた。

最後に、台湾で出会ったすべての先生と友人、そして名も知らぬ街のおっちゃん、おばちゃんたちに感謝を。みな楽しく、厳しく中国語を教えてくれた。

訳者は四年ほど生活した台湾で、かの地の言葉を覚え、人と暮らしになじんだだけでなく、はからずも台湾文学に出会った。文学だけでなく、台湾の文化・芸術作品、とりわけ出版物の素晴らしさを知った。本書を翻訳して日本に紹介する機会を得たことは、これ以上ない喜びであり、小さな恩返しとなった。

台湾の出版文化はまさに「大海」のように広大で、激しく、豊かだ。本書をきっかけに、台湾で書かれているものに興味を持つ日本人読者が増え、過去の翻訳作品にも陽が当たり、今後の翻訳出版が「大河」のように広がることを願い、また信じている。私は台湾人の声をそのまま日本に伝えたい。できることなら、台湾の素晴らしい書籍をこれからも紹介していきたい。

とはいえひとつ大きなプレッシャーから解放されたので、まずは遊びたい。高雄のモクマオウと卑南のヤシを見に行こう。そこに立てばきっと、大きな海が見えるはずだ。

二〇一二年六月

天野健太郎

訳者紹介

一九七一年、愛知県生まれ。三河人。京都府立大学文学部国中文専攻卒業。二〇〇〇年より国立台湾師範大学国語中心、国立北京語言大学人文学院に留学。帰国後は中国語翻訳、会議通訳者。また、聞文堂ＬＬＣ（http://www.bun-bun-do.com）代表として台湾の書籍を日本に紹介している。ツイッターアカウントは「taiwan_about」。俳人。

台湾海峡一九四九

二〇一二年　七月　五日　第一刷発行
二〇一九年　五月三〇日　第九刷発行

著　者　龍《りゅう》應《おう》台《たい》
訳　者　©天《あま》野《の》健《けん》太《た》郎《ろう》
装　幀　日下充典
発行者　及川直志
印刷所　株式会社三陽社
発行所　株式会社白水社

東京都千代田区神田小川町三の二四
電話　営業部〇三（三二九一）七八一一
　　　編集部〇三（三二九一）七八二一
振替　〇〇一九〇-五-三三二二八
郵便番号　一〇一-〇〇五二
www.hakusuisha.co.jp

乱丁・落丁本は、送料小社負担にてお取り替えいたします。

誠製本株式会社
DTP：閏月社

ISBN978-4-560-08216-4
Printed in Japan